# पश्चिम से संवाद — हिन्दी : समाज : आलोचना

# पश्चिम से संवाद

## *हिन्दी : समाज : आलोचना*

दिलीप कुमार गुप्त

लोकभारती प्रकाशन

**लोकभारती प्रकाशन**
पहली मंजिल, दरबारी बिल्डिंग, महात्मा गाँधी मार्ग
प्रयागराज-211 001
www.lokbhartiprakashan.com
info@lokbhartiprakashan.com

**शाखाएँ** : 1-बी, नेताजी सुभाष मार्ग, दरियागंज
नयी दिल्ली-110 002
अशोक राजपथ, साइन्स कॉलेज के सामने
पटना-800 006 (बिहार)
36-ए, शेक्सपियर सरणी
कोलकाता - 700017 (प.बंगाल)

**प्रथम संस्करण** : 2020



**आस्था पेपर कन्वर्टर**
प्रयागराज द्वारा मुद्रित

PASHCHIM SE SAMVAD
by Dileep Kumar Gupt

ISBN : 978-93-89742-39-8

**मूल्य** : ₹ 600

# समर्पण

जो नहीं हो सके पूर्ण-काम
मैं उनको करता हूँ प्रणाम्।
एकाकी और अकिंचन हो
जो भू-परिक्रमा को निकले;
हो गए पंगु प्रति-पद जिनके
इतने अदृष्ट के दाव चले!
उनको प्रणाम्!

नागार्जुन

# भूमिका

एक जनसमूह द्वारा दूसरे किसी जनसमूह को अधीनस्थ बनाने की प्रवृत्ति अत्यन्त पुरानी है, परन्तु इसके माध्यम और साधन निरन्तर बदलते रहे हैं। साथ ही, यह भी देखा गया है कि संसार के अनेक मानव-समुदायों या राष्ट्रों ने एक प्रकार की दासता से मुक्ति पाकर दूसरे प्रकार की दासताओं को ओढ़ लिया है। दासता के ये नये रूप इतने तार्किक और महीन है कि इनमें आभूषण-सा आकर्षण दीप्त होता है। इस आकर्षण को विखण्डित करना आलोचना का दायित्व है।

आलोचना अपने उच्चतम स्तर पर सांस्कृतिक-कार्य का रूप लेती है, तभी आलोचना का दायित्व-निर्वहन होता है और इसकी विश्वसनीयता बढ़ती है। हिन्दी आलोचना को पश्चिम की विचारधाराओं के बरक्स देखते हुए यह जानने की कोशिश की गयी है कि हिन्दी आलोचना और समाज का पश्चिम से संवाद किस मनोभूमि से हुआ है। अर्थात् जिस मानसिक स्थिति में यह संवाद (चाहे इसका प्रारूप जो भी हो) हुआ है, उस स्थिति को निर्मित करने में कौन-से प्रत्यय संलग्न हैं।

किसी राष्ट्र के सपने उसकी संस्कृति में खोजे जा सकते हैं। संस्कृति में ही आकांक्षाएँ निर्मित और व्यक्त होती हैं तथा हजारों या असंख्य जीवनों का सारांश संचित होता है। तब सास्कृतिक दासता यथार्थ बनी रहती है तो शेष स्वतन्त्रताएँ महज सत्याभास होती हैं। कदाचित् यही कारण है कि जिन राष्ट्रों या मानव-समूहों के इतिहास में सांस्कृतिक क्रान्ति, आधुनिक काल में सम्पन्न हुई, उनका वर्तमान शेष संसार के वर्तमान से पूर्णतः भिन्न और विशिष्ट है। कुछ अपवादों को छोड़कर समूचा संसार भिन्न-भिन्न राष्ट्रों के रूप में राजनीतिक रूप से स्वाधीन है। इसके बावजूद इतना विषम और अस्पृश्यता से भरा परिदृश्य संसार के हिस्से में नहीं आया; कम-से-कम इतनी दक्षता, सूक्ष्मता और वैचारिक कौशल के साथ तो कभी नहीं। समकालीन विश्व की समीक्षा करें तो कुछ सूत्र साफ-साफ उभरते हैं – पूरे संसार को सांस्कृतिक यूनीफॉर्म में ढँक देने का सबल अभियान, इसके लिए संस्थागत और विचारधारात्मक तैयारी तथा दासता के महीन और आकर्षक रूपों को स्वाधीनता के पर्याय के रूप में परिभाषित करने में सफलता। अब, इस कार्य के कई उपकरण हो सकते हैं। मेरे देखने में सबसे प्रचलित लेकिन सबसे कम प्रचारित उपकरण है – दूसरों के सपनों और आकांक्षाओं की मौलिकता को नष्ट करने के लिए पर्याप्त नियन्त्रण

स्थापित कर लेना। इसमें मिल रही सफलता का एक प्रमाण यह भी है कि आम आदमी के रूदन से 'वे' अपने लिये शास्त्रीय संगीत विकसित कर सकते हैं। स्पष्ट है कि हमारा 'वे' से तात्पर्य मुख्यतः पश्चिम से विकसित राष्ट्रों सें हैं। लेकिन यह प्रक्रिया अचानक नहीं शुरू हो गयी। कुछ राष्ट्रों द्वारा शेष दुनिया को भौतिक विशिष्टताएँ प्राप्त करने के लिए प्रयोगशाला बना डालने का अश्वमेध यज्ञ शक्तिहीन मन्त्रों और खोखले कर्मकाण्डों पर आधारित नहीं है, वरन् इसके पीछे ऐतिहासिक अनुकूलताएँ रही हैं। इन ऐतिहासिक प्रक्रियाओं की स्तब्ध कर देनेवाली खोजबीन की ओर मैं तब उद्यत हुआ जब हिन्दी आलोचना और साहित्य के एक समकालीन प्रश्न को लेकर मुझे एक चुनौती मिली। हिन्दी आलोचना ने विश्व साहित्य को कौन से सिद्धान्त दिये हैं? कहा जाता है कि हिन्दी आलोचना ने पश्चिम से मात्र ग्रहण किया है और एक महान परम्परा से युक्त इतनी बड़ी भाषा ने विश्व स्तर पर ऐसी जगह नहीं बनायी कि इसकी बात गम्भीरता से सुनी जाये। सामान्य मानसिकता में ऐसी कई बुनावटें हैं जिनसे देवनागरी में लिखा शब्द हीन लगने लगता है और हिन्दी द्वितीय श्रेणी के नागरिकों की भाषा लगती है। ऐसी बुनावटें स्वयं हिन्दी के लोगों में हैं। ये बुनावटें कब से बननी शुरू हुईं, कैसे बनीं? अधिकांश आलोचक पश्चिमी शास्त्रों के अध्येता और आयातक होकर हिन्दी के बड़े आलोचक कहे जाते हैं। विलाप के कारणों की सूची लम्बी है। यही नहीं, इस तरह के आरोप राह चलते भी लोग हिन्दी वालों पर उछाल देते हैं। अब प्रश्न उठता है कि इस स्थिति की समीक्षा कैसे की जाय। मैंने प्रस्तुत पुस्तक में एक प्रयास किया है। हिन्दी आलोचना या साहित्य का जो वर्तमान स्वरूप है, उसे समझने के लिए उस समाज के मानस और स्मृति को परखना हनिवार्य है जिसमें साहित्य-सृजन हो रहा है। व्यापक स्तर पर देखने से यह समाज सम्पूर्ण भारतीय समाज के साथ जुड़ता है और लगभग समान ऐतिहासिक प्रक्रियाओं के अनुभव को व्यक्त करता है। थोड़ा और आगे जाकर मैंने यह देखने का प्रयास किया कि वर्तमान भारत के बोध का निर्माण कब से प्रारम्भ होता है। इस सन्दर्भ में मुझे लगा कि पश्चिम ने सबल रूप से जब इस महाद्वीप के जीवन में हस्तक्षेप किया, तभी से वह प्रक्रिया प्रारम्भ हुई जिससे इस भूक्षेत्र की वर्तमान चेतना निर्मित हुई। इस महान और अद्भुत देश की चेतना में जहाँ से फाँक पैदा की गयी, वहीं से हमारे शोध का प्रस्थान बिन्दु मिलता है। मैंने साहित्य-सिद्धान्तों का तुलनात्मक अध्ययन या प्रभावों के आदान-प्रदान पर ही अपना ध्यान नहीं लगाया है बल्कि उन विवादों को समझने की कोशिश की है जो पश्चिम के साथ संवाद से उपजे हैं। मैंने चेतना के इतिहास और भूगोल को जानने की पहल की है, जिसमें संवाद सम्भव हुआ। दूसरे शब्दों में कहीं तो हिन्दी साहित्य और आलोचना ने पश्चिम से क्या लिया और क्या दिया, यह पुस्तक की जिज्ञासा नहीं है बल्कि यह लेन-देन जिस

मानसिक स्थिति, बौद्धिक निर्मिति और सामाजिक-मनोवैज्ञानिक संरचना में सम्पन्न होता रहा, उसे ताने-बने को समझने का प्रयास है। इसके लिए मुझे मुख्यतः विलियम जोन्स से ज्याक देरिदा तक की यात्रा करनी पड़ी। स्वभावतः यह यात्रा बहुत संक्षिप्त और प्रायः छोटे दरवाजों से हुई। पाठक को यह लग सकता है कि 'साम्राज्यवाद' पद से मुझे एक तरह का 'ऑब्सेशन' है। किन्तु मुझे यह लगता है कि यह हमारे समय की सर्वाधिक सशक्त और रक्तबीजी विचारधारा है। पुस्तक की प्रविधि कुछ-कुछ एडवर्ड सईद की ऋणी है जो मुझे सर्वाधिक प्रभावित करने वाले अ-भारतीय आलाचकों में से है। यह एक बड़ा अनुष्ठान था जिसे मैंने तब समझा जब कुछ आगे जा चुका था। वापसी सम्भव नहीं थी, नहीं तो 'रणछोड़' होना हमारी परम्परा में अनसुनी बात नहीं है।

यहाँ अमेरिकी न्यू क्रिटिसिज़्म पर विस्तार से विचार किया गया है क्योंकि हिन्दी आलोचना का वर्तमान स्वरूप समझने के लिए न्यू क्रिटिसिज़्म पर अलग से बहस करना अनिवार्य लगा। पुस्तक के इस भाग में अमेरिकी नयी समीक्षा तथा नये समीक्षकों को व्यवस्थित रूप से समझने के लिए इसे एक स्वायत्त प्रारूप में रखा गया है। इससे इस समीक्षा पद्धति को जानने के साथ-साथ आधुनिक हिन्दी आलोचना को परखने का आधार मिल जाता है।

प्रस्तुत पुस्तक जेएनयू में पीएचडी हेतु प्रस्तुत शोध प्रबन्ध का परिवर्धित रूप है। समर्थ अध्यापक और शोध-निदेशक प्रो. मैनेजर पाण्डेय को स्मरण करना प्रकारान्तर से कृतज्ञता ज्ञापन करना है। श्री उमाकान्त उपाध्याय, डॉ. पुरुषोत्तम अग्रवाल, श्री रामस्वरूप चतुर्वेदी, प्रो. कपिल कपूर, अशोक वाजपेयी और डॉ. सत्य प्रकाश मिश्र से विभिन्न अवसरों पर बातचीत हुई जिससे मुझे सोचने के लिए सामग्री मिली। आभार। जेएनयू में जो दिन बीते, वे जीवन के महत्त्वपूर्ण अध्याय बन चुके हैं। अनेक लोग, मेरे छात्र और मित्र जिनसे दिल्ली और कैम्पस प्रवास के दौरान मिला, समय बाँटा मेरी संवेदना की परिधि में हैं। अनिल, नविता और आर्यन इस अवसर पर बहुत प्रसन्न होंगे। पिता का होना और जीवन में उनका हस्तक्षेप बना रहना एक सुखद आश्वस्ति है।

सांस्कृति विमर्शों पर लिखते समय किसी बड़े परियोजना को रचना के रूप में गुणान्तरित करना किसी भी पूर्वी लेखक के लिए सरल कार्य नहीं है। उसका संघर्ष कई स्तरों पर हो सकता ह। इसलिए, यदि ऐसी रचनाओं में कुछ बिखराव न हो तो यह स्वाभाविक नहीं है। संषर्घ निजी भी हो, तो भी यह अनन्य या निरपेक्ष नहीं होता, इसके पीछे वर्षों या दशकों की निर्मितियाँ होती हैं। एक व्यक्ति की यातना मात्र उसके अपने कायिक और मानसिक अतीत का संचय नहीं बल्कि इससे परे विस्तारित है। अब, पुस्तक आपके हाथों में है।

**डॉ. दिलीप कुमार गुप्त**

# अनुक्रम

# अध्याय 1

# पश्चिम से संवाद का आरम्भ

आलोचना को सांस्कृतिक विमर्श के रूप में विकसित करने का अर्थ है, इसे नये उत्तरदायित्वों और चुनौतियों से जोड़ देना। इससे निश्चय ही आलोचना-कर्म की अर्थवत्ता और विश्वसनीयता बढ़ी है। साहित्य में जीवन तथा सभ्यता के अनगिनत सूक्ष्म प्रश्न गुँथे होते हैं। आलोचना, साहित्य का विशिष्ट पक्ष होने के कारण स्वतः ज्ञान के अन्य अनुशासनों से सम्बद्ध होकर सभ्यता के प्रमुख प्रश्नों से प्रामाणिक बातचीत करती है। यही कारण है कि आलोचना का किसी से संवाद एक अनन्य प्रक्रिया के रूप में नहीं बल्कि जटिल और विसर्पी प्रक्रिया के रूप में देखा जाना चाहिए। लगभग सौ वर्षों के अन्तराल में फैली हिन्दी आलोचना का पश्चिम से विचारात्मक संवाद हमें सोचने और अनुप्रेरित करने के लिए विपुल विचारराशि दे सकता है, यदि इसे एक बृहत्तर परिदृश्य में देखें। इससे हम यह स्पष्टतः देख सकेंगे कि चीजें कैसे सीधी-सपाट दिखती हुई कुछ दूर जाकर कई जटिलताओं से भरा अन्तःसम्बन्धात्मक संजाल निर्मित करती है। इस संवाद को उक्त समग्रता में देखने के लिए हमें यह देखना होगा कि पश्चिम, भारत में कहाँ हस्तक्षेप करता है। दूसरे शब्दों में पश्चिम, भारत में कैसे परिचय की इब्तिदा करता है।

भारत के अस्तित्व का दूरवर्ती किन्तु ठोस अनुभव यूनान को सिकन्दर से पहले ही हो चुका था। यह अनुभव दर्शन और शौर्य दोनों ही स्तरों पर हुआ था। विमलचन्द्र पाण्डेय ने अपनी पुस्तक 'प्राचीन भारत का राजनीतिक तथा सांस्कृतिक इतिहास' के पहले अध्याय में इतिहास के साधनों पर लिखते हुए सिकन्दर से पहले के लेखकों का उल्लेख किया है। स्काइलैक्स, मिलेटस, हेरोडोटस तथा केसिअस ने भारत-सम्बन्धी विवरण लिखे हैं। महिमामण्डित सिकन्दर के बर्बर आक्रमण के बाद सम्बन्धों के पथ स्पष्ट हो गये। तब से लेकर लगभग सम्पूर्ण मध्यकाल तक सम्बन्धों का स्वरूप निश्चय ही बदलता रहा, लेकिन स्वर्ग की कुंजी पश्चिम के पास नहीं थी और जब भारत सभ्यता के कई चरण देख चुका था तब तक पश्चिम में यूनान को छोड़कर निर्जन स्थलों और श्वेत बर्बर जातियों के आपसी युद्धों का बोलबाला था।

इसके अलावा पूरब और खासतौर पर भारत का ज्ञान रिस-रिसकर पश्चिम की ओर पहुँचता रहा। लेकिन यह सब तो 'हरि अनन्त' की तरह 'हरि कथा अनन्ता' है।

हमारा प्रस्थान मध्यकाल के अवसान से होता है। इस काल से जो और जिस तरह का संवाद पश्चिम से प्रारम्भ होता है उसी से हमारे शोध के विवादों का रिश्ता है। क्योंकि इस समय तक गंगा और टेम्स दोनों में बहुत-सारा पानी बह चुका था और धीरे-धीरे पश्चिम संसार का केन्द्र बन गया।

## (क)

## यूरोपीय पुनर्जागरण और भारत

यूरोपीय पुनर्जागरण का यूरोप के साथ-साथ शेष संसार के लिए आमूल परिवर्तनकारी महत्त्व है। इसके उद्‌गम, स्वरूप और संसार को आधुनिक बनाने में इसकी भूमिका के प्रश्न पर खासा विवाद है। इतिहासकार हेज ने लगभग कड़ी शब्दावली में पुनर्जागरण के सम्बन्ध में कहा है कि, "इसे हमारी आधुनिक सभ्यता के सभी प्रस्थानों के सूचक रूम में नहीं प्रयोग करना चाहिए।"[1] मैं यूरोप के पुनर्जागरण से किसी घटना-विशेष को नहीं समझाना चाहता हूँ। मेरे बोध में यह आधुनिक पश्चिम के उदय के रूप में ठीक-ठीक आकार पाता है। यूरोप को आधुनिक बनाने के लिए उत्तरदायी घटनाक्रमों के विस्तार से ही अमेरिका का स्वरूप बना और संयुक्त राज्य अमेरिका के उदय के साथ ही आधुनिक पश्चिम के उदय का आधार-स्तम्भ निश्चित हो गया। जिन घटनाओं ने यूरोप का कायाकल्प किया उनको सुविधा के लिए चार प्रक्रियाओं में विभक्त कर सकते हैं। इन्हीं प्रक्रियाओं की शाखा-प्रशाखा के रूप में अन्य घटनाओं का उदय होता रहा। साथ ही, इन्हें दावे के साथ कालक्रम में रखना उचित नहीं होगा क्योंकि कई बार ये एक-दूसरे का कारण और परिणाम दोनों होती रहीं। ये प्रक्रियाएँ थीं – भौगोलिक अन्वेषण, पूँजीवाद का उदय, सांस्कृतिक पुनर्जागरण तथा धर्मसुधार और राष्ट्र-राज्यों का उदय।

जब मध्यकालीन यूरोप में सामन्ती व्यवस्था के बन्धन शिथिल होने लगे तो अचानक परिवर्तन का चक्र तेज हो गया।[2] महामारी के कारण जनसंख्या में कमी हो जाने से श्रमिकों का संकट, 19वीं सदी के बाद यूरोपीय व्यापार का पुनरुत्थान और मुद्रा अर्थतन्त्र की शुरुआत, आपसी युद्धों में सामन्तों का जर्जर होते जाना तथा शहरों के प्रति आकर्षण ने सामन्ती बन्धनों को चुनौती दी। 11वीं सदी के अन्त में व्यापार के स्वरूप में परिवर्तन हुए और यातायात आदि में हुए तकनीकी, परिवर्तनों

से व्यापार-उद्योग की प्रगति तेज हुई। स्वभावतः नगर बाजारों की स्थापना तथा व्यापार और बीमा तथा बैंकिंग से सम्बद्ध संस्थाओं के उदय ने नये क़िस्म के निर्भीक और स्वायत्त वर्ग को जन्म दिया जिसमें व्यक्तिवाद पनप चुका था।

अर्थतन्त्र में आये परिवर्तनों का प्रभाव शिक्षा और संस्कृति पर पड़ा। 14वीं सदी के मध्य तक सार्वजनिक शिक्षा के बारे में सदियों से प्रभुत्व सम्पन्न चर्च अपनी पकड़ खो रहा था। कलाकारों व बुद्धिजीवियों की स्थिति में उनकी सामाजिक परिस्थितियों के साथ मूलभूत बदलाव आये। मध्यकाल यूरोप के सांस्कृतिक आयामों से सम्बन्धित कोई भी चर्चा उस समय तक पूरी नहीं मानी जा सकती जब तक मध्यकालीन धर्म का कुछ विचार न किया जाये।[3] अमिय प्रसाद सेन ने तीन प्रकार के विवादों की चर्चा की है जो इस समय केन्द्र में थे।[4] इन विवादों ने ऐसे परिवर्तनों को जन्म दिया जिनसे धर्म के प्रति लोगों का दृष्टिकोण भिन्न होने लगा। पादरियों के प्रभुत्व में कमी, सुधार की प्रवृत्ति और जीवन में धर्म की उचित भूमिका की ओर लोगों का ध्यान गया। इस प्रकार सामाजिक-आर्थिक परिवर्तन, कुस्तनतनिया का पतन तथा इसके पहले 9वीं सदी में घटित कैरोलिजियाई पुनर्जागरण व 12वीं सदी का मानववादी विचारों के विकास का उपक्रम जैसी घटनाओं ने यूरोपीय पुनर्जागरण को सम्भव बनाया। ''पुनर्जागरण काफी हद तक पुराने और नये प्रगतिशील मूल्यों, जैसे मानववाद और अहम् का, ईसाइयत के आत्मत्याग और मध्यवर्गीय आत्मचेतना का सूक्ष्म सम्मिश्रण था।''[5] यह प्रथमतः इटली में अभिव्यक्त हुआ और बाद में उत्तर की ओर बढ़ा क्योंकि सम्पूर्ण यूरोप कई तरह की आर्थिक और सामाजिक विषमताओं से ग्रसित था। ''क्लासिकवाद का पुनरुद्धार तथा कला और साहित्य के प्रति व्यावहारिक और मानवीय दृष्टिकोण जहाँ आमतौर पर प्रायः सारे यूरोप के पुनर्जागरण आन्दोलनों की सामान्य विशेषता थी वहाँ इस विकास का आन्तरिक स्वरूप सभी जगह एक जैसा नहीं था और न ये सब एक ही समय घटित हुए।''[6]

मानवतावादी व आधुनिक इतालवी गद्य के जनक बुकाचियों ने 'जीनियोलॉजी ऑफ दी गॉड्स' में प्रोमेथ्यूस के मिथक की पुनर्व्याख्या की। इटली के बुद्धिजीवियों का अधिक जोर क़ानून व प्रशासन की ठोस समस्याओं पर रहा। चित्रकला में प्रकृतवाद के प्रथम चितेरे जिओटो, लियोनार्दी द विंची, ऐंजेलो, विरोचियों अलवर्ती दोनोतेलो, टिटियान, जोर्जोने तथा राफेल जैसे रचनाकारों ने इटली में पुनर्जागरण को शिखर तक पहुँचाया।

उत्तर में, जर्मनी सबसे पहले पुनर्जागरण का केन्द्र बना। उत्कट देशप्रेम, धर्मदर्शन का अध्ययन, हिब्रू का अध्ययन, चर्च की बुराइयों का विरोध, कविता का जीवन की ओर गमन, श्रेष्ठ छपाई कला तथा मानवतावाद का पोषण जैसे तत्त्वों के

समावेश से जर्मनी की चेतना ने एक नये तरह के अनुभव को व्यक्त किया। फ्रान्स में भी अधिकांशतः जर्मनी की विशेषताएँ मिलती हैं, लेकिन यहाँ आलोचनात्मक चेतना के स्वर उतने तीखे नहीं थे। स्पेन तथा स्केण्डनेवियाई देशों में 1520 के दशक तक कोई प्रभाव नहीं देखा गया था। बाद में पुनर्जागरण के तत्त्व प्रसरित हुए और एक डच दार्शनिक इरासमस तो इतना महत्त्वपूर्ण व्यक्ति हुआ कि लगभग सम्पूर्ण यूरोप उससे प्रभावित रहा था। ब्रिटेन में 14वीं सदी के अन्तिम वर्षों में गति आने लगी थी। 16वीं सदी के पहले 25 वर्षों तक ऑक्सफोर्ड एक केन्द्र के रूप में सबल हो चुका था जहाँ क्लासिक लेखकों का गम्भीर अध्ययन होने लगा था। शेक्सपियर ब्रिटेन में पुनर्जागरण के सर्वोत्तम स्वरूप को प्रकट करता है। सामाजिक और दूरगामी परिवर्तनों की दृष्टि से टामर मूर और उसकी 'यूटोपिया' का अधिक महत्त्व है।

इस पुनर्जागरण की जटिलताओं और सीमाओं पर पर्याप्त अध्ययन हुआ है। इसका मानवतावाद "नाममात्र के अपवादों को छोड़कर अपने स्वरूप या अन्तर्वस्तु में, ईसाई मानवतावादी ही है, धर्म निरपेक्ष मानवतावाद नहीं।... इटली के कुछ राज्यों को छोड़कर बाक़ी सभी जगह मानवतावाद ने परवर्ती मध्यकालीन समाज पर कुछ भी प्रभाव डाल पाने से पूर्व प्रायः धर्म के साथ गठजोड़ कर लिया था।"[7] इनके बावजूद पुनर्जागरण ने यूरोप का कायाकल्प करनेवाली शक्तियों को तीव्र गति दे दी। व्यक्तिवादिता और आत्मचेतना की भावना, मनुष्य के महत्त्व की खोज, लेखक की स्वाधीनता, ज्ञान का प्रजातन्त्रीकरण तथा सकारात्मक तत्त्वों के प्रति आग्रह ने यूरोप को प्रगति के नये उपकरण दिये जिनका विस्तार वाणिज्यिक क्रान्ति, वैज्ञानिक क्रान्ति और प्रबोधन में हुआ।

थोड़ी चर्चा धर्म सुधार के क्षेत्र में भी आवश्यक है। सुमित सरकार ने 816वीं सदी के इस आन्दोलन को क्रान्तिकारी बताया है तथा इसका प्रभाव दूर तक देखा है। प्रोटेस्टेण्टवाद के राजनीतिक परिणाम महत्त्वपूर्ण हैं। 17वीं सदी के आँग्लक्रान्ति तथा बाद के साम्यवादी विचारों के विकास में इनकी भूमिका रही। श्री सरकार ने क्रिस्टोफर हिल के एक मत का समर्थन करते हुए लिखा कि, "मूल बात वस्तुतः यह है कि प्रोटेस्टेण्टवाद में अपेक्षाकृत अधिक लचीलापन और मध्य या बूर्जुआ वर्ग के विकास से सम्बन्धित विविध क्षेत्रों में नवीन मूल्यों के प्रति उनके दृष्टिकोण में एक प्रकार का खुलापन है।"[9]

पहले हमने व्यापार में आयी क्रान्ति का उल्लेख किया और इस तत्त्व ने प्राटेस्टेण्टवाद के साथ मिलकर जिस सबसे बड़े राजनीतिक परिवर्तन को जन्म दिया वह था – आधुनिक यूरोपीय राज्यों का उदय।[10] "इन राज्यों के उदय और शक्तिशाली होने के साथ संसार के शेष हिस्से में यूरोप की छाया गहरी होने लगी

थी। उभरते हुए यूरोप को ज्ञान-विज्ञान की आधुनिकता से पूर्ण किया 16वीं और 17वीं सदियों की वैज्ञानिक क्रान्ति ने जिसने जीवन के प्रत्येक पक्ष को विज्ञान की दृष्टि से देखने का वातावरण तैयार किया।"[11] कोपरनिकस (1473-1543) ने टॉलमी और अरस्तू के प्रभाव को समाप्त किया जिसका परिष्करण ब्रूनो ने किया। उस युग की महत्त्वपूर्ण उपलब्धि दूरबीन, गैलीलियो की देन थी और उसने वस्तुओं की गति की गणितीय व्याख्या की। विलियम गिलबर्ट का चुम्बकत्व का सिद्धान्त, हार्वे का रक्त परिसंचरण का सिद्धान्त तथा बॉयल, हुक और न्यूटन जैसे वैज्ञानिकों ने जहाँ विश्व की वैज्ञानिक व्याख्या की वहीं फ्रान्सिस बेकन, देकार्त जैसे दार्शनिकों और 'रॉयल सोसाइटी लन्दन' और फ्रान्स की अकादमी रॉयल देश साइन्सेज जैसी संस्थाओं ने विज्ञान को लोकप्रिय बनाया। अपर्णा बसु ने वैज्ञानिक विकास की विचारधारात्मक व्याख्या के सन्दर्भ में मार्क्सवादी और नव-मार्क्सवादी लेखकों को उद्धृत किया है जो विज्ञान के सामाजिक विश्लेषण को मान्यता देते हैं। इस वैज्ञानिक प्रगति ने बाद में यूरोप के अलावा शेष संसार को जिस प्रकार प्रभावित किया, उसे इसी सन्दर्भ में देखना उचित होगा।

उधर 17वीं शताब्दी में इंग्लैण्ड में जो परिवर्तन हुए उनसे जीवन का प्रत्येक पक्ष प्रभावित हुआ। "सच्चाई तो यह है कि पूरी शताब्दी ही क्रान्तिकारी परिवर्तनों का युग थी। 1603-1688 के दौरान इंग्लैण्ड में जो परिवर्तन हुए उनसे देश संसदीय प्रणालीवाली सरकार, साम्राज्यवादी विदेश नीति, आर्थिक स्वतन्त्रता तथा आर्थिक विकास के पथ पर अग्रसर हुआ।"[12]

18वीं सदी के आते-आते संसार के परिदृश्य पर कई स्पष्ट मानचित्र बन चुके थे। स्नेह महाजन[13] ने इस सदी को आर्थिक दृष्टि से देखते हुए तीन महत्त्वपूर्ण परिवर्तन दर्शाये हैं – विश्वव्यापी अर्थव्यवस्था का उदय, यूरोप का संसार के सर्वाधिक समृद्ध क्षेत्र के रूप में उदय तथा औद्योगिक क्रान्ति।

पश्चिम के उदय और शेष संसार के साथ इसके संवाद की सबसे ठोस और शक्तिशाली अभिव्यक्ति हमें भौगोलिक खोजों व इसके कारणों में मिल सकती है।[14] ये खोजें और समुद्री यात्राएँ जिस प्रकार कई कारणों से प्रेरित हुई उसी प्रकार इनके परिणाम भी विविध हुए और यूरोप तथा शेष संसार के प्रभावित होने के स्वरूप तथा गति में भी काफी वैविध्य है। पूरब के साथ लाभदायक व्यापार को अधिक सुविधाजनक और नियन्त्रित करने, उदित राष्ट्रीय राज्यों की धन की आवश्यकता को पूरा करने तथा धर्मप्रचार को विश्वव्यापी बनाने की इच्छा से इस अभियान को जहाँ कार्यरूप मिला, वहीं ज्ञान-विज्ञान की प्रगति ने इसे प्रौद्योगिकी के क्षेत्र में सहायता दी। यात्रा-वृत्तान्तों ने सुदूर पूर्वी और अफ्रीकी देशों के बारे में जो छवि

यूरोप के मन में उतारी, वह अलग से शोध का विषय है। बहरहाल, इस तरह के विपुल साहित्य ने एशियाई अफ्रीकी देशों के भविष्य पर गहरा प्रभाव डाला।

पिछले पृष्ठों में दर्शाये गये यूरोपीय विकास और भौगोलिक अन्वेषणों के कई परिणाम गिनाये जा सकते हैं लेकिन सर्वाधिक गहन परिणाम यह हुआ कि शेष संसार का यूरोपीयकरण प्रारम्भ हुआ तथा साम्राज्यवाद का रथ विजयोन्मत्त मुद्रा में चल पड़ा।

जिस समय पश्चिम का सूर्य तरुण हो चला था, भारत में अवसान की धुन्ध छा रही थी। विकास और आधुनिकता के वर्तमान या कहें तो पश्चिमी मानदण्डों के आधार पर देखें, तो भारत घोर पतन का परिदृश्य उपस्थित कर रहा था। 18वीं सदी के भारत को अन्धकार युग की संज्ञा दे दी गयी है। इस मुद्दे पर हम इसी अध्याय में थोड़ी चर्चा करेंगे लेकिन यहाँ हमारा विवेच्य प्रश्न यह है कि भारत पश्चिम के मुकाबले क्यों पिछड़ता जा रहा था? यूरोप के पुनर्जागरण और भारत के पुनर्जागरण में लगभग पाँच सौ वर्षों का लम्बा फासला क्यों है? यदि हम 18वीं सदी के उत्तरार्द्ध और उसके बाद समयावधि को लें तो इसका सर्वाधिक उपयुक्त उत्तर तो स्वयं ब्रिटिश शासन की उपस्थिति में खोजा जा सकता है। परन्तु इसके पहले के समयान्तराल को विश्लेषित करना साधारणतः इतिहासकारों के लिए भी कठिनाई से भरा काम है। आगे बढ़ने के लिए कुछ विमर्श प्रस्तुत करना अनुपयुक्त न होगा।

बहुत प्रारम्भ से ही इन दो सभ्यताओं का विकास एक-दूसरे से भिन्न स्वरूप और दिशा के साथ होता रहा। मध्यकाल में आकर इस भिन्नता का स्वरूप स्पष्ट और निर्णायक हो गया था। जिन प्रेरणा शक्तियों, भौगोलिक स्थितियों तथा सामाजिक बुनावटों के कारण यूरोप में परिवर्तन की हवा चली, भारत में प्रायः अनुपस्थित थीं। इसके कुछ मोटे उदाहरण साफ़ दिखते हैं। राजा और सामन्तों के बीच यूरोप जैसे सम्बन्धों का अभाव होने के कारण इनके बीच संघर्ष और दीर्घकालीन युद्ध न हुए। इसके कारण उन रचनात्मक तत्त्वों का आकार जन्म न ले सका जो सार्थक विध्वंस के बाद किसी समाज को प्राप्त होता है। इसके अलावा भारत में हिन्दू और मुसलमानों के बीच जेहाद का धर्मयुद्ध जैसी घटनाओं का अभाव था। यूरोपीय प्रसार और विस्तार की आकांक्षा में मुसलमानों के साथ उनके संघर्ष की अपनी भूमिका है। भारत के उत्तरमध्यकालीन शासक-वर्ग को प्रगतिकामी नहीं कहा जा सकता। इस तथ्य के सशक्त अपवाद हैं लेकिन सम्पूर्ण भारतीय क्षेत्र का राजनीतिक जीवन जिस पिछड़ेपन को प्रदर्शित कर रहा था, उसमें प्रसार की नहीं बल्कि आत्मघात की शक्तियाँ अधिक थीं। औरंगजेब के बाद दिल्ली की सत्ता के लिए आपसी मारकाट का जो वीभत्स और क्षुद्र क्रम शुरू हुआ उसकी तुलना यूरोप

के निरंकुश राष्ट्र-राज्यों के आपसी संघर्ष से करें तो एक साफ़ विभाजन दिख जाता है। यहाँ तक कि मध्यकालीन भारत के जो श्रेष्ठ शासक रहे, उनके दृष्टिकोण और शासन तन्त्र में आधुनिकता थी, यह मानने में कठिनाई होगी। सतीशचन्द्र द्वारा मध्यकालीन मुग़ल भारत की अतिशय सहानुभूतिपूर्ण विवेचना और इरफान हबीब की विद्वत्तापूर्ण आर्थिक-तकनीकी गवेषणा के बावजूद कई प्रश्न अनुत्तरित रह जाते हैं।[15] उदाहरण के लिए यदि कोई शिक्षा का पाठ्यक्रम और तन्त्र देखें तो उनमें पुनरावृत्ति और रूढ़िवादिता को ही मुख्य स्थान था। यह प्रश्न उठाया जा सकता है कि वहाँ समकालीन विश्व खासतौर पर अपने ही एशियाई पड़ोसियों के प्रति इतनी अज्ञानता क्यों थी। मध्यकाल में, भारत के कितने विश्वविद्यालयों से हम परिचित हैं? जैसा कि पिछले पृष्ठों में कहा गया भारत के विपरीत यूरोपीय पुनर्जागरण की भूमिका 13वीं सदी में ही बनने लगी थी और 12वीं सदी में वहाँ एक आन्दोलन चला जिसमें मानवतावादी विचारों का विकास हुआ, पेरिस, बोलीन और ऑक्सफोर्ड के महान् विश्वविद्यालयों की स्थापना हुई।

विवेच्य प्रश्न को कुछ विद्वान् एक ऐतिहासिक सन्दर्भ में रखकर देखते हैं। भारत आर्थिक दृष्टि से काफी समृद्ध देश रहा और यहाँ मानवशक्ति अपनी विविधता और गुणवत्ता के साथ पर्याप्त रूप में उपलब्ध रही। उसके कारण यूरोप की तरह जीवन की विषम परिस्थितियाँ पैदा नहीं हुईं। दूसरे शब्दों में आवश्यकता नहीं हुई अतः आविष्कार न हुए! इस मुद्दे पर शोध की आवश्यकता है। परन्तु यह मानने में कोई कठिनाई नहीं है कि यूरोप पूर्व के मुकाबले एक आक्रामक, गतिशील, प्रसारवादी तथा सबल संस्कृति विकसित कर चुका था। कहा जा चुका है कि नये क्षेत्रों की खोज के पीछे कई कारण प्रेरणा के स्रोत थे। इन समस्त आवेगों से सम्पन्न यूरोपीय अन्वेषण की जो लहर पुर्तगालियों से उठी वह बाद में अन्य देशों का महत्त्वपूर्ण उद्यम बन गया जिसमें नवोदित राजाओं ने संरक्षक और प्रायोजक की भूमिका निभायी। इसी अभियान के तहत अमेरिका, अफ्रीका तथा अन्य एशियाई देशों पर अमानवीय विक्षेपों और क्रूरताओं का दौर प्रारम्भ हो गया। यह विषय आज साहित्य और संस्कृति के क्षेत्र में अनन्त विवादों को जन्म देता रहा है। हमारी चिन्ता यहाँ भारत के सन्दर्भ में है। सन 1498 में वास्कोडिगामा ने भारत की धरती पर क़दम रखा और आगामी दो दशकों तक पुर्तगाली एक स्पष्ट शक्ति के रूप में भारत में जम चुके थे। इस प्रकार 16वीं सदी में भारत में दो शक्तियों ने अपनी सत्ता मज़बूत की। नाविक शक्ति के रूप में यूरोपीय या पुर्तगाली तथा स्थल शक्ति के रूप में मुगल। पुर्तगालियों के बाद एक-एक कर डच, फ्रान्सीसी व अंग्रेज़ आते रहे। इन सबमें कई कारणों से अंग्रेज़ सर्वाधिक क्षमतावान् बनकर उभरे और 18वीं सदी के भारत में वे

एक महत्त्वाकांक्षी तथा निर्णायक शक्ति के रूप में प्रतिष्ठित हो चुके थे। सी.एन. पारकिन्सन[16] ने अपनी पुस्तक में इस बात पर चर्चा की है कि पश्चिम द्वारा पूर्व की और इस अभियान की सफलता में क्या मूलभूत कारण थे। उन्होंने लिखा है कि जहाज़ निर्माण, नौपरिवहन तथा बन्दूक़ आदि के निर्माण को लेकर 16वीं सदी का एशियाई समाज अपेक्षाकृत लाभकर स्थिति में था तब ऐसा क्यों हुआ कि यूरोपीय लोगों ने ही चीन को खोजा, चीनी लोगों ने यूरोप को क्यों नहीं खोजा। आगे वे कहते हैं कि, ''जब हम इस स्थिति की व्याख्या करना चाहते हैं तो हमें सबमें पहले इस बात को ध्यान में रखना चाहिए कि वैज्ञानिक खोज का अपने-आप में व्यावहारिक मूल्य बहुत कम होता है। इसके परिणामों के लिए एक सुसंगठित समाज की आवश्यकता होती है जो किसी भी आविष्कार का प्रयोग कर सके। और 16वीं सदी के यूरोप की शक्ति इसकी तकनीकी क्षमता की अपेक्षा इसके संगठन में अधिक निहित थी। यह खासतौर पर तोपों और आग्नेयास्त्रों के इतिहास से स्पष्ट है, जिन हथियारों की सहायता से पश्चिम ने अपनी प्रभुता स्थापित की।''[17]

पश्चिम की भारत में उपस्थिति कई रूपों में सम्भव हुई। यात्री, व्यापारी, सैनिक, विद्याप्रेमी या अध्ययन की सुविधा के लिए हम जो भी विशेषण प्रयुक्त करें, भारत में प्रायः यूरोपीय स्वयं को एक विशिष्ट व्यक्ति के रूप में पाने लगा। इतिहास का छात्र ईस्ट इण्डिया कम्पनी के प्रभुत्व, इसके द्वारा ब्रिटिश संसद् में खरीद-फरोख़्त या रिश्वत द्वारा अपनी स्थिति मज़बूत बनाना, साम-दाम-दण्ड-भेद की नीतियों का अमानवीयता की हद तक जाकर व्यवहार करना, बंगाल पर अपने शिकंजे मजबूत करना, बंगाल को एक समृद्ध प्रान्त से दरिद्र भू-क्षेत्र में बदलकर रख देना तथा बंगाल के ऐतिहासिक अकाल जैसी घटनाओं व प्रक्रियाओं से परिचित हैं। इस प्रकार ''कम्पनी एक एशियाई व्यापारी, एक एशियाई शासक और एक एशियाई राजस्व-कृषक के रूप में परिवर्तित हो गयी। इस अर्थ में, इस्लामी साम्राज्य के भीतर तथा पूर्वी समुद्रों में राजनीतिक शक्ति का व्यवसायीकरण तथा यूरोपीय पूँजीवाद का निष्ठुर प्रक्षेपण यूरोपीय विश्व-साम्राज्य की आवश्यक पूर्व शर्तें थीं।''[18]

वर्णित सारी स्थितियाँ एक ऐतिहासिक तर्क के भीतर बनती जा रही थीं। यूरोपीय जागरण के फलस्वरूप, जिन मानस का निर्माण हुआ जिन मानव-मूल्यों को स्वीकार किया गया तथा जैसा समाज विकसित हुआ, उसमें पश्चिमी विशिष्टता तथा अन्य की द्वितीयता निहित थी। यही कारण कि पश्चिम जिसे अपने श्रेष्ठ दार्शनिकों के रूप में स्वीकार करता है, उनका भी नजरिया इससे भिन्न न रहा। ''यूरोपीय पुनर्जागरण के समय विकसित हुई मनुष्य की यूरोपीय अवधारणा से सिर्फ़ एक क़दम आगे रखने पर यूरोपीय मनुष्य को, मनुष्य बल मात्र की चरम अवस्था मान लेना

तार्किक ही होगा।"[19] और ऐसा हुआ भी क्योंकि, "यह वह अहंकार था जो यूरोपीय मनुष्य को धरती पर ईश्वर का अवतार मानकर उसे ब्रह्माण्ड का स्वामी घोषित करता था।"[20] इस प्रवृत्ति की परिणतियाँ भारत में सम्पन्न हुईं। इस बात पर बहसें होती रही हैं कि यूरोपीय, भारत में साम्राज्य स्थापित करने आये थे या सिर्फ़ व्यापार करने। इस बहस में सुविधाजनक रूप से व्यापार के स्वरूप और इसके पीछे निहित विश्वव्यापी सर्वसत्तावादी तर्क को साम्राज्यवाद के राजनीतिक स्वरूप से अलग कर निष्कर्ष निकाला जाता है कि ब्रिटेन ने अनिच्छा से भारत पर शासन करना प्रारम्भ किया। मैं इससे सहमत होने में कठिनाई का अनुभव करता हूँ। आगे हम देखेंगे कि कैसे संस्कृति, भाषा और इतिहास का साम्राज्यवाद से रिश्ता जुड़ता है। न्युगी ने "1986 में प्रकाशित पुस्तक 'डीकोलोनाइजिंग द माइण्ड' में खासतौर से भाषा से जुड़े सवालों का विश्लेषण किया है और बताया है कि किस प्रकार साम्राज्यवाद ने भाषा का सहारा लेकर केन्या की संस्कृति को पूरी तरह दूषित कर दिया।"[21] बहुत प्रारम्भ से ही साम्राज्य निर्माण को अनिवार्य उत्तरदायित्व की तरह समझा गया और यूरोप के कथित वैश्विक "विचारकों ने इस बात पर जोर दिया कि इस काम में गम्भीर जोखिम निहित है और इसके लिए दूरदर्शिता सतर्कता, ईमानदारी, चरित्रबल तथा बुद्धि चातुर्य की आवश्यकता है। साम्राज्य निर्माण के विरोध में आनेवाली बाधाएँ बुनियादी महत्त्व का विषय थीं और इस सन्दर्भ में टाल-मटोल की कोई गुंजाइश नहीं थी।"[22] रूप बदलकर यही प्रवृत्ति आगे बढ़ती रही। इसलिए साम्राज्यवादी इतिहासकारों ने लम्बे समय तक इतिहास लेखन में यूरोपीय श्रेष्ठता और लोकोपकारिता के मिथक को स्थापित रखा जिसे हाल ही में गम्भीर चुनौतियाँ दी गयी हैं और अब स्थिति बदलने लगी है। इस प्रकार, "पश्चिम ने न केवल आधुनिक उपनिवेशवाद को जन्म दिया बल्कि इसने उपनिवेशवाद की अनेक व्याख्याओं को भी जन्म दिया। यहाँ तक कि यह व्याख्या की व्याख्या को भी अपना रंग देता है।"[23]

## (ख)

## पूरब की खोज और प्राच्यवाद

कहा जा चुका है कि पूरब के प्रति आग्रह और जिज्ञासा पश्चिम के मानस में कब पैदा हुई इसका उत्तर खोजने के लिए इतिहास के आदि तक या प्राक्-इतिहास तक जाना पड़ेगा। यहाँ हमारी शोध-प्रक्रिया की रुचि अंग्रेज़ी शासन के स्थापित होने के साथ जन्मी परिस्थिति में है। क्योंकि, "18वीं सदी के उत्तरार्द्ध तक यूरोप-निवासियों

ने भारत के अध्ययन का कोई वास्तविक प्रयत्न नहीं किया था तथा उसका प्रारम्भिक इतिहास यूनानी एवं लैटिन लेखकों की रचनाओं के संक्षिप्त अंशों से ही विदित हुआ था।''[24] बाद में कुछ पादरी संस्कृत भाषा के ज्ञान से परिचित हुए। इनमें फादर हैक्सलेडेन ने 1699 से 1732 ई. तक मालाबार में कार्य किया और संस्कृत भाषा की प्रथम व्याकरण पुस्तक का यूरोप की एक भाषा में संकलन किया। बाशम आगे लिखते हैं कि फादर कोयरडो नामक एक सज्जन ने 1767 में संस्कृत भाषा तथा यूरोपीय भाषाओं के पारिवारिक सम्बन्ध को पहचाना। इसके बावजूद भारतीय ज्ञान शास्त्र की आधारशिला स्वतन्त्र रूप से अन्य लोगों द्वारा रखी गयी, जिनकी चर्चा हम करेंगे। यह तब हुआ जब ब्रिटिश शासन की आधारशिला रखी जा चुकी थी। यद्यपि कठोर विभाजन के साथ यह नहीं कहा जा सकता कि ब्रिटेन के सत्ता नियन्त्रण से पहले पूर्वी विषयों में उनकी कोई रुचि न थी। 'दी ओरियण्टल टेल इन इंग्लैण्ड' नामक अपने अध्ययन में 1908 में मार्था कोनान्त ने पूर्वी आख्यानों के चार प्रमुख वर्गों को दिखाया[25] है जो 1790 से पहले बहुत लोकप्रिय थे। लेकिन इसमें भारत का अंश कम था और स्वयं लेखिका ने माना है कि विलियम जोन्स का काम आमूल रूप से भिन्न था।

पूरब की खोज का प्रारम्भिक अध्याय व्यवस्थित रूप से 'एशियाटिक सोसाइटी ऑफ बंगाल' के साथ शुरू होता है। इस संस्था तथा इससे जुड़े महानुभावों के कामों, उपलब्धियों, प्रक्रियाओं और सम्बद्ध अनेक पक्षों का सकारात्मक और गुणग्राहक अध्ययन ओ.पी.केजरीवाल ने किया है।[26] हम उनके अध्ययन की सहायता से एक संक्षिप्त रूपरेखा बना सकते हैं।

पहले अध्याय में केजरीवाल महोदय ने सविस्तार यह दिखाया है कि, ''18वीं सदी का भारत अपनी रचनात्मक प्रगति से हीन एक-दयनीय स्थिति का प्रतिनिधित्व कर रहा था। भारत के पास अतीत था लेकिन इसके पास इतिहास न था।''[27] दरबारी भाषा उर्दू को छोड़कर देश की प्रमुख भाषाओं में शायद ही कोई विशिष्ट काम हो रहा था। ऐतिहासिक अवशेषों, कलाकृतियों, सिक्कों या पाण्डुलिपियों के प्रति समाज का उपेक्षाभाव, काल के प्रति उदासीनता और इतिहास के अध्ययन की कोई ठोस परम्परा विकसित न कर पाने के कारण देश की मूल्यवान् संस्कृति लुप्तप्राय हो चली थी। वास्कोडिगामा का भारत आगमन इतिहास को कई तरह से प्रभावित करनेवाली घटना बन गया। समुद्रपथ की खोज के बाद भारतसम्बन्धी लेखन को उन्होंने तीन बड़े प्रभागों में बाँटा है – भाषा, व्यापार और यूरोपीय शक्तियों द्वारा भारत में शोषण पर आधारित लेखन, धर्मप्रचारकों का लेखन तथा भारत पर विद्वतापूर्ण लेखन। पहले वर्ग में पुर्तगाली, डच, फ्रान्सीसी और डेनिस तथा

अंग्रेज़ आते थे। धर्मप्रचारकों ने भारत के धर्म और दर्शन का अध्ययन किया तथा भारत और रोम दोनों जगह इस अध्ययन पर बहस और प्रकाशन हुआ। इसमें जेसुइट सम्प्रदाय का काम बहुत महत्त्वपूर्ण है। जॉन मार्शल पहले अंग्रेज़ थे जिन्होंने गैर धार्मिक और गैर राजनीतिक दृष्टिकोण से भारत का अध्ययन किया था। इसके बाद हॉलवेल, अलेक्जेण्डर डॉव, प्रमुख नाम हैं। इनके बाद वारेन हेस्टिंग्स व अन्य समकालीन प्राच्यविदों का काम प्रारम्भ होता है। आगे के चार अध्याय क्रमशः जोन्स, कोलब्रुक, विलसन और जेम्स प्रिन्सेप के कामों को बृहद परिप्रेक्ष्य में सामने रखते हैं तथा बताते हैं कि 1784 में एशियाटिक सोसाइटी ऑफ बंगाल की स्थापना के साथ भारत के इतिहास में नया युग शुरू होता है। इन महानुभावों ने अनेक विषम और कष्टप्रद स्थितियों में, स्थानीय लोगों की उपेक्षा, शासन का क्रोध, प्रतिकूल जलवायु का प्रकोप सहते हुए भारत के बिखरे हुए इतिहास को एक स्पष्ट रूप दिया। हम आज जिस हिन्दू संस्कृति की बात करते हैं, जिस गौरवशाली संस्कृति और सभ्यता की चर्चा करते हैं, वह उन्हीं अंग्रेज़ विद्वानों की उपलब्धि है।

इसी उपलब्धि को बाद के भारतीय चिन्तकों ने स्वेच्छा से अपनाया। श्री केजरीवाल कहते हैं कि इस महान् उपलब्धि और ऐतिहासिक कर्त्तव्य के बदले हमने इन अंग्रेज़ विद्वानों को साम्राज्यवादी कहा और यथोचित सम्मान न दिया। इनका कहना है कि उस समय अकादमिक दुनिया और प्रशासनिक दुनिया में अलगाव था तथा इन विद्वानों ने बिना प्रशासन की कोई ठोस सहायता से अपने कार्यों को पूरा किया। इनके कार्यों का प्रतिबिम्बन कई स्थानों पर कई लोगों में मिलता है। ध्यान देने की बात है कि प्राच्यविदों के इस प्रारम्भिक समूह ने जो कुछ खोजा उसका आगे प्रसरण हुआ और कई दार्शनिकों व साहित्यकारों ने इससे प्रभाव ग्रहण कर अभिव्यक्त किया। जोन्स द्वारा खोजे गये इतिहास ने किस प्रकार राष्ट्रवाद और हिन्दू अस्मिता को निर्मित किया, यह अलग से विवेच्य है।[28] इस पर रोमिला थापर, डेविड कॉफ आदि ने विचार किया है। स्वयं विलियम जोन्स ने अन्य लोगों को यह विश्वास दिलाया कि, "भारतीय उन दिल्ली के सुल्तानों और क्षुद्र राजाओं की तुलना में हमारे अधीन सुखी हैं जिनके अधीन वे थे या होते।"[29]

प्राच्यविदों की उपलब्धियों ने पश्चिमी जगत् को कई तरह से प्रभावित किया। उनका इतिहास बोध, ख़ासतौर से भारत के सन्दर्भ में सन्तुलित और परिपक्व हुआ। संस्कृति की समृद्धि और ग्रीक तथा लैटिन से इसकी समानता की बात ने लोगों को प्रेरित किया। लगभग अर्द्ध-शताब्दी के भीतर ही एशियाटिक सोसाइटी ने संस्कृत को लगभग एक विश्व-भाषा का दर्जा दिला दिया, जिसका पश्चिमी मानस पर इतना गहरा प्रभाव था कि मैकडानल्ड ने 'हिस्ट्री ऑफ संस्कृत लिटरेचर' में टिप्पणी की –

"संस्कृति के इतिहास में रेनेसाँ के बाद किसी भी दूसरी घटना का इतना विश्वव्यापी महत्त्व नहीं है जितना 18वीं सदी के उत्तरार्द्ध में संस्कृत-साहित्य अन्वेषण का है।"[30] इन अन्वेषणों का संस्थागत प्रभाव भी पड़ा। पश्चिम में एशियाटिक सोसाइटी की तर्ज पर अनेक संस्थाएँ भी बनने लगीं। इसने भारत के सम्बन्ध में पश्चिमी चेतना को अत्यधिक विश्वसनीय और जागरूक बनाया। मैक्समूलर इस चेतना का सही प्रतिनिधित्व करते हैं और अपनी पुस्तक में भारतीय संस्कृति तथा ज्ञान की प्रशंसा में लीन नज़र आते हैं।

भारत की खोज या तत्सम्बन्धी लेखन के कई मॉडल सामने आते हैं। इनमें कुछ का आपस में कई मुद्दों पर मतभेद भी था। उदाहरण के लिए प्राच्यविदों व उपयोगितावादियों में कई बार मतभेद उभर आते थे और विलियम जोन्स तथा मिल के बीच कटु विवाद भी हुए। यदि हम मोटे तौर पर कुछ मॉडल बनायें, तो भारत सम्बन्धी अभिव्यक्ति के अग्रलिखित रूप हो सकते हैं, यद्यपि इनमें कई समूहों ने दूसरे समूहों से प्रभाव ग्रहण किये थे। ये हैं – प्राच्यवादी, उपयोगितावादी, इवैंजेलिकल, रोमाण्टिक, मार्क्सवादी आदि। इन समूहों को लिखने में कालक्रम का पालन नहीं किया गया है क्योंकि इसके लिए अन्य पक्षों पर नये सिरे से विचार करना पड़ेगा। इन समूहों में प्राच्यवादियों पर संक्षेप में हमने विचार किया है। इनका कहना था कि भारत का अतीत अतिगौरवशाली रहा है और इस अतीत के गौरवशाली तत्त्वों का संवर्द्धन और संरक्षण आवश्यक है। इसके विपरीत उपयोगितावादियों का रुख़ भारत के प्रति उदार न था। जेम्स मिल इनका प्रतिनिधित्व करता था। वह भारतीय सभ्यता व संस्कृति का घोर विरोधी था। इसी प्रकार इवैंजेलिकल भी भारतीय संस्कृति के कटु आलोचक थे। इनका मानना था कि पाश्चात्य सभ्यता का न तो कोई विकल्प है न प्रतियोगी। भारतीय भाषाएँ इस नवीन सभ्यता का वहन करने के लिए भी अपर्याप्त हैं। यही कारण है कि प्रसिद्ध शिक्षा विवाद में मैकाले की जीत हुई जो स्वयं इवैंजेलिकल था और उसके समय तक ब्रिटिश शासन पर विचारात्मक रूप से प्राच्यवादी अपनी पकड़ खो चुके थे। चार्ल्सग्राण्ट तथा मैकाले जैसे लोगों ने भारतीय ज्ञान व संस्कृति के बारे में कई अपमानजनक, यद्यपि अनैतिहासिक और मूर्खतापूर्ण बातें कहीं जिनसे प्रायः हम परिचित हैं।

जर्मनी के विद्वानों द्वारा भारत-लेखन का अपना महत्त्व है। कोलब्रुक ने जब पहली बार वेदों का सर्वेक्षण किया तो उसे निराशाजनक ढंग से कहना पड़ा कि इससे श्रम व्यर्थ गया। जर्मन रोमाण्टिसिज़्म और 19वीं सदी के 'जर्मन फिलालॉजी' के कारण वेद रुचि और जिज्ञासा के केन्द्र में आये।"[31] फ्रान्सीसी विद्वानों ने भारत की गणित ज्योतिष विद्या तथा खगोल-विज्ञान पर काम किया और इन विद्वानों को यह

घोषणा करने का प्रथमतः श्रेय जाता है कि भारत प्राचीन काल में वैज्ञानिक ज्ञान से परिपूर्ण था। डच व पुर्तगाली भारत लेखन की चर्चा हम पहले कर चुके हैं।

एक आलेख में, जिसे प्राच्यवाद की बहस में लगभग भुला दिया गया है, जेन रेण्डाल (Jane Rendall) ने[32] अनेक स्कॉटिश प्राच्यविदों का परीक्षण किया है जिसमें प्रायः सभी एडेनबर्ग विश्वविद्यालय से जुड़े थे और विलियम रार्बेटसन, डगल्ड स्टेवार्ट और एडम स्मिथ जैसे प्रकाण्ड विद्वानों से प्रभावित थे। इन लेखकों ने एशियाई समाजों को एकॉटिश फिलोसोफेज द्वारा प्रयोग में लाये गये पद, दार्शनिक इतिहास के सन्दर्भ में समझना चाहा। ''यद्यपि ये लेखक बॉम्बे लिटरेरी सोसाइटी'' (1804) की स्थापना में काफी प्रभावकारी थे तथा 'एशियाटिक रिसर्चेज' और 'द एडेनबर्ग रिव्यू' में आलेख लिखते थे लेकिन इन्होंने ऐसे प्राच्यवाद का प्रतिनिधित्व किया जो उपयोगितावादियों और इवैंजिलिकल आक्रमणों के आगे नतमस्तक हो जाता था।''[33]

मार्क्स ने अपने ढंग से भारत को समझना और समझाना चाहा है। ब्रितानी शासन की यथार्थपरक परिणतियाँ और उससे जुड़े विश्वव्यापी साम्राज्यवाद तथा पूँजीवाद को मार्क्स ने तथ्यपूरित भाषा में लिखा है। अपने ग्रन्थ पूँजी में उन्होंने भारत का लगभग पचास बार उल्लेख किया है।[34] ''1853 में ईस्ट इण्डिया कम्पनी के चार्टर फिर से जारी किये जाने का सवाल आख़िरी बार पार्लमेण्ट के सामने आया। उस समय न्यूयॉर्क के पत्र 'डेली ट्रिब्यून' में मार्क्स ने आठ लेख लिखे। इनके साथ पूँजी में और उनके पत्र-व्यवहार में भारत का जो उल्लेख हुआ है उन सबको पढ़ने से हमें भारत के सम्बन्ध में मार्क्स के विचारों का मूल तत्त्व मिल जायेगा।''[35]

लेफ्टिनेण्ट थॉमस मेडिवन, जो कि महान् कवि शेली का 'कजन' था और एक हिन्दू महिला से असफल प्रेम के कारण सांस्कृतिक रूप से लगभग रूपान्तरित हो चुका था, जब यूरोप लौटा तो भारत सम्बन्धी लेखन को काफ़ी गति मिली। उसने स्वयं कई लेख और कविताएँ प्रकाशित कीं। 'अ बंगाल यार्न' नामक कहानी में उसने लगभग अपनी ही प्रेम कहानी दुहरायी। मेडविन ने शेली को भारत के सन्दर्भ में काफ़ी प्रभावित किया।[36] लेकिन, ''शेली पहले से ही पक्का प्राच्यवादी और उदार साम्राज्यवादी था और मेडविन के पीसा आगमन ने शेली की भारत में रुचि को पुष्ट किया, न कि जगाया।''[37] स्वयं शेली और बायरन का मेडविन पर काफ़ी प्रभाव था। इधर मेडविन से प्रभावित होकर शेली ने 1821 में अपने मित्र थॉमस लव पीकाक को जो ईस्ट इण्डिया कम्पनी में एक उच्चपदस्थ नौकरशाह था, पत्र लिखा और भारत में नौकरी की सम्भावना के बारे में पूछा।[38] यही नहीं उसकी कविता में प्राच्यवादी राग को देखकर 19वीं सदी के फ्रान्सीसी प्राच्यवादी, एडगर क्वीनेट ने उसे

'शेली, ठेठ भारतीय' लिखा।[39] मार्क्स के 1583 वाले प्रसिद्ध लेख से 34 वर्ष पूर्व ही शेली ने 'फिलोसोफिकल व्यू ऑफ रिफॉर्म' नामक अपने एक परिच्छेद में भारत के बारे में अपना सबसे लम्बा मन्तव्य लिखा और "उसने ब्रितानी उपनिवेशवाद के भारतीय संस्कृति पर प्रभाव का वर्णन करते हुए ठीक वैसे ही शब्दों का व्यवहार किया,"[40] जैसे मार्क्स ने किया था।

इस प्रकार ब्रिटिश भारत में शासन स्थापना से पूर्व चली आ रही भारत-लेखन की गति बनी रही। भारत विभिन्न व्यक्तियों व समुदायों के लिए अलग-अलग कारणों से महत्त्वपूर्ण था। लेकिन इस बात से तो तय है कि भारत इन सबके लिए एक 'विषय' ज़रूर था। जैसा कि मिल के इतिहास के संस्करण में एच.एच. विल्सन ने संकेत किया है कि जेम्स मिल के लिए भारत बेन्थम के कुछ सिद्धान्तों को परीक्षित करने और जाँचने के लिए परीक्षण-स्थल था।[41] वैसे भी विल्सन इस सारी कसरत को एक ड्यूटी के रूप में देखता है जो 'हमारे शासन की प्रभुता द्वारा हम पर आरोपित किया गया है' ताकि 'ब्रिटिश हुकूमत की प्रभुता और प्रत्याभूति के अधीन सार्वभौम प्रशान्ति' स्थापित की जा सके।[42] माजीद ने आगे लिखा है कि यद्यपि ब्रितानी शासन के प्रति मिल और जोन्स का योगदान अप्रतिम रहा है लेकिन इसका श्रेय विल्सन को जाता है कि उसने भारत पर ब्रिटिश शासन को स्पष्टतः न्यायोचित ठहराते हुए नैतिक उत्तरदायित्व का विचार दिया।[43] वैसे फ्रान्सीस हचीन्स ने भी लिखा है कि उनकी (अंग्रेज़ों की) भारतीयों के प्रति सहानुभूति केवल 'ए सेन्स ऑफ ड्यूटी' के तहत उत्पन्न होती है।[44] आगे के कुछ पृष्ठों में हम यह देखेंगे कि भारत की खोज सम्बन्धी विभिन्न समुदायों या व्यक्तियों के प्रयास की क्या परीक्षा आधुनिक विद्वानों ने की है।

एडवर्ड सईद की पुस्तक 'ओरएण्टलिज़्म' का विचार और चिन्तन के संसार में क्या महत्त्व है; इसका अनुमान इसी से लगाया जा सकता है कि इसके प्रकाशन (1978) के बाद से इस विषय पर यदि एक लेख भी लिखना हो तो सईद को अनदेखा नहीं किया जा सकता। यद्यपि इस विषय पर सईद का चिन्तन सर्वथा नया नहीं है और स्वयं सईद ने इसे स्वीकार करते हुए अपने पूर्ववर्तियों का उल्लेख किया है। इसके अलावा व्यवस्थित रूप से सईद से पहले दो और कामों का उल्लेख आवश्यक है। पहला रेमण्ड स्वाब (Raymond Schwab) का 'द ओरियण्टल रेनासाँ : यूरोप्स डिस्कव्री ऑफ़ इण्डिया ऐण्ड दी ईस्ट' 1680-1880 तथा दूसरा अनवर अब्दुल मलिक का 'ओरियण्टलिज़्म इन क्राइसिस'। एडवर्ड सईद के लिए प्राच्यवाद पूरब पर आधिपत्य स्थापित करने, उसे पुनर्निमित करने तथा शासन करने की पश्चिमी शैली है।[45] भारत में एक अच्छे कैरियर की तलाश में आनेवाला यूरोपीय

प्राच्य के सामने पहले एक अमेरिकन और यूरोपीय के रूप में आता था, बाद में व्यक्ति के रूप में।[46] अपनी अगली पुस्तक 'कल्चर ऐण्ड इम्पीरियलिज़्म' में उन्होंने संस्कृति और साम्राज्यवाद की अन्तःसम्बद्धता की पड़ताल करते हुए दिखाया है कि कैसे साहित्य के द्वारा कोई वर्चस्वशाली समाज दूसरे समाज का आख्यान तैयार करता है और उसकी एक परिभाषा बनाता है। इसी पुस्तक में सईद ने भारत के इतिहास-निर्माण सम्बन्धी प्राच्यवादियों की उपलब्धि को साम्राज्यवाद में सहायक मानते हुए कहा है कि ये सभी काम कुछ-न-कुछ नेटिव लोगों के प्रति ड्यूटी या मातृदेश की प्रतिष्ठा के कारण या 'द रेटोटिक ऑफ ला मिशन सिविलाइज़ेशन के[47] तहत हुए क्योंकि, "प्राय, सभी औपनिवेशिक कार्यक्रम नेटिव लोगों के पिछड़ेपन तथा स्वतन्त्रता, समानता और योग्यता के मामले में उनकी सामान्य अनुपयुक्तता की पूर्वकल्पना के साथ प्रारम्भ होते थे।"[48] इस प्रकार सईद ने फूको और ग्राम्शी की अवधारणाओं का सहारा लेकर साहित्य में अपने प्रकाण्ड ज्ञान के आधार पर सांस्कृतिक आलोचना के क्षेत्र में नयी सक्रियता जाग्रत कर दी। इस कारण इनके विरोध में लिखनेवाले भी बहुत हुए। इसके बावजूद इनकी मुख्य प्रतिज्ञा को निरस्त करना सम्भव नहीं है। एजाज अहमद ने मुख्यतः सईद की प्रविधि और मार्क्सवाद से सम्बन्धित मुद्दों पर आपत्तियाँ प्रकट की हैं। वे मानते हैं कि संसार को विश्लेषित करने के मामले में जहाँ तक विचार भिन्नता का प्रश्न है वहाँ 'जेम्पसन से असहमत होना सरल था' लेकिन सईद इस मामले में भिन्न हैं।[49] पीटर वान दर वीन ने तीन स्तरों पर सईद से संवाद किया है। वे यह दिखाना चाहते हैं कि प्राच्यवाद ने न सिर्फ़ पूरब को निर्मित किया बल्कि स्वयं पश्चिम भी इससे निर्मित हुआ।[50] डेविड लडेन ने प्राच्यवाद को एक विकसनशील अवधारणा के रूप में लिया है और सईद के इस मन्तव्य पर प्रश्न उठाया है कि साम्राज्यवाद प्राच्यवाद में निहित था। कई अन्य प्रश्न उठाते हुए वे कहते हैं कि ज्ञान और सत्ता को अलग करते हुए हम इन मुद्दों को अधिक सटीक ढंग से उठा सकते हैं।[51] ध्यातव्य है कि सईद ने फूको का अनुसरण करते हुए ज्ञान और सत्ता को एक साथ जोड़ा है। अर्जुन अप्पादुरई ने[52] उन दो लेखकों का उल्लेख किया है जिनसे उनका अपना मत निर्मित होता है। बेनेडिक्ट एण्डरसन और सुदीप्त कविराज के क्रमशः 1991 और 1989 में लिखे लेख औपनिवेशिक शासन की आलोचना के लिए एक महत्त्वपूर्ण व नया एजेण्डा सुझाते हैं। अप्पादुरई ने इन उपकरणों पर ध्यान देने की आवश्यकता बतायी है जिनसे सत्ता का सुदृढ़ीकरण होता रहा। जैसे – जनांकिकी, मानचित्र, कृषि सर्वेक्षण, नस्ली अध्ययन आदि।

निकोलस थॉमस ने[53] कहा कि, ''ओरियण्टलिज़्म' अतिवादी आलोचना का शिकार रहा है। इस सम्बन्ध में उन्होंने पायर रिकमैन्स तथा होमी भाभा की टिप्पणियों को उद्धृत किया है। इसलिए वे एक सन्तुलित दृष्टिकोण अपनाने की बात करते हैं। फिर वे प्राच्यविदों के सिर्फ़ नकारात्मक पक्षों को अधिक उछालने की सईद की प्रविधि से असन्तुष्ट हैं[54] तथा मानते हैं कि इस पुस्तक में उपनिवेशवाद की संस्कृति का पूर्ण, सन्तुलित और व्यापक विवरण का अभाव है।[55] ओम प्रकाश केजरीवाल तो सईद पर पूर्वग्रह से ग्रस्त होने का आरोप तक लगाते हैं और इनकी पुस्तक सईद की स्थापना के उलट एक सम्पूर्ण तैयारी के रूप में सामने आती है।[56]

नीगेल लीस्क ने पूर्व के सम्बन्ध में रोमाण्टिक लेखन में साम्राज्य की चिन्ताओं और अस्थिरताओं पर अपना ध्यान केन्द्रित किया है। ज्ञान और सत्ता को जोड़ने पर उन्हें आपत्ति नहीं है बल्कि इन्हें एक 'क्लोज्ड सिस्टम' के रूप में देखने का है।[57] वे होमी भाभा को उद्धृत करते हैं कि भाभा उपनिवेशवादी बहस में सब्जेक्ट-आबजेक्ट सम्बन्धों की समस्या में मनोविश्लेषण को भी जगह देते हैं और सईद के एकपक्षीय पूर्णतावादी पश्चिमी प्राच्यवादवाली धारणा से असहमत होते हैं।[58] जे. एम. मैकेञ्जी ने लीस्क के इस काम को 'बौद्धिक और भावनात्मक जटिलताओं के प्रति एक पूर्णतः भिन्न किस्म की संवेदनशीलता से आप्लावित कहा है।[59]

नार्थकोट पारकिन्सन ने[60] किपलिंग का जिक्र किया है जिसने 'द ह्वाइटमैन्स बर्डेन' जैसा विध्वंसकारी विचार दिया। पारकिन्सन का कहना है कि किपलिंग, 1895 में उपनिवेशों के लिए 'सेक्रेटरी ऑफ द स्टेट' जोसेफ जेम्बरलेन से ज़रा भी भिन्न नहीं था जिसका मानना था कि ब्रितानी नस्ल सभी शासन करनेवाली नस्लों में, जो अब तक हुई हैं, सर्वश्रेष्ठ हैं। इनकी इस दम्भपूर्ण धारणा के पीछे ईसाइयत का सिद्धान्त था। ''अंग्रेज़ों द्वारा एशिया पर शासन करने सम्बन्धी औचित्य या किसी भी सन्देह को एक शब्द से शान्त किया जा सकता था। नेटिव आखिरकार 'विधर्मी' (heathen) थे।''[61] डी.एन.झा, जो किसी भी तरह प्राचीन भारतीय संस्कृति के प्रति आग्रही इतिहासकार नहीं समझे जाते, ईसाई मिशनरियों द्वारा हिन्दू धर्म को बेईमानी, धोखाधड़ी, खुदगर्जी यौन पापाचार आदि कुकर्मों का स्रोत कहने को नोट करते हैं।[62] चार्ल्स ग्राण्ट भारतीयों के उद्धार का पथ ईसाइयत में देखता और बतलाता था। इसने 19वीं सदी के मिशनरी-चिन्तन और भारत-लेखन पर प्रभावी छाप छोड़ी।

इस अनन्त वाद-विवाद में अब तक कुछ-न-कुछ जुड़ रहा है[63] लेकिन हम किसी निष्कर्ष की तरफ पहुँचने की स्थिति में आ सकते हैं; आगामी कुछ पृष्ठों में यही प्रयास होगा।

निकोलस थॉमस ने बरनार्ड कोहन को अपनी पुस्तक में उद्धृत किया है – "भारतीय समाज को समझाने के लिए जाति और धर्म समाजशास्त्रीय कुंजी थे। यदि उन पर (भारतीयों पर) कुशलतापूर्वक शासन करना था तो यह स्वाभाविक था कि धर्म और जाति के बारे में सुव्यवस्थित जानकारी प्राप्त की जाये...।[64] भारतीय भाषाओं के सन्दर्भ में थॉमस ने कोहन को फिर उद्धृत किया – "द कन्क्वेस्ट ऑफ इण्डिया वाज ए कन्क्वेस्ट ऑफ नालेज।"[65] यह बात निश्चय ही 18वीं-19वीं सदी के भारत में भाषा और संस्कृति के बारे में कही जा रही है। हमारे अपने समय में एक विचारक अपने देश के बारे में यह निष्कर्ष निकालता है। – "मेरे विचार से भाषा सर्वाधिक महत्त्वपूर्ण साधन है जिसके जरिये आत्मा को वश में किया गया और उसे बन्दी बना दिया गया। शारीरिक गुलामी के लिए गोलियों को साधन बनाया गया लेकिन मानसिक और आत्मिक गुलामी भाषा के जरिये थोपी गयी।"[66] यह एक ऐसा सत्य है जो कई सदियों से हमारी आँखों के सामने उपस्थित है। आज भाषा-दार्शनिकों ने यह सिद्ध किया है कि भाषा न सिर्फ़ संस्कृति को व्यक्त करने का माध्यम है, बल्कि वह स्वयं एक निरन्तर संस्कृति है। इस बात को आज कुछ विद्वान् भले न समझ पायें, ब्रिटिश भारत के साम्राज्यवादी चिन्तक समझते थे। भारतीय भाषाओं पर नियन्त्रण या कहे उनके उद्धार और बाद के कालों में अंग्रेज़ी को शिक्षा का माध्यम बनाना कुछ लोगों को विरोधाभासी लग सकता है, लेकिन ये एक ही सिक्के के दो पहलू थे, "ईसाई मिशनरी और उपनिवेशवादी पदाधिकारियों, दोनों ने शीघ्र ही यह देख लिया कि व्यक्तियों और उनकी आत्माओं पर शासन के लिए नियन्त्रण की भाषा के तौर पर न संस्कृत न पारसी और यहाँ तक कि न अंग्रेज़ी ही कोई सहायता कर सकती है। जहाँ तक भारतीय लोगों या स्वयं औपनिवेशिक क्लर्कों का ही प्रश्न था, उनसे उसी भाषा में बातें की जानी थीं जिसमें वे स्वयं बोलते थे, उसी भाषा में, जिसे आज हम क्षेत्रीय भाषाएँ कहते हैं।"[67] दूसरी और मैकाले द्वारा अंग्रेज़ी का माध्यम बनाने का तर्क हम सबको मालूम है। भाषा चाहे जो हो, उद्देश्यों में गहरी एकता आ जाती है। इसलिए यह कहना उचित जान पड़ता है कि, "इस नयी शिक्षा का दूसरा पहलू था – शिक्षा का राजनीतिक सत्ता के अधीनस्थ बन जाना। ओरियण्टलिस्ट हो अथवा आंग्लिसिस्ट, उनके द्वारा प्रस्तावित शिक्षा नीति का बुनियादी उद्देश्य था – औपनिवेशिक शासन को सुदृढ़ बनाना। ओरियण्टलिस्ट यह काम स्वदेशीकरण के माध्यम से और आंग्लिसिस्ट पश्चिमीकरण के माध्यम से करना चाहते थे।"[68]

1988 में प्रकाशित श्री केजरीवाल की पुस्तक की सामग्री से अभिभूत होकर फरवरी, 1998 में हंस के सम्पादक ने एक लम्बा सम्पादकीय लिखा। आक्रोश और

कैशोर्य से आसक्त भाषा में इस 'अद्‌भुत शोध-प्रबन्ध' पर 'साहित्यकार श्री राजेन्द्र जी' ने जो कुछ लिखा उसमें कई स्थलों पर विषय की अच्छी और सन्तुलित समझ का दिग्दर्शन हो जाता है। इसके जवाब में पुनः केजरीवाल जी ने 'सांस्कृतिक पूर्वराग : एक प्रत्युत्तर' नामक लेख मार्च के अंक में लिखा जिसमें उन्होंने एक साहित्यिक पत्रिका द्वारा ऐसे गम्भीर अकादमिक विषय को अपने सम्पादकीय के माध्यम से बहस का मुद्‌दा बनाने के दुस्साहस पर धन्यवाद दिया और साथ में कई प्रश्न उठाये। उन पर भी बातें करते हुए आगे बढ़ना होगा। उनकी पुस्तक और इस प्रत्युत्तर के आधार पर कुछ प्रश्न उठाये जा सकते हैं और आगामी चर्चा में उनका भी समावेश है। इस सन्दर्भ में प्रशासन की दुनिया और अध्ययन की दुनिया को अलग-अलग रखने की माँग उसी तरह है; जैसे 18वीं सदी में कुछ विद्वान् व्यापार की दुनिया और साम्राज्यवाद को अलग-अलग रखने की माँग करते हैं। भारत की खोज के क्षेत्र में "19वीं सदी में भारत के साथ सबसे ज्यादा सीधा सम्बन्ध जिन लोगों का था वे ब्रिटिश प्रशासक थे और शुरू में भारत के गैर भारतीय इतिहासकार अधिकांशतया इसी वर्ग, के लोग थे। फलस्वरूप, शुरू के इतिहास 'प्रशासकों के इतिहास' थे... अन्तर्निहित विचार यह था कि इस उपमहाद्वीप के इतिहास में जितने शासक आज तक हुए हैं, ब्रिटिश प्रशासक उन सबकी तुलना में श्रेष्ठ था।"[69] इस प्रकार जो एक साथ साम्राज्यवादी प्रशासक और विद्वान् दोनों हो, उसके कामों का समग्रतापूर्ण अध्ययन इसके द्वैत में कैसे सम्भव है?

रोसेन रोचर (Rosane Rocher) ने भी इस बात पर चर्चा की है। 18वीं सदी के उत्तरार्द्ध में ब्रिटिश व्यापारी शायद ही इससे भिज्ञ थे कि वे एक साम्राज्य बना रहे हैं और कम्पनी तो बंगाल का शासन लेने के पक्ष में भी नहीं थी।[70] यहाँ ध्यातव्य है कि इन व्यापारियों के पीछे जो शक्तियाँ विश्व स्तर पर काम कर रही थीं, औद्योगिक क्रान्ति और इसकी ज़रूरतों से जो प्रसरणशील स्थितियाँ पैदा हुईं, बंगाल की खुली लूट और उसमें ब्रिटिश पार्लमेण्ट की भूमिका आदि पक्षों को भुलाने से चित्र अधूरा ही रहेगा। जहाँ तक बंगाल का शासन न स्वीकार करने का प्रश्न है, इसका कारण यह है कि कम्पनी अभी इसके लिए सक्षम नहीं थी और ब्रिटेन स्वयं संकट में था। लेकिन यह काम क्रमशः और तार्किक ढंग से होता रहा।

वारेन हेस्टिंग्स (जिसके भारत पर किये गये 'उपकार' के प्रति श्री केजरीवाल मुग्ध है।) का राजनीतिक दर्शन ब्रिटिश संसद के स्वर से इतना सुमेलित था कि "प्रथम गवर्नर-जनरल के रूप में उसकी नियुक्ति पूर्वनिश्चित थी।"[71] अपने एक पत्र में उसने कहा कि बिना लिखित कानून के 'जेण्टू' लोगों को न्याय देना असम्भव है क्योंकि उनके कानून उन्हें सुरक्षा नहीं दे सकते।[72] ध्यातव्य है कि बेन्थम ने भी

लिखा था – "लिखित कानून सभ्य राष्ट्रों के लिए होता है और प्रचलित क़ानून बर्बरों के लिए।"[73] यदि जेण्टू शब्द की व्युत्पत्ति पर ही ध्यान दिया जाये तो भारतीयों के प्रति यूरोपीय धारणा का एक चित्र उपस्थित हो जायेगा। जेण्टू शब्द का प्रयोग थोड़े-बहुत अर्थभेद के साथ लम्बे समय से हो रहा है। पुर्तगालियों ने पहले-पहल दक्षिण एशिया के निवासियों के लिए इस शब्द का प्रयोग किया था लेकिन बाद में वह यूरोपियों के लिए एक प्रचलित शब्द हो गया। Gentoo शब्द Gentile से निकला है जो ऐसे किसी असभ्य समूह के लिए होता है जो यहूदी या ईसाई न हो। 16वीं सदी तक यूरोपीय लोग बौद्धमत के अलावा किसी भी अन्य अ-इब्रानी मत से अपरिचित थे। अफ्रीकी लोगों के सम्पर्क में आने पर सरलता से उन्हें असभ्यों की कोटि में रख दिया गया। एक यूरोपीय के लिए ईसाई सर्वाधिक सभ्य और यहूदी तथा मुसलमान उसके बाद की श्रेणी में आते थे। जब वे भारत के सम्पर्क में आये तो उनका वर्गीकरण घालमेल का शिकार हो गया। सुशील श्रीवास्तव ने आगे लिखा है कि विभिन्न सम्प्रदाय के लोगों, सभ्य लोगों और सुख चैन से रह रहे मुसलमानों को देखकर यूरोपीय जनों को जब कोई पदनाम नहीं सूझा तो उन्होंने सबको जेण्टू नाम से पुकारा। सारांशतः जेण्टू सम्बोधन में ही अ-ईसाई, अर्थात् असभ्य होने का भाव निहित था। ध्यातव्य है कि यूरोपीय विद्याप्रेमी इतिहासकार चार वर्णों को चार कबीले कहते थे। इस धारणा से वैदिक समाज जनजातीय समाज था और अ-सभ्य था और इनका कोई लिखित क़ानून नहीं था। वारेन ने एक ऐतिहासिक काम किया कि उसने भारतीय समाज के आचरण, लोकव्यवहार और सामाजिक सन्दर्भों में उपस्थित बहुलता और विविधता को लगभग-लगभग सिमटाकर हिन्दू और मुसलमान दो कोटियों में बाँट दिया। इसी से आगे चलकर "बाँटो और शासन करो" का आधार बना। इसके अलावा जोन्स और इनके साथियों ने आर्य बनाम द्रविड़ का विभाजन खड़ा करने में अगुआ की भूमिका निभायी। मुसलमान तब शासक थे और वैसे भी दुनिया के अन्य भागों में यूरोपीय लोगों को मुसलमानों से संघर्ष करना पड़ा था। अतः भारत में आकर उन्होंने तत्कालीन शासक और पुराने शत्रु मुसलमानों के विरुद्ध एक सशक्त, एकरूप समन्वित हिन्दू समुदाय खड़ा किया। इसके लिए उन्होंने, "हिन्दू अस्मिता को गढ़ा। ऐसा करने में जोन्स और अन्य विद्वानों ने अपनी प्रतिभा का प्रयोग किया। इस प्रकार एक लाभ यह भी हुआ कि दिन-प्रतिदिन से कामों के लिए भारतीय विद्वानों व पण्डितों पर निर्भरता ख़त्म हो गयी और शासन में प्रवाह तथा स्वच्छन्दता आ गयी।"[74]

इस बात पर ज़ोर देना अनावश्यक लगता है कि विद्वानों ने बिना प्रशासन की सहायता से अपना शोध जारी रखा। जो महत्त्वपूर्ण काम थे, उन्हें शासन से

प्रायोजित किया। 'ए कोड ऑफ जेण्टू लॉ' जिसे 1776 में हालहेड ने प्रकाशित किया और 'ए डाइजेस्ट ऑफ हिन्दू लॉ ऑन कॉण्ट्रैक्ट्स ऐण्ड सक्सेशन्स' जिसे जान्स ने पूरा किया तथा कोलबुक ने प्रकाशित करवाया – "दोनों का सृजन, संयोजन से लेकर प्रकाशन तक सरकारी ख़र्च पर हुआ।[75] हेस्टिंग्स के 'जूडीशियल प्लान' के कई और आयाम हैं जिनके लिए विस्तार की आवश्यकता है। वारेन ने हिन्दुओं को बार-बार याद दिलाया कि वे मुसलमानों के अत्याचारी शासन तले पिस रहे हैं और अंग्रेज़ ही उन्हें उद्धार दिलायेंगे। इसके बावजूद वारेन हिन्दू समर्थक नहीं था। इस बात को रोसेन रोचर ने दिखाया है।[76] सरकारी ख़र्च से प्रायोजित 'कोड' और 'डाइजेस्ट' का प्रयोग 'सरकारी प्रोपेगैण्डा' के लिए भी किया गया। यहाँ तक कि 'गीता' को इंग्लैण्ड में अंग्रेज़ी में प्रकाशित करवाकर हेस्टिंग्स ब्रिटिश जनमत को प्रभावित करना चाहता था। इस प्रकार 'गीता' जैसी पुस्तक जिसका कोई प्रशासनिक सरोकार नहीं था राजनीतिक हितों के लिए प्रयुक्त की गयी ताकि प्राच्यवादी रूप-रंग की सरकार को वैध ठहराया जा सके। इसलिए इस तथ्य से मुँह नहीं चुराया जा सकता कि, "कम्पनी द्वारा एक विदेशी जाति पर शासन करना तब तक सम्भव नहीं था जब तक उसे उसकी संस्थाओं की थोड़ी-बहुत जानकारी न हो।" 'ए कोड ऑफ जेण्टू लॉज' अंग्रेज़ी में लिखी ऐसी पहली पुस्तकों में से है... इस पुस्तक के आमुख में कहा गया है कि, "भारत के वाणिज्यिक महत्त्व और बंगाल प्रदेश पर क़ब्ज़े के लाभों को' तभी क़ायम रखा जा सकता है जब 'इस देश की ऐसी आधारभूत संस्थाओं को अपनाया जाये जो विजेताओं के क़ानूनों या हितों के बहुत ख़िलाफ़ न पड़ती हों, मनुस्मृति के अपने अनुवाद (कलकत्ता, 1794) के आमुख में आधुनिक भारतीय विद्या के जनक सर विलियम जोन्स ने यह बताया कि यदि इस नीति पर चला जाये तो 'लाखों-करोड़ों हिन्दू प्रजा द्वारा सुनियोजित उद्योग-धन्धे काफ़ी हद तक ब्रिटेन की धन-सम्पत्ति में ही वृद्धि करेंगे।"[77]

श्री केजरीवाल की पुस्तक की भूमिका में ए. एल. बाशम ने प्राच्यविदों का पक्ष लेते हुए कहा है कि वे अंग्रेज़ थे यह सिर्फ़ इतिहास की एक दुर्घटना है। लेकिन विश्लेषण से इस बात कीं पुष्टि नहीं होती। "यहाँ तक कि स्वयं जोन्स ने संकेत दिया कि सुव्यवस्थित यूरोपीय विशेषज्ञता से ही टेक्स्ट के भीतर के सच्चे मर्म को उद्घाटित किया जा सकता है। रेनेल तथा अन्यों के लिए केवल ब्रिटिश विशेषज्ञ ही वांछित सत्यनिष्ठा सुनिश्चित कर सकते थे और इस प्रकार सरकार के लिए ठोस ज्ञान भी।"[78] डेविड लेडेन ने दिखाया है कि कैसे राजनीति ने कम्पनी द्वारा अर्जित किये जा रहे आँकड़ों के प्रवाह, स्वरूप और उसके उपयोग को संचालित किया और संख्या के खेल पर तो अर्जुन अप्पादुरई ने विस्तार से लिखा है।[79]

पूर्व और पश्चिम की इतिहासबोध की बहुत चर्चा होती रही है। "17वीं सदी के पहले यूरोप का या अंग्रेज़ों का इतिहासबोध क्या था? चौसर के केण्टरबरी टेल्स से पहले का अंग्रेज़ी इतिहास ग्रन्थ कौन-सा है? उन्हें तो प्राचीन यूनान, जिसकी बहुत डींग मारी जाती है, भी भूल गया था, और अरबी इतिहासकारों ने याद दिलाया था – यह सद्यःजनित व्यवस्थित इतिहास तो हाल ही में उपजा है।"[80]

17वीं सदी से पहले की बात तो जाने दें, 18वीं और 19वीं सदियों में भी यूरोप के मिशनरियों या विद्वानों ने भारतीय संस्कृति के प्रति जो ज्ञान प्रकट किया, उससे उनके अधकचरे इतिहासबोध का पता चलता है। पारकिन्सन ने 'एडेनबर्ग रिव्यू' का एक अंश उद्धृत किया है – "सभ्यता के सभी युगों में एशिया, स्वतन्त्रता के प्रकाश से वंचित रहा है।"[81]

मिल जो उपयोगितावादी था, इस श्रेय का हकदार है कि उसने पूरे भारत के इतिहास को हिन्दू, मुस्लिम और ब्रिटिश काल में विभाजित करके साम्प्रदायिकता का बीजारोपण कर दिया। "उसने भारतीय संस्कृति को अनावश्यक आलोचना करते हुए यह मान लिया कि समकालीन भारत के साथ-साथ प्राचीन भारत भी बर्बर और नासमझ था। उसने कहा कि भारतीय सभ्यता ने राजनीतिक मूल्यों की ओर तनिक भी ध्यान नहीं दिया और भारत पर अनेक निरंकुश राजाओं ने शासन किया। भारतीय समाज प्रारम्भ से ही गतिहीन रहने के कारण प्रगति का विरोधी रहा और केवल ब्रिटिशकालीन कानूनों के कारण उसमें परिवर्तन हुए।"[82] विसेण्ट स्मिथ जो मिल की अपेक्षा कम कटु था, अपनी उदारता के बावजूद यह विश्वास रखता था कि भारत स्वयं शासन करने योग्य नहीं है। इसके इस विचार की छाप बाद के इतिहास-लेखन पर पड़ी और यह सारा लेखन ब्रिटिश शासन को इतिहाससम्मत और विधिसम्मत बताने के लिए हुआ। ये सभी ब्रिटिश विद्वान् निर्विवाद रूप से पश्चिमी संस्कृति की तुलना में अन्य संस्कृतियों को हीन समझते थे। रोमिला थापर ने स्मिथ की पुस्तक का एक अंश उद्धृत किया है जिसमें उसने "अजन्ता शैली की चित्रकला ईरान से और अन्ततोगत्वा यूनान से ग्रहण की गयी होगी" लिखा है।[83] यहाँ तक कि मार्क्स ने भारत के बारे में लिखा है – "भारतीय समाज का कोई इतिहास नहीं है; कम-से-कम ज्ञात इतिहास तो बिल्कुल ही नहीं है। जिसे हम उसका इतिहास कहते हैं, वह वास्तव में उन आक्रमणकारियों और विजेताओं का इतिहास है जिन्होंने एक के बाद एक आकर इस समाज के निष्क्रिय आधार पर, जो न उनका विरोध करता था, न कभी बदलता था, बड़े-बड़े साम्राज्य क़ायम किये।[84]

भारतीयों के प्रति ऐसी धारणा के निर्माण में साहित्य का भी अपना योगदान है। सईद ने लिखा है कि[85] जो नकारात्मक धारणाएँ गैर पश्चिमी समाजों के बारे में

यूरोपियन लेखकों ने बनायी, वे अन्य अनुशासनों में भी समा गयीं। वी. जी. किरनन की पुस्तक 'द लॉर्ड्स ऑफ ह्यूमन काइण्ड इस बात को अच्छी तरह दिखाती है कि ये धारणाएँ कैसे व्यापक रूप से प्रचलित थीं। इतना ही नहीं श्री केजरीवाल जैसे इतिहास के लेखक घुमा-फिराकर हमें वहीं बातें समझाना चाहते हैं और कहते हैं कि, "अंग्रेज़ी शिक्षा से वह (मैकाले) अंग्रेज़ प्रशासन का नहीं, वरन् वहाँ के लोगों का भला चाहता था।"[86] अंग्रेज़ी शिक्षा या सभ्यता को श्वेत लोगों द्वारा प्रदत्त वरदान सिद्ध करने के लिए जो प्रयत्न हुए उसकी खोज-बीन कर अनावरण करनेवाले शोध-कार्य हो रहे हैं। हिन्दुस्तान टाइम्स (13 अगस्त, 2000) में प्राण नेविले (Pran Nevile) की पुस्तक "Beyond the veil : The Indian women in the Raj" की समीक्षा छपी है। इस पुस्तक में लेखक ने पश्चिम के कई पुस्तकालयों से कागजातों का अध्ययन करके यह दिखाया है कि ब्रिटिश, नारियों की दयनीय स्थिति को समाज की दयनीय स्थिति का सूचक दिखाने की कोशिश करते थे। इसका उपयोग उन्हें अपने शासन के औचित्य को सिद्ध करने में करना होता था। नारियों की स्थिति जिस दयनीयता और दीनता के साथ शासकों द्वारा बतायी जाती थी, वैसी नहीं थी।

मैं यह नहीं कहता कि जितने लोगों ने भारत का अध्ययन किया, उन सबका उद्देश्य साम्राज्यवाद को पुष्ट करना था। मेरा कहना यह है कि अपवादों के आधार पर इस सत्य को बदलने की कोशिश नहीं होनी चाहिए कि इन विद्वानों ने आपस में मतभेद चाहे जो रखे, एक प्रश्न पर कभी भी समझौता नहीं किया कि साम्राज्यवाद अक्षुण्ण रहे। उदाहरण के लिए मिल और जोन्स की नोक-झोंक या "हेस्टिंग्स और उसके साथी मिशनरी गतिविधियों के सदा ख़िलाफ़ रहे क्योंकि उनका विश्वास था कि ये मिशनरी नाराज़गी उत्पन्न कर सकती हैं और कम्पनी के शासन के लिए अस्थिरता पैदा हो सकती है।"[87] कहा जाता है कि एक रचनाकार लिखता है और पूरा युग उससे लिखवाता है। यदि हम कुछ विद्वानों को शुद्ध विद्वान् मान भी लें तो इस बात को सिद्ध करने के लिए पर्याप्त लेखन हुआ है कि वे अप्रत्यक्ष अपने युग के, अपने समाज के सबसे प्रबल आग्रह साम्राज्यवाद और यूरोपीय श्रेष्ठता की भावना से परिचालित थे। विलियम जोन्स विद्वान् थे, निःसन्देह, अतः उनका विद्या-प्रेम या कहें कि आलोचना विवेक अवश्य ही कई स्थलों पर भारतीय साहित्य के बारे में उचित टिप्पणियाँ सम्भव करता है। यदि संस्कृत भाषा का साहित्य महान् है तो क्या जोन्स उसे महान् न कहे? यदि वे साम्राज्यवादी सत्ता का एक उपकरण थे तो एक विद्वान् भी थे। विद्या-व्यसन अपने शुद्ध रूप में बाई-प्रोडेक्ट हो सकता था, उनका मुख्य कार्य नहीं। अलाउद्दीन ने जब गुजरात पर आक्रमण किया, तो क्रूरता के कई प्रतिमान स्थापित करते हुए उसने विध्वंस का भयंकर दृश्य उपस्थित

किया, लेकिन कमलादेवी को सँभालकर लाया और बाद में यह उसकी प्रिय रानी बनी।[88] तो क्या अलाउद्दीन को गुजरात का उद्धारकर्त्ता और जनप्रिय व्यक्ति माना जाये? लॉर्ड कर्जन के बारे में इतिहास का प्रत्येक छात्र जानता है कि वह कितना घोर साम्राज्यवादी और भारतीय जन-गण का निन्दक था लेकिन उसने विद्या-प्रेम भी दिखाया। उसने विद्या-प्रेम से या किसी भी दबाव में इन प्रशंसित महानुभावों ने जिस भूगोल और स्मृति का निर्माण किया वह अपनी संरचना में इतना ठोस और टिकाऊ था कि आज़ादी के बाद तक इसका प्रयोग हो रहा है। अन्वेषण, स्मृति और स्थान पर लिखते हुए सईद ने ठीक ही कहा है कि स्मृति अनिवार्यतः प्रामाणिक नहीं बल्कि उपयोगी होती है।[89] अनेक बौद्धिक क्रियाकलाप के परिणामस्वरूप जिस स्मृति और स्थान का निर्माण हुआ वह सत्ता के लिए बहुत उपयोगी हुआ क्योंकि उसे शासन और इसकी वैधता दोनों में इसका उपयोग करने का अवसर मिला। स्मृति के सामाजिक, राजनीतिक, ऐतिहासिक उद्यम के विषय में, स्मृति की कलाकारी के विषय पर बहस करता हुए एक निबन्ध-संग्रह[90] यह दिखाता है कि शासक और शासित की नयी अस्मिताएँ बनाने के लिए कैसे भारतीय स्मृति में जोड़-घटाव का उच्चस्तरीय कार्य सम्पन्न हुआ। यूरोपीय योजनाकारों और शोधकर्त्ताओं द्वारा भारत की खोज कई कोणों से एक दुर्भाग्यपूर्ण घटना है।

कई विद्वानों ने भारत की उदासीनता या कालविहीनता या आत्मलीनता की चर्चा की है। उन्हें भारत का समाज एक स्थिर और ठहरा हुआ जान पड़ता है। ऐसे विद्वानों ने अक्सर पश्चिम के चश्मे से देखा है। पूरब को वास्तव में पश्चिम के पूँजीवाद, औद्योगिकीकरण, बुद्धिवाद और ज्ञान-विज्ञान के प्रतिपक्ष के रूप में रखकर देखा गया और इस दृष्टि में पहले से ही आत्मश्रेष्ठता का भाव समाया रहा। स्वभावतः इसका परिणाम निश्चित था। स्वयं को देखने और परीक्षित करने की अपनी दृष्टि का अभाव पहले से निश्चित परिणामों की पुनर्स्थापना मात्र करता है। राजनीतिक स्वतन्त्रता से पहले गढ़ी हुई अस्मिताओं और सूक्ष्मता से कलाबद्ध किये हुए आख्यानों का वर्चस्व इतना स्पष्ट और प्रभावी है कि ज्ञान के लगभग सभी अनुशासन साफ़-साफ़ स्वदेशी (इण्डिजेनस) अवधारणाओं के निर्माण में असफल रहे हैं। ज्ञान मुक्ति देता है लेकिन ज्ञान ही मुक्त न हो तो दासता के परिष्कृत प्रतिमानों का ही निर्माण होता है।

यूरोप (अब अमेरिका भी) अपने उस पुराने संस्कार से अब तक मुक्त नहीं हुआ है। आज का यूरो-अमेरिकी व्यक्ति कई बातों पर गर्व करता है, उनमें से यह भी है कि वे पहली दुनिया के लोग हैं। एक सर्वेक्षण में 70 प्रतिशत ब्रितानी जनता ने इस बात पर गर्व प्रकट किया कि ब्रिटेन के पास अतीत में एक महान् साम्राज्य था।[91]

# (ग)

## भारतीय पुनर्जागरण

राष्ट्रीय मुक्ति अनिवार्यतः संस्कृति का कर्म है,[92] एमिल्कर कैबरल के इस वाक्य में 'मुक्ति' के स्थान पर 'दासता' शब्द रख दें तो इस वाक्य का पूर्व पक्ष भी सरलता से सामने आ जायेगा। इसका आभास भारतीय चिन्तकों को 19वीं सदी के प्रारम्भ में हो चुका था, ऐसा मानने के पीछे अब शोधपरक तर्क प्राप्त हैं। इस समय भारतीय समाज में एक नयी चेतना के निर्माण की झलक मिलती है और यह चेतना जो कई तरह से संश्लिष्ट थी, सदी के उत्तरार्द्ध में जाकर मजबूत आधार प्राप्त करती है। इसकी अर्थवत्ता का एक प्रमाण यह भी है कि इसी के साथ एक व्यवस्थित आन्दोलन प्रारम्भ होता है, जो अनवरत जनान्दोलन में बदलता गया। इस नयी परिघटना को पुनर्जागरण नाम दिया गया। इसमें घटक के रूप में परम्परा और आधुनिकता, धार्मिकता व धर्मनिरपेक्षता तथा पश्चिमी ज्ञान-विज्ञान की प्रगति से प्राप्त मूल्य भी मौजूद थे। ''वह अनुभव पुंज जिसे पुनर्जागरण की सामूहिक संज्ञा दी जाती है 19वीं सदी के आरम्भ में बंगाल में शुरू हुआ और बाद में अन्य स्थानों पर। जागरूकता के विकास-क्रम में हम क्षेत्रीय विभिन्नता पाते हैं लेकिन विविधता में अन्तर्व्याप्त एक सर्वभावनात्मक अन्तर्वस्तु है, जिसका बोध क्षेत्रीय साहित्य की अभिवृद्धि से होता है।''[93]

पुनर्जागरण के कारणों पर चर्चा होती रही है और पाश्चात्य प्रभाव को प्रेरणा शक्ति मानने की धारणा पुरानी है। अनेक विद्वान् यह मानते हैं कि पाश्चात्य विचारों व संस्थाओं का उद्‌देश्य चूँकि औपनिवेशिक पकड़ को मजबूत बनाना रहा अतः उन्होंने एक सतही किस्म की आधुनिकता को जन्म दिया। पश्चिम ने पुनर्जागरण और बौद्धिक आन्दोलन के फलस्वरूप जो अर्जित किया था, वह इस दुनिया के लिए आमूल परिवर्तनकारी क्षमता से युक्त था। इस ज्ञान का संचरण भारत में कई रास्तों से हुआ। अंग्रेज़ी शिक्षा और संस्थाओं तथा व्यवस्था के कारण भारतीयों को नये अनुभव-लोक से साक्षात् हुआ। ''भारतीय बौद्धिकों को पहली बार इतने खुले रूप में एक परायी सभ्यता का सामना करना पड़ रहा था। शहरी मध्यवर्ग के मानस पर यूरोप का कितना गहरा प्रभाव था, वह इस बात से समझा जा सकता है कि एक आरम्भिक 'ज्ञानोदित' बंगाली पत्रिका ने अपने को उन लोगों की पत्रिका बताया, जो 'जन्म से हिन्दू और शिक्षा से यूरोपीय थे।'[94] पश्चिमी, प्रभावों के रूप में पश्चिमी साहित्य का आगमन यद्यपि अलग से विवेच्य है लेकिन यहाँ बौद्धिक जगत् पर इसके

दो प्रभाव – हेतुवाद और स्वच्छन्दतावाद, द्रष्टव्य हैं। कलकत्ता, बम्बई और मद्रास में शिक्षण संस्थाओं से बौद्धिकों की एक पूरी पीढ़ी प्रभावित हुई। इस नयी धारा के प्रारम्भिक प्रतिनिधि राजा राममोहन राय थे। समाज और संस्कृति की प्रगतिविरोधी कुरीतियों का विरोध, नये ज्ञान-विज्ञान से सम्पृक्त अंग्रेज़ी शिक्षा का समर्थन और इनके लिए लगातार लेखन व प्रचार, शासकों से विचार-विमर्श तथा उनके अन्य संस्थागत प्रयासों से हम प्रायः परिचित हैं। "आधुनिक ज्ञान के प्रकाश में भारत ने अपने अतीत पर आलोचनात्मक दृष्टि डाली और अतीत तथा बाह्य विश्व की श्रेष्ठ परम्पराओं से प्राप्त समुचित तत्त्वों के समन्वय से अपनी पुनर्रचना की।"[95]

लेकिन इस पुनर्जागरण को कठोरतापूर्व पाश्चात्य प्रभावों के सन्दर्भ में व्याख्यायित नहीं किया जा सकता। मध्यकालीन भक्ति आन्दोलन का प्रसंग यहाँ महत्त्वपूर्ण है। विद्वानों ने इस पुनर्जागरण को भक्ति से जोड़कर अध्ययन किया है; इस अध्ययन में विस्तार की गुंजाइश है। इसके अलावा कोई भी विदेशी प्रभाव उर्वर भूमि पर ही फलता-फूलता है। भारत के सन्दर्भ में इस उर्वर भूमि को तैयार करने की प्रक्रिया को समझने से पुनर्जागरण के सन्दर्भ में भारतीय तत्त्वों की महत्ता का अनुमान लगेगा। 19वीं सदी के प्रारम्भिक दशक में ब्रिटिश शासन का स्वरूप अखिल भारतीय नहीं था और उसके सांस्कृतिक वर्चस्व का तो अभी प्रश्न ही न था। इसलिए अब यह माना जाने लगा है कि पश्चिमी प्रभाव से पहले बंगाल में हेतुवाद की धारा चल निकली थी। राजा राममोहन राय ने 1816 में जब कलकत्ता को अपना आवास बनाया तो द्वारकानाथ टैगोर व स्वयं इनके नेतृत्व में एक प्रगतिशील मण्डल तथा राधाकान्त देव के नेतृत्व में एक परम्परावादी मण्डल अस्तित्व में थे। इन लोगों ने तर्क और विवेक को आधार बनाया तथा आगमनात्मक तर्कना का पक्ष लिया। "इस प्रकार राममोहन राय वैज्ञानिक पर्यवेक्षण के महत्त्व का बहुत दूर तक बोध कर चुके थे। उन्होंने 'दिव्य ज्ञान' सम्बन्धी सभी अवधारणाओं को प्रश्नाधीन बनाया, उन्हें असाध्य घोषित करते हुए। इन विद्वानों के प्रसंग में महत्त्वपूर्ण बात यह है कि राममोहन राय ने अभी तक लार्क अथवा न्यूटन के विचारों को पढ़ा-अपनाया नहीं था।"[96] नवजागरण का दूसरा चरण जो सदी के उत्तरार्द्ध में आरम्भ हुआ, अपेक्षाकृत अधिक व्यापक और अर्थपूर्ण था। आत्मपरिष्कार, परम्परा का परीक्षण, समाज सुधार आदि कुछ ऐसे बिन्दु थे जिन पर सभी समुदायों के चिन्तक एकमत थे। 'समाजों, दलों व धार्मिक-सामाजिक, आन्दोलनों, उनके विचार तथा उनकी गतिविधियों व कार्यप्रणालियों से इतिहास का प्राथमिक छात्र भी परिचित है। इन सारी उथल-पुथल से भरी प्रक्रियाओं के साथ ही स्वाधीनता आन्दोलन की नींव पड़ी। साथ ही भारत की विभिन्न भाषाओं में साहित्य का स्वरूप भी बदला। सांस्कृतिक अन्वेषण तथा

स्वच्छन्दतावाद की धारा ने भारतीय साहित्य को प्रभावित किया। हिन्दी के सन्दर्भ में हम विस्तार से अगले अध्याय में इसकी चर्चा करेंगे। यूरोप ने भारतवासियों में पर्यवेक्षण एवं प्रयोग के माध्यम से सभी घटनाओं की आन्तरिक क्रियाविधि के प्रति जिज्ञासा भाव का संचार किया।[97] यह पाश्चात्य प्रभाव का सर्वोत्तम अंश माना जा सकता है इसलिए टैगोर ने ऐसे विश्व की कल्पना की जिसमें मस्तिष्क भय से मुक्त हो और ज्ञान मुक्त हो। लेकिन इससे यह भ्रम नहीं होना चाहिए कि पश्चिम के सकारात्मक प्रभाव, शासन के प्रभाव थे। इस प्रभाव का ग्रहण और इसका उपयोग स्वयं शासन के विरुद्ध करना भारत के बौद्धिकों की अपनी क्षमता थी और इसका श्रेय उन्हें ही है। शासन को बहुत बाद में अनुभव हुआ कि उनके पढ़े-लिखे लोग उन्हीं के ख़िलाफ़ जा चुके हैं। "कबराल का कहना है कि राष्ट्रीय मुक्ति संघर्ष शुरू होने से पहले आमतौर पर संस्कृति के क्षेत्र में अभिव्यक्ति के विविध रूप दिखायी पड़ने लगते हैं और उत्पीड़क देश की संस्कृति को नकारते हुए अपनी खुद की सांस्कृतिक पहचान स्थापित करने का सफल अथवा असफल प्रयास बहुत तेज़ हो सकता है। दरअसल संस्कृति में ही प्रतिरोध के वे बीच छिपे होते हैं जो आगे चलकर मुक्ति आन्दोलन के निर्माण और विकास में सहायक होते हैं।"[98]

इस पुनर्जागरण की सीमाओं व अन्तर्विरोधों पर पर्याप्त चर्चा हाल ही में शुरू हुई है। क्योंकि, जैसा रणजीत गुहा ने कहा है भारतीय राष्ट्रवाद का इतिहास-लेखन लम्बे समय तक अभिजातवाद से ग्रस्त रहा है। इसमें उपनिवेशवादी और बूर्जुआ राष्ट्रवादी, दोनों तरह के अभिजातवाद सम्मिलित हैं। ये स्वयं ही पुनर्जागरण और राष्ट्रवाद की सीमाओं को मूर्तिमान् करते हैं। गुहा ने आगे कहा कि दोनों, भारत में ब्रिटिश-शासन की विचारधारात्मक उपज हैं लेकिन "सत्ता के हस्तान्तरण के साथ अस्तित्व में हैं तथा ब्रिटेन तथा भारत दोनों जगह ज्ञान के नव उपनिवेशवादी तथा नवराष्ट्रवादी रूपों के साथ घुलमिल गये हैं।"[99] बहरहाल, कई विद्वानों ने, जिसमें सब आल्टर्न इतिहासकार भी शामिल हैं, इस आन्दोलन की सीमाओं पर ध्यान दिया है। यह पुनर्जागरण मुख्य तौर पर शहरी और आधुनिक शिक्षा प्राप्त पढ़े-लिखे लोगों तक सिमटा रहा। उपनिवेदशवादी शासन में शिक्षा से अधिक आशा रखना भी व्यावहारिक नहीं है। इस शिक्षा ने, यहाँ तक कि पहले की क्षति की पूर्ति तक न की। सबसे बड़ी बाधा अंग्रेज़ी भाषा रही। अंग्रेज़ी भाषा में चिन्तन करनेवाला हमारे समय का एक विद्वान् यह स्वीकार करता है कि अंग्रेज़ी, जो अब भारतीय साहित्य को व्यक्त करने का माध्यम हो गयी है, "इस भूमिका के लिए सबसे कम उपयोगी है यही नहीं, भारत के साहित्यिक जगत् का बहुत बड़ा हिस्सा अंग्रेज़ी में निपुण नहीं है न रहा है। चाहे तो आधे अनेक महानगरों के एलीट यह मानने का भ्रम रखते रहें।"[100]

आज स्वतन्त्र भारत में यह स्थिति है तो उस समय जब 15 प्रतिशत जनसंख्या ही साक्षर थी और एलीट तबका तो इस प्रतिशत का एक छोटा-सा हिस्सा था, किसी आन्दोलन में किस तरह की क्रान्ति हो सकती थी? ''एक संस्कृति के रूप में भाषा इतिहास में जनता के अनुभवों का सामूहिक स्मृति भण्डार है। संस्कृति उस भाषा से लगभग पूरी तरह अविभेद्य है जो इसकी उत्पत्ति, निर्माण, विकास, अभिव्यक्ति और यथार्थ में एक पीढ़ी से दूसरी पीढ़ी तक सम्प्रेषण का काम करती है।''[101] किसी प्रक्रिया को जनता से जोड़ने के लिए जनता की भाषा में बात करनी होती है। इस बात को बौद्धिकों ने जैसे-जैसे समझा, जनता का जुड़ाव बढ़ता गया।

1970 के दशक में जो काम हुए उनसे पुनर्जागरण के सम्बन्ध में पुरानी धारणा को काफी आघात पहुँचा। इस पुनर्जागरण में बूर्जुआ वर्ग की भूमिका पर प्रश्नचिह्न लगाये गये। उनमें समाज को पूर्णतः परिवर्तित करने में दक्ष और समर्पित निष्ठा का अभाव था। ''भारतीय पुजनर्जागरण का प्रगतिशील बूर्जुआ वर्ग के क्रान्तिकारी मिशन से कोई ऐतिहासिक जुड़ाव नहीं था। जो ऐसा राष्ट्र निर्मित करने में लगा हो जिसकी अपनी खास छवि हो।''[102] और इस प्रकार ''जो कुछ भी आधुनिक था वह साधारण जनता से दूर होता गया।''[103] अपने एक साक्षात्कार में एडवर्ड सईद ने कहा कि मैं गाँधी से बहुत प्रभावित हूँ और यह भी कि वे एक मौलिक चिन्तक थे।[104] एडवर्ड सईद ने मौलिकता को विश्लेषित नहीं किया लेकिन मौलिकता का यह अर्थ भी किया जा सकता है कि, ''गाँधी यूरोपीय सभ्यता के पक्षधर हुए बिना भी और भारतीय परम्परा में रहते हुए भी, यूरोपीय सभ्यता की सामर्थ्य देख सकते थे जैसे बिना अपने हिन्दुत्व को त्यागे वे हिन्दूवाद के रूढ़िवादी पक्षधरों की आलोचना कर सकते थे।''[105] पुनर्जागरण-काल का नया आदमी अनावश्यक रूप से अतिवादी हो गया और यूरोपीय से बढ़कर यूरोपीय। इधर परम्परावादी अतीत के प्रति इस कदर चिपका कि उसका आधुनिकता से विरोध-सा लगने लगा। फिर भी परम्परावादी, कथित आधुनिकतावादी की अपेक्षा अधिक आत्मविश्वासी और सबल था। जो हो, एक ठोस भारतीय और मौलिक पथ का अभाव विद्वानों ने देखा है। जिन पश्चिमी वर्चस्व की शक्तियों का विरोध करना था, उन्हीं का कैदी होकर रह जाना सिर्फ़ संयोग नहीं था। अशोक सेन ने महत्त्वपूर्ण बात कही है कि, ''इस प्रकार आधुनिकता शायद ही एक ठोस सामाजिक उपलब्धि हेतु, आधार बन सकी – मध्यवर्ग के लिए जिसकी सामाजिक उत्पादन में कोई सकारात्मक भूमिका न थी, लॉक-बेन्थम और मिल के सिद्धान्तों ने औपनिवेशिक शासन के अधीन समाज और राज्य की प्रकृति के बारे में भ्रान्ति के स्रोत के रूप में अधिक काम किया।''[106] इस पुनर्जागरण को व्यापक

स्वाधीनता-संग्राम से जोड़कर देखें तो इसकी सीमाओं पर अधिक प्रकाश पड़ता है। बेशक इस काल में एक नये भारत का उदय हुआ, राष्ट्र-निर्माण की प्रक्रिया प्रारम्भ हुई, अस्मिता की तलाश हुई, धर्म और समाज की नवीन परिभाषाएँ बनीं, कई कुरीतियाँ ढहीं और परिष्कार के पथ चले, लेकिन बहुत-कुछ ऐसा हुआ और बहुत-कुछ ऐसा नहीं हुआ जिसके कारण भारत न सिर्फ़ आमूल परिवर्तन के दौर से गुज़रने से रह गया बल्कि कई आधुनिक समस्याएँ भी अंग लग गयीं। भारत-विषयक लेखन से जुड़े पश्चिमी विद्वानों ने विद्वत्तापूर्ण भाषा में अपने समय के भारत के पतन और श्रीहीनता को लिखा। 18वीं सदी को अन्धकार-युग कहा गया। इनके मन्तव्य की परीक्षा हो चुकी है। इस अन्धकार में गजबजाते, बिलबिलाते और पिछड़े समाज को एक व्यवस्था के आधार पर मुक्ति दिलाने के लिए ब्रिटेन का परोपकारी और महान् उद्देश्यों से परिचालित श्वेत शासन भारतीयों के भाग्योदय का प्रतीक बनकर आया – ऐसा यूरोपीय (अनेक भारतीय भी) विद्वानों ने समझाने के लिए परिश्रम किये। इस धारणा की परीक्षा आवश्यक है।

सी.ए. बेली ने अन्य कई शोधों का हवाला देते हुए लिखा है कि, ''18वीं सदी में आर्थिक और राजनीतिक शक्तियाँ निरन्तर बनी रही थीं।'' ''क्षत होता हुआ और जड़ पूरब की बद्धमूल धारणा को चुनौती दी गयी है।[107] भारत की आर्थिक क्षमता का विवेचन इतिहासकारों ने किया है और इस मामले में यूरोप 18वीं सदी तक भारत से आगे नहीं था। एक बड़ा साम्राज्य टूट गया लेकिन न सिर्फ़ सत्ता के छोटे केन्द्र बने बल्कि विकास के केन्द्र भी बने।'' क्षेत्रीय न-नृजातीयताएँ जो बाद में यूरोप में राष्ट्रवाद के रूप में देखी गयी, एशिया व अफ्रीका में पश्चिम के पूर्ण प्रभाव से पहले ही बनने लगी थीं। वे पश्चिमीकरण की ही उपज नहीं थीं। इन अस्मिताओं का प्रयोग औपनिवेशिक शक्ति द्वारा 19वीं सदी के प्रारम्भ में तोड़-मरोड़कर किया गया लेकिन बाद में ये शासन के विरुद्ध ज़मीन तैयार करने में सहायक रहीं।[108] 18वीं सदी के पहले के इतिहास को हम अपने संक्षिप्त अध्ययन के भीतर नहीं ला सकते लेकिन यह तो पश्चिम के लोग भी बिना शक के मानते रहे हैं कि, ''1700 ई. तक पूर्व पर पश्चिम के प्रभाव की तुलना में पश्चिम पर पूरब का प्रभाव बिना किसी सन्देह के अधिक शक्तिशाली ठहराता है... दो हज़ार वर्षों से एशिया ने दिया और यूरोप ने लिया।''[109] लेकिन इसके बाद भी यातायात एक तरफ़ नहीं हो गया। जब अंग्रेज़ नवाब यूरोप लौटे तो कलकत्ता और मद्रास की नकल में पहाड़ियों पर बड़े सफ़ेद घर बनवाने की आरे पृवृत्त हुए। भारत में उन्होंने पोलो खेलना सीखा और पायजामा पहनना। सबसे मजेदार बात यह है

कि, ''भारतीयों से ही ब्रिटिश लोगों ने व्यक्तिगत शौच-सफ़ाई की आदतें सीखीं। 17वीं और 18वीं सदी में यूरोप के निवासी साबुन और पानी के प्रति कोई लगाव नहीं रखते थे और यहाँ तक कि अति समृद्ध लोग भी प्रायः बहुत गन्दे रहते थे।... और धर्मसुधार बाथरूम तक नहीं जा सकता था।''[110] वास्तव में बाथरूम था ही नहीं, जहाँ यह जा सके। शीतल जल का मूल्य उन्हें यहीं आकर जानना था। ''हमें पूरब से बहुत-कुछ सीखना है अर्ल ऑफ पोर्ट समाडथ कहता है, उच्च कृषि प्रणाली से उच्च दर्शन तक' रेने ग्वेनन (Rene Gvenan) यूरोप के दर्शन-सम्बन्धी पुस्तकों पर एक हिन्दू टिप्पणी को उद्धृत करता है – ''उनमें व्यक्त विचार अधिक-से-अधिक एक आठ वर्ष के बच्चे के लिए गौरवपूर्ण हो सकते हैं।''[111]

भारतीय पुनर्जागरण के स्थानीय स्रोतों की सम्भावना को हम इंगित कर चुके हैं। ओरियण्टलिस्ट नॉलेज ऐण्ड इयण्डीजेनस स्कॉलरशिप उपशीर्षक से Rocher ने दर्शाया है कि, ''भारत में अंग्रेज़ों का सामना न सिर्फ़ एक महान् और प्राचीन संस्कृति से हुआ बल्कि एक प्रतिभाशाली और शाश्वत विद्वत्ता की परम्परा से भी।''[112] इसी सबल परम्परा से राज को मुक्ति दिलाने के लिए प्राच्यविदों ने रात-दिन श्रम किया था। ''अंग्रेज़ों ने भारत में अक्सर उन शक्तियों और वर्चस्व को प्राप्त करने का बहाना किया जिन पर उनका कोई नियन्त्रण नहीं था। बी. एस. कोहन ने इस बात पर ज़ोर दिया है कि शक्ति के इन स्तरों का अध्ययन किया जाये और अनिल सील ने दिखाया है कि किस हद तक शासन इन स्थानीय शक्तिपीठों पर निर्भर था।''[113] इसलिए एक सुझाव यह हो सकता है कि भारत यूरोपीय अतिचार के लिए उपयुक्त स्थल हो गया, ''इसलिए नहीं कि यह नपुंसक था या क्षरणशील और जड़ बल्कि इसलिए कि यह वाणिज्यिक भू सम्पत्ति तथा पैतृक राजनीतिक प्राधिकार के बीच सम्बन्धों के मामले में एक संक्रमण से गुज़र रहा था, जिसने 17वीं सदी के प्रथमार्द्ध में यूरोप को हिलाकर रख दिया था।''[114]

लेकिन इस वर्तमान को अन्धकारमय बताना उनके लिए ज़रूरी था। और इस प्रकार जो विकास का मॉडल उन्होंने स्वयं अपने लिये भी अपनाया उसका प्रभाव भारत पर पड़ा। इसमें बहुलता, विविधता, विश्वास और आत्म का अभाव था। यह चर्चा अलग है कि इस मॉडल पर चलकर स्वयं पश्चिम आज कहाँ है। हम जिस समय की बात कर रहे हैं उस समय की क्षति का कुछ अनुमान लगाना अनिवार्य है। ''एक समृद्ध पुरातात्त्विक स्थल जहाँ से प्राचीन दर्शन और महान् साहित्य को खोदकर तो निकाला जा सकता था, लेकिन अतीत को वर्तमान से जोड़नेवाले सेतु-आस्थाओं को तन्तु जाल, मिथक और अनुष्ठान जो करोड़ों भारतीयों को निरन्तर संस्कार और आध्यात्मिक ऊर्जा प्रदान करते रहे थे न केवल अनदेखे कर

दिये गये बल्कि इस पर पूरा विश्वास कर दिया गया कि वे हैं ही नहीं।"[115] उनके मॉडल के लिए यह करना आवश्यक था। जहाँ लोक व मौखिक साहित्य को प्रिण्ट के आगे, हस्तशिल्प को उद्योग के आगे, 'सनातन रूप से समकालीन अतीत'[116] को, औपनिवेशिक इतिहास के आगे तथा अश्वेत संस्कृतियों को श्वेत संस्कृति के आगे आत्मसमर्पण के कई प्रत्यक्ष-अप्रत्यक्ष तर्क मौजूद थे। इसके लिए उन्हें ऐतिहासिक दृष्टि से अनुकूलताएँ प्राप्त थीं यद्यपि उन्हें ठीक ही कहा गया कि, "तुम लोग रेजर से खेल रह बच्चे हो।"[117]

एजाज़ अहमद ने मोहन सिंह दिवाना को उद्धृत करते हुए[118] दिखाया है कि 10वीं सदी के गोरख से लेकर 11वीं सदी के प्रारम्भिक का काल तक शायद ही कोई कवि-रचनाकार था जिसने तीन भाषाओं में न लिखा हो। यहाँ तक कि यहाँ का राष्ट्रवाद, जो प्रिण्ट कैपिटलिज़्म के विरुद्ध विकसित हुआ बहुभाषी था। ऐसे बहुभाषी समाज के कालबोध को भी उपनिवेश बनाने की चेष्टा [119] हुई। इस बात का अहसास उस युग के बौद्धिक को कितना था, कहा नहीं जा सकता। स्वयं विवेकानन्द यह अन्तर्विरोध नहीं देख पाये कि पश्चिम के जिस विधेयवाद और आक्रामक तर्कबुद्धि को भारत में देखने के लिए लालायति थे उसी से उत्पन्न भौतिकता और स्थूल नस्ली श्रेष्ठता से भारतीय पिस रहे थे। अन्य बौद्धिकों की तरह विवेकानन्द ने भारत के वर्तमान और रानाडे जैसे लोगों ने तो जोन्स आदि के गौरवशाली अतीत को भी, धिक्कारा। वे यह देखते कि, "भारतीय, समाज की जिस उदासीनता और निष्क्रियता को वे इतना धिक्कारते थे वह भारतीय समाज की उस पारम्परिक बुनावट में निर्मम औपनिवेशिक हस्तक्षेप का अपरिहार्य परिणाम था।[120] हम यह पहले भी देख चुके हैं कि, "यूरोप ने जिस भारत के अतीत को खोजने का दावा प्रस्तुती किया उसी के वर्तमान को नष्ट करने की जिम्मेदारी भी अदा की।"[121] और इस 'वर्तमान भारत' के बौद्धिकों ने "पश्चिम की आँखों से अपने आत्म" को देखना शुरू किया तो वह अँधेरे में ठिठुरती एक छोटी-सी घिनौनी चीज़ जान पड़ी गीता का जाग्रत आत्म नहीं बल्कि परम्परा की सड़ी लाश पर फलता हुआ एक कीड़ा।[122] इस बोध को आज मुक्ति मिल पायी है, मुझे पीड़ा के साथ उत्तर देना है – "नहीं! सुधीरचन्द्र ने ठीक लिखा है कि [123] औपनिवेशिक ज्ञान अभी तक निर्मूल नहीं किया जा सका है और हम विकास की एक वर्चस्वशाली अवधारणा के साथ पड़े हैं जो बृहद पैमाने के औद्योगिक आपधुनिकीकरण पर आधारित हैं। वैसे इस मॉडल के सारे कुपरिणाम सामने आ गये हैं।

## (घ)

### औपनिवेशिक भारत का पश्चिम से सम्बन्ध

निर्मल वर्मा ने कई स्थलों पर गौर किया है कि अंग्रेज़ों की जो छवि एक आम भारतीय के मन में है, वह पूर्ण व सही छवि नहीं हैं।[124] एक छोटी-सी परिधि में, सम्बन्धों के तौर पर बात करें तो जैसे पश्चिम ने भारतीय समाज को गलत समझा, वैसे भी भारतीय समाज ने पश्चिम को। औपनिवेशिक भारत का पश्चिम से सम्बन्ध मूलतः ब्रिटेन के सन्दर्भ में देखना हमारी सीमा है और इतिहास की वास्तविकता भी। जैसा कि सुधीरचन्द्र ने लिखा है[125] कि पश्चिम के प्रति भारत की प्रतिकिया स्वीकृति या अस्वीकृति के अनन्य विभाजन में नहीं थी। इस जटिल प्रक्रिया में लेन-देन ग़लतफ़हमी एक-दूसरे के प्रति आख्यानों का निर्माण और राग-विराग के तत्त्व घुले-मिले हैं। साथ ही, इनमें स्तरीकरण की भी पूरी सम्भावना है। सम्बन्धों के इस स्वरूप को स्थूल रूप से आर्थिक-सामाजिक तथा मनोवैज्ञानिक व सांस्कृतिक ढाँचों में देखने और समझने की सुविधा के तहत कई काम हुए हैं। हमारा आशय इतिहास के छात्र की तरह इन विवरणों में न जाकर सत्य को पकड़ना है। सम्बन्धों का जो रूप उपनिवेशवाद के प्रारम्भिक चरण में विकसित हुआ वह अन्तिम चरण में पूणर्तः बदल गया। इतिहासकारों ने भारतीय ब्रिटिश सरकार का रियासतों के साथ, सरकार का शेष भारत के साथ तथा पूरे भारत का ब्रिटेन के साथ किस-किस तरह से सम्बन्ध रहा, विवेचना की है।

भारत में अंग्रेज़ अपनी विशिष्ट उपस्थिति के प्रति जागरूक रहे। पिछले आगन्तुकों के विपरीत ये भारत में अपने घर बनाने का विचार रहीं रख सके। "वे अपने को ऐसे अजनबी देश में महसूस करते थे जिसकी जलवायु उन्हें बेहद घृणास्पद जान पड़ती थी यही कारण है कि अपनी शक्ति और प्रभुता के बावजूद अंग्रेज़ भारत में अपने को इतना असुरक्षित, बेचैन और अनिश्चित पाते थे।"[126] निर्मल जी ने नीरद चौधरी की भाँति भारत में बेचैन चिड़चिड़े अंग्रेज़ों को इंग्लैण्ड में प्रसन्न और दयालु देखा तो आश्चर्य हुआ। कई कारणों से दो भिन्न संस्कृतियों का एक साथ रहना जटिलताएँ पैदा करता था। भारत से सम्बन्धित वह भिन्न संस्कृति एक भिन्न दर्शन प्रणाली से परिचालित थी, जिसकी भाषा तक में नस्ली भेदभाव उपस्थित हैं — "दुनिया में जितनी भाषाएँ हैं उनमें सम्भवतः अंग्रेज़ी सबसे, ज़्यादा नस्लवादी भाषा है। आपको ढेर-सारे ऐसे शब्द मसलन ब्लैक मार्केट, ब्लैकमेल, ब्लैक लिस्ट आदि मिल जायेंगे जिनसे मूल्य के स्तर पर कालेपन की भाषात्मक नकारात्मक परिभाषा

सामने आती हैं।[127] वह दर्शन क्या है? – समूचा संसार दो भागों में बँटा है। एक भाग में हैं काले और भूरे लोग जो पिछड़े कमोबेश असभ्य और दयनीय हैं। दूसरे हैं यूरोप के छोटे हिस्सों में सिमटे श्वेत लोग। ऐसा नहीं है कि ये पिछड़े लोग मुक्ति नहीं पा सकते। इनकी मुक्ति श्वेत उसमाज की अनुकम्पा पर निर्भर है। अतः श्वेत समाज जब उनका औपनिवेशीकरण करता है, तो यह सब उनकी मुक्ति के लिए करता है। अब, श्वेत समाज चाहे इन पिछड़े देशों की संस्कृति के किसी हिस्से का गौरव-गान करे, चाहे उसे दुत्कारे या गले लगाये – इस सच को आँच नहीं पहुँचनी चाहिए कि वे श्रेष्ठ जाति के लोग हैं। जब यह बात सामने आयी कि संस्कृत का यूरोपीय भाषाओं से सम्बन्ध है और भारतीय आर्य यूरोपीय आर्य के बन्धु-बान्धव है तो तत्कालीन कई भारतीय बौद्धिक गर्व से फूल उठे थे। जो हो, उनके (अंग्रेज़ आदि) पास भारत की जैसी छवि रही हो, उसके प्रिण्ट्स, फ़ोटोग्राफ़ के निगेटिव की तरह यूरोपीय चेतना की प्रयोगशाला में ही डेवलप किये गये।''[128] किपलिंग के 'बैरक रूम वैलड्स' का वह नौजवान जो लन्दन के एक कोने से कैरियर की खोज में भारत पहुँचता है तो वह अपने को एक छोटे-से शासक समुदाय के सदस्य के रूप में पाता है जो दास नौकरोंवाली चमड़ीवाले अधीनस्थों और लाखों भारतीयों से घिरा है, जिसमें कुली से लेकर महाराजाओं तक तथा निरक्षर किसान से लेकर ऑक्सफोर्ड के स्नातक तक शामिल है।[129] यही कारण है कि जब रवीन्द्रनाथ टैगोर को नोबुल मिला तो पाश्चात्य समुदाय को अपमान महसूस हुआ। ए. एरन्सन ने 'रवीन्द्रनाथ थ्रू वेसटन आईस' में 16 जून, 1914 के 'ग्लोब' (टोरण्टो) से उद्धरण दिया है – ''यह पहली बार है जब नोबुल पुरस्कार ऐसे किसी आदमी को मिला है जो जिसे हमें श्वेत कहते हैं, नहीं है। निःसन्देह हमारे लिये इस बात को पचाने में समय लगेगा कि कोई व्यक्ति रवीन्द्रनाथ टैगोर कहा जाता है, विश्व पुरस्कार पाये। (क्या हमें नहीं मालूम कि पूरब और पश्चिम कभी नहीं मिलेंगे?) यह नाम विचित्र लगता है। हमने इसे पहली बार छपा हुआ देखा, यह सही नहीं लगता।''[130] यह भी माना जाता था कि शुद्ध जाति के श्वेत लोग भी लम्बे समय तक भारत में रहे तो उनमें अशुद्धता आ जायेगी। हालाँकि हम जानते हैं कि केवल वे 'केवल यूरोपीय के लिए' के सुरक्षात्मक कोटे में रहते थे।

जब कर्जन ने कहा कि[131] पूरब एक ऐसा विश्वविद्यालय है जहाँ शोधार्थी को कभी भी डिग्री नहीं मिलती तो वह कई चीज़ों के साथ यह भी कह रहा था, जैसा कि सईद ने समझाया है, कि पूरब और ख़ास तौर पर भारत के लिए यूरोपीय उपस्थिति निरन्तर और अनिवार्य है तथा दोनों के बीच सम्बन्ध स्थिर है न कि लेन-देन के।

लेकिन यह सम्बन्ध कठोरता से स्थिर न रहा। हीगेल के विचार को स्वयं जर्मन रोमाण्टिकों ने चुनौती दी। उन्होंने भारत के साथ आत्मीयता का अनुभव किया। ब्रिटिश रोमाण्टिकों का भारत के साथ सम्बन्ध अलग से चर्चा योग्य है। माजीद ने 'राबर्ट सथे ऐण्ड द ओरियण्टल रेनासाँ' नामक अध्याय में दोनों का सम्बन्ध दर्शाया है। राबर्ट ने इस पुनर्जागरण की अंग्रेज़ी साहित्य को देन के बारे में लिखा है।[132] बायरन के सारडेनेपलस (Sardanapalus 1821) के अन्त में ग्रीक दास कन्या माएरा (Myra) अपने स्वामी सारडेनेपलस की चिता के साथ आत्मदाह करती है और इस बात की ओर ध्यान खींचती है कि वह एक प्रकार से 'सती' हो रही है। वह कहती है कि क्या तुम नहीं सोचते कि एक ग्रीक कन्या भी प्रेम में वह करने की हिम्मत रखती है जो एक भारतीय विधवा एक रिवाज़ के लिए करती है।[133] निगेल लीस्क (Nigel Leask) ने गायत्री स्पीवाक को उद्धृत किया है कि कैसे अंग्रेज़ों का 'सती' के प्रति आकर्षण था। एक श्वेत व्यक्ति ब्राउन महिला को ब्राउन पुरुष से मुक्त करता है।[134] आज की भाषा में कहें तो कुछ-कुछ फिल्मी। राना कब्बानी ने 'यूरोप्स मिथ ऑफ ओरियण्ट' में लिखा है कि एक यूरोपीय पूरब की ओर यौन की प्रेरणा से भी जाता था, जिसकी छवि वह किसी महिला या कमसिन लड़के में देखता था।[135] एन्थनी वाइल्ड ने अपनी सद्यः प्रकाशित पुस्तक (The East India Company : Trade and Conquest from 1600-1999) में यह सीधे-सीधे कहा कि एशिया में यूरोपीय विस्तार केवल ईसाइयत और वाणिज्य का विषय नहीं बल्कि मैथुन और रखैलपन का भी मामला था। इसके अलाा रोमाण्टिक कवियों पर भारत के समाज, साहित्यिक परम्परा आदि का प्रभाव पड़ा।

प्रायः इस विषय पर विचार नहीं किया जाता कि भारत ने शासक देश में क्या परिवर्तन सम्भव किये होंगे। भारत में अपने साम्राज्य के हितों को देखते हुए व्यापारी और ब्रिटिश संसद् की आपसी गठजोड़ तो स्पष्ट ही थी। ब्रिटिश प्रशासक भारत में जो करते थे, उस पर भी गृहदेश में काफी चर्चाएँ होती थीं। 18वीं सदी के उत्तरार्द्ध में कुछ चित्रकारों ने भारत के विभिन्न भवनों एवं दृश्यों के चित्र बनाये। उदाहरण के लिए थॉमस डेनियल (Thomas Daniell) और इसका भतीजा विलियम डेनियल के 144 चित्रों का संग्रह (Orient Scenary) नाम से 1795 से 1808 के बीच प्रकाशित हुआ। इससे ब्रिटेन में भारतीय वास्तुकला फ़ैशन की भाँति प्रसरित हुई। शाही भवनों में भी भारतीय शैली लक्षित की जा सकती थी। अनिया लूम्बा ने अपनी पुस्तक में (Colonialism / Post colonialism, p. 72) में उल्लेख किया है कि औपनिवेशिक वर्चस्व की धारणा तो वहाँ के रचनाकारों के बिम्बों और प्रतीकों में खोजी जा सकती है।

टाइम्स ऑफ इण्डिया के 7 अप्रैल, 2000 के अंक में ख़बर छपी थी कि ब्रिटेन के एक सुदूर स्थल पर लोग बनारस के एक महाराजा की स्मृति को ताज़ा करने के लिए एकत्र हुए। 1850 के दशक में इस स्थल पर प्यास से त्रस्त जनता की दशा पर पसीजकर इस महाराजा ने कुआँ खुदवाने के लिए राशि दी थी। इस कुएँ का उपयोग 1943 तक होता रहा। किल्टिन के भारत आगमन की अवधि में भारत के अनेक ब्रिटिशकालीन राजाओं के विलायत जाने और अपनी शानो-शौकत प्रदर्शित करने के क़िस्से छपे थे। इन पक्षों से सम्बन्धों का भिन्न स्वरूप भी सामने आता है।

आशीष नन्दी ने इस विषय पर एक महत्त्वपूर्ण दृष्टिकोण से विचार किया है।[136] उन्होंने कहा कि उपनिवेशवाद दोनों पक्षों को प्रभावित करता है। दोनों को बदलता है। "फैनॉन ने एक पुलिस अधिकारी का चित्रण किया है जिसने अल्जीरिया में स्वतन्त्रता सेनानियों को टॉर्चर किया था। वह अपनी पत्नी और बच्चों के प्रति हिंसक हो जाता है।"[137] नन्दी ने आत्मीय शत्रु पदावली का प्रयोग किया है जिससे भारत और ब्रिटेन के सम्बन्धों की संश्लिष्ट बुनावट का पता चलता है। वे लिखते हैं – "भारत 'अपश्चिम' नहीं है यह इण्डिया है।"[138] ब्रिटिश शासन के अन्त में सत्ता हस्तान्तरण के जो वर्ष थे, उसमें भारत और ब्रिटेन दो शत्रु नहीं रह गये थे। ब्रिटेन यदि शत्रु था, तो आत्मीय था। लेकिन यहीं रणजीत गुहा तथा अन्य समान दृष्टिवाले इतिहासकारों की बात याद आती है कि सत्ता का हस्तान्तरण किसने, किनके लिए किया। जिन धारणाओं या स्थितियों के विरोध में भारत में साधारण लोगों ने अपना वर्तमान खोया उनकी पीढ़ी के भविष्य में फिर वही 'कथाएँ' नये शीर्षकों के साथ जुड़ गयीं। यह प्रभुत्ववादी प्रणाली की अन्तिम विजय है, जिसमें गुलाम लोग खुद ही विजेताओं का गुणगान करने लगे हैं।"[139]

## सन्दर्भ, स्रोत तथा टिप्पणी

1. C.J.H.Hayes : Modern Europe to 1870, ed. P. 97.
2. पार्थ सारथि गुप्ता, (सं.) आधुनिक पश्चिम का उदय, 1993, विस्तृत विवरण इसी पुस्तक से लिये गये हैं। वर्तमान सन्दर्भ में पहला अध्याय, पुनर्जागरण महत्त्वपूर्ण है।
3. वहीं, पृ. 11.
4. वहीं, पृ. 11.
5. वहीं, पृ. 5.
6. वहीं, पृ. 12-13.
7. वहीं, पृ. 33.
8. वहीं, सुमित सरकार का लेख 'धर्म सुधार'।

9. वहीं, लेख, पृ. 79.
10. वही, देखें लक्ष्मी श्रीवास्तव का लेख 'आधुनिक यूरोपीय राज्यों का उदय।'
11. वही, अपर्णा बसु का लेख, 'वैज्ञानिक क्रान्ति और आधुनिक पश्चिम का उदय।'
12. वही, श्यामला भाटिया का लेख 'आँग्ल क्रान्ति' (1603-1688) पृ. 226.
13. वही, लेख अठारहवीं शताब्दी में आर्थिक परिवर्तन।
14. वही, देखें मीनाक्षी फूकन का लेख 'प्रारम्भिक औपनिवेशिक साम्राज्य।'
15. सतीशचन्द्र की पुस्तक 'मध्यकालीन भारत' NCERT प्रकाशन पहले से प्राप्त निष्कर्षों को मध्यकाल में अनुस्यूत कर विवेचन करती है। इसके अलावा C.A. Bayly ने अपनी पुस्तक Imperial Meridian में पृष्ठ 18 पर यह रेखांकित किया है कि भारतीय शासक वर्ग की इस स्थिति में क्या भूमिका थी।
16. C. Northcote Parkinson, East and West] 1963 PP 207-208.
17. वही, पृ. 208.
18. C.A. Bayly, Ibid, Page 74.
19. निर्मल वर्मा, भारत और यूरोप : प्रतिश्रुति के क्षेत्र की खोज 'पूर्वग्रह', अप्रैल, 1990.
20. वही।
21. न्युगी वा थोंगो की पुस्तक 'भाषा संस्कृति और राष्ट्रीय अस्मिता' के अनुवाद (1994) की भूमिका में अनुवादक, पृ. 7.
22. Suhas Chakravarty, The Raj Syndrome – A Study in Imperial Perceptions, 1991, p. 45.
23. Ashis Nandy, The intimate Enemy, Loss and Recovery of Self under Colonialism, 1983, p.12.
24. ए. एल. बाशम, अद्भुत भारत, 1992, पृ. 4.
25. Nigel Leask, British Romantic Writers and the East, Anxieties of Empire, 1993, p. 18.
26. O. P. Kejariwal, The Asiatic Society of Bengal and the Discovery of India's Past (1784-1838) 1988.
27. Ibid P -5.
28. Javed Majeed, Ungoverned Imaginings – James Mill's 'The History of British India' and Orientalism, 1992 माजीद ने सन्दर्भ दिये हैं – Romila Thaper 'Imagined Religious Communities Ancient History and the Modern Search for a Hindu identy Modern' Asian Studies, 23 (1989) and David Kopf's 'Hermenevties versus History journal of Asian Studies', 39 (May, 1980).
29. एक पत्र में वि. जोन्स, माजीद ने उद्धृत किया है, वही, पृ. 23.
30. Kejariwal, Ibid, P. 231.
31. Rosane Rocher 'British orientalism in the Eighteenth Century. The Dailectis of Knowledge and Government. In orintalism and the

Postcolonial predicament' Perspectives on South Asia Edited by C.A. Breckenridge and peter van dar veer 1993. p. 227.
32. John M. Mackenzie, Orientalism : History theory and The Arts, 1995, P. 29.
33. Ibid.
34. कार्ल मार्क्स, भारत सम्बन्धी लेख, 1983 (अनु.) की भूमिका में रजनीपाम दत्त, पृ. 8, 3
35. वही.
36. Negel Leask, Ibid, p. 68-69.
37. Ibid, P-70, शेली के सम्बन्ध में लेखक के इस विवेचन को सर्वमान्य नहीं कहा जा सकता। शेली सहित प्रायः सभी रोमाण्टिक रचनाकार साम्राज्यवाद से पीड़ितों के प्रति सहानुभूति रखते थे।
38. Ibid, p-71
39. Ibid.
40. Ibid. p. 118.
41. Majeed, P. 125.
42. Ibid.p. 191. उद्धृत शब्द स्वयं विल्सन के हैं जिन्हें माजीद ने लिया है।
43. Ibid. p. 192.
44. Francis Hutchins, The Illusion of permanance : British Imperialism in India, 1967 माजीद ने पृ. 191 पर इन्हें उद्धृत किया है।
45. Said, Oriantalism, p. 3.
46. Ibid., p. 11
47. Said, Culture and Imperialism, p. 130.
48. Ibid. p. 96.
49. A. Ahmed, In Theory, 1994, उद्धृत शब्द पृ. 159 से हैं। Orintalism and After नामक अध्याय में कथित मुद्दों पर विस्तार से चर्चा है।
50. देखें, 31 Peter का लेख, पृ. 4.
51. Ibid. Ludden का लेख Oranatalist Empiricism Ibid, p. 251-52.
52. Ibid, A Appadurai का लेख Number in the Colonial Imagination, p. 315.
53. Nicholas Thomas 'Colonialism's Culture – Anthropology Travel and Government, 1994. p. - 22.
54. Ibid, p. 26
55. Ibid, p. 27
56. Kejariwal, Ibid.
57. Negal Leask, Ibid, p. 2
58. Ibid, p. 82
59. J. M. Mackenzie, Ibid, p. 30

60. Parkinson, Ibid, p. 205-206.
61. Ibid, p. 206
62. डी. एन. झा, प्राचीन भारत, 1992, पृ. 2.
63. हाल ही भारत में प्रकाशित एक महत्त्वपूर्ण पुस्तक Ania Loomba, Colonialism / Post Colonialism, 1998.
64. Colonialism's Culture, p 38.
65. Ibid, p. 39.
66. न्गूगी वा थ्योंगो, वही, पृ. 19.
67. Ajiaz Ahmed, Ibid, p. 266.
68. भारत : 18वीं शताब्दी के मध्य से 19वीं शताब्दी के मध्य तक खण्ड 5, इन्दिरा गाँधी राष्ट्रीय मुक्त विश्वविद्यालय 1991, पृ. 39.
69. रोमिला थापर, भारत का इतिहास पृ. 10-11.
70. वही, (देखें – 31) पृ. 19.
71. R. montgomery का मत, सुशील श्रीवास्तव ने उल्लेख किया है। Constructing the Hindu Identity नामक लेख E.P.W. May 16, 98.
72. श्रीवास्तव का वही लेख।
73. माजीद ने उद्धृत किया है। वही, पृ. 147.
74. इस मुद्दे पर श्रीवास्तव ने विस्तार से इसी लेख में लिखा है। रणजीत गुहा को जावेद माजीद ने उद्धृत किया है। गुहा ने इस बात पर विचार किया कि ब्रिटिश देशी ज्ञान से भयभीत थे। यह ज्ञान साम्राज्यिक प्राधिकार के लिए सम्भावित चुनौती के रूप में लिया जाता था। माजीद ने लिखा "हिन्दू और मुस्लिम कोड की अंग्रेज़ी व्याख्या ने पण्डितों और मौलवियों की शक्ति को कम करने में बहुत योगदान दिया।" पृ. 20, इसके अलावा Rosane Rocher ने अपने उल्लिखित लेख में Orientalist Knowledge and the Enfranchisement of Hindus उपशीर्षक से इस पर विचार किया है।
75. रोचर का वही लेख। इसके अलावा माजीद ने अपनी पुस्तक में पृ. 16 पर दिखाया है कि, "जोन्स ने स्वयं हिन्दू और मुस्लिम क़ानून के लिए डाइजेस्ट को सबसे महत्त्वपूर्ण कार्य के रूप में स्वीकार किया न कि संस्कृत और लैटिन या ग्रीक भाषाओं के आपसी सम्बन्धों की खोज को। 1791 के एक पत्र में उन्होंने अपने डाइजेस्ट को A nobel legacy from me to three and twenty millions of black British subjects के रूप में पेश किया।"
76. वही लेख।
77. रामशरण शर्मा, प्रारम्भिक भारत का आर्थिक और सामाजिक इतिहास, 1992, पृ. 1.2.
78. David Ludden का लेख, वही पुस्तक पृ. 262.
79. वही पुस्तक (देखें 31) Arjun Appadruai का लेख।
80. तापस चक्रवर्ती का लेख, हंस, मार्च 1998.
81. Parkinson वही पुस्तक, पृ. 196.

82. डी.एन.झा, प्राचीन भारत पृ. 2.
83. रोमिला थापर, भारत का इतिहास, पृ. 11.
84. भारत सम्बन्धी, लेख पृ. 83.
85. Culture and Imperialism, p-182-183.
86. सांस्कृतिक पूर्वराग : एक प्रत्युत्तर, हंस, मार्च 98.
87. रोचर का लेख, नोट्स 8 पृ. 245.
88. रमेशचन्द्र मजूमदार, राय चौधरी तथा कालिकिंकर दत्त का भारत का बृहद् इतिहास' (मध्यकालीन खण्ड) 1991 पृ. 26.
89. एडवर्ड सईद का लेख Invention, Memory and Place, Critical Inquiry, Winter 2000, Vol. 26, No. 2.
90. The invention of Tradition (ed.) Eric Housbown and Terence Rangev. Cambridge, 1985 सईद ने इसकी विवेचना उक्त लेख में की है।
91. Times of India, 5 April, 1998 में सर्वेक्षण का आयतचित्र, साथ ही 27 फरवरी के टाइम्स ऑफ इण्डिया के पृ. 14 पर यू.के. और यू.एस.ए. में नस्ली हिंसा पर छपी रिपोर्ट, यह क्रम आज जारी है।
92. Ashish Nandy के उक्त पुस्तक में पृ. 112 पर उद्धृत किया है।
93. 'इग्नू' इतिहास, खण्ड 5, पृ. 43.
94. निर्मल वर्मा, वही लेख, पृ. 14 पूर्वग्रह।
95. इग्नू इतिहास पृ. 44.
96. वही, पृ. 45.
97. वही पृ. 47.
98. न्युगी वा थोंगो की पुस्तक की भूमिका, पृ. 6.
99. Ranjit Guha, Subaltern Studies, 1, 1982, On some Aspects of the Historiography of Colonial India.
100. Aijaz Ahmed, In theory, p. - 250.
101. न्यूगी वा थोंगो, वही पुस्तक, पृ. 25.
102. Partha Chatterjee, Nationalist Thought and the Colonial World. A Derivative Discourse 1986, p. 28.
103. Ibid,
104. The Times of India 27.12.1997.
105. निर्मल वर्मा, पूर्वग्रह में वही लेख, पृ. 19.
106. Ashok sen, Ishwar Chandra Vidyasagar and his Elusive Mile Stones, 1977 p. 152, 155, 156 पार्थ चटर्जी ने अपनी पुस्तक में पृ. 25 पर इन्हें उद्धृत किया है। पृ. 24 पर उन्होंने राजा राममोहन राय के परम्परा से विच्छेद के मुद्दे पर कई प्रश्न उठाये हैं। उनका यह आधुनिक और विद्रोही रूप केवल बौद्धिक स्तर पर था, मूल, सामाजिक रूपान्तरण के स्तर पर नहीं। उन्होंने कई अबौद्धिक परिपाटियों को ढोना जारी रखा, रूढ़िवादी हिन्दू एलीटों से समझौता किया, आदि।

107. Bayly, Imperial Meridian p 13.
108. Ibid, p. 52.
109. पारकिन्सन वही पृ. 207, पारकिन्सन ने यहाँ Maurice Zinkin के मत को उद्धृत किया है। प्रस्तुत उद्धरण Zinkin का ही है।
110. Ibid, p. 199.
111. Ibid, p. 262-63.
112. Rocher का वही लेख पृ. 234.
113. Majeed ने अपनी पुस्तक में पृ. 194 पर दोनों का उल्लेख किया है।
114. C.A. Beyly, Ibid, p. 18.
115. निर्मल वर्मा, पूर्वग्रह का लेख, पृ. 11.
116. उक्त लेख में निर्मल वर्मा के शब्द पृ. 11.
117. Upton Close, The Revolt of Asia (1927) p. 232 में महात्मा गाँधी का मत। इसे पारकिन्सन ने अपनी पुस्तक में पृ. 263 पर उद्धृत किया है।
118. In Theory p. 248.
119. निर्मल वर्मा के शब्द, उक्त लेख में पृ. 11.
120. निर्मल वर्मा पूर्वग्रह में लेख, पृ. 17.
121. वही पृ. 11 और 14.
122. वही।
123. Sudhir Chandra, The Oppressive Present, 1992 p. 13.
124. 'हर बारिश में' का निबन्ध अंग्रेज़ों की खोज में' इस सम्बन्ध में महत्त्वपूर्ण है।
125. वही, पृ. 5.
126. निर्मल वर्मा का लेख, भारत और यूरोप ... पूर्वग्रह पृ. 13.
127. न्यूगी वा थोंगो, वही पुस्तक, पृ. 56.
128. निर्मल वर्मा, वही लेख, पृ. 16.
129. Subash Chakravarty, The Raj Syndrome page 53-54.
130. Ibid, p. 59.
131. Ibid, p. 87.
132. Majeed की पूर्व उल्लिखित पुस्तक।
133. Negel Leask ने अपने नोट्स (131) में इसकी चर्चा की है, पृ. 243.
134. Ibid, p. 156.
135. Ibid, p. 120.
136. The Intimate Enemy.
137. Ibid, p. 215-217.
138. Ibid, p. 73.
139. न्युगी वा थोंगो, वही पुस्तक, 30।

◆

# अध्याय – 2

# हिन्दी साहित्य और समाज का पश्चिम से संवाद

भारत में अंग्रेज़ों की उपस्थिति और उनकी कार्यशीलता से एक बड़े परिवर्तन का रूप बनने लगा था; इस सामान्य तथ्य पर कदाचित् ही कोई मतभेद हो। पिछले अध्याय में हमने देखा है कि 18वीं और 19वीं सदियों में भारतीय मानस की निर्मिति के लिए उत्तरदायी दबाव और उन दबावों के पीछे निहित योजनाबद्ध और प्रायः सायास उद्देश्य क्या थे। इस दबाव के अन्तर्गत विचारधारा, विज्ञान और तकनीक तथा साहित्यिक अध्ययन को शामिल किया जाना चाहिए। विज्ञान की भूमिका अधिक स्पष्ट और तात्कालिक रही। विज्ञान की शक्तियों द्वारा मुक्ति और पराधीनता का ऐसा अस्पष्ट, मिश्रित परिदृश्य बना कि इसके स्वरूप को ठीक-ठाक समझने में लम्बा अर्सा लगा। विज्ञान के द्वारा ही भारतीय काया को वश में किया गया। डेविड अर्नाल्ड (David Arnold) ने 1993 में प्रकाशित अपनी पुस्तक 'Colonizing the Body : State Medicine and Epidemic Disease in 19th Century India' में इस प्रक्रिया और तकनीक की विस्तार से चर्चा की है। पश्चिमी विज्ञान भारत में एक अजनबी संस्कृति के मध्य लागू किया गया। मनोचिकित्साशास्त्र के सामाजिक इतिहास पर लिखनेवाले विद्वानों जैसे (Waltraud Ernst) वाल्ट्रोड अर्नस्ट ने उपनिवेशवादियों द्वारा 'मेण्टल साइन्स' के नाम पर किये गये मानवीय दावों पर आलोचनात्मक प्रश्न उठाये हैं। ब्रिटिश चिकित्सकों ने अपनी शक्तियों और प्रभावों का प्रयोग कर न सिर्फ़ अपने लिये सफलता के झूठे रिकॉर्ड बनाये बल्कि भारतीयों को अपने प्रयोग के लिए भी प्रयुक्त किया। जे.एन.यू. में From Lunacy to Mental Health : Formation of Psychiatric Knowledge in Colonial India विषय पर शोध कर रहे ए. आर. बसु का मत है कि किसी एजाइलम में एक नेटिव का प्रवेश प्रायः क़ानून और व्यवस्था की समस्या के साथ होता था। जनशान्ति को बाधित करनेवाले लोग सुरक्षा सम्बन्धी आपराधिक मामलों में गिरफ़्तार किये जाते और उनकी हिंसा को व्याख्यायित करने में असफल होने की स्थिति में उन्हें

पागल क़रार दे दिया जाता था। विज्ञान का प्रयोग इस तरह भी किया गया कि चिकित्सा और दैनिक जीवनचर्या में सदियों से प्रयुक्त स्थानीय या परम्पराप्राप्त अनुकूल प्रविधियाँ और युक्तियों को स्थानापन्न किया गया। भारतीय मानस के अध्ययन और निर्देशन के सांस्कृतिक और वैचारिक प्रयासों की जो चर्चा पहले अध्याय में हुई है, उसकी तुलना में विज्ञान और तकनीक की भूमिका की चर्चा कम होती है।

सारांशतः भारतीय मानस का धैर्यपूर्वक अध्ययन और तत्पश्चात् विनिर्माण अपनी अनेक विविधताओं के साथ एक बड़े लक्ष्य की ओर उन्मुख रहा। इस प्रक्रिया में कुछ अवशिष्ट चीज़ें बनीं जो हमारे काम आ गयीं। कुल मिलाकर विकास या परिवर्तन की जो दिशा बन रही थी, बहुत तोष देनेवाली न थी। प्रस्तुत अध्याय में अपने अध्ययन को थोड़ा विशिष्ट और केन्द्रित करते हुए हिन्दी समाज और साहित्य को देखना है।

हिन्दी से पश्चिम के सम्बन्ध को तलाशते हुए प्राथमिक स्रोतों और सूत्रों को देखते हुए हम बहुत पीछे, पुर्तगालियों के प्रयास तक जा सकते हैं। पहला संवाद भाषा के स्तर पर हुआ और ऐसा इसलिए कि भाषा किसी भी समाज को समझने और बूझने का सशक्त माध्यम है। पुर्तगाली या अन्य यूरोपीय आगन्तुकों ने सास्यूर या लाकां[1] को भले न पढ़ा लेकिन इनके लेखन में निहित भाषा की महत्ता का प्रायोगिक कार्य उन्होंने ज़रूर किया। अन्य समस्त यूरोपीय शक्तियों को निस्तेज कर भारत में अपने साम्राज्य का विस्तार करनेवाले अंग्रेज़ अन्ततः यहाँ की संस्कृति और कार्यप्रणाली से अनभिज्ञ थे। सामाजिक संरचना, ज्ञान और सूचना का स्रोत तथा भारतीय मानस की बुनावट को समझने में उन्हें लम्बा समय लगा। 19वीं सदी के उत्तरार्द्ध में आकर एक-दूसरे को जानने, समझने और धारणा बनाने की दिशा में एक स्थायित्व आया। हिन्दी में यह काल खड़ी बोली के आरम्भ और आधुनिक काल के प्रकाश का है। लेकिन इस कालावधि में जो क्रियाएँ-प्रतिक्रियाएँ हुईं, उनके पीछे भी सदियों का विकासक्रम है।

## (क)

## उन्नीसवीं सदी का उत्तरकाल : आधार-निर्माण व द्वन्द्व

19वीं सदी के उत्तरकाल को विशिष्ट बनाने में 1857 के विद्रोह की बड़ी भूमिका है। हिन्दी प्रदेशों में इस विद्रोह के बाद के प्रभाव को बहुत तीव्रता और

निकटता से महसूस किया गया। यही कारण है कि अंग्रेज़ और भारतीय दोनों ने राजनीतिक तथा सांस्कृतिक स्तरों पर स्वयं को मूलभूत परिवर्तनों की अवश्यम्भाविता से बँधा पाया। आनेवाले समय और सम्बन्धों के लिए यह अवधि आधार-निर्माण और द्वन्द्व जैसे प्रत्ययों से समझी जाती हैं। आधुनिक काल के प्रारम्भ का चाहे जो भी काल निर्धारित करें, इस अवधि में घटित अनेक घटनाएँ ठीक-ठीक एक स्पष्ट विभाजन को दर्शाती हैं। विद्रोह से पहले साम्राज्यवादियों के पास बलात्कार की कथाएँ नहीं होती थीं।[2] इन लोगों ने लम्बे समय से भारतीयों को नरम और औपनिवेशिक शिक्षा के योग्य समझा था। 1857 की इस घटना ने भारतीयों के बारे में औपनिवेशिक रूढ़िबद्ध धारणा को परिवर्तित कर दिया। एक 'सरल हिन्दू' ब्रिटिश औरतों के साथ बलात्कार करनेवाले वहशी के रूप में दिखाया जाने लगा। कहा जा सकता है कि बलात्कार का एक रूपक की भाँति प्रयोग होने लगा जैसा कि Paul Scott के The Jewel in the Crown में मिलता है। एक ब्रिटिश औरत का शरीर और उपनिवेशवाद दोनों का पर्याय के रूप में अर्थ लिया गया है। बलात्कार की घटनाएँ यथार्थ में हों या न हों, उन्हें प्रचारित किया जाता था और इस प्रकार फिर शासन को एक सिविलाइजिंग मिशन' का मुखौटा मिल गया, प्रकारान्तर से सत्ता को और मज़बूत करने का आधार मिल गया। इस प्रकार 1857 के विद्रोह ने न सिर्फ़ ब्रिटिश सत्ता को हतप्रभ कर दिया बल्कि उन्हें नये सिरे से अपने को संयोजित करने के लिए विवश भी किया। साथ ही, 'इमेज' और धारणाओं में व्यापक परिवर्तन हुए। हिन्दी क्षेत्र ने इन सब प्रक्रियाओं को नज़दीक से देखा क्योंकि विद्रोह से लेकर बाद के व्यापक परिवर्तनों तक ब्रिटिश सत्ता की चिन्ताओं के केन्द्र में यही भूभाग विशेष था। रामविलास शर्मा ने हिन्दी नवजागरण का प्रारम्भ 1857 के विद्रोह से माना और कहा कि, "सन् '57 का स्वाधीनता संग्राम हमारा जातीय संग्राम था, इसका सबसे बड़ा प्रमाण यह है कि जितने लोक-गीत विभिन्न जनपदों में हमारे यहाँ रचे गये, उतने अन्य प्रदेशों में कुल मिलाकर भी नहीं रचे गये।"[3] हमारे साहित्य और समाज का पश्चिम से सम्बन्धों का जो रूप बना, उसका एक आधार इस विद्रोह से भी मिलता है। दूसरी ओर, "इन्हीं दशकों में औपनिवेशिक, राजनीतिक एवं आर्थिक आधिपत्य ने भारत में पूर्ण एवं स्पष्टतः स्थिर स्वरूप ग्रहण किया।"[4] अंग्रेज़ों का भारतीय जनता से प्रत्यक्ष सम्बन्ध मात्र कुछ वर्गों तक सीमित था और जैसा कि सुमित सरकार ने दिखाया है अंग्रेज़ों के पास इस विश्वास हेतु पर्याप्त कारण थे कि भारत में उनका राज स्थायी है तथा फूट डालकर राज करना सरल है।[5] फिर भी, जिस बदलाव से हमारा अभिप्राय है, वह काफी मूलभूत था। अंग्रेज़ों ने अपना नया शत्रु मुसलमानों को माना जो 1906 तक उनके मस्तिष्क में बना रहा; जब तक

मुस्लिम लीग का सहारा न मिला। धार्मिक-सांस्कृतिक सुधार और परिष्कार के साथ शासन का मधुमास समाप्त हो गया और प्रतिक्रियावाद को स्वतः चरित्र बना लिया गया। नस्ल और जातीय श्रेष्ठता का उनका गुमान और बढ़ गया तथा सन्देह ने जड़ जमा लिया। इधर भारतीय राजनीतिक रूप से अभी भी साम्राज्यवाद के मूल चरित्र को समझ न पाये थे। यही वह पृष्ठभूमि है जिसमें हिन्दी साहित्य का नया रूप निर्मित होता है। वर्णित समस्त कारकों की पूरी धमक साहित्य में मिलती है।

इस समय तक रेल का प्रसार बढ़ चला था। इसने बाज़ारों को प्रसार दिया; बाज़ारों ने व्यापारी वर्ग के रूप में नया वर्ग विकसित किया जो शहरों में निवास करता था। इस समस्त प्रक्रिया ने सूचनाओं के आदान-प्रदान को अनिवार्य बनाया और भाषा पर तत्काल प्रभाव पड़ा। इसके अलावा वकील, मुख्तार, अध्यापक जैसे वर्ग नितान्त नये थे और शहरों में रहते थे।[6] अंग्रेज़ी शिक्षा और सभ्यता का प्रभाव बढ़ने के परिणामों तथा राष्ट्रवाद के उदय पर इतिहास में हमने पर्याप्त सामग्री देखी है। लेकिन इतना तय है कि इस तथ्य के बावजूद कि भारतीय समाज के बारे में अपर्याप्त जानकारी के कारण 1857 का विद्रोह हुआ, अभी तक अंग्रेज़ भारतीय संवेदना, राजनीति और विश्वासों के बारे में पूरी जानकारी नहीं रखते थे, उनके पास तत्त्वसम्बन्धी आँकड़े-भर थे।[7] इसके बदले में अविश्वास ही बढ़ता गया। प्रो. बेली सूचना देते हैं कि पहले डाक को इसलिए नियन्त्रित किया जाता था कि राजस्व का घाटा न हो, अब प्रत्येक जिले में मजिस्ट्रेट, डाकपाल बना दिया गया (मोण्टगोमरी, पंजाब रिपोर्ट, पृ. 169) ताकि प्रत्येक भारतीय पत्र का तीक्ष्ण पर्यवेक्षण हो। डाक को प्रेस जैसा ही महत्त्व मिला।[8] स्वयं प्रेस के बारे में अंग्रेज़ एकमत नहीं थे। "एक ओर वे अब भी इस बात को लेकर आशान्वित थे कि इसका उपयोग भारतीय जनमत की झलक पाने और पश्चिमी ज्ञान को फैलाने में कर सकते हैं। तथापि दूसरी ओर राजद्रोह को फैलाने में इसकी क्षमता के प्रति अधिक शंकालु थे।"[9] सरकार जनता की शान्ति और नैतिकता के प्रति बहुत सजग दिखायी पड़ती थी। अख़बारों में मुसलमानों के विभिन्न सम्प्रदायों के बीच जो संघर्ष होता था, उसका उत्तेजक ब्योरा छपता था और उन अभियानों में ब्रिटिश शासन और पश्चिमी सभ्यता के विरुद्ध तेवर दिखायी पड़ता था। "शासक वर्ग का यह भी विश्वास था कि राजद्रोह और अनैतिकता अन्तःसम्बद्ध होते हैं। उसने घटिया और अश्लील प्रकाशनों पर कठोर नियन्त्रण लगाये। आगरा प्रेस द्वारा दो 'अश्लील' किताबों के प्रकाशन पर टिप्पणी करते हुए जन शिक्षा निदेशक (DPI) ने 1870 में कहा कि ऐसी सामग्री "नेटिव लोगों के दिमाग को स्त्री शिक्षा के विरुद्ध करती हैं और बड़े शहरों के युवाओं के मस्तिष्क में विष घोलती है"... प्रेस को मालदार बनाने की दृष्टि से लोकप्रिय कामुक

साहित्य उतना ही महत्त्वपूर्ण था जितने धार्मिक विवाद।''[10] अंग्रेज़ों की इस प्रवृत्ति की तुलना उन आलोचकों से करना रोचक होगा, जिन्होंने साहित्य में इसी तरह की प्रवृत्ति को पुष्ट किया। उदाहरण के लिए आचार्य शुक्ल ने अनैतिकता और अमर्यादा को समाज के लिए हानिकारक मानते हुए समन्वय और शान्ति पर ज़ोर दिया, सम्भवतः कबीर मर्यादा और सामाजिक शान्ति का उल्लंघन करते थे।[11] शासन और सत्ता की भाषा में शान्ति, अनुशासन तथा इसके पर्यायवाची शब्दों की संख्या अधिक होती है। 1920 के आसपास केवल बनारस के महाराज और कुछेक अन्य रियासतों के शासक ही हिन्दी की धार्मिक पुस्तकें और रामायण की प्रतियाँ मुद्रित कराने में सक्षम थे, अब छोटे कस्बों और बड़े गाँवों में अपने प्रेसों की बाढ़ आ गयी। ''उदाहरण के लिए 1870 में, ऐसी सूचना थी कि अलीगढ़ जिले के बेसवान गाँव के ठाकुर गिरप्रसाद ने गाँव में एक प्रेस स्थापित कर लिया और संस्कृत ग्रन्थों के भाषा (अर्थात् हिन्दी) अनुवादों के संस्करण निकालने में स्वयं को व्यस्त रखते हैं। गिरप्रसाद ने खुलेआम अपना लक्ष्य 'प्राचीन हिन्दू धर्म का समग्रमता में' पुनरुत्थान करना बताया लेकिन वैदिक काल के बाद के हिन्दू धर्म के प्रति अपनी अरुचि के बावजूद धार्मिक पुस्तकों के अति गर्म बाज़ार के लिए उन्होंने पुराणों की हज़ारों प्रतियाँ मुद्रित करायीं।''[12] हिन्दी भाषा का संस्कृत और हिन्दू धर्म से जुड़ाव तथा इनको आपस में जोड़कर एक प्रयास का परिदृश्य केवल भारतेन्दु में ही नहीं दिखता, इसकी प्रक्रिया बहुत पहले शुरू हो चुकी थी। भारतेन्दु पर हम आगे विचार करेंगे लेकिन इस पूर्वकल्पना पर शोध की आवश्यकता है कि नयी भाषा उर्दू ने स्वयं को भारतीय परम्परा और इतिहास की उत्तराधिकारी क्यों नहीं बनाया। फारसी और बाद में उर्दू के वर्चस्व के बावजूद गाँवों और कस्बों में सामान्य लोग अपनी परम्परा और कर्मकाण्ड को हिन्दी में व्यक्त करना सरल समझते थे।

इस अवधि में ज्ञान और सूचना का प्रसारण और तीव्र हुआ तथा अपनी अस्मिता के प्रति जनता में चेतना बढ़ी। यद्यपि यह चेतना इस स्तर तक नहीं पहुँची थी कि राष्ट्रीय व्याप्ति प्राप्त कर ले। साम्राज्य का विस्तार अपने चरम पर पहुँच चुका था और वैश्विक पूँजीवाद बहुत सशक्त हो चुका था। इस स्थिति में अपने सबसे मूल्यवान् साम्राज्य भारत की रक्षा में अंग्रेज़ कुछ भी करने को तैयार थे। घरेलू नीतियों में परिवर्तन इसी उद्‌देश्य से होते रहे। छापेखाने की शक्ति से सरकार परिचित थी और दमनकारी नीतियों जैसे 1876 का ऐक्ट के अलावा लोभ और बहकावे की नीतियाँ भी चलती रही।[13] दूसरी और प्रायोजित अख़बार आवश्यक रूप से सफल हों, ऐसी बात न थी। उदाहरण के लिए ''मुन्शी सदासुख लाल, जो कि राजभक्त थे और अधिकारियों की दृष्टि में 'सर्वाधिक' अच्छा

चलनेवाला 'अखबार' निकालते थे, भारतीय जनता द्वारा दृढ़तापूर्वक अस्वीकृत कर दिये गये।''[14] आगे बेली बताते हैं कि सरकार ने इसका कारण यह बताया कि उनका अख़बार क्रान्तिकारी था, लेकिन इसका वास्तविक कारण यह था कि सदासुख लाल मुख्य सरकारी अनुवादक के रूप में नियुक्त किये गये थे और प्रेस को संचालित करने में स्वयं एक भूमिका निभा रहे थे तथा लोग उन्हें अवसरवादी समझते थे।[15] दूसरी ओर 'हिन्दी प्रदीप' और 'भारत-जीवन' जैसे पत्र अपने आँग्ल-भारतीय समकालीनों की तरह आचरण करते थे।[16] जिस प्रकार अंग्रेज़ी के पत्र नेटिव लोगों के बारे में पूर्वग्रह और द्वेष से भरी अफ़वाहें छापते थे, वैसी ही अफ़वाहें 'हिन्दी प्रदीप' में भी छपती थीं। इस प्रकार की समानतावाली भावना के अतिरिक्त अपने समुदाय के प्रति भी जागरूकता दिखती है। प्रकाशक अपनी जाति और समुदाय के आँकड़े देने लगे थे। इसलिए बेली ने यह निष्कर्ष निकाला है कि, ''इस बात का श्रेय पोस्ट और प्रिण्ट मीडिया को दिया जाना चाहिए न कि राज्य को, जिनके कारण नये क्षितिज खुले और पुराने पुनर्जीवित हुए।''[17] इस बात को और भी बल मिलेगा जब हम देखेंगे कि किस प्रकार एक विशिष्ट प्रकार का धार्मिक स्वरूप रचा गया। वसुधा डालमिया की पूरी पुस्तक इस धारणा पर बल देती है कि 19वीं सदी में ही 'क्लासिक भारतीय परम्परा की वर्तमान धारणा' का निर्माण और प्रचार किया गया।[18] उनका कहना है कि प्राच्यवादी और राष्ट्रवादी दोनों यह मानते थे कि वर्तमान भारत की दुर्दशा का कारण पिछली सदियों का अत्याचार से भरा मुसलमानी शासन है। 'वैष्णवता और भारतवर्ष' नामक लेख में भारतेन्दु ने वैष्णव धर्म को भारत का प्राचीनतम और स्वाभाविक धर्म सिद्ध करने के लिए इतिहास और शास्त्र से प्रमाण देने के बाद देश की उन्नति के लिए इसे अपनाने और प्रसरित करने का आह्वान किया है। कैसे यह धर्म देश की रग-रग में समाया है, इसे दिखाने के लिए 36 अत्यन्त सरल और स्थानीय कारण बताये हैं। इस सकारात्मक धारणा के अलावा यह लेख गम्भीर रूप से बलियावाले भाषण से अपने को अलग करता हुआ 'हिन्दू', की अलग व्याख्या करता है। मुझे लगता है कि बलिया का भाषण सचमुच एक सार्वजनिक मंच पर जनता के एक व्यक्ति का सार्वजनिक भाषण था जो निश्चय ही अनेक आदर्शमूलक उद्‌गारों से भरा हुआ होना चाहिए था। अंग्रेज़ साहब की प्रशंसा, पुनः देश की दुर्दशा का कारण और देश की उन्नति का मन्त्र एक साथ ही भाषण में मिलता है। यह अन्तर्विरोध है या एक सधे हुए वक्ता का सुलझा हुआ रचनात्मक छल, विचारने की बात है। इस भाषण में वे कहते हैं – ''जो हिन्दुस्तान में रहे, चाहे किसी रंग, किसी जाति का क्यों न हो, वह हिन्दू।''[19]

वैष्णवत्तावाले लेख में लिखते हैं – "शैव शाक्त, सिक्ख, जो हों, सबसे मिलो।"[20] यहाँ उनकी परिधि में वे हिन्दू माने गये हैं, जिन्हें मोटे तौर पर वर्तमान सदी में माना जाता रहा है। उनका यह वाक्य तुलनीय है – अंग्रेज़ों से जो नौकरी बच जाती है उन पर मुसलमान आदि विधर्मी भरती होते जाते हैं।"[21] यहाँ मुसलमान हिन्दू न रहे जबकि हिन्दुस्तान में ही रहते हैं। वे विधर्मी हो गये। इसका एक अर्थ यह भी निकाला जा सकता है कि इस प्रकार के उद्‌गार प्रतियोगिता और आर्थिक जटिलताओं से जुड़े हुए थे और न इनका कोई साम्प्रदायिक दुराग्रह से भरा पक्ष न था। उस समय तक मुसलमानों में शासक वर्ग की भावना बची हुई थी और इसकी ठसक उनमें थी। उर्दू कवियों ने दिल्ली की दुर्दशा पर यथार्थपरक रचनाएँ की हैं, उनके समानान्तर हिन्दी कवियों में यह भाव नहीं मिलता। यह बहुत जटिल परिदृश्य नहीं है कि यदि हम इसे इतिहास के नज़रिये से देखें। दिल्ली का पतन या मुग़लों का पतन हिन्दी के कवियों के लिए नज़दीक की स्थिति न थी। ग़ालिब और दाग़ को मुग़ल साम्राज्य के पतन पर शोक हो सकता था, बिहारी और पद्‌मावत को नहीं। इसके कोई धार्मिक या साम्प्रदायिक कारण खोजना शीघ्रता होगी। केन्द्रीय सत्ता ने भारत में बहुत अधिक सीमा तक प्रजा के दैनिक जीवन में हस्तक्षेप नहीं किया। इसलिए भाषा पढ़ने और बोलनेवाले लोगों के लिए फारसी और उर्दू को प्रश्रय देनेवाले दरबार बहुत काम के नहीं हो सकते थे। साथ ही, औरंगजेब के बाद मुग़ल वंश ने जो कुत्सित और घटिया मिसालें, क़ायम कीं, उसे पढ़कर आज कोई भी या तो गप्प मानकर विश्वास न करेगा, या विश्वास करेगा तो सिर धुन लेगा।[22] इस्लामी शासकों के प्रति शेष जनता में जो कटुता थी, उसका कारण इस पतनोन्मुख अवस्था से जोड़ना चाहिए, सिर्फ़ हिन्दू-मुस्लिम साम्प्रदायिकता में नहीं। बंकिम सहित अन्य भाषाओं के 'पुनरुत्थानवादियों' का तर्क बहुत कमज़ोर नहीं था। दुर्घटना यह हुई और स्वाभाविक हुई कि मुसलमानों ने इसे अपने विरुद्ध मान लिया तथा वहाँ भी दूसरे किस्म का पुनरुत्थानवाद प्रारम्भ हो गया। इस प्रकार उत्तर-मुग़लशासक चाहे कितने भी कुत्सित और निम्न आचरण कर गये, देश की अवनति के लिए चाहे कितने भी उत्तरदायी हों, मानो स्वाभाविक गति से मुसलमानों की भावना उनसे जुड़ी रही और एक शासक वर्ग का भाव बना रहा। इसलिए भारतेन्दु को भी कहना पड़ा – "मुसलमान भाइयों को भी उचित है कि इस हिन्दुस्तान में बसकर वे लोग हिन्दुओं को नीचा समझना छोड़ दें। ठीक भाइयों की भाँति हिन्दुओं से बरताव करें।"[23] यहाँ भारतेन्दु को मुसलमानों से भाई का, समानता का व्यवहार अपेक्षित है।

विवेच्य-काल में उर्दू और मुसलमानों के प्रश्न पर जो बातें मिलती हैं, उनमें प्रतियोगिता और आर्थिक सरोकारों का ज़्यादा हाथ मिलता है। यह अलग बात है कि बाद के काल में इस पर साम्प्रदायिक रंग चढ़ गया। "सबसे भयानक बात तो यह थी कि भाषा और लिपि के मतभेदों को धीरे-धीरे धार्मिक मतभेदों से जोड़ा जाने लगा था जो सम्प्रदायवाद को मानस में कहीं और भी गहरे बिठा रहा था।"[24] हिन्दू धर्म को एक विशिष्ट रूप देने की चर्चा हुई है। इस प्रकार के प्रयास भारतेन्दु से पहले भी हुए थे। एक जन-व्यक्तित्व के रूप में हिन्दुओं को प्रतिष्ठित नगरी काशी से हुए उनके प्रयासों को कई सहयोगी प्रयास मिले और निश्चय ही हिन्दू धर्म को एक रूप देने में सफलता मिली। वसुधा डालमिया[25] ने भी इसके कारणों पर लिखा है कि 19वीं सदी के उत्तरार्द्ध के बनारस में ऐसी कई चीज़ें उपस्थित थीं जो एक नयी हिन्दू संस्कृति के निर्माण के पक्ष में थीं। अंग्रेज़ों द्वारा समर्थित इसकी पवित्र नगर के रूप में ख्याति, हिन्दू राजा, पण्डे, एक प्रभावशाली व्यापारी वर्ग और इन सबका संयुक्त रूप से ब्राह्मण ज्ञान-विज्ञान को संरक्षण देना काफ़ी महत्त्वपूर्ण है। वे आगे कहती हैं कि इन सब प्रयासों का सम्मिलित और संगठित रूप हम भारतेन्दु के जीवन और कार्यों में पा सकते हैं। "जिनकी अनन्य प्रतिभा, विलक्षण बहुमुखता, जन-भागीदारी, नये के प्रति उत्सुक खुलापन और दूसरों को प्रेरित व जागरूक करने की योग्यता ने उन्हें परम्परागत और आगत के प्रवक्ता के रूप में असाधारण रूप से प्रभावकारी बनाने में योग दिया।"[26] जैसा कि उल्लेख किया गया, भारतेन्दु का प्रयास और भारतेन्दु-मण्डल का प्रकार्य पहले से चली आ रही छिटपुट कोशिशों का संगठित रूप था। हिन्दी भाषा : स्वाभाविक रूप से फारसी-उर्दू के समानान्तर एक संसार को मूर्त कर रही थी जिसे हम अगले अध्याय में और स्पष्ट रूप में देखेंगे। स्वयं भारतेन्दु पर पिछले प्रयासों और घटनाओं का प्रभाव दिखता है। कम-से-कम एक घटना का उल्लेख तो आवश्यक है। वह घटना थी, महाराजा का मुक़द्दमा जो 1861 में बम्बई न्यायालय में आया।[27] करसनदास मूलजी ने अपने पत्र सत्यप्रकाश में 21 अक्टूबर, 1860 को "The primitive religion of the Hindus and the present heterodox opinion" नामक एक आलेख लिखा। इस लेख में वल्लभ मार्ग के महाराजाओं पर कई तीखे आरोप लगाये गये और सम्प्रदाय के भीतर पैदा हो गयी सड़न को उजागर किया गया। इस लेख ने विरोधी पक्ष को तिलमिला दिया और महाराजा ने सम्पादक और मुद्रक पर मुक़द्दमा ठोक दिया। वारेन हेस्टिंग्स के मुक़द्दमें के बाद यह अब तक का सबसे बड़ा मुक़द्दमा था।" बम्बई न्यायालय ने मूलजी के पक्ष में फ़ैसला सुनाया और महाराजा पर 50,000 रुपये का ज़ुर्माना लगाया गया। अंग्रेज़ न्यायाधीश का बयान था – "... हमारे समक्ष जो प्रश्न है वह

धर्मशास्त्र का नहीं बल्कि नैतिकता का है... जो नैतिक रूप से ग़लत है, वह धर्मशास्त्रीय रूप से सही नहीं हो सकता।''[28] इस घटना का व्यापक प्रभाव पड़ा और धर्म में सुधार की माँग बढ़ने लगी। यहाँ भारतेन्दु का प्रसंग था, अतः उनके ऊपर पड़े प्रभाव की चर्चा अपेक्षित है। वैष्णवता और भारतवर्ष' नामक लेख में उन्होंने उपर्युक्त घटना की पृष्ठभूमि में उत्पन्न धारणा का परिचय दिया है। वैष्णवों में फैले व्यभिचार और पतन से वे क्षुब्ध थे। ''यद्यपि वैष्णव धर्म भारतवर्ष का प्राकृत धर्म है, इस हेतु उसकी ओर लोगों की रुचि होगी, किन्तु उसमें अनेक संस्कारों की अतिशय आवश्यकता है। प्रथम तो गोस्वामीगण अपना रजोगुणी-तमोगुणी स्वभाव छोड़ेंगे तब काम चलेगा। गुरु लोगों में एक तो विद्या ही नहीं होती, जिसके न होने से शील, नम्रता आदि उनमें कुछ नहीं होते। दूसरे या तो वे अति रूखे, क्रोधी होते हैं या अति विलासलालस होकर स्त्रियों की भाँति सदा दर्पण ही देखा करते हैं।''[29]

वसुधा ने इस घटना के एक और परिणाम की चर्चा की है जो भारतेन्दु के आलेख से पुष्ट होती है। हिन्दूधर्म के शुद्धिकरण की प्रक्रिया के सन्दर्भ में इस घटना का महत्त्व है क्योंकि, ''1813 के बाद ब्रिटिश भारत में आनेवाले प्रोटेस्टेण्ट मिशनरियों के लिए हिन्दूधर्म के सर्वाधिक आपत्तिजनक तत्त्वों में एक इसकी ऐन्द्रिकता थी।''[30] यह ऐन्द्रिकता अब धीरे-धीरे लुप्त होने लगी, ख़ास तौर पर महाराजा के मुक़द्दमे के बाद यह आपत्तिजनक हो गयी। पश्चिमी सभ्यता ने ऐन्द्रिकता को अपनाया तो, परन्तु इसके स्थूल और भौतिक रूप को ही, इसके उदात्त और उच्चादर्श को वे नहीं अपना पाये, यही हिन्दूधर्म का वह तत्त्व था जो पहले तो दूषित हुआ और बाद में आपत्तिजनक हो गया। धर्म के स्वरूप और सुधार के मामले में भारतेन्दु ने स्वयं को प्राच्यवादियों के निकट पाया।[31] पहले तो उनकी निष्ठा वैष्णव मत के साथ ही रही और धर्मसभा की गतिविधियों में भी वे हिस्सा लेते रहे, बाद में ईसाई मत की चुनौतियों के सामने वे और उनके अन्य समकालीन इस प्रवृत्ति की ओर उन्मुख हुए कि अनेक मतों को हिन्दूधर्म के सम्प्रदायों के रूप में परिभाषित किया जाये। ''हरिश्चन्द्र की अनुक्रिया को उत्तरी भारत में हिन्दूधर्म की परम्परा को निर्मित करने की बहुव्यापी प्रकृति की प्रतिनिधि के रूप में समझा जा सकता है। एक अग्रणी पत्रकार के रूप में पवित्र नगरी काशी और इसकी संस्थाओं की समस्त प्राधिकृत प्रमाणिकता के साथ बोलते हुए, हिन्दी साहित्य में भारी प्रतिष्ठा प्राप्त हरिश्चन्द्र ने स्पष्टतः न सिर्फ़ जनमत का प्रतिनिधित्व किया बल्कि इसका निर्माण भी किया।'''[32] इस प्रकार उन्होंने हिन्दू भाषा धर्म और संस्कृति के राष्ट्रीयकरण [33] का कार्य जिस ढंग से प्रारम्भ किया और काशी तथा आसपास के अभिजात वर्ग का सहयोग जिस प्रकार मिला, उससे राजनीति का समीकरण बनना तय-सा हो गया। जिसे हम पुनरुत्थानवाद और शुद्धिवाद कहकर सम्बोधित करते हैं,

उसका संस्थागत रूप हिन्दी आन्दोलन से जुड़ गया और प्रारम्भ से ही हिन्दी की संस्थाओं पर एक विशेष वर्ग और प्रवृत्ति का अधिकार हो गया जो कमोबेश आज भी जारी है।[34] इसलिए इस बात में छिपी सच्चाई से मुँह नहीं चुराया जा सकता कि, "साहित्यिक हिन्दी भी बड़ी सीमा तक एक कृत्रिम रचना थी जो हिन्दू पुनरुत्थानवादी आन्दोलनों से घनिष्ठ रूप से जुड़ी हुई थी।"[35] सुमित सरकार ने भारतेन्दु को मूलतः राजभक्त ही माना।[36]

राजभक्ति और देशभक्ति का विवाद पुराना है। भारतेन्दु ने कई जगहों पर घोर राजभक्ति प्रकट की हैं।[37] अंग्रेज़ों का विरोध ज़िन मुद्दों पर है, उनमें आर्थिक मुद्दा एक है। इसके अलावा घोर दुर्दशा जो 'सभ्य अंग्रेज़ों' के शासन में हो रही है, विलाप का विषय है।[38] इनकी राजभक्तिपरक प्रवृत्ति को कुछ विद्वान् शासन के दमन से अलग रहने की युक्ति मानते हैं तो कुछ अन्तर्विरोध मानकर राजभक्ति पर देशभक्ति को क्रमशः प्रभावी होते जाने को लक्षित करते हैं। मुझे इन दोनों सुझावों में दिलचस्पी नहीं है। "19वीं सदी के उत्तर में हिन्दी साहित्य के संसार ने अपने जीनियस प्रतिनिधि भारतेन्दु हरिश्चन्द्र के साथ आवश्यक परिवर्तनों को अपनाकर शेष राष्ट्र की सच्चाई को प्रतिबिम्बित किया।"[39] उस काल को भारतीय इतिहास में नरमपन्थी राजनीतिक का युग कहा जाता है। उस काल के सभी विचारक प्रायः साम्राज्यवाद के विरोध में न होकर कुशासन के विरोध में थे और उन्हें राजभक्त कहा जाता है। इस तथ्य को इतिहास का साधारण छात्र विस्तार से जानता है।[40] भारतेन्दु ने शासन का विरोध उन्हीं मुद्दों पर किया जहाँ नरमपन्थी करते थे। स्वराज की माँग अगली सदी में उठी[41] और भारतेन्दु की मृत्यु के समय भारत की अभिव्यक्ति का स्वरूप राष्ट्रीय होने लगा था। अपने युग की सीमा में भारतेन्दु ने अपना पर्याप्त विस्तार किया। लेकिन वे पूँजीवाद और साम्राज्यवाद के विश्वव्यापी गठजोड़ तथा भारत में इसके रूप को पहचान न सके। इनका इतिहास-बोध बहुत मौलिक और रेडिकल न था तथा विश्व में घट रही घटनाओं की तह में जाकर उनमें क्रियाशील शक्तियों की पहचान उनके यहाँ नहीं है। महाराजाधिराज जार[42] के प्रति निष्ठा इसका प्रमाण है। साथ ही, उन्हें मुसलमानों का विरोधी समझना कोरी सरलता है, इसके प्रमाण उनके लेखन में हैं।[43]

इस काल में कई तरह के द्वन्द्व उपस्थित थे और इनमें कुछ की चर्चा पहले अध्याय में भी हुई है। सभी तरह के द्वन्द्वों के मूल में कदाचित्, चेतना और वर्चस्वशाली भ्रम का द्वन्द्व प्रवाहित दिखता है। जिस ज्ञान का उपयोग पश्चिम की प्रभुसत्ता को स्थापित करने में हुआ, उसी को शास्त्र बना लेना, भारतीयों की सफलता थी और इस परिघटना से शासन को अचम्भा हुआ। फिर भी, इस काल

तक अंग्रेज़ों को मूल रूप से समझ पाने में भारतीयों को सफलता न मिली थी और यह शासन की सबसे बड़ी सफलता थी। इस स्थिति को प्राप्त करने में अंग्रेज़ों ने जिस श्रमसाध्य और दीर्घ प्रक्रिया को अपनाया वह प्रशंसनीय है। बहुत प्रारम्भ से ही "ब्रिटिश विद्वानों और भारतीय विद्वानों के सम्बन्ध तनावपूर्ण थे। पण्डित कॉलेज को लेकर बड़े सशंकित थे। शास्त्रों के अवलोकन जैसे पवित्र कार्य को दूषित बर्बरों के लिए अनुमत करने के विरुद्ध थे।"[44] इसके अलावा संस्कृत ग्रन्थों के वर्गीकरण और इसके उपयोग पर भी मतभेद थे। इसको विस्तार से अगले उपअध्याय में देखा जा सकता है। विवेच्य-काल में जो द्वन्द्व स्पष्ट हो रहा था, वह सांस्कृतिक अधिक था। यह सिर्फ़ हिन्दी समाज में घटित परिदृश्य न था। थोड़े-बहुत मात्रा-भेद और भौगोलिक परिवर्तनों के साथ देश के अनेक भागों में इस तरह के घालमेल प्रस्तुत करनेवाले सांस्कृतिक उपक्रम और विधान मिल जायेंगे। कृष्ण मोहन बनर्जी (1813-85) ईसाई मत में दीक्षित हो गये, "फिर भी अपने जीवनभर में वे स्थानीय सांस्कृतिक मूल्यों के सच्चे प्रहरी बने रहे। ईसाई धर्म को परम्परागत हिन्दू पदावली में व्याख्यायित करते हुए उन्होंने 'The Aryan Witness' में कहा कि बाइबिल में जो कुछ है वह वेदों में पहले से ही उपस्थित है।"[45] पूर्व और पश्चिम का द्वन्द्व 19वीं सदी में मौजूद रहा। एक आश्चर्यजनक तरीके से, जबकि राजनीतिक रूप से भारतीय अंग्रेज़ों के विरुद्ध होते गये, पश्चिम हावी होता चला गया। नेहरू ने बड़े ही उदात्त, उदार और सूक्ष्म ढंग से इसे प्रतिष्ठित किया। यह पश्चिम द्वारा अपने को स्वीकृत करा लेने का सर्वोत्तम दृष्टान्त है। अन्त में, एक और पक्ष की चर्चा की जानी चाहिए। आधुनिकता के बरक्स लोकप्रिय संस्कृतियों के प्रति झुकाव रखनेवाले लोग उपस्थित थे। यहाँ मैं भारतेन्दु मण्डल की नहीं बल्कि टेम्पल, ग्रियर्सन, क्रूक आदि की बात कर रहा हूँ जो अपने मातृदेश आयरलैण्ड में हुए लोक साहित्य के पुनरुत्थान से प्रभावित थे जिसका प्रभाव अंग्रेजी 'Arts and Crafts Movement' पर भी पड़ा था। नस्ल, लोकप्रिय संस्कृति और मूल जातीयता के प्रति इनका चिन्तन रेडिकल था।[46] अपने पूर्वगामी प्राच्यवादियों के समानान्तर ये दूसरी धारा के अनुयायी थे। चूँकि संस्कृतियाँ की रक्षा अधिकतम स्त्रियों द्वारा होती रही है। अतः वे स्त्रियों के प्रति और इनके अध्ययन के प्रति उन्मुख हुए। इन प्रवृत्तियों का हिन्दी समाज पर काफ़ी असर पड़ा होगा। ये लोग बिहार में अपने समदेशी ओ डॉनल तथा मैकडानल्ड से काफ़ी मिलते थे जिन्होंने भूपितियों और भ्रष्ट मुस्लिम अधिकारियों के विरुद्ध किसानों का पक्ष लिया था और प्रसंगवश, यह मैकडानल्ड ही था जो 1900 में संयुक्त प्रान्त के ले. गवर्नर के रूप में हिन्दी को सरकारी न्यायालय की भाषा के रूप में स्वीकृति देनेवाला था।

## (ख)

### नयी विधाएँ और साहित्य में आन्तरिक द्वन्द्व

बन्धन से मुक्ति का एक परिणाम यह होता है कि विस्तार की दिशाएँ बनने लगती है। प्रेस ने साहित्य को एक मुक्ति दी; उसके लिए बड़ा वर्ग तैयार होने लगा। इससे अभिव्यक्ति और अभिग्रहण के कई प्रश्न स्वयं बने और उनके समाधान भी हुए। कई विधाओं का एक साथ उदय इसी परिघटना को स्पष्ट करता है। विधाओं के उदय के पीछे सामाजिक आवश्यकताएँ होती हैं जो साहित्य के ढाँचे को अनुकूलन देने के लिए उसका परिष्कार और विस्तार करती हैं। ब्रज के स्थान पर खड़ीबोली का स्वीकरण सिर्फ़ भाषा का स्थानान्तरण नहीं, बल्कि संस्कृति का स्थानान्तरण भी है। स्पष्टतः यहाँ संस्कृति का अर्थ, साहित्यिक परम्परा की संस्कृति से है। ऐतिहासिक – सांस्कृतिक परिस्थितियाँ साहित्य से एक विशिष्ट और गुरुतर भूमिका की माँग कर रही थीं, उस भूमिका के निर्वाह हेतु गद्य की समर्थ भाषा चाहिए थी जो हमारे पास न थी। अतः इसके लिए खड़ीबोली को अपनाया गया। यद्यपि भाषाशास्त्र की दृष्टि से इस प्रश्न का कोई ठोस उत्तर नहीं है कि जिस प्रकार ब्रज में कोई समर्थ गद्य नहीं था, उसी प्रकार खड़ीबोली में कोई समर्थ गद्य नहीं था, तो क्यों ब्रज की जमी हुई भाषाई सक्रियता के स्थान पर खड़ीबोली को आन्दोलन का रूप दिया गया। जो प्रयास खड़ीबोली के लिए हुए वे ब्रज के लिए भी हो सकते थे। साथ ही शिवदान सिंह चौहान के इस कथन पर भी ध्यान होना चाहिए कि ब्रज में गद्य नहीं था, ऐसा प्रमाण के साथ नहीं कह सकता था।[47] नयी मानसिक स्थिति और भावबोध के लिए एक भरी-पूरी भाषा का त्याग बहुत तार्किक घटना नहीं है। भाषाशास्त्र की दृष्टि से हर भाषा में अभिव्यंजना शक्ति होती है, उसके लिए समाज और बड़े रचनाकारों की ज़रूरत होती है जो उसे विकसित कर सकें। इसी काल से व्यापक हिन्दी का वह मुहावरा चला जिसमें सारी बोलियों को हिन्दी की छतरी के तले जोड़ लिया गया और बताया गया कि खड़ीबोली भाषा है और अन्य भाषाएँ बोलियाँ।[48] बोली और भाषा का यह द्वन्द्व आज तक निरन्तर है। आज हिन्दी जाति जैसी कोई स्थिति नहीं है और जिस प्रकार बाँग्ला या अन्य भाषाओं में मातृभाषा का उल्लास मिलता है, वैसा हिन्दी में नहीं है। हिन्दी के प्रति हिन्दी समाज का हृदय उमगता हो और हुलास से भर जाता हो, ऐसा नहीं है। इसका एक प्रमुख ऐतिहासिक परिप्रेक्ष्य यही है कि हिन्दी समाज अपनी बोलियों और खड़ीबोली के प्रति सन्तुलन की स्थिति में अब भी नहीं है। यह अन्तर्विरोध आज भी निरन्तर है।

ब्रज में कविता और खड़ीबोली में गद्य का द्वैत महावीरप्रसाद द्विवेदी के समय तक चला आया। द्विवेदी जी ने तो एक मिशन के तहत खड़ीबोली की निम्नस्तरीय कविताओं को भी ब्रज आदि की उच्चस्तरीय कविताओं के स्थान पर अधिक महत्त्व देकर छापा और प्रोत्साहित किया। इसके बावजूद जिसे काव्यभाषा कहते हैं, उसका विकास करने में रचनाकारों की एक पूरी पीढ़ी खप गयी।[49] छायावादी रचनाकारों ने सायास एक भाषा का निर्माण किया जिसमें ऊँची कविता सम्भव हो। इस भाषा पर कृत्रिमता के आरोप लगते रहे हैं। इसके साथ दुर्घटना यह हुई कि जिस भाषा को विकसित करने में इतना श्रम लगा, उसे बाद के रचनाकारों ने छोड़ दिया।[50] निराला ने स्वयं नयी भाषा के प्रति संकेत दे दिया और प्रगतिवाद में एक दूसरे तरह की भाषा केन्द्र में आ गयी। हिन्दी भाषा का विधान हिन्दी समाज के सन्दर्भ में निश्चित नहीं हो पाया और किसी भी नये अध्येता को हिन्दी के नाम पर दर्जनों भाषाएँ पढ़नी पड़ती हैं तो उसे कई समस्याओं से गुज़रना पड़ता है। वैसे भी हिन्दी के एक सामान्य छात्र को हिन्दी के सन्दर्भ में वे सुविधाएँ नहीं हैं जो दूसरी भाषाओं में हैं। यदि प्रसाद को एक विकसित और बनी हुई भाषा विरासत में मिलती तो, वे अपने समकालीन यूरोपीय कवियों से बहुत आगे होते। उनकी प्रतिभा का बहुत बड़ा अंश भाषाई रिक्तता की पृष्ठभूमि में खप गया। खड़ीबोली हिन्दी मेरी मातृभाषा नहीं है और मेरी मातृभाषा भोजपुरी मेरी कामकाज की भाषा नहीं है। इस प्रकार मेरे अनुभव जगत् में दो फाँक हो गये हैं और भोजपुरी में अनुभव किये गये समय को व्यक्त करने के लिए मुझे हिन्दी में उनका अनुवाद करना पड़ता है; दार्शनिक कहते हैं कि सत्य को अनुवाद के सहारे व्यक्त नहीं किया जा सकता है।

पिछले पन्नों में हमने दिखाया है कि भारतेन्दु काल में देशभक्ति और राजभक्ति का द्वन्द्व जैसा कुछ नहीं था। थोड़ा सपाट करके कहें तो राजभक्ति और देशभक्ति में कोई विरोध नहीं था। यह द्वन्द्व आज हमने देख लिया है। साहित्य इसकी प्रामाणिकता की पुष्टि नहीं करता है। भारतेन्दु या अन्य लोगों को शिकायतें हैं; सरकार के प्रति शिकायतें व्यक्त हुई हैं। यहाँ कहना यह है कि भारतेन्दु अपने युग के अन्य इतिहास पुरुषों से आगे थे। क्योंकि इतिहास के पन्नों में प्रमुखता से स्थान पानेवाले नेताओं के विचार में जो परिपक्वक्ता नरम युग में आ पायी वह भारतेन्दु में कम-से-कम एक दशक पहले आ गयी थी।[51] उनका यह कथन इस सन्दर्भ में पर्याप्त है – "... जब अंग्रेज़ विलायत से आते हैं प्रायः कैसे दरिद्र होते हैं और जब हिन्दुस्तान से अपने विलायत को जाते हैं तब कुबेर बनकर जाते हैं... इससे सिद्ध हुआ कि रोग और दुष्काल इन दोनों के मुख्य कारण अंग्रेज़ ही हैं।[52] साहित्य, ब्रिटिश शासन की क्रूरता और लोकोपकारिता के द्वन्द्व से भरा है। कम-से-कम द्विवेदी-काल

तक इस प्रकार का द्वन्द्व, तो चलता ही है। उदाहरण के लिए 1905 के 'सरस्वती' का अंक लीजिये। प्रारम्भ में ही ग्रियर्सन का चित्र है, इस स्तुति के साथ –[53]

*"श्री तुलसी के काव्य प्रेम सों बाँचन वारे*
*सूरी बिहारी लाल, जायसी मानन हारे*
*विद्या-कीरति-धाम, बड़े जो भाषा पण्डित*
*जि.ए. ग्रियर्सन नाम-गुणाकर ॠतुजा-मण्डित।।"*

ग्रियर्सन के व्यक्तित्व और कृतित्व पर लगभग 09 पृष्ठों का लम्बा लेख मिलता है। और धारणा यह कि, "आपका स्वभाव ऐसा सरल है कि विरले ही हाकिमों में वैसा देखने में आता है।"[54] यहाँ 'हाकिम' और 'स्वभाव' की व्याख्या में निहित अधीनस्थ मनःस्थिति और स्वीकृत अधीनता द्रष्टव्य है। पहले अध्याय में हमने विस्तार से जोन्स और मिल का अध्ययन किया है। उनके उद्देश्यों और मन्तव्यों को परखा है, उसी मिल के बारे में किंचित् गर्व से 'सरस्वती' की यह उक्ति ध्यान देने योग्य है – "क्योंकि जब मिल के सिद्धान्तों का खण्डन बड़े-बड़े तत्त्वदर्शी विद्वानों से भी अच्छी तरह नहीं हो सका, तब औरों की क्या गिनती हो?"[55] सरस्वती के एक और अंक में यह कहा जा रहा है – "इस महीने युवराज प्रिन्स ऑफ वेल्स और युवराज्ञी प्रिन्सेस ऑफ वेल्स का आगमन इस देश में है। इसलिए उनके चित्र हम इस संख्या के साथ 'सरस्वती' के पाठकों को भेंट करते हैं।"[56] इन उदाहरणों से हम यह प्रमाण जोड़ सकते हैं कि द्विवेदी-काल तक ब्रिटिश साम्राज्यवाद के प्रति साहित्य में जो द्वन्द्व था, वह उसके ही दो रूपों को लेकर था। स्वीकृति और अस्वीकृति का यह भाव कहीं मूल साम्राज्यवादी चरित्र से टकराता हो, ऐसा मुझे नहीं दिखा। यह बाद की स्थिति है और हंसवाणी इसका प्रमाण है – " 'हंस' के लिए यह परम सौभाग्य की बात है कि उसका जन्म ऐसे शुभ अवसर पर हुआ है, जब भारत में एक नये युग का आगमन हो रहा है, जब भारत पराधीनता की बेड़ियों से निकलने के लिए तड़पने लगा है।"[57]

भारतेन्दु-काल में लोक हाशिये पर नहीं रहा। इसलिए लोक और अभिजात में द्वन्द्व भी प्रारम्भ हो गया। सितारे हिन्द और भारतेन्दु का द्वन्द्व इसकी मिसाल है। इस समय लोक के प्रति झुकाव का एक वैश्विक रुख मिलता है अतः हिन्दी में भी इस स्थिति का सन्दर्भ खोजा जा सकता है।[58] लोक को प्रतिष्ठा देने की प्रवृत्ति का चरम विकास 'गोदान' में मान सकते हैं, जहाँ नायक की रूपरेखा ही बदल जाती है। स्वच्छन्दतावाद और यथार्थवाद की समानान्तर स्थिति और द्वन्द्व हिन्दी साहित्य की अपनी विशेषता है। इसका सर्वोत्तम रूप छायावादी सृजनशीलता में देखा जा सकता है।[59] इन दोनों प्रत्ययों की साथ-साथ उपस्थिति भारतीय

समाज और राजनीति की खास बुनावट के कारण रही। स्वतन्त्रता के कुछ पहले से ही पूरब और पश्चिम के बीच बहुस्तरीय द्वन्द्व नये रूप में दिखने लगा था। गाँधी और नेहरू के बीच कई मामलों में मतों की भिन्नता गहरे रूप में भविष्यत् काल के निर्माण के लिए दो प्रयत्नों की टकराहट थी। सुधीर चन्द्र ने इस मत विभिन्नता के कुछ सन्दर्भ दिखाये है[60] और इतिहासकारों ने पाया है कि सत्ता के हस्तान्तरण और उसके बाद के वर्षों में भी गाँधी स्वयं एक एकान्त और असहाय परिवेश में घिर गये थे।[61] यह एक तरह से उस बहुसंख्यक और जनसाधारण से बने समाज का अकेलापन था जो गाँधी के निर्वासन में झलक रहा था। स्वतन्त्रता-आन्दोलन को जनान्दोलन में बदलने का श्रेय गाँधी को जाता है, अतः गाँधी की असहाय चुप्पी उस विशाल समुदाय की भूमिकाविहीन उपस्थिति में खोजी जा सकती है जिसे अपने संघर्षों के फलों का अपहरण केवल देखते रहना था। नेहरू और लेडी माउण्टबेटन के सम्बन्धों में तत्कालीन भारत के उस सांस्कृतिक-राजनीतिक परिदृश्य को समझा जा सकता है जिसमें एक औपनिवेशिक-साम्राज्यवादी शक्ति को मित्र और वरिष्ठ के रूप में स्वीकार किया जा चुका है और स्वीकार-भाव में देश का कोई विशिष्ट समुदाय शेष समाज को निर्देशित कर रहा है। इस प्रकार भारतीय जनमानस में साम्राज्यवाद और उपनिवेशवाद की क्रूरताओं और ऐतिहासिक अपराधों की स्मृति घुलने लगती है। इस संक्षिप्त पृष्ठभूमि में यह देखना चाहिए कि हिन्दी साहित्य में अपने सबसे शक्तिशाली दीर्घतम और आमूल अनुभव का दबाव और अंकन कम या नहीं क्यों है। हिन्दी साहित्य में यह स्पष्ट दिख रहा था कि पश्चिम का दबाव निर्णायक हो चुका है। स्पष्टतः यह दबाव विचारधारात्मक रूप से था। यदि आलोचना तक सीधे पहुँचे तो आचार्य शुक्ल ने पूरब और पश्चिम के जिस सामाजिक रूप से अपनी दृष्टि का विकास किया था, वह सामाजिक रूप भी नहीं रहा और पश्चिमी सिद्धान्तों तथा वादों का प्रयोग और अनुप्रयोग ही चलता रहा। सारांशतः पश्चिम और पूरब के संघर्ष का जो चरण 19वीं सदी में प्रारम्भ हुआ था, उसमें बड़े ही सूक्ष्म और सटीक ढंग से पश्चिम ने अपने को स्वीकृत करा लिया और इस यज्ञ में भारत के उस समाज का योगदान सर्वाधिक था जिसे आधुनिकता और अंग्रेज़ी भाषा का समर्थक समझा जाता है। इस विषय पर अन्तिम अध्याय में विस्तार से चर्चा की ज़रूरत होगी।[62]

मुसलमानी शासन, इसकी विरूपताएँ और पतनशील परम्पराओं के स्थान पर उपनिवेशवाद के स्वर्णपिंजड़े में कैद हो जाने की प्रक्रिया इतनी सूक्ष्म और जटिल रही कि छोटी-छोटी घटनाएँ या विचलन भी भारी परिणाम पैदा करनेवाले सिद्ध

हुए। इसी प्रक्रिया में स्वत्व की खोज और निर्माण का जो दौर हिन्दू समाज में प्रारम्भ हुआ, उसका एक छोर साम्प्रदायिक तनाव में जा फँसा। इसे 'पुनरुत्थानवाद' कहकर आरोपित किया जाता है। यद्यपि पुनरुत्थान कहीं से स्वयं में विध्वंसकारी नहीं होता, इसे यूरोप के उदाहरण से समझा जा सकता है। भारत में तत्कालीन परिस्थितियाँ ऐसी थीं, जहाँ किसी भी प्रत्यय का दुरुपयोग सम्भव था। हम इस स्थिति को साहित्य में सन्दर्भित पा सकते हैं। यह सन्दर्भ था – पुनरुत्थान से प्राप्त ऊर्जा के बल पर एक विशेष सामाजिक वर्ग द्वारा साहित्य से जुड़ी संस्थाओं पर प्रभुत्व का प्रयत्न और साहित्य की एक विशेष धारा का पोषण करना। हिन्दी साहित्य पर एक वर्ग का प्रभुत्व नहीं रहा और कई समानान्तर धाराएँ आज तक चली आ रही हैं लेकिन कथित वर्गों द्वारा कभी हिन्दी को आध्यात्म की ओर कभी पश्चिम की ओर ठेलने के प्रयत्न सफल रहे हैं। प्रयोगवाद और नयी कविता के दौर में रचनाकार की पश्चिमाभिमुखता की खूब चर्चा हुई है। अंग्रेज़ी कविता या वाक्यविन्यास और अन्य प्रवृत्तियों की अक्षरशः प्रतिलिपि के दृष्टान्त मिलते हैं। नयी समीक्षा के क्षेत्र में इस लेन-देन की व्यापक चर्चा अगले दो अध्यायों में की जायेगी।[63]

भारतेन्दु-काल में अनेक गद्य विधाओं का उदय हुआ जिनकी जड़ यूरोप में थी। परायी विधा में अपने अनुभव व्यक्त करने की कठिनाई और तत्सम्बन्धी द्वन्द्व का निर्माण स्वाभाविक था। "इसलिए तीसरी दुनिया के अधिकांश देशों में उपन्यास आरम्भ के अनुकरण और प्रभाव की प्रवृत्ति से मुक्त होने के बाद जब अपने समाज के इतिहास और वर्तमान के यथार्थ में अपनी जड़ों की तलाश करता हुआ स्वतन्त्र रचनात्मक मार्ग पर चला तब उसका स्वदेशी स्वरूप विकसित हुआ।"[64] सबसे महत्त्वपूर्ण विधा के रूप में विकसित हुआ उपन्यास न सिर्फ़ आन्तरिक विषयवस्तु, गठन और शिल्प के प्रश्न पर बल्कि अनुवाद और अधिग्रहण के प्रश्न पर भी कई जटिलताएँ प्रस्तुत करता है। इन सबसे आगे "उपन्यास का अंग्रेज़ी ढाँचा चाहे जितना उत्कृष्ट हो, लेकिन वह एक औपनिवेशिक समाज के यथार्थ और आकांक्षा की अभिव्यक्ति के लिए पूरी तरह अनुकूल न था। अंग्रेज़ी उपन्यास का ढाँचा जिन विचारधारात्मक प्रवृत्तियों से बना था, उनका यहाँ अभाव था। यहाँ उपन्यास ही नहीं सम्पूर्ण साहित्य की रचना का सन्दर्भ और उद्देश्य यूरोप से भिन्न था।"[65] यहाँ जिस भिन्नता की ओर संकेत है उसे आलोचना में आचार्य शुक्ल ने, गद्य में प्रेमचन्द ने और काव्य में प्रसाद ने सार्थक रूप से पहचाना था। जहाँ तक उपन्यास का प्रश्न है, अन्य विधाओं की तरह वह द्वन्द्व का शिकार रहा और "रेणु जी पहले कथाकार थे जिन्होंने भारतीय उपन्यास की जातीय सम्भावनाओं की तलाश की थी..., 'मैला

आँचल' और 'परती परिकथा' महज़ उत्कृष्ट आँचलिक उपन्यास नहीं है, वे भारतीय साहित्य में पहले उपन्यास हैं, जिन्होंने अपने ढंग से झिझकते हुए, भारतीय उपन्यास को एक नयी दिशा दिखायी थी।''[66]

परम्परा और आधुनिकता का द्वन्द्व स्पष्ट रूप से भारतेन्दु काल में रूपाकार ले चुका था। यह एक स्वीकृत तथ्य है। रचनाकार अपने जीवन और साहित्य दोनों में इस प्रत्यय-युग्म की उपस्थिति प्रकट कर रहे थे। भाषा, विचार, जीवन-शैली, सुधार कार्यक्रम, आन्दोलन और इतिहास-दृष्टि इन सबमें परम्परा और आधुनिकता कहीं सहमति से और कहीं द्वन्द्व के रूप में गुँथे दिखते हैं। भारतेन्दु की कविताएँ खासतौर पर प्रेम और भक्ति की कविताएँ कहीं से नवीनता या स्पष्ट प्रस्थान का संकेत नहीं देतीं लेकिन उनके नाटक अपने युग की यथार्थ स्थिति से पूर्णतः परिचित हैं। भारतेन्दु के साहित्य में परम्परा और आधुनिकता की सहस्थिति का अच्छा उदाहरण उनका नाटक नामक निबन्ध है। द्वन्द्व की यह स्थिति छायावादी अवधि में अपने चरम पर थी। तब, इस द्वन्द्व का कारण क्या था? अब तक परम्परा और आधुनिकता में सामञ्जस्य और निरन्तरता का निर्माण नहीं होने पाया था। कहीं परम्परावादी थे, जिनका परम्परा प्रेम शास्त्रीय और अतिवादी छोरों तक जा लगता था, तो कहीं आधुनिकतावादी थे जिनमें अपने ही इतिहास और संस्कृति के प्रति घोर नकार था।[67] कहीं-कहीं आधुनिकता को पश्चिमी ज्ञान-विज्ञान का पर्याय मानकर उसे सत्ता और उसकी एजेन्सियों से जोड़कर देखा जाता था जो अपनी परिणति में त्रासद ही होता था। आधुनिकता के प्रति लोगों का आकर्षण अब ख़त्म हो रहा है लेकिन उस समय इसे त्राणकारी ही माना जाता था। वैसे, इस दृष्टि को विकसित करने में या सच कहें तो प्रसारित करने में बहुत समय लगा कि आधुनिकता उपनिवेश के पक्ष में नहीं थी। भारत में आधुनिकता की हवा पश्चिमी, सत्ताधारी, औपनिवेशिक एजेन्सियों के माध्यम से आयी थीं; प्रारम्भिक दिनों में इसमें सकारात्मक तत्त्व भले ही रहे हों, बाद में इसने अपना वास्तविक उद्‌देश्य साधना प्रारम्भ किया। राजनीतिक रूप से स्वतन्त्र हो जाने के बाद भी भारतीय समाज कई रूपों में उपनिवेशवाद को भोग रहा है; इनमें वैचारिक रूप से आधुनिकता के अभिशाप सर्वाधिक हैं। हिन्दी-क्षेत्र में तमाम समस्याएँ जो परम्परा और संस्कृति की बतायी जाती हैं, मसलन दहेज, परम्परा की समस्याएँ न होकर आधुनिकता की समस्याएँ हैं। यह बात स्वयं को हिन्दी माननेवाले एक व्यक्ति ने थोड़ी ही समय में समझ ली थी और चेताया भी था – ''इस किताब में 'आधुनिक सभ्यता' की सख़्त टीका की गयी है। यह 1909 में लिखी गयी थी। इसमें मेरी जो मान्यता प्रकट की गयी है, वह आज पहले से

ज़्यादा मज़बूत बनी है। मुझे लगता है कि अगर हिन्दुस्तान 'आधुनिक सभ्यता' का त्याग करेगा, तो उससे लाभ ही होगा।''[68] आधुनिकता की ऐसी आलोचना, उस युग में देखकर विस्मय होता है। दुनियाभर के उत्तर-आधुनिक विचारक जहाँ सदी के अन्त में पहुँचे हैं वहाँ हिन्द स्वराज सदी के प्रारम्भ में ही पहुँच चुकी थी। परम्परा और आधुनिकता के अपने-अपने अर्थों के साथ 'नयी समीक्षा' के युग तक टकराहट चलती रही : यद्यपि यह टकराहट आज भी है, पर उसका चरित्र और सन्दर्भ भिन्न है।[69]

हमने ऊपर कुछ द्वन्द्वों की चर्चा की है जिनका साहित्य में प्रतिफलन हुआ। जिस अवधि की बात यहाँ की जा रही है, वह अवधि देश के इतिहास में शान्ति और स्थायित्व की नहीं थी। भारत उस समय निर्माणाधीन राष्ट्र (Nation in making) के रूप में उभर रहा था। निर्माण की प्रक्रिया में राष्ट्र प्रायः गम्भीर सक्रियताओं के कारण द्वन्द्वों से भरे रहते हैं। आचार्य शुक्ल की मान्यता दुहरायें तो सभ्य देशों के साहित्य और जीवन में खाईं नहीं रहती बल्कि सम्बन्ध बना रहता है। हिन्दी साहित्य के प्रारम्भ से ही समाज के विभिन्न स्तरों ने व्याप्त द्वन्द्व को वाणी दी। द्वन्द्वों से रहित अवस्था स्वतन्त्रता की भी हो सकती है और पराधीनता की भी। फ्रान्स की राज्यक्रान्ति जैसी बड़ी घटना फ्रान्स में ही क्यों हुई, जबकि अन्य देशों में यथार्थ फ्रान्स से भी बदतर था और जनता फ्रान्स की जनता से भी अधिक नारकीय अवस्था में जी रही थी? यदि इस प्रश्न का उत्तर खोजा जाये तो इतिहासकार सर्वप्रमुख कारण यह बताते हैं कि अन्य देशों में लोगों को अपने नरक का बोध नहीं था। फ्रान्स में दो चीज़ें थीं – यहाँ स्थिति अपेक्षाकृत अच्छी थी, जनता को सुख-सुविधा की थोड़ी अनुभूति हो गयी थी और अपने नरक की त्रासदी का बोध हो चला था। ऐसी स्थिति अन्य समाजों में भी देखी जाती है। भारतीय समाज के पास वर्तमान का नरक तो था ही, अतीत का गौरवशाली बोध भी होने लगा था। (प्राच्यवादियों ने इस उद्देश्य से भारत के गौरवशाली अतीत को नहीं खोजा था) पुनः कहीं-कहीं भविष्य के सूर्य की कोई किरण भी चमक जाती थी। एक ही देश में घोर पश्चिमी और घोर स्वदेशी विचारकों की उपस्थिति देखी जा सकती थी। इन सबका परिणाम कई प्रकार के द्वन्द्वों में दिखता है। बाद में इसका समाहार हो गया हो, नहीं कहा जा सकता। ऐतिहासिक विकास-प्रक्रिया में द्वन्द्व का एक आधुनिकतम रूप यह भी है कि जिस हिन्दी क्षेत्र ने स्वतन्त्रता संग्राम में सबसे जुझारू और अगुआ की भूमिका निभायी, वही क्षेत्र सबसे पिछड़ा हो चुका है।[70]

## (ग)

## प्रमुख तथा अग्रणी आलोचक चिन्तक

हिन्दी के प्रमुख व अग्रणी आलोचकों, चिन्तकों पर बातें करते समय शिवप्रसाद सिंह 'सितारे हिन्द' की चर्चा यदि आवश्यक नहीं तो दिलचस्प ज़रूर है। बंगाल के प्रसिद्ध जगत् सेठ के परिवार से सम्बद्ध सितारे हिन्द की परदादी एक प्रसिद्ध कवयित्री थीं। सितारे हिन्द चूँकि शिक्षा विभाग में इन्स्पेक्टर थे अतः ज़िला और उपज़िला स्तर के पाठ्यक्रम पर इनका प्रभाव स्पष्ट था। पश्चिमी चिन्तन के प्रति इनकी प्रवृत्ति पूरी तरह युगानुकूल और निरापद थी। हिन्दूधर्म की बुराइयाँ इन्हें भी खटकती थीं और वे इसको इस्लाम या ईसाई मत के जैसा मानकीकृत देखना चाहते थे।[71] 30 से अधिक अनुवाद और लेखन के माध्यम से 'हिन्दुस्तानी' का प्रचार-प्रसार करनेवाले सितारे हिन्द का सर्वाधिक विवाद राजा लक्ष्मणसिंह और भारतेन्दु से हुआ। वैसे, सितारे हिन्द धर्म और देश के लिए जो करना चाहते थे, उससे सरकार का कोई विरोध न था बल्कि सरकार को ऐसे लोगों की महती आवश्यकता थी। आचार्य शुक्ल ने हिन्दी में आलोचना का प्रारम्भ बालकृष्ण भट्ट और प्रेमघन से माना है।[72] दोनों ने 'संयोगिता स्वयंवर' की अनावश्यक प्रशंसा के विरुद्ध 'सच्ची समालोचना' लिखी थी। इनमें पाश्चात्य नाटक के अनुसार भारतीय रिवाज़ों को ढालने के विरुद्ध आपत्ति थी। शुक्ल जी लिखते हैं कि भट्ट जी के गद्य को देखकर आभास होता है कि वे नये पढ़े-लिखे अंग्रेज़ीदाँ युवकों को आकर्षित करने के लिए लिख रहे हैं।[73] अंग्रेज़ी और हिन्दी के प्रश्न पर मेरी समझ से यह आधुनिक दृष्टि है।

भारतेन्दु ने अपनी गतिविधियों द्वारा हिन्दी समाज को गतिशीलता दी। भारतेन्दु के कार्य "उत्तर भारत में, हिन्दू परम्परा के निर्माण में एक महत्त्वपूर्ण लेकिन कोशिकीय अनुक्रिया का गठन करते हैं। महत्त्वपूर्ण इस अर्थ में कि ये शक्तिशाली प्रवृत्तियों को दिखाते और प्रस्तुत करते हैं; कोशिकीय इस अर्थ में कि ये औपनिवेशिक भारत में सामाजिक, राजनीतिक, धार्मिक और सांस्कृतिक आन्दोलनों के जटिल ऊतक से सुव्यवस्थित रूप से जुड़े रहते हैं, जिनके प्रति ये स्वयं एक अनुक्रिया थे।[74] हिन्दी साहित्य और भाषा के क्षेत्र में भारतेन्दु की व्यापक चर्चा हुई है और इन्हें एक संस्था के रूप में स्वीकार किया गया है।[75] उनका उर्दू और फ़ारसी पर अधिकार था। उनकी नृत्यांगना प्रेमिका अली जान एक धर्मान्तरित मुस्लिम थी जिसको बाद में हिन्दू धर्म में पुनः धर्मान्तरित कर लिया गया। भारतेन्दु ब्रिटिश प्राच्यवाद और आँग्ल भारतीय पत्रकारिता में समान रूप से सिद्धहस्त थे। इतिहास का अध्ययन समर्थ था

और उनका घर एक दरबार की तरह था। 'तदीय समाज' पूरब और पश्चिम का सामाजिक रूप था और उनकी रचनाएँ भारत की खोज करती जान पड़ती हैं।[76] "वे नृत्यांगनाओं और मुस्लिम महिलाओं से मेल-जोल रखते थे। वे स्वयं को एक नये ढंग के भारतीय लोकनेता के रूप में प्रस्तुत करने का प्रयत्न कर रहे थे जिसकी आधुनिक यूरोपीय लोकनेताओं से तुलना की जा सके। उन्होंने पत्रिका के आलेखों और 'प्रसिद्ध महात्माओं का जीवन-चरित' में 'महापुरुषों' में अपनी गम्भीर रुचि का लगातार प्रदर्शन किया। उनके विषयों का विस्तार महान् हिन्दू कवियों और दार्शनिकों जैसे कालिदास, शंकराचार्य से लेकर सुकरात और नेपोलियन-3 तक था।"[77]

भारतेन्दु यह स्वीकार करते थे कि पश्चिमी ज्ञान-विज्ञान और सभ्यता की श्रेष्ठता स्वीकार करने योग्य है और इससे सीखकर आगे बढ़ा जा सकता है। "अंग्रेज़ों के राज में सब प्रकार का समान अवसर पाकर भी हम लोग जो इस समय उन्नति न करैं तो हमारा केवल अभाग्य और परमेश्वर का कोप ही है।"[78] भारत में अंग्रेज़ों की उपस्थिति के कथित सकारात्मक तत्त्वों के प्रति मार्क्स और प्राच्यवाद के अन्य विद्वानों से लेकर तत्कालीन बुद्धिजीवी, सभी प्रशंसा की दृष्टि से देखते थे।

इस धारणा में आगे भी कोई परिवर्तन नहीं दिखता। आचार्य महावीरप्रसाद द्विवेदी हिन्दी साहित्य के 'हेडमास्टर' ही नहीं बल्कि ज्ञानराशि के कोष को समृद्ध करनेवाले भी थे। डॉ. रामविलास शर्मा ने इनके युग को नवजागरण का तीसरा चरण मानते हुए इन्हें "हिन्दी प्रदेश में नवीन सामाजिक चेतना के प्रसार के लिए सबसे उपयुक्त व्यक्ति माना है।"[79] सरस्वती पत्रिका अपने युग की 'इनसाइक्लोपीडिया' लगती है और 'सम्पत्तिशास्त्र' नामक पुस्तक साम्राज्यवादी अर्थतन्त्र की विश्लेषक। चूँकि इस समय तक साम्राज्यवाद और विश्वपूँजीवाद के सम्बन्ध और उद्देश्य उजागर हो चुके थे, कांग्रेस के मंच से स्वराज की माँग उठने लगी थी तथा नरम दल का युग समाप्त हो चला था, अतः द्विवेदी-युग के साहित्यकार इस प्रवृत्ति को प्रकट करते दिखते हैं। साफ़-साफ़ साम्राज्यवाद और पराधीनता की ख़िलाफ़त न करने का कारण 'सरस्वती' के मालिक और सरकार की नाराज़गी को बताते हुए डॉ. शर्मा ने द्विवेदी जी का सम्बन्ध तत्कालीन क्रान्तिकारियों और मज़दूर संगठनों से जोड़ते हुए उन्हें और उनके सहयोगियों को यह श्रेय दिया है कि उन्होंने "वैज्ञानिक ढंग से अनेक समस्याओं का विवेचन गहरायी से किया।"[80] इसके साथ ही "वैसा योजनाबद्ध, विस्तृत और वैज्ञानिक विवेचन हिन्दी में अभी तक उपलब्ध नहीं है।"[81] द्विवेदी जी और इस युग के अन्य चिन्तक प्राचीन भारत का गौरव और पश्चिम के ज्ञान-विज्ञान को समाज में प्रसारित करना चाहते थे। हीराडोम की कविता 'सरस्वती' में प्रकाशित कर द्विवेदी जी ने सम्पादक के उच्चतम आदर्श की स्थापना की।[82] इस कविता में

साम्राज्यवादी शासन के प्रति नहीं, बल्कि सामन्तवाद और ब्राह्मणवाद के प्रति आक्रोश है। इस कविता से जनसाधारण में ब्रिटिश सरकार की लोकप्रिय छवि की निरन्तरता का अहसास होता है। साहित्य के क्षेत्र में द्विवेदी युग को कई बड़े व्यक्तित्व निर्मित करने का श्रेय दिया जा सकता है।

बाबू श्यामसुन्दर दास का उल्लेख इसलिए आवश्यक है कि इनके यहाँ पहली बार आलोचनाशास्त्र एक व्यवस्थित ढाँचे में रूप लेता है। अंग्रेज़ी और भारतीय आलोचना का व्यवस्थित विवेचन 'साहित्यलोचन' में करके इन्होंने उस ज्ञान का परिचय दिया जो हिन्दी समाज तीव्रगति से ग्रहण कर रहा था। पश्चिमी ज्ञान को समझने और तुलना करने का क्रम चल पड़ा था और उससे सीधी टक्कर लेने का हौसला रखनेवाले आलोचक भी तैयार हो चुके थे। आचार्य रामचन्द्र शुक्ल "अपने समय के हिन्दी के ही सबसे बड़े आलोचक और इतिहासकार नहीं हैं, वे अखिल भारतीय स्तर पर भी बेजोड़ साहित्य चिन्तक दिखायी देते हैं, यही नहीं, वे अपने ज़माने के संसार के बड़े-से-बड़े आलोचक और इतिहासकार के समकक्ष दिखायी देते हैं।"[83] इतना ही नहीं, "विज्ञान, दर्शन, इतिहास, भाषा-विज्ञान, साहित्य और समाज के विभिन्न पक्षों से सम्बन्धित लेखों तथा पुस्तकों के अनुवाद, सम्पादन और मौलिक लेखन के बीच से उनका जो व्यापक ज्ञानसम्पन्न व्यक्तित्व उभरता है, वह यूरोप के पुनर्जागरणकालीन महान् विचारकों की याद दिलाता है।"[84] आचार्य शुक्ल के व्यक्तित्व के निर्माण में संस्कृत, पश्चिमी चिन्तन और समकालीन समस्याओं का योगदान है। समकालीन परिदृश्य ऐसा था जिसमें भारतीय समाज बड़ी चुनौती के आगे हतप्रभ था। पश्चिमी चिन्तन और इसके प्रभुत्व ने भारतीय मानस को इस प्रकार आच्छादित किया था कि या तो उस चिन्तन का विरोध हो सकता था, या स्वीकार, उससे उदासीन रहना कठिन था और दोनों से इतर कोई नया चिन्तन प्रस्तुत करना तो और भी कठिन। हिन्दी में आचार्च शुक्ल ऐसे चिन्तक थे, जिन्होंने एक नयी संघटना प्रस्तुत करने का प्रयास किया। चूँकि वे मुख्यतः आलोचक थे अतः उनके पश्चिमी चिन्तन से टकराव के बिन्दु खोजे जा सकते हैं, मुख्यतः रचनाकार होने के कारण इन्हीं के कद के प्रसाद में स्पष्ट बिन्दुओं पर अँगुली रखना कठिन है। अगले, उपअध्याय में साहित्य-सिद्धान्तों पर चर्चा करते समय आचार्य के सांस्कृतिक मन्तव्यों और साहित्य-सम्बन्धी धारणाओं पर बात करते हुए हम यह देखेंगे कि उन्होंने हिन्दी साहित्य के क्षेत्र में अरस्तूवाली स्थिति प्राप्त कर ली है।[85] आचार्य शुक्ल के विरोध में जाकर उनके प्रति शंका उत्पन्न कर साहित्य पर नये ढंग से सोचने का काम अब तक व्यवस्थित रूप से नहीं हुआ है। आचार्य शुक्ल ने एक

भाषा, एक धर्म और एक संस्कृति की उसी धारणा को पुष्ट किया है जिसकी निर्मिति 19वीं सदी में हुई थी।[86]

हिन्दी समाज के परम्परा-अन्वेषण की सारी व्यापकताएँ और सीमाएँ एक साथ जयशंकर प्रसाद में मिल सकती हैं। प्राच्यवादियों ने हमारे लिये जिस प्रकार का इतिहास खोजा और निर्मित किया था, उसका सहर्ष स्वीकार प्रसाद के यहाँ है। यद्यपि आर्यों के मूल निवास पर प्रसाद ने भारतीय मूलवाली अवधारणा अपनायी है। प्राचीन भारत का गौरव, वर्तमान की दुर्दशा और इस दुर्दशा के कारणों की पहचान—प्रसाद यहाँ तक तो प्राच्यवादियों के साथ-साथ चलते हैं लेकिन एक रचनाकार होने के नाते जब वे आगे बढ़ते हैं तो उनकी दिशा बदल जाती है। कहा जा सकता है कि उपकरण उधार के थे किन्तु उनका प्रयोग निजी था और इसी प्रयोग के आधार पर प्रसाद को दार्शनिक-कवि का दर्जा मिला। प्रसाद अपने समय के पश्चिमी वादों से परिचित रहे थे क्योंकि शोधार्थी विद्वानों ने 'कामायनी' में अणुवाद, फ्रायड और मार्क्स को खोजा है। प्रसाद भारतीय मनीषा के सशक्त प्रतिनिधि कहे जा सकते हैं। उनके यहाँ किसी पश्चिमी तत्त्व के प्रति आतंक या भय या आच्छादन नहीं है। यहाँ तक कि उस युग के बरगदी व्यक्तित्व टैगोर की उपस्थिति भी उनको विचलित नहीं करती। 'कामायनी' में निहित उनकी मौलिक सर्जनात्मक क्षमता की अद्वितीयता अपनी जड़ों से प्राप्त की गयी थी जिसमें किसी बाह्य प्रभाव का अस्वीकार न था बल्कि विराट् और अविचलित सहृदयता से युक्त अतिथि-भाव था।

शुक्ल जी के बाद अपना विशिष्ट आलोचक व्यक्तित्व निर्मित करनेवालों में नन्ददुलारे वाजपेयी का नाम लिया जाना चाहिए। 'हिन्दी साहित्य : बीसवीं शताब्दी' नामक पुस्तक में उन्होंने आचार्य शुक्ल की सीमाओं का स्पष्टीकरण किया और साफ़ कहा कि आलोचना और साहित्य शुक्ल जी के युग से आगे निकल आये हैं।[87] इन्होंने छायावाद पर सहृदयता से विचार किया। इनका महत्त्व न इस बात में है कि इन्होंने पाश्चात्य आलोचना से अच्छा परिचय प्राप्त किया था और न इस बात में कि शास्त्रीय संस्कृत आलोचना का भार की तरह उपयोग न किया, बल्कि इस बात में है कि गम्भीर अध्येता की तरह गहरे जाकर रचना की पड़ताल की और ईमानदारी से अपने प्रतिमानों की चर्चा की।[88] इनके व्यक्त प्रतिमानों में पश्चिमी साहित्य-सिद्धान्तों का आरोपण नहीं है और साहित्य को परखने का इनका प्रसिद्ध और महत्त्वपूर्ण सूत्र देश की वास्तविकता से संगति रखता है कि अपनी सारी कलात्मकता के बावजूद वह काव्य महान् नहीं हो सकता जो अनिवार्य न हो।[89]

आधुनिक युग के किसी शोधार्थी के लिए हजारीप्रसाद द्विवेदी का अध्ययन रुचिकर और आश्चर्यजनक होगा। प्रस्तुत शोध की मूल संकल्पना की दृष्टि से भी आचार्य द्विवेदी एक महत्त्वपूर्ण आलोचक चिन्तक के रूप में सामने आते हैं। जिस अवधि में इनकी महत्त्वपूर्ण कृतियाँ प्रकाशित हुईं, वह पश्चिम में 'नयी समीक्षा' का काल है। इस समीक्षा-सिद्धान्त के एकदम विपरीत आचार्य द्विवेदी ने 'साहित्य सहचर' में अपने विचार रखे। किसी कृति की समीक्षा के लिए कृतिकार, उसका परिवेश, उसके जीवन से सम्बद्ध किंवदन्तियों आदि का समुचित विश्लेषण आवश्यक है। कृति-केन्द्रित आलोचना की बात, जिसमें इतिहास और परम्परा को भुला दिया जाता है, द्विवेदी जी के लेखन से प्रतिबिम्बित तक नहीं होती। यह अपनी परिस्थितियों से उपजी हुई चिन्तनधारा का विकास था। हाल के वर्षों में मिथक और भाषा के अध्ययन के प्रति दार्शनिक प्रयास हुए हैं। भाषा-दार्शनिक आज जितने महत्त्वपूर्ण हुए हैं, उतने कभी न थे। इस दृष्टि से द्विवेदी जी ने अग्रगामी चिन्तन किया है। कथानक-रूढ़ियाँ, किंवदन्तियाँ और काव्य-रूढ़ियाँ अपने केन्द्र में एक समय की तमाम गतिविधियाँ समेटकर रखती हैं। इनको हम 'कोड' की तरह देख सकते हैं। इनको खोलकर, इनके भीतर के समय और जीवन को सामने लाना वस्तुतः गहन अध्ययन और प्रतिभा का कार्य है। आचार्य द्विवेदी ने आदिकाल के सन्दर्भ में इस प्रकार का उद्यम किया। नृतत्त्वशास्त्र में इस तरह के प्रयास अब पर्याप्त मात्रा में हुए हैं। भाषा की दृष्टि से किसी देश-काल का अध्ययन करने का प्रयास आज देरिदा तक आ पहुँचे हैं। आचार्य द्विवेदी ने 'कबीर' में ही शब्दों के भाग्य विपर्यय के माध्यम से यह कार्य किया। आलोचना को एक सांस्कृतिक कार्य मानकर विकसित करने के प्रयास आज ही हो रहे हैं। मुझे लगता है कि यह कार्य वस्तुतः आचार्य द्विवेदी के हाथों ही प्रारम्भ हो चला था। चित्र, संगीत, नृत्य, इतिहास आदि का प्रयोग उन्होंने साहित्य-समीक्षा की प्रक्रिया में किया। आज की शब्दावली में हम जिसे 'सबाल्टर्न स्टडीज' कहते हैं। इसका सूत्र यहीं मिल सकता है। मुझे नहीं मालूम 'सबाल्टर्नग्रूप' ने हजारीप्रसाद द्विवेदी की ओर इस दृष्टि से देखा कि नहीं, परन्तु इतना तय है कि इस तरह के प्रयास हजारीप्रसाद द्विवेदी ने प्रारम्भ कर दिये थे। आधुनिकता और मध्यकालीनता के प्रश्न पर वे पश्चिम से भिन्न राय रखते थे। मध्यकाल का जैसा चित्रण मिल और उनके अनुयायियों ने किया, उससे बिना किसी झिझक के असहमत होकर उन्होंने अपने ढंग से आधुनिकता और मध्यकालीनता को समझाया है।[90] स्वयं इतिहास की अवधारणा के प्रश्न पर उनका दृष्टिकोण पश्चिम से भिन्न है। पश्चिम में इतिहास, जो आधुनिक काल में आकर धर्म का स्थानापन्न हो गया, मनुष्य को निर्वासित बना देनेवाला सिद्ध हुआ है, "द्विवेदी जी इतिहास में

परिवर्तन, क्रान्ति, प्रवाह, धारा, प्रगति और विकास आदि की बात करते समय अतीत वर्तमान और भविष्य के विकासशील सम्बन्ध को याद रखते हैं।"[91] हमें मालूम है कि बाद के दिनों में हमारा बुद्धिजीवी वर्ग पश्चिम की ओर झुकता चला गया और इसलिए हमारे साहित्य तथा समीक्षा में भी पश्चिम का हस्तक्षेप बढ़ गया। "यदि आज भारतीय मनीषा इतिहास और अतीत के दो मृत खण्डों में विभाजित दिखायी देती हो तो हमें इसका कारण सीधा पश्चिम के उस अहं-केन्द्रित इतिहासबोध में दिखायी देगा जिसने पिछले दो सौ वर्षों में भारतीय मनुष्य को उसके अतीत और परम्परा से उन्मूलित किया है। कितना बड़ा व्यंग्य है कि जिन यूरोपीय इतिहासकारों और पुरातत्त्व के पण्डितों ने अपने अनुवादों, खोजों और खुदाइयों से भारतवासी को अपनी विशिष्ट परम्परा से परिचित कराया, उसी सभ्यता ने उस सामाजिक संरचना के तन्तुजाल को भी नष्ट किया, जिसमें मनुष्य अपनी परम्परा में साँस लेता था, अपने पावन अतीत को अपने वर्तमान में जीता था।"[92] पूरब और पश्चिम के विमर्श के प्रश्न पर आचार्य द्विवेदी का व्यक्तित्व इतना महत्त्वपूर्ण होते हुए भी उस स्तर तक प्रशंसित न हो सका, जितनी आवश्यकता थी तो इसका कारण यह हो सकता है कि मौलिकता में नहीं बल्कि अनुकरण में हमारी मेधा जुट गयी। "पश्चिमी संस्कृति और साहित्य की समृद्धि के आतंक और अनुकरण तथा अपनी संस्कृति और साहित्य की परम्परा के प्रति उदासीनता के भाव पर चोट करते हुए द्विवेदी जी ने 'हिन्दी साहित्य की भूमिका' में लिखा है – "ज्ञान के क्षेत्र में वही पाने का अधिकारी होता है जो देने का सामर्थ्य रखता है। हर क्षेत्र में दूसरों का अनुकरण लज्जाजनक है।... दुनिया में हम नौसिखिये नहीं हैं। हमने ज्ञान की प्रत्येक शाखा पर स्वतन्त्र दृष्टि से विचार किया है। हमारे इतिहास में संघर्षों और संघातों की विशाल शृंखला है।"[93] पश्चिमी विद्वानों ने जो व्याख्याएँ प्रस्तुत कीं, जो छवि बनायी और जो सोच विकसित करने की कोशिश की, उससे आप्लावित हुए बिना द्विवेदी जी ने अपनी शोधपरक दृष्टि, मेधा और अनुशीलन का परिचय देते हुए साहित्य और संस्कृति-सम्बन्धी लेखन किया। बाद की हिन्दी आलोचना का विकास यदि इस दिशा में होता, द्विवेदी जी ने जिन सम्भावनाओं को मात्र दिखाया था, उनका विकास होता, तो अपना एक मौलिक स्वरूप बन सकता था। लेकिन बाद की हिन्दी आलोचना 'नयी समीक्षा' की ओर मुड़ गयी और द्विवेदी जी के किसी भी प्रयास का पल्लवन नहीं हुआ। ऐसा क्यों हुआ, यह हिन्दी आलोचना का सबसे बड़ा रहस्यवाद है।

क्रम से चलें तो प्रगतिवादी आलोचना का दौर आता है। प्रगतिवाद की वैचारिक पीठिका मार्क्सवाद से बनी थी। मार्क्सवाद स्वयं एक अभारतीय जीवन-दर्शन था। लेकिन यह मुक्ति का दर्शन था और वैश्विक पूँजीवादी-साम्राज्यवादी कुचक्र का ठोस

प्रतिपक्ष था। हिन्दी आलोचना में मार्क्सवाद समर्थित प्रगतिवादी आलोचना ने प्रारम्भ में कई भूलें कीं। शिवदान सिंह चौहान जैसे महत्त्वपूर्ण आलोचक से अपनी ही परम्परा के प्रति घात हो गयी। इस स्थिति में रामविलास शर्मा की उपस्थिति से क्षतिपूर्ति हो सकी। यद्यपि इनकी दृष्टि में 1955 के बाद परिवर्तन हुए और कई मुद्दों पर अपने में ही संशोधन किया गया किन्तु हमारा उद्देश्य जिस तत्त्व को खोजना है, वह सम्पूर्ण काल में ही समाहित है। डॉ. शर्मा ने मार्क्सवादी सौन्दर्यशास्त्र को 'इण्डिजेनस' बनाने का प्रयत्न किया। यह उनकी सबसे बड़ी देन है। इसी सामर्थ्य के कारण वे, "हिन्दी के एक महत्त्वपूर्ण, इसलिए विवादास्पद मार्क्सवादी विचारक हैं। उन्होंने स्वतन्त्र रूप से सोचने और साहस के साथ अपनी बात कहने का प्रयास किया है। इसी प्रक्रिया में उन्होंने मार्क्सवाद की कुछ मान्यताओं का खण्डन भी किया है। मार्क्सवाद की सैद्धान्तिक मान्यताओं का खण्डन करने या दोहराने से अधिक महत्त्वपूर्ण है चिन्तन और लेखन में उनका व्यावहारिक प्रयोग करना। उन्होंने यह काम किया है। हिन्दी जाति, हिन्दी भाषा और साहित्य के इतिहास-सम्बन्धी उनके चिन्तन में मार्क्सवाद के व्यावहारिक प्रयोग का सार्थक प्रयास दिखायी देता है।"[94]

हिन्दी के आलोचकों और चिन्तकों की लम्बी सूची बन सकती है। इनमें अधिकांश बाद के समय में महत्त्वपूर्ण हुए और शेष या तो पश्चिमी ज्ञान-परम्परा के विद्वान् की हैसियत से जाने जाते हैं या पश्चिमी सिद्धान्तों के आयातक की दृष्टि से।[95] उस ज्ञान-सम्पदा से टकराकर या स्वायत्त रहकर एक मौलिक पथ के सृजन में उनकी कोई उपलब्धि मेरे सामने नहीं है, जिससे हिन्दी आलोचना को एक दिशा मिली हो। प्रयोगवाद से प्रारम्भ हुआ हिन्दी आलोचना का सफ़र ऐसा है जिसके लिए अलग अध्याय आवश्यक है और यही उद्यम किया गया है।

## (घ)

## साहित्य और भाषा के इतिहास का आरम्भ

यदि प्राच्यवाद का रणनीतिक विखण्डन सम्पन्न न होता, तो यह समझना कदाचित् असम्भव था कि कैसे भाषा और साहित्येतिहास के लेखन से सूचना और सम्पर्क के ग्रहण से, अधीनता का पाठ और सन्दर्भ तैयार किया जा सकता है। हमें मालूम है कि भाषा और साहित्य-इतिहास का लेखन यूरोपीय आगन्तुकों द्वारा प्रारम्भ हुआ। लेखन के लिए अनिवार्य, प्रिण्ट का आगमन और विकसन भी इन्हीं के द्वारा

हुआ। इससे सम्बद्ध कुछ किताबें, जो बड़े श्रम के साथ लिखी गयी हैं, सिलसिलेवार इस श्रमसाध्य यज्ञ की गाथा सुनाती हैं।[96] उदाहरण के लिए डॉ. मुरलीधर श्रीवास्तव की पुस्तक 'हिन्दी के यूरोपीय विद्वान्' एक महत्त्वपूर्ण और ज्ञानप्रद पुस्तक है।[97] इस पुस्तक के अध्याय-दो में दो खण्ड हैं। पहले खण्ड में तीन उपविभाजनों के तहत 24 यूरोपीय हिन्दी सेवक, 13 प्रमुख व्याकरण लेखक और 18 प्रमुख कोशकारों के बारे में विवरण है। इसके अलावा दूसरे खण्ड व अन्य परिशिष्टों में छापेखाने के उदय से लेकर लिपि और भाषा के सन्दर्भ में यूरोपीयों की देन के अलावा कई महत्त्वपूर्ण सूचनाएँ उपलब्ध हैं। लेकिन यह पुस्तक इस बात से कतई वास्ता नहीं रखती कि इतना श्रम यूरोपीय जनों ने क्यों किया और जिस प्रभाव की चर्चा की जा रही है, उसके अलावा क्या-क्या प्रभाव पड़े होंगे। इसी प्रकार हिन्दी साहित्येतिहास के पाश्चात्य स्रोतों का अध्ययन करनेवाली एक श्रमसाध्य पुस्तक भी इस प्रकार के प्रयासों के पीछे निहित रणनीति और निहितार्थ को नहीं समझती।[98]

मुद्रणकला, जिसने कालान्तर में साहित्य को सीमित दायरे से निकालकर बाज़ार में ला दिया, गोवा में पुर्तगाली प्रयास से विकसित हुई। ईसाई मिशनरियों के प्रयास के कारण 1560 में एक पुस्तक निकली लेकिन इसकी परम्परा न बन सकी।[99] 1557 में प्रकाशित सेण्ट जेवियर कृत 'डॉक्ट्रिना क्रिस्टाओ' (पुर्तगाली भाषानुवाद) भारत में छपी सम्भवतः पहली पुस्तक थी। इस बीच सूचनाओं के आदान-प्रदान और तत्सम्बन्धी आवश्यकताओं के कारण इस विकास को गति मिली और सन् 1711 में गियोवानी क्रिस्टोफोटो आमदुजी और कैसियानस बेलिगत्ती ने रोम से 'एल्फाबेटन ब्राह्मणीकम सिउ इन्दोस्तानम् उनवर्सिटाटिस काशी' नामक पुस्तक प्रकाशित की। आमदुजी और बेलिगत्ती द्वारा सम्पादित ''पुस्तक के सम्बन्ध में निश्चित रूप से कहा जा सकता है कि रोम में 1771 में प्रकाशित यह पुस्तक हिन्दी की खड़ीबोली की प्रथम व्याकरण या वर्णमाला पुस्तक है।[100] परन्तु भारतीय मुद्रणकला का वास्तविक आरम्भ कलकत्ता से होता है। यहाँ विलिकिन्स ने बाँग्ला टाइप बनाया। नागरी टाइप बनाने के भी प्रयास किये गये। इस प्रयास को पूर्णता प्रदान की पंचानन कर्मकार ने। यह दिलचस्प तथ्य है कि अन्ततः इस विद्या की गति एक लुहार में निहित थी और उसी ने उस कार्य को सम्भव किया जिसके लिए विलिकिन्स व्यग्र थे। यह एक और तथ्य है जिससे यह स्मरण किया जाना चाहिए कि ब्रिटिश कुछ सीखने के लिए, प्राप्त करने के लिए सदैव तत्पर रहते थे। इसी पंचानन ने अन्य भारतीय भाषाओं के भी टाइप बनाये। मुद्रणकला के विकास का वास्तविक केन्द्र हुगली और श्रीरामपुर को माना जाता है। 1802 से पूर्व हिन्दी की किसी मुद्रित पुस्तक का पता नहीं चला है। इस वर्ष मात्र कलकत्ता में तीन प्रेसों में हिन्दी की पुस्तकें शायद पहली बार छपीं।

'हरकारू प्रेस' इनमें 'पहला उल्लेखनीय प्रेस है। इसमें 12 पृष्ठों की मिसकीन कृत 'मर्सियाँ' नागरी टाइप में छपी जिसका शीर्षक पृष्ठ अंग्रेज़ी में था। यहीं से सिंहासन बत्तीसी और माधोनल भी छपी।

जहाँ तक इतिहास का प्रश्न है, ग्रियर्सन ने पहली बार कालक्रमानुसार कवियों का विवरण लिखा, अतः उनका 'द मॉडर्न वर्नाक्यूलर लिट्रेचर ऑफ हिन्दुस्तान' पहला इतिहास ग्रन्थ माना गया है। इनके लेखन की अवधि 1875 से 1932 तक है। वैसे प्रयास तो गार्सा द तॉसी का महत्त्वपूर्ण था, लेकिन उसे इतिहास नहीं माना जाता। इस प्रकार साहित्य का इतिहास, भाषा सर्वेक्षण, व्याकरण की रचना, कोशों की रचना, फोर्ट विलियम कॉलेज की स्थापना और इसके माध्यम से गद्य का विकास – इन अनेक ऐतिहासिक कार्यों से यूरोपीय विद्वानों ने हमारी भाषा और साहित्य को समृद्ध किया। ग्रियर्सन को न सिर्फ़ साम्राज्य का सर्वोच्च पुरस्कार 'ऑर्डर ऑफ मेरिट' प्रदान किया गया बल्कि भारतीय विद्वानों ने भी उनकी स्तुतियाँ कीं।[101] अपने प्रयासों, श्रमसाध्य, निरन्तरताओं और खोजों के शुद्ध अकादमिक मूल्य के आधार पर इन समस्त यूरोपीय विद्वानों का ऋण स्वीकारने में सन्तोष का अनुभव होता है।

ग्रियर्सन यह मानते थे कि मुद्रणकला का प्रसार, ज्ञान-विज्ञान का विस्तार इसलिए हुआ कि महारानी विक्टोरिया का शान्तिमय, प्रजाकल्याणकारी शासन है। वे मानते थे कि हिन्दी उनके द्वारा आविष्कृत हुई और इसे सारे देश ने अपनाया। एक यूरोपीय व्यक्ति द्वारा एक अपरिचित और संकीर्ण भाषा का आविष्कार और प्रसरण भारतीय लोगों पर उपकार नहीं तो क्या था।[102] तॉसी ने तो अपना ग्रन्थ साम्राज्ञी को समर्पित करते हुए लिखा – "आपके साम्राज्य के अन्तर्गत यह देश इतना ख़ुशहाल है जितना कभी न था, आधुनिक हिन्दुस्तानी लेखक भी इसका प्रमाण देते हैं कि ब्रिटिश शासन में न तो लूट का भय है न अत्याचार और इसका यशोगान उनकी रचनाओं में हुआ है।

साम्राज्ञी का अत्यन्त तुच्छ और आज्ञाकारी दास।"[103]

तासी के इस समर्पण का विखण्डन करने पर उसका और तत्कालीन विद्वानों के भारत के प्रति इतिहासबोध, धारणा और उद्देश्य पर पर्याप्त प्रकाश पड़ता है। इतिहासकार श्री बेली ने इस पक्ष की ओर ध्यान दिलाते हुए महत्त्वपूर्ण संकेत दिये हैं। उनकी पुस्तक, "जानकार सचिवों, समाचार लेखकों और भारतीय गुप्तचर धावकों के नेटवर्क के बारे में विस्तार से बताती है, जिन्हें ईस्ट इण्डिया कम्पनी के अधिकारियों ने नियुक्त किया और सैनिक, राजनीतिक तथा सामाजिक सूचनाओं की प्राप्ति के उद्देश्य से उन्हें लगाया। यह पुस्तक बताती है कि कैसे औपनिवेशिक प्राधिकरण ने इन स्रोतों से प्राप्त सामग्री की व्याख्या और दुर्व्याख्या की।"[104]

पहले भाषा-सम्बन्धी सरकारी प्रयासों के बारे में विचार करें। फ़ारसी भाषा अब स्वयं धीरे-धीरे अनुपयोगी हो रही थी क्योंकि देशी भाषाओं में जो कागज़ात थे उनका फ़ारसी के माध्यम से अंग्रेज़ी में रूपान्तर कठिन काम था। दूसरी ओर हिन्दुस्तानी ऐसी भाषा थी जिससे छोटे नौकरों और सिपाहियों पर हुक्म चलाना सुविधाजनक था।[105] मूर्स के नाम से सामान्यतः ज्ञात जार्ज हेडले का 'ए कॉम्पेण्डीयस ग्रामर ऑफ दी करेण्ट करप्ट डायलेक्ट ऑफ द जार्गन ऑफ हिन्दोस्तान' जो 1770 के दशक के बाद लगातार पुनर्मुद्रित हुआ, 1765 से ही कलकत्ता और दिल्ली के बीच विकसित हुए ब्रिटिश छावनियों और बाज़ारों के लोकप्रिय हिन्दुस्तानी शब्दावली से दो-चार होने का एक प्रयास था। "जैसा कि Cohn ने दिखाया है, अधिकांश ग्रामरों और 'डॉयलॉग्स' की तरह यह, भ्रष्ट 'लैंग्वेज मास्टर्स' से ब्रितानियों को दासतामुक्त करने के लिए ख़ासतौर पर निर्मित किया गया था, कि 'थोड़े-से मुन्शी... अंग्रेज़ी समझते हैं।"[106] फ़ारसी उस प्रकार जनसामान्य की भाषा न थी। यही कारण है कि उर्दू में फ़ारसी का पुट दिया जाता था जिससे मुग़ल सत्ता की स्मृति और छौंक बसी रहे। अर्थात् जनसामान्य से बात करते समय अपने ज्ञान और सत्ता का अहसास दिलाने के लिए लोग फ़ारसी की छौंक लगाते थे जो अतीत में उनके ज्ञान पर एकाधिकार और वर्चस्व की याद भी दिलाता था। बाद में जिस उर्दू को महत्ता दी गयी। वह उर्दू कोई 'राष्ट्रीय' या 'शाही' भाषा नहीं थी। हाँ, लोकप्रिय भाषा अवश्य थी जिसमें हिन्दी, अरबी, फ़ारसी और अंग्रेज़ी से भी शब्दों को पचाने की क्षमता थी।[107] क्योंकि प्रो.बेली बताते हैं कि, "यहाँ तक कि शुरुआती 19वीं सदी में संस्कृत अनेक अभिजात ब्रितानी और भारतीयों द्वारा इस उपमहाद्वीप के हिन्दू इण्टेलिजेन्सिया की लिंगुआफ्रांका के रूप में समादृत थी।"[108] संस्कृत ग्रन्थों के प्रति यूरोपीय लोगों के झुकाव को उन्होंने परजीवीपरक संरक्षण (parasitical patrongae)[109] की संज्ञा देते हुए कहा कि इन लोगों ने पाणिनी और 'व्याकरण' को इस उपमहाद्वीप की मुख्य परम्परा के रूप में संघटित किया और यह सहजता से संस्कृतनिष्ठ हिन्दी तथा इससे जुड़े अभिजात वर्ग से सम्बद्ध किया जा सकता था। जैसा कि (Christopher King) ने[110] कहा है कि देवनागरी लिपि और संस्कृतनिष्ठ हिन्दी की तरफ़ पहला सरकारी झुकाव सर जॉन शोर के मानसपुत्र फ्रेडरिक शोर ने दिखाया। इसके प्रयास को 'बोर्ड ऑफ रेवेन्यू' के द्वारा उलट दिया गया और 1855 में ही जाकर सम्भव हो सका कि केन्द्रीय भारत में तथा 1901 में उत्तर-पश्चिमी भारत में इसे स्वीकार किया गया। शोर यह मानते थे कि हिन्दू लिपिक हिन्दी शीघ्र ही सीख लेंगे क्योंकि इनके घरेलू उपयोग, कर्मकाण्ड आदि में पहले से ही हिन्दी का प्रयोग

चलता आ रहा था। तथापि भारतीय समाज के भीतर के महत्त्वपूर्ण समूह जैसे पण्डित, वणिक वर्ग और हिन्दू राजा हिन्दी के लिए लाभदायक रहे। यहाँ हम नोट कर सकते हैं कि उच्च हिन्दू प्रारम्भ से ही संस्कृतनिष्ठ हिन्दी से जुड़ा था।[111]

1846 में (J.T. Thomson) ने 'ए डिक्शनरी इन हिन्दी ऐण्ड इंगलिश कॉम्पाइल्ड फ्रॉम अथॉरिटीज' प्रकाशित किया। हिन्दी को एक स्वतन्त्र सत्ता प्रदान करने में इसकी प्रमुख भूमिका रही। इसमें संस्कृत के ढेर-सारे शब्द लिये गये और इस प्रकार उर्दू से अलगाव की ज़मीन तैयार की गयी।[112] थाम्पसन की भूमिका में इस बात की सूचना है कि बहुत पहले 1785 में ही विलियम किर्कपैट्रिक ने, जो कमाण्डर-इन-चीफ के फ़ारसी सचिव थे, ब्रिटेन में अधिकारियों से यह अनुरोध किया था कि एक हिन्दी शब्दकोश निकाला जाये। ऐसा इसलिए कि बंगाल आर्मी में उत्तर भारतीय ब्राह्मण और राजपूत सैनिकों की संख्या का महत्त्व पहचान लिया गया था। साक्षर लोगों की संख्या बहुत कम थी लेकिन इनमें ऐसे लोगों का प्रतिशत बहुत अधिक था जो फ़ारसी लिपि की जगह देवनागरी की समझ सकते थे। किर्क की पहल व्यर्थ गयी। क्योंकि तब तक देवनागरी टाइप उपलब्ध न थे, दस वर्ष बाद सेरामपुर की मिशनरियों ने यह काम किया।[113] इस प्रकार बंगाल आर्मी को, जो अंग्रेज़ों की रीढ़ थी, बरक़रार रखने के लिए हिन्दी को उभारा गया। हमने चर्चा की है कि घरेलू रियासतें हिन्दी को अपना रही थीं, यह भी अंग्रेज़ों के लिए एक कारण था।[114] वे इस भाषाई उभार के पीछे प्रेरक सामाजिक बल की अनदेखी नहीं कर सकते थे तथा इसको अपना समर्थन देकर इस उभार का लाभ भी ले सकते थे।

हिन्दी कुछ राज्यों के लिए मुग़ल सत्ता से मुक्ति का प्रतीक भी थी। इस प्रतीक का प्रयोग शासन ने भी किया।[115] MC Gregor ने कहा है कि हिन्दी को मुख्य राजघरानों का संरक्षण मिलता रहा। जैन व्यापारी व अन्य जो उर्दू व उसकी परम्परा से मुक्त थे, नेपाल जैसे राज्य इसके संरक्षक बने। "जैसे भरतपुर के शासक जाट वर्ग पर से जब युगल प्रभाव घटा, हिन्दी फली-फूली।"[116] यह अंग्रेज़ सरकार का आँकड़ा था कि भरतपुर के पाँच महत्त्वपूर्ण विभागों में चार पहले से ही केवल हिन्दी में काम करते थे जबकि राजा का 'हिन्दी पण्डित' दरबार के सर्वाधिक प्रभावकारी लोगों में था। जब रेजीडेण्ट ने युवा लोगों के पठन को प्रभावित करने का प्रयास किया तो स्रोत के रूप में अंग्रेज़ी और अन्य क्लासिक ग्रन्थों के हिन्दी अनुवादों को अपनाया गया।[117] इसी प्रकार राजस्थान में भी नये राज्य, जो मुगलसत्ता से स्वतन्त्र हुए, प्रतिक्रिया और स्वत्व के तौर पर फ़ारसी के बरक्स हिन्दी को अपनाने की ओर प्रवृत्त हुए। व्यापारी अपने लेन-देन में

खड़ीबोली का प्रयोग व्यापक स्तर पर करते रहे। पूरब से आये ब्राह्मण पुजारी और विद्वान् जो संरक्षण हेतु आये थे संरक्षण के लिए हिन्दी के पक्ष में अपनी अभिरुचि प्रकट करते थे।[118] वैसे भी राजस्थान के कई भागों में फ़ारसी कभी-भी लोकप्रिय न थी। जैसलमेर में "ब्रिटिश अख़बारनवीस और ब्रिटिश सरकार से सम्बद्ध लोगों को छोड़कर एक भी ऐसा व्यक्ति न था जो फ़ारसी रंग में लिखा एक अख़बार भी पढ़ सके... 1830 के दशक में इस बात को मान लिया गया जब स्वयं अंग्रेज़ स्थानीय शासकों से हिन्दी में पत्राचार करने लगे।[119] इस प्रकार सरकार की भाषा नीति, तत्सम्बन्धी आँकड़े और भाषाविज्ञान के पीछे सामाजिक परिवर्तनों का बल भी महत्त्वपूर्ण भूमिका अदा कर रहा था। गिलक्राइस्ट का यह दावा कि उसने उर्दू खोजी, सबको मान्य नहीं है। एस.आर. किदवई ने इसका विरोध किया है।[120] हाँ, गिलक्राइस्ट ने इसकी महत्ता को रेखांकित किया। उसी प्रकार ग्रियर्सन का यह दम्भ खोखला लगता है कि उसने खड़ीबोली को आविष्कृत किया। स्वयं आचार्य रामचन्द्र शुक्ल ने 'योगवासिष्ठ" को गद्य का प्राचीनतम नमूना घोषित कर इस दावे को खारिज ही किया।[121] ग्रियर्सन ने जो कुछ किया उसके प्रतिदान स्वरूप भरपूर सम्मान उन्हें दिया गया है। इससे कुछ छिपे पक्षों की ओर जाना बाधित नहीं होना चाहिए। उन्होंने 1889 में रामचरितमानस की 126 प्रकाशित और हस्तलिखित प्रतियों के आधार पर सम्पादन कर पटना से "मानस' को प्रकाशित कराया। वे संस्कृत कविता के समर्थक न थे और न संस्कृतनिष्ठ हिन्दी के। सरकारी परिष्कृत उर्दू और संस्कृतनिष्ठ हिन्दी (हाई हिन्दी) के बीच कहीं, एक लोकभाषा को विकसित करना उनका उद्देश्य था। रामचरितमानस और तुलसी को उन्होंने केन्द्र में ला दिया। पहले के प्राच्यवादियों ने जिस प्रकार पाणिनी को हीरो बनाया था, उसी प्रकार एफ. एस. ग्राउज नामक मथुरा के कलक्टर की सहायता से ग्रियर्सन ने तुलसी को अपना हीरो बनाया।[122] सामान्य भाषा, नैतिकता और लोक के प्रति उन लोगों का झुकाव था। अब प्रश्न उठता है ऐसा क्यों हुआ? एक बूर्जुआ मिशनरीज ने ग्रियर्सन को बताया था कि कोई व्यक्ति उत्तर भारतीय लोगों को समझने की आशा तभी कर सकता है जब उसने तुलसीदास की लिखी प्रत्येक पंक्ति पर अधिकार कर लिया हो।[123] साथ ही, यह भी तथ्य है कि प्रिण्ट क्रान्ति से पहले मानस सर्वाधिक वितरित ज्ञात ग्रन्थ था। राम की कथा, रामलीलाएँ बड़े पैमाने पर ख़ासतौर पर नये हिन्दू राज्यों में आयोजित होती थीं। ग्रियर्सन ने इस वास्तविकता को पकड़ा। "ग्रियर्सन , ग्राउज और उनके सहयोगी एक लोकप्रिय नैतिक राष्ट्रवाद को प्रोत्साहन देने की उम्मीद रखते थे जो उपनिवेशविरोधी अंग्रेज़ी शिक्षा प्राप्त सवर्ण राष्ट्रवादियों के विरुद्ध

काम काम कर सके।''[124] 19वीं सदी के प्रारम्भ में अंग्रेज़ी शिक्षा उपनिवेशवाद के सहायक तत्त्व के रूप में प्रचारित-प्रसारित की गयी। भारतीय संस्कृति की संस्कृत-आधारित एक परम्परा को मुख्य बनाकर गाथा सुनायी गयी। सदी के उत्तरार्द्ध में आकर इसी सवर्ण और अंग्रेज़ी शिक्षा प्राप्त वर्ग में सत्ता के समानान्तर केन्द्र बनने लगे और सरकार का हथियार उल्टा पड़ गया। इस सन्दर्भ में नये प्राच्यवादियों का लोकभाषा, नैतिकता और लोकसाहित्य का प्रश्न सन्देहास्पद होना चाहिए।

प्रो. बेली की पुस्तक बताती है कि, ''सफलतापूर्वक ज्ञानसंग्रहण भारत पर ब्रिटिश प्रभुत्व का एक महत्त्वपूर्ण कारक था। यह दिखाती है कि कैसे अंग्रेज़ों ने आन्तरिक गुप्तचर्या और राजनीतिक सूचनाओं के उत्कृष्ट तन्त्र पर अधिकार कर लिया और उसे तोड़ा-मरोड़ा जिसे बहुत पहले से उपमहाद्वीप के रजवाड़ों ने नियुक्त किया था।[125] कम्पनी की विजय का कारण था कि इसने भारत को ध्यान से सुना और समझा। किसी समाज को जानने और समझने के लिए उसकी भाषा का ज्ञान आवश्यक है। इस ज्ञान को सुव्यवस्थित ढंग से सत्ता के अन्य मार्गों में निःसृत करने के लिए इतिहास और व्यवस्था का सहारा लेना आवश्यक था। कम्पनी का शासन empire of opinion भी था।[126] जिसमें भारतीय अपने शासकों की प्रतिष्ठा या वैज्ञानिक और सांस्कृतिक सर्वश्रेष्ठता से दबे हुए थे।

भाषा के बारे में उपनिवेशवादियों के आकर्षण का एक और सन्दर्भ एन्थोनी वाइल्ड (Anthony Wild) की पुस्तक से मिलता है।[127] इसमें यूरोपीय लोगों के एशिया के प्रति यौनाकर्षण को इंगित किया गया है और इसी क्रम में कहा गया कि बीवी को प्रायः Sleeping dictionary कहा जाता था। वह स्त्री कम्पनी के लोगों के लिए भाषा सीखने हेतु सर्वाधिक मज़ेदार माध्यम होती थी। इस प्रकार यौनाकर्षण, भाषा, शासन और साम्राज्य, सारे तत्त्व एक-दूसरे से मिलते और पुष्ट होते थे। भाषा और साहित्य के इतिहास-सम्बन्धी प्रयासों ने पहले के बिखरे हुए प्रयासों को व्यवस्थित रूप में सामने रखा। इस व्यवस्थित भाषाई और साहित्यिक प्रयास द्वारा प्रजा के मर्म को समझने और यथाशक्ति अपने अनुकूल दिशा देने का कार्य सध सकता था। लेकिन यही प्रयास जब भारतीय लोगों द्वारा हुए तो उनके सन्दर्भ और उद्देश्य बदल गये। साहित्य का इतिहास लिखकर किस प्रकार एक विशेष भाषाई समाज को प्रभावित किया जा सकता है इसे और भी निकटता से समझने के लिए आचार्य शुक्ल और उनके इतिहास को उदाहरण के रूप में समझा जा सकता है।

(ङ)

## साहित्य सिद्धान्त और वाद-सम्बन्धी विमर्श

हिन्दी में साहित्य-सिद्धान्तों के विकास की झलक भारतेन्दु के लम्बे 'नाटक' में मिल जाती है। इस निबन्ध में नाट्य आलोचना का स्पष्ट रूप मिलता है। भारतेन्दु संस्कृत और पश्चिमी परम्पराओं के प्रति ग्रहण की प्रवृत्ति अपनाते हुए हिन्दी के लिए एक नये क़िस्म का पथ निर्मित करते हैं। किन्तु वाद-विवाद का प्रारम्भ 'संयोगिता स्वयंवर' की आलोचना से हुआ। भट्ट जी ने इसकी समीक्षा की आलोचना इसलिए की, कि इसमें 'सच्ची समालोचना' का अभाव था। सच्ची समालोचना में मात्र प्रशंसा नहीं होनी चाहिए और कृति की मौलिकता तथा उसकी उपयोगिता के पक्ष प्रधान होने चाहिए, ऐसा भट्ट जी का आग्रह था। साहित्य के प्रति दृष्टि को पक्ष प्रधान होने चाहिए, ऐसा भट्ट जी का आग्रह था। साहित्य के प्रति दृष्टि को लेकर वाद-विवाद का काल द्विवेदी जी के समय प्रारम्भ होता है। इसमें द्विवेदी जी और मैथिलीशरण गुप्त की मुख्य भूमिका है, तथापि कई बड़े व्यक्तित्वों का निर्माण इसी काल में हो रहा था। द्विवेदी-युग में चल रहा साहित्य-सिद्धान्तों का विवाद मुख्यतः आन्तरिक था। ऐसा लगता है कि पश्चिमी आलोचना-सिद्धान्तों से परिचय प्रगाढ़ नहीं हुआ था और आन्तरिक निर्माण का प्रश्न अधिक महत्त्वपूर्ण था। इस अवधि में खड़ीबोली का साहित्य शिशु रूप में था और स्पष्टतः ऐसी स्थिति में न था कि पश्चिमी साहित्य-सिद्धान्तों से कोई सवाल-जवाब कर सके। साहित्य-समालोचना और रीतिवाद-विरोधी अध्ययन नामक अध्याय में डॉ. रामविलास शर्मा ने किंचित् विवरणात्मक ढंग से द्विवेदी-युग के इस प्रकार्य पर प्रकाश डाला है।[128] मिश्रबन्धुओं के साथ द्विवेदी जी का टकराव दो आलोचना-दृष्टियों का टकराव है। 'हिन्दी नवरत्न' की समालोचना करते समय भारतेन्दु के प्रश्न पर वे मिश्रबन्धुओं से गहरी अस्वीकृति प्रकट करते हैं, फिर यूरोप के कवियों की चर्चा करते हुए उनके समकक्ष हिन्दी कवियों को रखते हैं। यह वह दौर था; जब यूरोपीय श्रेष्ठता लगभग एक मिथक बन चुकी थी। इतिहास में आर्य सम्बन्धी विवादों के प्रसंग में यह स्मरण करना चाहिए कि भारतीयों में एक वर्ग द्वारा स्वयं को आर्य कहना इसलिए गर्वपूर्ण होता था कि यूरोपीय श्वेतजन भी आर्य थे। साहित्य-सम्बन्धी विवादों में श्रेष्ठ कवियों के समकक्ष व्यास, वाल्मीकि, तुलसी को रखने के पीछे यही भावना थी। द्विवेदी जी ने स्वयं को पश्चिमी ज्ञान से अलग नहीं रखा था किन्तु उनका झुकाव सामाजिक विषयों की ओर अधिक लगता है। यह वह समय था, जब इलियट और

रिचर्ड्स यूरोप पर छाये हुए थे, लेकिन इनसे द्विवेदी जी को कोई काम न था। इससे यह अनुमान लगाना तर्कहीन न होगा कि हिन्दी साहित्य को इस परिपक्वता तक पहुँचने में देर थी। बिना समर्थ रचना के, आलोचना की ओर प्रवृत्ति अनावश्यक ही थी। द्विवेदी जी ने पश्चिमी ज्ञान-विज्ञान पर पर्याप्त लेख निकाले थे। इसमें बैजनाथ नामक सज्जन द्वारा टाल्सटाय पर लिखा लेख ध्यातव्य है, जिसमें वे कहते हैं – "इस समय सारा पूर्व, पश्चिममय हो रहा है। जहाँ कहीं, जो कुछ दृष्टि में आता है, सब पश्चिमपूरित हैं। ऐसी कठिन स्थिति में पूर्वीय सिद्धान्त के आदर अथवा अनुसरण का यदि एक भी छोटे-से-छोटा उदाहरण पाश्चात्य जगत् में मिल जाये, तो पूर्वीय नैराश्यमयी शुष्क जीवन-सहरा में शीतल हरियालीवत्, आशा का वही एकमात्र उत्तम बिन्दु है।"[129] पश्चिम के आच्छादन को एक अपेक्षाकृत अज्ञात लेखक महसूस कर रहा है, अतः यह माना जाना चाहिए कि द्विवेदी जी सहित सभी बड़े लेखक भी महसूस कर रहे होंगे। लेकिन इसके विरोध की स्थिति नहीं दिखती।

इसकी तुलना में आन्तरिक गतिविधियाँ अधिक तीव्र और सार्थक थीं। भारतेन्दु को सम्मान देते हुए भी उन्होंने ब्रज-सम्बन्धी उनके आग्रह को न माना। खड़ीबोली के प्रति द्विवेदी जी का आग्रह इतना अधिक था कि 'मिशनरी जील' के साथ उसके पक्ष में खड़े रहते थे। 'नायिक-भेद' नामक लेख में रीतिवादी प्रवृत्ति की जो ख़बर वे लेते हैं उससे 'पल्लव' की भूमिका के पन्त याद आते हैं। अलंकारों और कलावाद के प्रश्न पर द्विवेदी जी ने जो उपयोगिता का पक्ष लिया था, वह नन्ददुलारे वाजपेयी के कथन की पूर्वसूचना देता है। अपने समय में संस्कृत परम्परा और संस्कृत के आचार्यों से उनका विवाद हुआ। एक निर्माणाधीन और नवजात साहित्य का पक्ष लेकर एक स्थापित परम्परा का विरोध काफ़ी साहस का काम था। प्रयोगधर्मी स्वभाव को भी इस स्थापित परम्परा से भिड़ना पड़ता है। अतुकान्त कविता के प्रश्न पर उठा विवाद भी आन्तरिक गतिविधि का अच्छा उदाहरण है। इस प्रश्न पर बाँग्ला काव्य से सहायता लेने में कोई कमी न की गयी। इसकी परिणति मुक्तछन्दवाली कविताओं में हुई। मैथिलीशरण गुप्त ने भी इस विषय में द्विवेदी जी का समर्थन किया। पाश्चात्य आलोचना से मिश्रबन्धुओं का भी परिचय था लेकिन उस परिचय का प्रयोग उन्होंने अपनी रीतिवादी आलोचना की पुष्टि में किया। यदि आपके पास एक दृष्टि न हो तो बाह्य ज्ञान से अधिक परिवर्तन की सम्भावना नहीं होती। द्विवेदी जी पश्चिमी ज्ञान के सामने विनम्र थे। सीखना-सिखाना चाहते थे, हिन्दी को उसके सकारात्मक तत्त्वों से समृद्ध करना चाहते थे। पश्चिमी आलोचना-सिद्धान्तों से समानता के स्तर पर बहस करना उस युग में न हो सका, इसके लिए हिन्दी आलोचना को आचार्य शुक्ल की प्रतीक्षा करनी पड़ी।

आचार्य शुक्ल के इतिहास, निबन्ध और अनुवाद मिलकर इस बात का परिचय देते हैं कि वे अपनी परम्परा और संस्कृत-शास्त्र में निष्णात थे तथा पश्चिमी ज्ञान की मुख्य प्रवृत्तियों से अवगत थे। नयी समीक्षा, इसके जनकों में एक रिचर्ड्स, फ्रायड तथा अन्य दार्शनिकों से उनका परिचय प्रथमदृष्ट्या सामने आता है। फ्रायड ने आगे चलकर हिन्दी साहित्य को अत्यधिक प्रभावित किया। फ्रायड ने एक साथ धर्म और सामाजिक विज्ञानों में मनोविज्ञान की सेंध लगा दी थी। आचार्य शुक्ल का इनके प्रति व्यवहार उपेक्षाजनक था। यद्यपि फ्रायड के आधार पर आगे भी किसी साहित्य-सिद्धान्त का विकास और नैरन्तर्य सम्भव न हो सका, परन्तु उस समय तो इनका प्रभाव अस्वीकार्य था। आचार्य शुक्ल स्वप्न और मद की बढ़ती चर्चा पर लिखते हुए कहते हैं – "पर ईसा की इस बीसवीं सदी में आकर वह एक मनोवैज्ञानिक तथ्य के रूप में फ्रायड द्वारा प्रदर्शित की गयी। उसने कहा कि जिस प्रकार स्वप्न अन्तस्संज्ञा में निहित अतृप्त वासनाओं की तृप्ति का एक अन्तर्विधान है, उसी प्रकार कलाओं का निर्माण करनेवाली कल्पना भी।"[130] इससे साहित्य में यह हुआ कि, "कवि कल्पना और स्वप्न का अभेद भाव और पक्का हो गया।"[131] आचार्य शुक्ल इसका खण्डन करते हैं – "पर सच पूछिये तो कल्पना में आयी हुई वस्तुओं की अनुभूति और स्वप्न में दिखायी पड़नेवाली वस्तुओं की अनुभूति के स्वरूप में बहुत अन्तर है। अतः काव्यरचना या काव्यचर्चा में – 'स्वप्न' की बहुत अधिक भरमार अपेक्षित नहीं।[132]

गेले ऐण्ड स्कॉट की पुस्तक 'मेथड्स ऐण्ड मैटारियल्स आव लिटेररी क्रिटिसिज्म' का हवाला देते हुए उन्होंने यूरोप में समालोचना के स्वरूप का वर्णन किया है फिर 'स्पिनगार्न' का हवाला देते हुए बताया कि कवियों की श्रेणी बनाकर निर्णय देना बेहूदा बात समझी जाती है।[133] अर्थ यह कि हिन्दी में भी यह स्वीकार्य न होना चाहिए। पश्चिम का कोई साहित्यकार कितना बड़ा है या कितना छोटा, इससे आचार्य को मतलब न था, वे जहाँ उचित समझते थे, समर्थन या विरोध करते थे। कविता के बारे में और कवि के सन्दर्भ में बँगला में प्रचलित शेक्सपियर की उक्ति को उद्धृत कर उसका विरोध तत्काल कर देते हैं कि, "इससे हमारे साहित्य में घोर विचारशैथिल्य और बुद्धि का आलस्य फैलने की आशंका है।"[134] वे हमें बताते हैं कि प्रभावाभिव्यंजक आलोचना को आलोचना कहना ही ठीक नहीं है। इसके बाद यह भी सूचना दे देते हैं कि स्वयं यूरोप में इसका विरोध हो रहा है, रिचर्ड्स ने इसका विरोध किया है।"[135] आज जिसे उत्तर-आधुनिकता के एक प्रमुख लक्षण के रूप में पेश किया जा रहा है – अर्थात् व्याख्याओं की बहुलता, उसकी प्राचीनता नोट करते हुए विरोध करते हैं – "हमारे यहाँ के पुराने व्याख्याताओं और टीकाकारों की

अर्थक्रीडा प्रसिद्ध है। किसी पद्य का और का और अर्थ करना तो उनके बायें हाथ का खेल है। तुलसीदास की चौपाइयों के बीस-बीस अर्थ करनेवाले अभी मौजूद हैं।"[136] हिन्दी लेखकों में एक प्रवृत्ति को आचार्य शुक्ल ने पकड़ा और चिह्नित किया है, जिसके शिकार आज भी विपुल मात्रा में हैं। बल्कि कहें कि यह प्रवृत्ति आज अधिक चल पड़ी है। सामान्यतः लेखक 'किसी पाश्चात्य चिन्तक की किसी पंक्ति या अनुच्छेद को उद्धृत कर अपनी बात प्रारम्भ करते हैं। इससे वे अपनी अध्ययनशीलता और पाश्चात्य साहित्य से परिचय का आवरण रचना चाहते हैं। यह वृत्ति भीतर के खोखलेपन से आती है। आचार्य लिखते हैं – "ये यूरोप के कुछ कला-सम्बन्धी एकदेशीय और अत्युक्त मतों को सामने लाकर हिन्दीवालों की आँखों में उसी प्रकार चकाचौंध उत्पन्न करना चाहते हैं जिस प्रकार कुछ लोग वहाँ के फैशन की तड़क-भड़क दिखाकर। जर्मनी, फ्रान्स, इटली, स्वीडन इत्यादि अनेक देशों के नये-पुराने कवियों, लेखकों और समीक्षकों के नाम गिनाकर वे एक प्रकार का आतंक उत्पन्न करना चाहते हैं।"[137] आचार्य शुक्ल ने इस प्रवृत्ति को ठोस आधारों पर ग़लत ठहराया है। यह विदेशी वस्तु से घृणा का सतही उदाहरण नहीं है। वे ठोस कारण बताते हुए कहते जाते हैं – "वे कला सम्बन्धी विलायती पुस्तकों की बातें लेकर और कहीं "मैटरलिंक, कहीं गेटे, कहीं टाल्सटाय के उदाहरण देकर अपने लेखों की तड़क-भड़क भर बढ़ाते हैं। लेखकों को यहाँ-से-वहाँ तक पढ़ जाइये, लेखकों के अपने किसी विचार का पता न लगेगा। उद्धृत मतों की व्याप्ति कहाँ तक है, भारतीय सिद्धान्तों के साथ उनका कहाँ सामञ्जस्य है और कहाँ विरोध, इन सब बातों के विवेचन का सर्वथा अभाव पाया जायेगा।"[138]

यहाँ आचार्य शुक्ल बड़े आत्मविश्वास से यूरोप में चल रही आलोचनात्मक गतिविधियों पर टिप्पणी करते हैं। उनकी टिप्पणी से कहीं आत्महीनता या संकोच का बलाघात नहीं दिखता। वे कहते हैं कि पश्चिम में लोग काव्य के किसी एक पक्ष को उसका सम्पूर्ण समझकर इतनी हायतौबा मचाते हैं और इस सीमा तक ले जाते हैं उसमें चमत्कार आ जाता है लेकिन ये सिद्धान्त नहीं हैं।[139] फिर वे सूचना देते हैं कि वहाँ के समझदार समीक्षक इसका विरोध कर रहे हैं, "दूसरी ओर हमारे हिन्दी साहित्य में इनकी भद्‌दी नकल शुरू हुई।"[140] ऐसे ही एक फ़ैशन का उदाहरण है "कला का उद्‌देश्य कला ही है।" 19वीं सदी के मध्य के व्हिस्लर ने यह मत दिया था और अंग्रेज़ी में डॉ. ब्रैडले इस मत के प्रभावशाली व्याख्याता है। आचार्य पहले ब्रैडले का मत उद्धृत करते हैं, फिर यह बताते हैं कि रिचर्ड्स ने अपनी पुस्तक प्रिन्सिपल्स ऑफ लिटरेरी क्रिटिसिज़्म' में इस मत का खण्डन किया है।[141] आगे चलकर वे प्रभाववादियों का उल्लेख कर उनकी आलोचना करते हैं और क्रोंचे के

अभिव्यञ्जनवाद का उल्लेख करते हैं। स्पष्टतः क्रोंचे का विरोध करते हुए वे कृत्रिम सौन्दर्य का विरोध करते हैं।[142] आचार्य ने नयी समीक्षा से ठीक-ठाक विचार-विमर्श नहीं किया लेकिन नयी समीक्षा ने जो आग्रह प्रकट किये थे, उनका विरोध निश्चित तौर पर किया। उनके समय में नयी समीक्षा का आकार स्पष्ट रूप से नहीं ले पाया था लेकिन जो प्रवृत्तियाँ थीं वे आचार्य शुक्ल की दृष्टि में थीं। यूरोप के साहित्य क्षेत्र में एकांगदर्शिता इतनी बढ़ गयी है कि किसी-न-किसी हद पर जाकर कोई-न-कोई वाद बराबर खड़ा होता रहता है और आगे बढ़ चलता है। उसके थोड़े ही दिनों पीछे बड़े वेग से उसकी प्रतिक्रिया होती है जिसकी धारा दूसरी हद की ओर बढ़ती है। अतः यूरोप के किसी 'वाद' को लेकर चिल्लानेवालों को यह समझ रखना चाहिए कि उसका बिलकुल उल्टा वाद भी पीछे लगा आ रहा है।"[143] अपने समय के आलोचकों-समीक्षकों की सतही आलोचना और पाश्चात्य के मोह के प्रति उन्हें काफ़ी दुःख होता था। अच्छी समीक्षा उन्हें सन्तोष देती थीं, लेकिन अर्थवत्ताविहीन आलोचना से, जो ऊपरी चमक-दमक से बोझिल थीं, उन्हें ग्लानि होती थी। "यह सजावट अंग्रेज़ी के अथवा बँगला के समीक्षा क्षेत्र से कुछ विचित्र, कुछ विदग्ध, कुछ अतिरंजित चलते शब्द और वाक्य लाकर खड़ी की जाती है। कहीं-कहीं तो किसी अंग्रेज़ी कवि के सम्बन्ध में की हुई समीक्षा का कोई खण्ड ज्यों-का-त्यों उठाकर किसी हिन्द कवि पर भिड़ा दिया जाता है।"[144] इस प्रकार पाश्चात्य या बाहरी प्रभाव को लेकर आचार्य शुक्ल ने पूर्णतः ठोस चिन्ताएँ प्रकट की हैं। और उन तहों को भी अनावृत्त किया है, जहाँ प्रायः हमारी दृष्टि नहीं जाती। पूरब और पश्चिमी के प्रश्न पर आशीष नन्दी ने जो बात इधर आकर नोट की है, उसे बहुत पहले आचार्य शुक्ल ने बड़े ही साफ़ ढंग से कहा – "यूरोपवालों को हमारी आध्यात्मिकता बहुत पसन्द आती है। भारतीयों की आध्यात्मिकता और रहस्यवादिता की चर्चा पश्चिम में बहुत हुआ करती है। इस चर्चा के मूल में कई बातें हैं। एक तो ये शब्द हमारी अकर्मण्यता और बुद्धिशैथिल्य पर परदा डालते हैं। अतः चर्चा या तारीफ करनेवालों में कुछ तो ऐसे होते हैं जो चाहते हैं कि यह परदा पड़ा रहे।"[145] इसके आगे वे आध्यात्मिकता और भौतिकता के विभाजनों के पीछे निहित कारण गिनाते हैं। वे गुलेरी जी का भी ज़िक्र करते हैं कि वे ऐसी आध्यात्मिक चर्चाओं से घबराया करते थे।

इस बिन्दु पर आचार्य शुक्ल सीधे प्राच्यवाद से टक्कर ले रहे हैं। यह एक ऐसा प्रस्थान बिन्दु था, जहाँ से मौलिक हिन्दी-चिन्तन विकसित किया जा सकता था। जिस मर्म को आचार्य शुक्ल ने छुआ था, उसे आज विकसित करने के यत्न हो रहे हैं, यह बात अलग है कि इस अपने ही खोज की महत्ता स्वयं आचार्य शुक्ल कदाचित् ही जानते हों क्योंकि इसका विस्तार स्वयं उन्होंने भी नहीं किया। लेकिन साहित्य के

सन्दर्भ में पाश्चात्य विचारधाराओं से संवाद के प्रश्न पर उनकी दृष्टि परिपक्व और सटीक थी; बल्कि आज की दृष्टि से भी उतना ही सार्थक। वे कहते हैं – "... यूरोप के साहित्य-क्षेत्र में फैशन के रूप में प्रचलित बातों को कच्चे-पक्के ढंग से सामने लाकर कुतूहल उत्पन्न करने की चेष्टा करना अपनी मस्तिष्क शून्यता के साथ-ही-साथ समस्त हिन्दी पाठकों पर मस्तिष्कशून्यता का आरोप करना है।... बाहर से सामग्री आये, खूब आये, पर यह कूड़ा-करकट के रूप में न इकट्ठी की जाये। उसकी कड़ी परीक्षा हो, उस पर व्यापक दृष्टि से विवेचन किया जाये, जिससे हमारे साहित्य के स्वतन्त्र और व्यापक विकास में सहायता पहुँचे।[146]

आचार्य शुक्ल न अन्तर्मुखी नैरन्तर्य के पक्षधर थे, न निपट आयात के, किसी भी विचारधारा के प्रति परीक्षा की दृष्टि रखते थे। उस सिद्धान्त का अपनी ज़मीन और माटी के सन्दर्भ में परीक्षण कर अपने सिद्धान्त के हित के लिए प्रयोग किया जाये, न कि उसे आयात ही कर लिया जाये। इसके साथ ही, सिद्धान्तों के क्षेत्र में वाग्जाल और कृत्रिम कलात्मक वैभव का, सत्ता और साम्राज्य से जुड़ी भाषा की महत्ता का या राजनीतिक रूप से अपनी पराधीनता का कोई अवरोही प्रभाव उन पर नहीं पड़ा। इसीलिए वे एक बड़ा काम कर पाये। आचार्य शुक्ल पर विचार करने और उन्हें अपनी विरासत मानकर परीक्षण करने के कई आधार हो सकते हैं जो हमारी वर्तमान चिन्ताओं से निकले हैं।"[147] यह काम समय-समय पर होता भी रहा है। हमारा उद्देश्य पश्चिम से उनके संवाद को परखना है वह भी मोटा-मोटी ढंग से ही हो पाया है। उनके, प्रस्तुत उद्धरणों की विवेचना में अलग से शोधपरक श्रम की आवश्यकता है।

जयशंकर प्रसाद पर लिखते समय हिन्दी के ज्ञानकाण्ड को विकसित करनेवाले लेखकों तथा भगवतशरण उपाध्याय, राहुल सांकृत्यायन, काशीप्रसाद जायसवाल, गौरीशंकर हीराचन्द ओझा आदि का नाम स्मरण हो आता है जिन्होंने इतिहास के माध्यम से पश्चिम से संवाद बनाया। यहाँ हम प्रसाद को लेकर चलते हैं जिनके यहाँ साहित्य, इतिहास और मिथक का ऐसा सम्मिश्रण है जो आज भी चिन्तकों को उतने ही वेग से आकर्षित करता है। यथार्थवाद और छायावाद के पक्ष को लेकर जो विवाद चला था, वह तो साहित्य के आन्तरिक पक्ष की दृष्टि से महत्त्वपूर्ण है। प्रसाद को स्मरण करने का मुख्य उद्देश्य इतिहास के एक विवादग्रस्त समस्या के प्रति उनकी दृष्टि है। यूरोपीय विद्वानों ने जो इतिहास का क्रम निर्मित किया, उसमें यह निहित था कि अंग्रेज़ यदि बाहरी हैं तो इस देश के बहुसंख्यक भी बाहरी हैं, क्योंकि आर्य तो बाहर से आये थे। इसलिए आर्य और द्रविड़ का विभाजन बढ़-चढ़कर

प्रस्तुत किया गया। आर्य मूलतः कहाँ के थे, यह प्रश्न तब इतना स्पष्ट नहीं था कि झट विदेशी होना मान लिया जाये।

प्रसाद ने रचनात्मक स्तर पर इस अवधारणा का विकास किया। वे आर्यों का मूल निवास भारत ही मानते थे।[148] कामायनी के माध्यम से उन्होंने पूरी भारतीय सभ्यता को मानव-सभ्यता का पर्याय बनाते हुए अपनी परम्परा निर्मित की। नन्ददुलारे वाजपेयी ने बहुत मार्मिक बात कही है कि, "कोरा भौतिक दर्शन और वैज्ञानिक प्रगति से आक्रान्त मनोभाव प्रसाद जी में हम नहीं पाते।"[149] ये दोनों पाश्चात्य आतंक का पर्याय थे। भौतिकता और वैज्ञानिकता का स्वीकार एक बात है और इनके वाद के प्रति आतंकित होकर समर्पित हो जाना दूसरी बात है। पाश्चात्य प्रभावों की बात जाने दें, अपने समय के वटवृक्ष, टैगोर की उपस्थिति से भी वे उदासीन दिखते हैं। कहा जाता है कि बाह्य प्रभावों को उन्होंने नीरव रूप में पचा लिया, यदि ऐसा है भी तो यह आत्मबल और विश्वास के बल पर ही सम्भव था। उन्होंने भारत के लिए अतीत का चित्रण किया, यह यूरोपीय विद्वानों का खोजा हुआ हो, ऐसा न था। उन्होंने स्वयं इतिहास और शास्त्र का अध्ययन किया था और रचना के स्तर पर भारत की परम्परा का निर्माण कर पाश्चात्य सांस्कृतिक चुनौती का प्रत्युत्तर तैयार किया था।[150]

प्रगतिवादी साहित्य वैचारिक रूप से मार्क्सवाद पर आधारित होने के कारण अपने प्रस्थान से ही विवादग्रस्त हो गया। साहित्य बनाम प्रोपेगैण्डा, साहित्य और राजनीति तथा पार्टी-साहित्य को लेकर पर्याप्त विवाद हुए। इसी में प्रगतिवाद के नाम पर हिन्दी आलोचकों में सतही और उत्कृष्ट दोनों तरह के लेखन हुए। हजारीप्रसाद द्विवेदी जैसे अमार्क्सवादी चिन्तक ने कुछ शर्तों के साथ प्रगतिवाद के अच्छे भविष्य के प्रति अपनी आशाएँ प्रकट की थी। मार्क्सवाद भारत में इसलिए नहीं आया कि रूस में क्रान्ति हो चुकी थी, बल्कि स्वयं भारत में और यहाँ सन्दर्भवत् हिन्दी समाज में मार्क्सवाद के लिए उर्वर भूमि तैयार थी। जैसा कि नामवरसिंह ने सुझाया है कि मार्क्सवादी सौन्दर्यशास्त्र हिन्दी में अपने समय पर आया।[151] दूसरी ओर मार्क्सवाद उपनिवेशवाद की उँगली पकड़कर नहीं आया था। वैश्विक परिदृश्य पर यह पूँजीवाद और उपनिवेशवाद का सर्वाधिक शक्तिशाली विपक्ष था और इसके विरोध के नाम पर विश्व-इतिहास में राजनेताओं ने भयंकर गलतियाँ कीं, राजनीतिक आत्महत्याएँ कीं।[152] राजनीति में मार्क्सवाद का दबाव इतना बढ़ गया कि स्वयं कांग्रेस को अपना चरित्र बदलना पड़ा, एक समय भगतसिंह गाँधी जी से अधिक लोकप्रिय हो गये थे और साम्राज्यवादी सरकार को बार-बार मार्क्सवादी दल पर प्रतिबन्ध लगाना पड़ा। साहित्य में वह वर्ग और वैसी संवेदनाएँ मुख्य धारा में आ गयीं, जिनसे सरकार की

कभी रुचि नहीं रही। इसीलिए अनेक आन्तरिक विरोधों के बावजूद प्रगतिवादी आन्दोलन अन्य कला क्षेत्रों में प्रवाहित होता हुआ अखिल भारतीय आन्दोलन हो गया क्योंकि यह एक विदेशी दर्शन था, अतः इसके भारतीयकरण की चुनौती सबसे बड़ी थी और आज तक बनी हुई है। विवेच्य-काल में इसके अभारतीय मूल ने काफ़ी अवकाश दिया कि नये मार्क्सवादी लेखक गलतियाँ करें। इस कारण प्रारम्भिक अतिरेक में अपनी परम्परा और साहित्य के प्रति पहचान तथा विश्लेषण में भयंकर भूलें हुईं। राजनीति में मार्क्सवाद के अनुयायी तो आज भी भूलों और पथ-विचलन के शिकार हैं, लेकिन साहित्य में स्थिति सँभली जब रामविलास शर्मा और बाद के नये मार्क्सवादियों ने अपने को साहित्य की पूरी परम्परा से जोड़ा। इस काल तक आकर साम्राज्यवादी चरित्र का अनावरण हो चुका था, शत्रु की पहचान निश्चित हो गयी थी और विमर्श का केन्द्र पूरब-पश्चिम का विभाजन न होकर साम्राज्यवाद और मार्क्सवाद का विभाजन हो गया। संसार-भर में जहाँ भी वामपन्थ संघर्ष कर रहा हो, अपना संघर्ष है और वहाँ हमारी शक्ति लगनी चाहिए। इस धारणा ने राष्ट्रीयता बनाम अन्तरराष्ट्रीयता के मतभेदों को भी उभारा।

प्रगतिवाद ने साहित्य और राजनीति के सम्बन्धों को अनावृत कर दिया, जो बहुत पहले से चला आ रहा था उसे प्रकाशित कर दिया। बाद में चलकर प्रगतिवाद की अपनी कमियों के कारण और बाहरी दबाव के प्रभाववश तीव्र प्रतिक्रिया हुई। आगे के अध्याय में हम इस स्थिति का विस्तार देख सकेंगे।

---

## सन्दर्भ, स्रोत तथा टिप्पणी

1. सास्यूर और लाकां भाषा को दर्शन तक ले जाते हैं। सास्यूर के परिचय के लिए देखें Jonathan culler की पुस्तक SAUSSURE : Fontana Modern Masters, 85, लाकां ने कहा कि भाषा अवचेतन की निर्मिति है। इनके परिचय के लिए Shoshana Felman : Jacques Lacan and the Adventure of Insight, Harvard Univ. Press, 1987.
2. Ania Loomba. "Colonialism / Post-Colonialism, 1998. P. 79-80.
3. महावीरप्रसाद द्विवेदी और हिन्दी नवजागरण, भूमिका, पृ. 10.
4. सुमित सरकार, आधुनिक भारत, आमुख।
5. वही, पृ. 18 और आगे भी।
6. C.A. Bayly 'Empire & Information', about details of changesa after 1857 see chapter - 10.
7. विस्तार हेतु, उपर्युक्त अध्याय।
8. वही।

9. Ibid., p. 340.
10. वही पृ. 341.
11. आचार्य रामचन्द्र शुक्ल, 'हिन्दी साहित्य का इतिहास,' भक्तिकाल के विवेचन में निर्गुण मत का विवेचन, पृ. 34 से आगे।
12. C.A. Bayly, ibid. page. 344.
13. लिटन के क़ानून यदि दमन का उदाहरण पेश करते हैं तो रिपन के क़ानून तथा 1861 और 1892 के अधिनियम तुष्टि और लोभ का उदाहरण प्रस्तुत करते हैं।
14. Bayly, ibid, page. 342.
15. Ibid.
16. वही, पृ. 344.
17. वही, पृ. 345.
18. Representing Hinduism, the Construction of Religious Traditions and National Identity, Edited by Vasudha Dalmia, page 23.
19. 'भारतवर्ष की उन्नति कैसे हो सकती है?' नामक लेख।
20. भारतेन्दु का आलेख, 'वैष्णवता और भारतवर्ष'।
21. वही लेख।
22. यह पतन और विघटन से भरा राजनीतिक युग था ढेरों शासक बनते रहे, अधिकांश मद्यप, कुकर्मी और विलासी थे, क्रूरतापूर्वक मार डाले गये, बाहरी आक्रमणों के आगे घुटने टेकते रहे और अन्ततः मुगल साम्राज्य मेहरौली तक सिमट आया।
23. भारतेन्दु का लेख, 'भारतवर्ष की उन्नति कैसे हो सकती है?'
24. सुमित सरकार, वही पृ. 109.
25. The Nationalization of Hindu Traditions, Bhartendu Harishchandra and Ninrteeth Century Banaras page 432.
26. वही।
27. 'From Krishnalila to Ramarajya : A Court case and its Consequences for the Reformulation of Hinduism, Jurgen Lutt's Article, In Representing Hinduism ed. By Vasudha Dalmia.
28. वही, पृ. 145.
29. 'वैष्णवता और भारतवर्ष' नामक आलेख। यहाँ तक कि अगली सदी में आचार्य रामचन्द्र शुक्ल के लेखन में भी वैष्णवों के इस पतन के कारण और परिणाम मिलते हैं। और आश्चर्यजनक यह है कि आचार्य शुक्ल का दृष्टिकोण वही जान पड़ता है जो अंग्रेज़ का निर्णय था।
30. Representing Hinduism, page 142 यहाँ तक कि इस सम्बन्ध में मार्क्स की भी यही धारणा थीं। 'भारत में ब्रिटिश शासन' नामक लेख में वे कहते हैं कि – "वह (हिन्दुस्तानी धर्म) धर्म एक ही साथ विपुल वासनाओं का और अपने को यातनाएँ देनेवाले

साधु-मुनियों का धर्म है... योगी और भोगी दोनों ही हमें उस धर्म में मिलते हैं।" लेख का वर्ष 1853 ई.

31. Representing Hinduism, page 206.
32. Vasudha Dalmia, The Nationalisation of Hindu Traditions, page 429.
33. डालमिया जी के शब्द, वही, पृ. 433.
34. इसका अब तक निरन्तर रूप देखना हो तो इलाहाबाद के 'हिन्दी साहित्य सम्मेलन' को देखा जा सकता है। हिन्दी की लगभग सभी महत्त्वपूर्ण संस्थाओं पर विशेष जाति और सोच का प्रभुत्व अब भी उस प्रक्रिया का साक्षी है जो इस समय प्रारम्भ हुई थी।
35. सुमित सरकार, वही, पृ. 109.
36. वही, पृ. 109.
37. जैसे – 'राजकुमार सुस्वागत पत्र' श्री राजकुमार शुभागमन वर्णन, विभिन्न अंग्रेज़ बहादुरों की चरितावलियाँ आदि। फेडरिक के हेनफीर्ड को लिखे उनके पत्र का यह अंश जो 1883 में लिखा गया था, ध्यातव्य है – "यह तो आप जानते ही हैं कि भारतीय जनता के हृदय में साम्राज्ञी के लिए अथाह राजभक्ति है। ईश्वर भक्ति को छोड़कर यह भक्ति सबसे अधिक है और केवल अपनी साम्राज्ञी के लिए ही है। इसीलिए मेरे जैसा तुच्छ सेवक क्यों नहीं फूला समाये कि उसे ऐसा अवसर मिला है कि वह साम्राज्ञी के प्रति अपनी राजभक्ति का प्रदर्शन कर सके।" 'भारतेन्दु समग्र' से, सं. हेमन्त शर्मा।
38. इसके लिए 'समग्र' में दिये गये लेखों के साथ 'कविवचन सुधा' के सम्पादकीय नोट को देखना उपयोगी होगा।
39. Sudhir Chandra. The Oppressive Present, page. 14.
40. इस अध्ययन के लिए आधुनिक भारत पर लिखी इतिहास की 'पुस्तकों से नरमदलीय राजनीति का काल देखा जा सकता है, उदाहरण के लिए सुमित सरकार की उक्त पुस्तक में पृ. 88 से 120.
41. स्वराज की माँग पहली बार सार्वजनिक रूप से गोखले ने 1905 में की तथा कांग्रेस ने 1930 में लाहौर अधिवेशन में स्वतन्त्रता की माँग को अपना लक्ष्य घोषित किया।
42. भारतेन्दु का लेख 'महाराजाधिराज जार'
43. मुसलमानों के पाँच महापुरुषों की जीवनियाँ 'पंच पवित्रात्मा' नाम से, 'हिन्दी कुरान शरीफ' की रचना, 'पाँचवें (चूसा) पैगम्बर' नामक आलेख।
44. C. A. Bayly, ibid page. 294.
45. Sudhir Chandra, ibid, page. 5, 6.
46. C. A. Bayly, ibid, page. 355.
47. हिन्दी साहित्य के अस्सी वर्ष, प्रस्तावना।
48. शिवदान सिंह का मत यही है और वसुधा डालमिया ने इसका विस्तार अपनी पुस्तक में किया है।
49. आचार्य हजारीप्रसाद कहते थे कि छायावादी रचनाकारों के पास भाव थे, भाषा न थी।

50. नामवर जी प्रसाद की भाषा को निर्वंश कहते हैं।
51. अधिकांश बड़े नरमदलीय नेता जनजीवन से अपरिचित, सफल व्यवसायी और अंग्रेज़ों के प्रति भक्त थे। इस स्थिति में 19वीं सदी के अन्त में सुधार हुआ। आर्थिक विवेचन प्रथमतः, नौरोज़ी ने प्रारम्भ किया और ठीक उसी समय भारतेन्दु वही निष्कर्ष सामने रख रहे थे। नरमदलीय राजनैताओं का भारतेन्दु से अन्तर देखने के लिए सुमित सरकार की उक्त पुस्तक से पृ. 88 से 120 तक का विवेचन देखें।
52. भारतेन्दु, कवि वचन सुधा, 18 मई, सन् 1874 में। भारतेन्दु समग्र के उद्धृत पृ. 1092.
53. सरस्वती भाग – 6, फेब्रुअरी, 1905 संख्या-2, सं. महावीरप्रसाद द्विवेदी।
54. वही, पृ. 52.
55. सरस्वती, अगस्त 1905, संख्या 8, पृ. 309.
56. सरस्वती, नवम्बर, 1905.
57. हंस, वर्ष-1, मार्च, 1930, अंक-1, सं. प्रेमचन्द
58. ग्रियसेन आदि भी लोक के प्रति अनुराग प्रकट कर रहे थे और वे आयरलैण्ड से प्रभावित थे।
59. 'गोदान' में स्वच्छन्दतावाद खूब समाया है। विशेषकर शिकारवाले लम्बे प्रसंग में। देखें पृ. 65 से 75, मालती, खन्ना और वन की युवती का प्रकरण। लोकभारती प्रकाशन, इलाहाबाद 1993.
60. The Oppressive Present, page. 7-9.
61. देखें, 'आधुनिक भारत' में 'महात्मा गाँधी का श्रेष्ठतम काल' पृ. 487 से आगे।
62. लेनिन ने रूस में, नवजात राष्ट्र में क्रान्ति के दो शत्रु बताये थे जिनमें भीतर के शत्रु भी थे। ऐसा प्रायः हर जगह हुआ है। भारत के आन्तरिक शत्रुओं की पहचान क्या हुई? आन्तरिक साम्राज्यवाद आज सर्वाधिक ताकतवर विमर्श के रूप में देश के भाग्य का संचालन कर रहा है।
63. इसका एक रोचक अध्ययन श्री जगदीश कुमार ने किया है। उनकी पुस्तक 'नयी कविता : विलायती सन्दर्भ।
64. प्रो. मैनेजर पाण्डेय, साहित्य के समाजशास्त्र की भूमिका, पृ. 252.
65. प्रो. मैनेजर पाण्डेय, साहित्य के समाजशास्त्र की भूमिका, पृ. 282.
66. निर्मल वर्मा, कला का जोखिम, पृ. 69.
67. बंगाल में अपने को डेरीजिओ का अनुयायी बतानेवालों का एक वर्ग था जो पश्चिमी परम्पराओं से बुरी तरह आक्रान्त था और वे लोग अपने अतीत और हिन्दू अस्मिता से पूर्णतः विच्छेद चाहते थे। उन्होंने मदिरा, गोमांस भक्षण आदि भी प्रारम्भ कर दिया था।
68. महात्मा गाँधी 'हिन्द स्वराज' पुस्तक में 'हिन्द स्वराज' के बारे में लिखते हुए नवजीवन ट्रस्ट 1949, पृ. 30.
69. आज एक ओर विश्वग्राम की धारणा बन रही है, संस्कृतियों का वैश्वीकरण हो रहा है, दूसरी ओर मजहबी अस्मिता के प्रति जिद बढ़ती जा रही है। इस विरोधाभास का कोई सर्वमान्य विश्लेषण नहीं हो पाया है।

70. भारत छोड़ो आन्दोलन पर लिखते हुए चन्दन मित्र ('आधुनिक भारत का इतिहास' में संकलित, सम्पादक आर.एल. शुक्ल हिन्दी माध्यम कार्यान्वय निदेशालय, 1993. पृ. 584-610) कहते हैं कि पूर्वी यू.पी. और बिहार सबसे आगे थे। गाँधी जी ने बिहार की बहुत प्रशंसा की थी कि वहाँ के लोग अहिंसा का सही अर्थ समझते हैं। यह बिहार 1942 में सर्वाधिक सक्रिय रहा। पृ. 589 पर दी गयी तालिका से स्पष्ट है कि सर्वाधिक लोग बिहार में मारे गये, सबसे अधिक पुलिस स्टेशन यहीं क्षतिग्रस्त किये गये तथा सर्वाधिक गिरफ़्तारियाँ भी यहीं की गयीं।
71. C. A. Bayly. वही पृ 346.
72. आचार्य ने लिखा, "समालोचना का सूत्रपात हिन्दी में एक प्रकार से भट्ट जी और चौधरी साहब ने ही किया।" हिन्दी साहित्य का इतिहास पृ. 257.
73. वही पृ. 255.
74. Vasudha Dalmia, ibid. page. 10.
75. शिवदान सिंह चौहान का मत किंचित् आलोचनात्मक है। वे मानते हैं कि भारतेन्दु व उनके मण्डल में आर्यसमाजी तत्त्व थे, उनके मुकाबले उर्दूवालों में अधिक व्यापकता थी और इन रचनाकारों की प्रतिभा और विचार-पूँजी अति स्वल्प थी। इसके लिए देखें वर्णित पुस्तक में 'हिन्दी साहित्य की पूर्व पीठिका' नामक अध्याय।
76. C. A. Bayly, ibid, page. 348.
77. Ibid. page 347.
78. भारतेन्दु 'भारतवर्ष की उन्नति कैसे हो सकती है?' नामक लेख, भारतेन्दु समग्र, पृ. 1011.
79. महावीरप्रसाद द्विवेदी और हिन्दी नवजागरण, भूमिका, पृ. 16 नवजागरण के चरणों के प्रश्न पर प्रो. मैनेजर पाण्डेय ने कुछ संशोधनपरक व्याख्या की है। वे प्रगतिवाद को चौथा चरण मानते हैं। साहित्य और इतिहास दृष्टि में पृ. 189 से आगे।
80. महावीरप्रसाद द्विवेदी और हिन्दी, नवजागरण, भूमिका, पृ. 18.
81. रामविलाश शर्मा, पृ. 106.
82. सरस्वती के सितम्बर, 1914 अंक में 'अछूत की शिकायत' नामक कविता, सेठ भोजपुरी में है।
83. प्रो. मैनेजर पाण्डेय, 'साहित्य और इतिहास-दृष्टि', पृ. 91.
84. वही, पृ. 92.
85. पश्चिमी चिन्तन में यह कहा जाने लगा था कि चूँकि अरस्तू ने ऐसा कहा है, अतः यह सही है। इस प्रकार अरस्तू ने एक महानायक की स्थिति प्राप्त कर ली।
86. आचार्य शुक्ल ने वर्तमान की हिन्दू धर्म की चिन्ताओं को भक्तिकालीन विश्लेषण में प्रयुक्त करना चाहा। जिस तुलसीदास को ग्रियर्सन ने लोकसंस्कृति के बिम्बन के लिए अपना नायक बनवाया था, वही तुलसी सवर्ण समाज के प्रतिनिधि बना दिये गये। इसमें शुक्ल जी का अप्रतिम योगदान है। इसके अलावा शुक्ल जी ने सीधे ब्रिटिश साम्राज्यवाद के विरुद्ध न कुछ कहा, न लिखा।

87. ऐसा उन्होंने छायावाद-सम्बन्धी मूल्यांकन और आधुनिक साहित्य के सन्दर्भ में कहा है। पृ. 31, 107.
88. वही पृ. 32.
89. नन्ददुलारे वाजपेयी, 'हिन्दी साहित्य : बीसवीं शताब्दी, रत्नाकर नामक अध्याय, लोकभारती 1991, पृ. 52, उत्कृष्ट साहित्य सदैव अनिवार्य ही हुआ करता है।''
90. मिल के अनुसार मध्यकाल मुसलमानी शासन का काल था। यह एक अपेक्षाकृत अन्धयुग और पिछड़ा समय था। द्विवेदी जी ने मध्यकालीनता और पिछड़ेपन को पर्याय नहीं माना।
91. प्रो. मैनेजर पाण्डेय, साहित्य और इतिहास, दृष्टि, पृ. 152.
92. निर्मल वर्मा, कला का जोखिम, पृ. 28.
93. साहित्य और इतिहास – दृष्टि में पृ. 162 पर उद्धृत।
94. प्रो. मैनेजर पाण्डेय, साहित्य और इतिहास – दृष्टि पृ. 203-204.
95. हिन्दी के आलोचकों की सूची और सूचनात्मक तथ्यों के लिए डॉ. नगेन्द्र द्वारा सम्पादित 'हिन्दी साहित्य का इतिहास' (1991) (पृ. 697 से 705 विशेषकर) देखा जा सकता है।
96. उदाहरण के लिए कृष्णाचार्य जी की पुस्तक 'हिन्दी के आदि मुद्रित ग्रन्थ' अथवा किशोरीलाल गुप्त की पुस्तक 'हिन्दी साहित्य के इतिहासों का इतिहास' आदि।
97. हिन्दी के यूरोपीय विद्वान् (व्यक्तित्व और कृतित्व) बिहार हिन्दी ग्रन्थ अकादमी प्र. सं. 1973, आमुख में यह वाक्य ध्यातव्य है ''विधि-विधान से भारत प्रायः आठ सौ वर्षों तक विदेशी और विधर्मी शासन से पीड़ित और त्रस्त था, 'पहले मुस्लिम आक्रान्ताओं द्वारा और फिर यूरोपीय जातियों द्वारा।''
98. हिन्दी साहित्येतिहास पाश्चात्य स्रोतों का अध्ययन, डॉ. हरमेन्द्र सिंह बेदी 1985 में प्रकाशित।
99. यह सूचना और आगे के अन्य तथ्य भी ''हिन्दी के आदि मुद्रित ग्रन्थ'' नामक पुस्तक से।
100. वही, पृ. 11.
101. 1932 ई. में भारतीय भाषाविदों ने भी 'ग्रियर्सन स्मृति ग्रन्थ' उन्हें समर्पित किया। आज भी एकैडेमिक दृष्टि से उनके योगदान को कृतज्ञता के साथ स्वीकार किया जाता है।
102. ये मानते थे कि खड़ीबोली हिन्दी का आविष्कार उन्होंने ही किया है।
103. इस्त्वार द ल लीनिदेयूर ऐन दुइ ए हिन्दुस्तानी' के समर्पण में 'हिन्दुई साहित्य का इतिहास' अनु. लक्ष्मीसागर वार्ष्णेय, हिन्दुस्तानी एकैडेमी, इलाहाबाद 1953.
104. Empire & Information, Introduction p-1.
105. वही, पृ. 288.
106. Empire & Information, Introduction Ibid.
107. वही, पृ. 292.
108. वही, पृ. 293.
109. वही, पृ. 294.
110. Christopher king, One language : Two scripts : The Hindi movement in Ninteenth Cen. North India, Bombay, 1994) C.A. Bayly Ibid, page 295.

111. इस प्रकार का योग और तारतम्य हिन्दी की संस्थाओं, विश्वविद्यालयों और विचारधाराओं में आज भी देखा जा सकता है।
112. Bayly, Ibid, Page. 206.
113. वही, पृ. 297.
114. विस्तृत विवेचन के लिए उक्त पुस्तक में पृ. 298-300 विशेष तौर पर देखा जा सकता है।
115. मुग़ल सत्ता और फ़ारसी बनाम छोटे राज्य और हिन्दी के इस समीकरण को सरकार द्वारा साम्प्रदायिक स्पर्श देकर लाभ उठाना सरल था।
116. Bayly Ibid, page. 299.
117. (G. L. Lushington pol. Agont Bhartpur to Resdt. Delhi. 11 June, 1831. Affairs at bhurtpore BC 1369 / 54486) Bayly, Ibid page 299.
118. (Boileau, Memorandum on the Languages and Literature of the territoreis of Buhawalpur, Jesulmer and Jodhpur, app to narrative pp 263-90) Bayly, Ibid, p - 300.
119. वही।
120. वही।
121. अतः यह कहना कि अंग्रेज़ों की प्रेरणा से ही हिन्दी खड़ीबोली गद्य का प्रादुर्भाव हुआ, ठीक नहीं है।'' आचार्य शुक्ल, हिन्दी साहित्य का इतिहास, पृ. 227.
122. Bayly, Ibid, page 356.
123. Grierson, Linguistic survey of India, I part 2 Motilal Banarsidas page 160.
124. Bayly Ibid.
125. Ibid, conclusion.
126. Ibid.
127. The East India Company : Trade and conquest from 1600, Review by Sorish Bhattacharya, November 7, 1999, Hindustan Times.
128. महावीरप्रसाद द्विवेदी और हिन्दी नवजागरण नामक पुस्तक में।
129. उपर्युक्त पुस्तक में पृ. 344 पर उद्धृत।
130. हिन्दी साहित्य का इतिहास पृ. 311.
131. वही
132. वही, फ्रायड के सिद्धान्तों से असहमति जताते हुए इन तत्त्वों की व्याख्या चिन्तामणि भाग 1 में संकलित निबन्ध' रसात्मक बोध के विविध स्वरूप में भी है। विशेषकर पृ. 177 पर।
133. वही, पृ. 288.
134. वही, पृ. 305.
135. वही, पृ. 307.
136. वही।
137. वही, पृ. 308.

138. वही।
139. वही, पृ. 308.
140. वही।
141. वही, पृ. 308, 309.
142. वही, पृ. 310, 311.
143. वही, पृ. 302.
144. वही, पृ. 306.
145. वही पृ. 307 और आशीष नन्दी का मत देखने के लिए उनकी पुस्तक The Intimate Enemy, page 81.
146. वही पृ. 312.
147. इसमें हम आचार्य के विरोध में हुए लेखन को देख सकते हैं। नन्ददुलारे वाजपेयी से लेकर डॉ. धर्मवीर तक उसी प्रयास का अंग है। अद्यतन उदाहरण के लिए सुधीश पचौरी का लेख 'रामचन्द्र शुक्ल जी धर्म भूमि' (बहुवचन 1) को भी लिया जा सकता है।
148. अब इतिहासकारों का झुकाव इस मत की ओर बढ़ रहा है। कम-से-कम इस बात पर सहमति है कि वेदों में जो सभ्यता या संस्कृति वर्णित है इसका अनुमोदन पुरातात्त्विक साक्ष्यों से नहीं होता। अर्थात् 1500 ईसा पूर्व से 500 ई.पू. तक जो पुरातात्त्विक चित्र बनाया गया है वह वैदिक काल के साहित्यिक चित्र से नहीं मिलता, जबकि पहले दोनों को एक मानकर चलते थे। इस अर्थ में प्रसाद तब भी रेडिकल थे।
149. 'हिन्दी साहित्य : बीसवीं शताब्दी', श्री जयशंकर प्रसाद, नामक लेख, पृ. 138.
150. हिन्दी नवजागरण और स्वत्व की खोज सम्बन्धी प्रयासों की समस्त शक्ति और सीमाएँ प्रसाद में एक साथ मिल सकती हैं।
151. आधुनिक साहित्य की प्रवृत्तियाँ पृ. 73.
152. इटली में मुसोलिनी के कार्यों से सरकार प्रसन्न थी कि उसने कम्युनिस्टों का दमन किया था। बाद में वहीं मुसोलिनी सरकार का भक्षण कर सर्वेसर्वा बन गया। दो विश्वयुद्धों के बीच ब्रिटेन और फ्रान्स ने सिर्फ़ साम्यवाद के भय से तुष्टीकरण जैसी आत्मघाती नीति का पालन कर हिटलर को दानवी विस्तार और विनाश के लिए अवकाश दिया।

◆

## अध्याय 3

# नयी समीक्षा

साहित्य के क्षेत्र में यह एक दयनीय और हास्यास्पद स्थिति मानी जायेगी, जब कोई व्यक्ति किसी अन्य को एक रचना दे और उस रचना को पढ़ने के लिए प्रतिमान भी दे। साथ ही, यह जोड़ दे कि निष्कर्ष निकालने के लिए यह अन्य स्वतन्त्र है। औपनिवेशिक भारत के सम्बन्ध में अंग्रेज़ी में जो लेखन हुआ या साम्राज्यवाद के विस्तार से जुड़ा जो लेखन है, उसे यदि 'नयी समीक्षा' के रास्ते पर चलकर विवेचित किया जाये तो वह मानवमात्र के लिए उत्तम साहित्य हो गया। लेकिन ऐसा करना और निष्कर्ष निकालना एक साहित्यिक दुर्घटना होगी। एक प्रबल आलोचना-सिद्धान्त के रूप में 'नयी समीक्षा' ने रचना और चिन्तन पर गहरा प्रभाव डाला। नवस्वतन्त्र भारत के नवचेतन साहित्यकर्मियों का इस पद्धति से परिचय था और इस परिचय के कारण हिन्दी आलोचना एक लम्बे समय तक अनेक वांछित-अवांछित गतिविधियों में लगी रही। इस विषय पर हमें बहस करनी है अतः 'नयी समीक्षा' को सम्पूर्णता में देखने और विवेचित करने की ज़रूरत है। इलियट और रिचर्ड्स 'नयी समीक्षा' के ही कारण नहीं बल्कि स्वायत्त रूप से हिन्दी में चर्चा के घेरे में रह रहे हैं। 'नयी समीक्षा' को सम्पूर्णता में देखने पर फ्रान्सीसी बिम्बवाद से एफ. आर. लीविस तक एक अध्ययन का क्रम बन गया है। हिन्दी आलोचना पर बिम्बवाद का प्रभाव स्वीकार किया जाता है। 'नयी समीक्षा' का विस्तारपूर्वक अध्ययन हिन्दी आलोचना की संवाद-प्रक्रिया को समझने के लिए अनिवार्य है।

## (क)

### उदय और स्वरूप

इस सदी के प्रारम्भिक वर्षों को आँग्ल-अमेरिकी आलोचना के इतिहास में एक संक्रमण का काल माना जा सकता है। पिछली आलोचना-पद्धतियों से अलगाव और

उनके प्रति असन्तोष एक ठोस आकार पाने की दिशा में बढ़ रहा था। यह समयावधि राजनीति और इतिहास की परम्पराओं की दृष्टि से भी नयी प्रवृत्तियों की द्योतक है। समाज निश्चित तौर पर एक भिन्न अनुभव से गुज़र रहा था। साहित्य और आलोचना के क्षेत्र में इस संक्रमण और इससे अंकुरित होती हुई नवीन प्रवृत्तियों को स्पष्ट देखा जा सकता था। यह नया उन्मेष बहुत सबल और आवेगपूर्ण था और इसके केन्द्र उभर चुके थे।

साहित्यिक आलोचना के क्षेत्र में स्वच्छन्दतावाद, मर्यादावाद, कलावाद, फ्रायडवाद और मार्क्सवाद मुख्य प्रत्यय थे और इनके विरोध तथा समर्थन दोनों के स्वर उपस्थित थे। स्वच्छन्दतावाद में निहित मूल विचारधारा का उत्स समूचे यूरोपीय पुनर्जागरण का सारांश रहा है। मध्यकाल में मनुष्य का जीवन कई अन्य सत्ताओं से प्रभावित व नियमित होता था। पुनर्जागरण ने मनुष्य को खोजने और उसे चिन्तन का केन्द्र बिन्दु बनाने का दावा किया। परिणाम यह हुआ कि जीवन के हर क्षेत्र में मनुष्य ने स्वयं को विधाता के रूप में स्थापित कर लिया। रूसो मनुष्य को असीमित अधिकार देता है। स्वच्छन्दतावाद ने कवि और रचनाकार को स्रष्टा मान लिया तथा शेष सभी धारणाएँ इस स्रष्टा की छाया-मात्र रह गयीं। अब साहित्यिक आलोचना का कर्म एक तरह से रचनाकार के प्रभामण्डल को विश्लेषित करना रह गया। रचनाकार की जीवन-स्थितियाँ, जीवन की घटनाएँ और धारणाएँ रचना के बोध और आस्वाद में प्रमुख घटक के रूप में ग्रहण की जाती थीं। इसके साथ ही भावुकता, सूक्ष्मता और नफ़ासत ने साहित्य में अपनी जगह बना ली। लेकिन यह स्थिति ज़्यादा चलनेवाली न थी। यही हाल दूसरे चिन्तनपन्थों का भी था। मार्क्सवाद उन प्रभावी कारकों की ओर अधिक प्रवृत्त था, जिनका सीधा सम्बन्ध समाज और अर्थशास्त्र से था। कुछ लोगों को लगा कि मार्क्सवाद एक प्रकार से 'मोनालिसा' की मुस्कान की आर्थिक व्याख्या करता था और इस व्याख्या के सामाजिक तर्क भी देता था। इसमें रचना का महत्त्व न था बल्कि रचना के पीछे की परिवेशगत शक्तियों का महत्त्व था। मार्क्सवाद को इस प्रकार समझा गया कि इसने न सिर्फ़ रचनाकार बल्कि रचना के वैशिष्ट्य को भी कोई महत्त्व देने से इन्कार कर दिया। सब-कुछ आधार और अधिरचना के खेल में ही निष्पन्न होता था। सारी कलाएँ आर्थिक आधार पर निर्मित अधिरचना का प्रतिफलन थीं। साहित्य का विश्लेषण तभी सम्भव था जब आधार और अधिरचना का विश्लेषण सम्पूर्ण हो। इस प्रकार साहित्य अपने-आप में कोई स्वतन्त्र और विशिष्ट सत्ता न होकर सामाजिक-आर्थिक तथा प्रकारान्तर से राजनीतिक कारकों का अनुगामी या अवलम्बी बन गया।

इस अवधि में कई तरह से यह अनुभव किया गया कि साहित्य के मूल्यांकन में साहित्येतर मूल्यों का प्रभाव इतना बढ़ रहा है कि रचना की अपनी पहचान खो गयी है। इस अतिप्रभाव के प्रति अस्वीकार की उपस्थिति अनेक ऐसे रचनाकारों में मिलती है, जो उस समय अलग-अलग विचार-प्रणालियों के लिए जाने जाते थे। इसका परिणाम यह हुआ कि कलावाद रूपवाद सम्बन्धी अवधारणाओं का प्रसार बढ़ा। स्वच्छन्दतावाद के विरोध में कई समीक्षा-सिद्धान्त विकसित हुए थे, लेकिन 'नयी समीक्षा' के बारे में यह कहा जाना चाहिए कि स्वच्छन्दतावाद के साथ-साथ इसके विरोध में विकसित अन्य सिद्धान्तों से भी इसका विरोध था। 'नयी समीक्षा' इस सदी के सबसे तनावग्रस्त, क्षणभंगुर और उद्वेलक कालावधि अर्थात् दो विश्व युद्धों के बीच विकसित वह समीक्षा प्रणाली है जिसने ऊपर कही गयी अस्वीकार्य स्थितियों के बीच अपना रूप निर्मित किया।

अंग्रेज़ आलोचक और दार्शनिक टी.ई. हुल्मे ने निबन्धों की एक शृंखला प्रकाशित की जिसमें रूमानी साहित्य की आत्मपरकता एवं अस्पष्टता पर आक्रमण किया तथा साहित्य में कठोर एवं शुष्क (dry and hard) छवियों की वकालत की। उन्होंने कला में अनुशासन और वस्तुनिष्ठता की माँग की।[1] ह्यूम के विचारों का प्रभाव टी.एस. इलियट (T. S. Eliot) पर पड़ा और इसकी झलक उनके प्रसिद्ध निबन्ध – 'Tradition and the Individual Talent' में मिलती है, जो प्रथमतः 1917 में प्रकाशित हुआ। इलियट ने वर्ड्सवर्थ के मत को नकारते हुए कविता को 'व्यक्तित्व से पलायन' कहा।[2] इलियट के यहाँ कविता पर बल था, कलाकृति की सत्ता पर ज़ोर था। पाठक पर पड़े प्रभाव या रचनाकार के उद्‌देश्य पर नहीं। कविता अर्थों की कालातीत व्यवस्था हो गयी। यही प्रवृत्ति दक्षिण अमेरिकी आलोचकों में थी। इलियट के माध्यम से फ्रान्सीसी प्रतीकवाद (French Symbolism) का भी प्रभाव सामने आया। इसके अलावा 17वीं सदी के अंग्रेज़ आध्यात्मिक (Metaphysical) कवियों के प्रभाव ने भी एक छाप छोड़ी जो H. J. C. Grierson द्वारा 1912 में John Donne की कविताओं के बृहद संस्करण के प्रकाशन से ही धीरे-धीरे बढ़ रहा था।[3] इलियट ने भी इन कवियों में निहित विचार और अनुभव के साम्य को प्रशंसा की दृष्टि से देखा। अब विट् (Wit) की माँग कविता में बढ़ी। Robert Pen Warren ने 1943 में Princeton में दिये एक व्याख्यान 'Pure and Impure Poetry' में विडम्बना (Irony) को कविता के लिए आवश्यक तत्त्व बताया।[4] रेने वेलेक (Rene Wellek) ने 'नयी समीक्षा' से पहले चार तत्त्वों की उपस्थिति बतायी।[5] ये हैं – सौन्दर्यशास्त्रीय प्रभाववादी समीक्षा (Aesthetic impressionistic criticism ) इरविन बॉबिट (Irvina Babbit)

तथा पॉल एल्मर मोर (Paul Elamer More) का मानवतावादी आन्दोलन (Humanist Movement) प्रकृतिवादी (Naturlist) तथा मार्क्सवादी। इन सबके बची नयी प्रवृत्तियाँ उभर रही थीं और 1930 के दशक में घरेलू तथा विदेशी, राजनीतिक तनावों के विस्तार ने साहित्यिक आलोचना को विचारप्रणाली पर आधारित एक तर्कप्रधान अपसिद्धान्त की ओर जाने के लिए प्रेरित किया। इस प्रकार 'नयी समीक्षा' का आगमन हुआ।

यह पद पुराना है।[6] 19वीं सदी में श्लेगल बन्धुओं (Schlegel) ने स्वयं को neve Kritiker कहा और बेनेदेतो क्रोचे (Benedetto Croce) ने जो 'मैं' सर्वनाम के प्रयोग से बचना चाहता था, अपने विचारों को 'la nuova critica' कहा। जोएल ई. स्पिनगार्न (Joel E. Spingarn) ने इस पद को क्रोचे से लिया जब वे 1911 में The New Criticism में उसके विचारों की व्याख्या कर रहे थे। ई. ई. बर्गम (E. E. Burgum) ने 1930 में इसी शीर्षक से एक संग्रह का सम्पादन किया और अन्ततः जॉन को रैन्सम (John Crow Ransem) ने 1941 में 'नयी समीक्षा' (The New Criticism) नामक पुस्तक लिखी। रैन्सम के यहाँ औपचारिक रूप से 'नयी समीक्षा' की व्याख्या ठीक-ठीक मिलती है लेकिन इस प्रणाली का अनवरत विकास हुआ था, ऐसा पूर्वोक्त विश्लेषण से जाना जा सकता है। 'नयी समीक्षा' के प्रायः सभी सूत्र निकट पूर्ववर्ती अथवा समसामयिक आलोचना-दृष्टियों में मिल जाते हैं। कविता उक्ति है, विचार या भाव नहीं – ''अभिव्यञ्जनावाद का तत्त्वः, कविता अपनी सिद्धि आप है, उसकी अपनी स्वायत्त सत्ता है'' – 'कला के लिए' का तत्त्व, तथा कविता एक विशेष मूर्त और गोचर पदार्थ है – बिम्बवाद का सूत्र; डॉ. नगेन्द्र कहते हैं कि, ''इन तीनों सूत्रों को भाषाविज्ञान के तन्तुजाल में बुनकर 'नयी समीक्षा' की संरचना की गयी है।''[7]

'नयी समीक्षा' के उदय में इलियट और रिचर्ड्स की भूमिका निर्णायक मानी जाती है। इलियट के निबन्धों का एक संग्रह 1920 में 'सेक्रेड वुड' नाम से प्रकाशित हुआ, जिसमें उनका प्रसिद्ध निबन्ध 'परम्परा और वैयक्तिक प्रतिभा' भी था। इलियट के विभिन्न सिद्धान्त जिनकी चर्चा अगले उपअध्याय में होगी, 'नयी समीक्षा' के लिए ज़रूरी प्रस्थान बिन्दु प्रदान करते हैं। रिचर्ड्स ने इन प्रस्थान बिन्दुओं को व्यावहारिक स्तर पर दिखाने का भी प्रयत्न किया। स्वयं इलियट ने कई स्रोतों से प्रभाव ग्रहण किये थे। इलियट का 'वस्तुनिष्ठ सहसम्बन्ध' (Objective Corelative) का सिद्धान्त ''एक प्रकार से फ्रान्सीसी प्रतीकवादियों के सिद्धान्त और व्यवहार का सार-संकलन है जो उन्होंने हल्मे और पाउण्ड के साथ ग्रहण किया था।''[8] हाउ टू रीड (How to Read 1929) में एजरा पाउण्ड ने लिखा – ''महान् साहित्य

अधिकतम सम्भावित स्तर तक अर्थ से आवेशित भाषा मात्र होता है।"[9] यद्यपि नये समीक्षक कई बिन्दुओं पर एक-दूसरे से भिन्न हैं और कई बार विरोधाभास भी प्रकट करते हैं, उनमें सामान्य धरातल मिलता है और इससे इस पद्धति का स्वरूप स्पष्ट हो सकता है। डॉ. नगेन्द्र ने इन बिन्दुओं पर सबकी सहमति बतायी है —[10]

"1. कविता पदार्थ है। विचार या भाव नहीं है। वह अपने-आप में एक विशिष्ट अनुभव है जो अपने रूप के अनुभव से सर्वथा अभिन्न है।

2. नैतिक, सामाजिक, ऐतिहासिक तथा अन्य प्रकार की असम्बद्ध धारणाओं को बीच में लाकर इस अनुभव को अशुद्ध नहीं करना चाहिए।

3. आलोचक का कर्त्तव्य-कर्म है किसी कृति के समग्र रूप और अंगों के अन्तःसम्बन्धों का विश्लेषण कर उसकी जटिल संरचना का परीक्षण करना।

4. कलाकृति का 'रूप' ही समीक्षा का वास्तविक विषय है, और इस रूप की अपनी स्वतन्त्र सत्ता है—वह किसी अन्य अर्थ का वाहन मात्र नहीं है। अथवा यह कहना चाहिए कि कलात्मक संरचना का समग्र अर्थ 'रूप' में निहित है।"

'The World's Body' को 'नयी समीक्षा' का घोषणा-पत्र कहा जा सकता है। इस पुस्तक को जॉन फेकेट ने मुख्य आधार बनाकर 'नयी समीक्षा' सम्बन्धी धारणाओं को स्पष्ट किया है। " 'नयी समीक्षा' के काल में इस बात पर ज़ोर था कि प्राथमिकता काव्य-वस्तु को मिलनी चाहिए न कि इसके प्रभाव को, कि कविता स्वायत्त होती है, पूर्ण, स्वयं-अन्तर्विष्ट तथा सम्पूर्ण होती है और ज्ञान की एक व्यवस्था के रूप में विचार करने योग्य होती है।"[11]

'नैतिकतावादी के कार्य' (Buisness of the Moralist) के विपरीत "साहित्यिक आलोचक का कार्य अनन्य रूप से सौन्दर्यशास्त्रीय आलोचना से सम्बद्ध है।"[12] क्योंकि रैन्सम ने 'The Worlds Body' में 'नयी समीक्षा' को ख़ासतौर पर 'Literary critisism' कहा है। रैन्सम ने पहले के समीक्षा सिद्धान्तों को आकारविहीन और विशृंखलित (Shapeless miscellany of all prior criticism) कहकर अस्वीकृत कर दिया तथा यह आशा प्रकट की कि 'नयी समीक्षा' प्रणाली एक सामूहिक प्रयास के रूप में किसी आमूल परिवर्तनकारी और उर्वर (Radically New and Fertile)) स्थिति को उत्पन्न करेगी तथा आनुपातिक रूप से उतनी ही सत्य' होगी जितना नया भौतिकशास्त्र और तर्कशास्त्र।[13]

इस प्रकार कला और कविता को उसकी सम्पूर्ण और विशिष्ट सत्ता में स्वीकार करते हुए उसकी अन्विति से प्राप्त सत्य ही आलोचना का प्रकार्य हुआ। नये

समीक्षकों का मानना था कि पहले के समीक्षा-सिद्धान्तों ने कविता को उसके सौन्दर्य और गरिमा के साथ प्राथमिकता न दी, बल्कि अन्यत्र जाकर कविता के प्रतिमान बनाते रहे। साहित्य से इतर जाकर साहित्य के लिए प्रतिमान बनाना साहित्य को दोयम स्तर का सिद्ध करना हुआ। अतः नये समीक्षकों ने पहले के समीक्षा-सिद्धान्तों को अस्वीकृत किया। कविता की विशिष्टता और स्वायत्तता पर अत्यधिक बल देना, साहित्य की साहित्यिकता की चिन्ता करना, आलोचना को एक सुव्यवस्थित, तार्किक स्वरूप प्रदान करना तथा भाषा की पवित्रता और सौष्ठव के प्रति आग्रही होना इन सभी कारकों के प्रति युग की प्रतिक्रिया या अनुक्रिया को ध्यान में रखकर सोचना पड़ेगा। ये समीक्षक और विचारक अपने समय और समाज की कुछ अत्यन्त प्रबल समस्याओं से जूझ रहे थे। साहित्य को सदा से ही गम्भीर उत्तरदायित्व का वाहन करना पड़ा है। इसे सभ्यता के धूमिल आच्छादन के विरुद्ध एक त्राता के रूप में स्वीकार किया गया। साथ ही, अपने को एक परिभाषा देने और जीवन के अन्य पक्षों से संवाद करने की महती आवश्यकता, साहित्य को स्वयं पूरी करनी पड़ती है। आगे के पृष्ठों में हम इन सूत्रों की व्याख्या करेंगे। वे कौन-सी परिघटनाएँ और परिस्थितियाँ थीं, जिसकी अनुक्रिया में 'नयी समीक्षा' का रूप-निर्माण हुआ तथा कैसे विचारकों ने अपने युग को विश्लेषित-विवेचित किया, आगे दिखाया जायेगा। लेकिन यह देखना रुचिकर लगता है कि जिस आलोचना-प्रयास में समाज और इतिहास को 'पंचम वर्ण' की तरह स्वीकार किया गया, वह आलोचना-प्रयास समाज और इतिहास के दबावों से ही उत्पन्न हुआ था; इतना ही नहीं, पूरी कालावधि में इन दबावों के प्रति प्रतिक्रिया या अनुक्रिया चलती रही! निषेध में ही आमन्त्रण होता है।

## (ख)

## अमेरिकी साहित्य और समाज तथा नयी समीक्षा

'नयी समीक्षा' की समयावधि में अमेरिकी समाज का विश्लेषण एक जटिल और विशिष्ट ज्ञानानुशासनापेक्षी प्रक्रिया है। बीसवीं सदी के प्रथम दो-तीन दशकों में जो वैश्विक परिदृश्य बना, उसका प्रभाव-विस्तार आज भी हमारे अनुभव में है। हमारा उद्देश्य यहाँ सामाजिक और राजनीतिक घटनाओं का वर्णन करना नहीं, बल्कि इन घटनाओं के नेपथ्य में निहित विचारधारात्मक प्रत्ययों को पकड़ना तथा उनके विश्लेषण से प्राप्त सूत्रों को आकार देना है।

पहले अध्याय में हमने संक्षेप में यह दिखाया है कि पश्चिम का उदय कैसे हुआ। पुनर्जागरण, भौगोलिक अन्वेषण और वैज्ञानिक प्रगति ने भौतिक रूप से पश्चिम को इतना विस्तार दिया कि शेष विश्व मानो पीछे रह गया। औद्योगिक क्रान्ति ने मुनष्य के रहन-सहन और विचार-पद्धति को अत्यन्त प्रभावित किया। इसी के साथ उपनिवेशवाद और साम्राज्यवाद का खेल प्रारम्भ हो गया। वैज्ञानिक विकास और औद्योगिक विकास के संयोजन ने अधिकांश यूरोप को शेष विश्व की लूट-खसोट में संलग्न कर दिया। अब, ऐसा हर देश विवेक और धर्म-न्याय को ताख पर रखकर अपने लिये उपनिवेश बनाने और उसे लूटने में लग गया। इस प्रक्रिया में पूरे विश्व में असंख्य युद्ध होते रहे। स्वयं यूरोप का वातावरण इतना विषाक्त हो चुका था कि इस शताब्दी के आरम्भ होते ही सम्पूर्ण संसार एक भीषण युद्ध में झोंक दिया गया। प्रथम विश्वयुद्ध उस प्रक्रिया की परिणति के रूप में विश्लेषित होना चाहिए जो पुनर्जागरण के बाद मानव-विकास के नाम पर प्रारम्भ हुई थी। इस प्रक्रिया में विज्ञान, पूँजीवाद, आधुनिकता, साम्राज्यवाद और विकास – सभी एक-दूसरे से गुँथे थे और ऐसा परिदृश्य उत्पन्न करते थे, जो अत्यन्त जटिल और बहुपक्षीय था। इन सभी प्रत्ययों और अवधारणाओं के प्रति सिद्धान्त भी विकसित होते रहे। इस समय विज्ञान और उद्योग की सत्ता थी। सत्ता में दम्भ होता है, दम्भ में उत्पीड़न होता है, उत्पीड़न में हृदयहीनता होती है और हृदयहीनता को एक 'प्रति' चाहिए। साहित्य, विज्ञान और उद्योग का प्रति हो सकता था। अच्छा साहित्य राजनीतिक और भौगोलिक सीमाओं से बँधकर नहीं रह जाता इसलिए इसका चिन्तन सार्वभौम होने की ओर अधिक प्रवृत्त होता है। अतः इस बात से इन्कार नहीं किया जा सकता कि, "अंग्रेज़ी साहित्यिक आलोचना की परम्परा में अर्नाल्ड से लेकर लीविसों तक, विज्ञान के प्रति द्वेष और इसकी वृद्धि से भय एक स्थायी और मूलभूत तत्त्व रहा है।"[14] लेकिन वर्तमान सदी के आरम्भिक दशकों में साहित्य और विज्ञान का विरोध (या विरोधाभास) गहरा चुका था। यदि हम मूल सूत्रों की तरफ़ संकेत करें तो साहित्य बनाम विज्ञान, औद्योगिकीकरण बनाम प्राक् – औद्योगिकीकरण, युद्ध बनाम शान्ति, प्रजातन्त्र बनाम सत्तावाद यदि समाज में चल रहे द्वन्द्व का द्योतक हैं तो साहित्य के भीतर पूर्व समीक्षा-सिद्धान्तों के प्रति असन्तोष, कविता और शब्द के क्षय पर चिन्ता तथा सम्पूर्ण साहित्यिक और कला कर्म की प्रतिष्ठा का प्रश्न, मूल कारक के रूप में विद्यमान थे।

संसार ने जहाँ अभूतपूर्व औद्योगिक उन्नति देखी, वहीं 1929 की मन्दी भी सामने थी। इस उन्नति ने स्वयं उन्नत देशों के समाजों को बुरी तरह विभाजित कर दिया था।[15] अमेरिका में उत्तर-दक्षिण का तनाव बहुत नया नहीं था। एक भयंकर

गृहयुद्ध से निकले अमेरिका को आपसी तनाव कम करने में कई दशक लग गये और पचास वर्षों के बाद ही दक्षिण का कोई व्यक्ति राष्ट्रपति बना।[16] यह स्थिति इतनी असह्य हो गयी कि अमेरिकी समाज में औद्योगिकीकरण से पूर्व की स्थिति का मोह जगने लगा। विज्ञान के व्यामोह और उद्योगों की समृद्धि से अनेक लोगों का मोहभंग हुआ। निर्मला जैन ने जे. वी. क्रच की पुस्तक 'दी मॉडर्न टेम्पर' की चर्चा की है, जिसमें एक ऐसी व्यापक निषेधवादी और निराशावादी मानसिकता का ज़िक्र किया है जिसमें मनुष्य ने अपने को बौद्धिक, नैतिक और आध्यात्मिक सभी क्षेत्रों में व्याप्त एक भ्रामक और विषाक्त वातावरण में भटकते और मार्ग टोहते पाया।[17] मनुष्य पर आये इस संकट और असहायता का जिक्र कई लोगों ने किया है। नीत्शे ने 'जरथुस्त्र ने कहा' (Thus spoke ±rathustra, 1883) में यह घोषणा की थी कि ईश्वर मर गया। ईश्वर के हत्यारे हम हैं, हमने ईश्वर को मार डाला।[18] जो ईश्वर पिछली सदियों में मनुष्य के चिन्तन का केन्द्र था, उसकी घोषित हत्या का आधारभूत परिणाम होना ही था। अतः 1922 में जब इलियट ने 'द वेस्ट लैण्ड' लिखी तो सांस्कृतिक अनुर्वरता की जड़ें गहरा चुकी थीं और ऑशवेल्ड स्पेंगलर ने 'पश्चिम के पतन' की सूचना दी।[19] यह तो एक व्यापक परिदृश्य का संक्षिप्त रूप हुआ। जहाँ तक अमेरिका का प्रश्न है, इसमें कुछ स्थानीय परिप्रेक्ष्य जुड़ते हैं। दक्षिणी अमेरिका सदा से ही कृषिप्रधान और उत्तर की तुलना में कम विकसित क्षेत्र रहा। यह स्थिति गृहयुद्ध के बाद भी बनी रही जबकि इस सम्बन्ध में समरसता के प्रयास भी होते रहे। उत्तरी और दक्षिणी साहित्यकारों में यह अन्तर झलकता था। 20वीं सदी के प्रारम्भिक दशकों में, जब आधुनिकता और औद्योगिकीकरण ने अपने भयावह रूप दिखाने प्रारम्भ किये, तो दक्षिणी क्षेत्र में एक भिन्न किस्म की प्रतिक्रिया हुई। "दक्षिण अमेरिका के वे लेखक जो आधुनिक औद्योगिक सभ्यता के अव्यवस्थित व्यक्तिवाद से खिन्न थे, और जीवन तथा कला दोनों में, एक अपेक्षाकृत अधिक पारम्परिक क़िस्म की व्यवस्था स्थापित करने की आशा रखते थे, दक्षिण की विशेष समस्याओं के प्रति दक्षिणवासियों की तरह प्रतिक्रिया कर रहे थे और उत्तरी औद्योगिक जीवन के प्रति जिसे वे भ्रष्ट गुत्थियों की संज्ञा देते थे, परम्परा और व्यवस्था के दक्षिणी बोध पर बल दे रहे थे।"[20]

जैसा कहा जा चुका है, यह विज्ञान के वर्चस्व का समय था, अतः विज्ञान की बात प्रामाणिक मानी जाती थी। विज्ञान के साम्राज्य में कला को अपने अस्तित्व के लिए संकट का बोध हुआ। इसका कारण सम्भवतः यह था कि कला या साहित्य का ज्ञानात्मक मूल्य सन्देहास्पद हो चुका था। यदि कविता भावों का स्वतःस्फूर्त उच्छलन है और आलोचना, कवि का मर्म-उद्घाटन, तो दो विश्वयुद्धों के बीच के मनुष्य के

लिए इसकी उपयोगिता वास्तव में सन्देहास्पद थी। इसलिए कविता, आचार्य शुक्ल के शब्द लेकर कहें, तो बैठे-ठाले का काम रह गयी। इसलिए कविता के पक्ष में होना और कविता को मनुष्य के लिए आवश्यक सिद्ध करना एक अनिवार्य कर्म था। नये समीक्षकों के लिए यह एक बड़ी चुनौती रही। कविता को कैसे विज्ञान के आक्रमण और इसके प्रश्नों के उत्तर देने योग्य बनायें – इस विषय पर कई लोग अपने-अपने ढंग से सोच रहे थे। धर्म को पहले ही पदच्युत किया जा चुका था, इसलिए मैथ्यू ने धर्म की जगह संस्कृति को रखने की अनुशंसा की थी। लेकिन धर्म या किसी अन्य तत्त्व के अभाव में जिससे कि मनुष्य का जीवन संकेन्द्रित हो पाता, मनुष्य की संवेदनशक्ति पर नकारात्मक प्रभाव पड़ा। रिचर्ड्स ने 'साइन्स ऐण्ड पोएट्री' में इस समस्या पर विचार किया। साहित्य के साथ-साथ दर्शन, संगीत आदि में भी इस द्वन्द्व की आहट सुनी जा सकती है। अपने युग की चिन्ता से सीधे संवाद करने की साफ़ प्रवृत्ति विटगेन्सटाइन (Viennese Ludwing Wittigenstein 1889-1951) और रसेल (Bertrand Russell – 1872-1970) में मिलती है जिन्होंने 'Logical Positivism' विचारधारा की स्थापना की। बाद में यह Rudolf Carnag के नेतृत्ववाले तथाकथित वियेना सर्किल द्वारा विकसित किया गया।

"तार्किक विधेयवाद निर्विवाद रूप से एक वैज्ञानिक दर्शन के रूप में उभरा।"[21] इसका जोर था दर्शन को विज्ञान की भाँति ठोस व स्पष्ट बनाया जाये। मूल्यों और आदर्शों से यह उसी सीमा तक अपने को सम्बद्ध कर पाते थे, जहाँ तक उसे गणित और भौतिकी द्वारा स्पष्ट किया जा सके। इन्होंने दर्शन को एक ऐसे उपकरण-मात्र के रूप में न्यूनीकृत कर दिया, जिसका काम भौतिक जगत् के तथ्यों से साम्य रखनेवाले सत्य को खोजना था।[22] जर्मनी के मैक्सवेबर (1864-1920) ने धर्म को एक सांस्कृतिक शक्ति के रूप में रखना चाहा। स्विस मनोवैज्ञानिक कार्ल युग (1875-1961) ने जो फ्रायड का शिष्य था, धर्म को तत्त्वमीमांसा की एक शाखा मानने की बजाय एक शक्तिशाली सामाजिक और मनोवैज्ञानिक दबाव के रूप में स्वीकार किया। "कला की प्रवृत्तियाँ भी साहित्य की प्रवृत्तियों के समान प्रतीत होती थी।[23] दो विश्वयुद्धों के बीच के काल को इतिहासकारों ने साहित्यिक मोहभंग (Literary disillusion) की संज्ञा दी है।

इस महत्त्वपूर्ण काल की सांस्कृतिक चिन्ता को इलियट बड़े सशक्त ढंग से व्यक्त करते हैं। उन्होंने कहा कि इस युग में मनुष्य की संवेदना विखण्डित हो गयी है। इसके उन्होंने 'Dissociation of sensibility' कहा।[24] 17वीं सदी के अंग्रेज़ आध्यात्मिक कवियों के बारे में लिखते हुए उन्होंने इस धारणा का प्रतिपादन किया। उन कवियों में विचार और अनुभव की एकता है, सम्पूर्णता है, अतः स्तुत्य है। इस

सम्पूर्णता का आधार उनकी आध्यात्मिकता है। इस युग में वही आध्यात्मिकता लुप्त हो गयी है। इसकी पुनर्प्राप्ति ईसाई धर्म में सम्भव है। अर्थात् इलियट ने सम्पूर्णता, आध्यात्मिकता, ईसाई धर्म तीनों का पर्यायवाची प्रत्ययों की तरह प्रयोग किया। कविता में उन्होंने विचार और अनुभव को साथ देखना चाहा। "कुछ शब्दावली के हेर-फेर के बावजूद इलियट अपनी इस बेबाक धारणा पर दृढ़ नज़र आते हैं कि कविता विचार और भाव का संयोजन होती है।"[25] लेकिन रिचर्ड्स के विपरीत इलियट यह मानते थे कि, "कविता हमें नहीं बचा सकती न तो आध्यात्मिक रूप से और न ही आगामी, सामाजिक महाविध्वंस के प्रति कारक के रूप में। दोनों उद्देश्यों के लिए समाज की संस्कृति के केन्द्र में धर्म की एक आधारशिला की अपेक्षा की गयी।... इलियट के मतानुसार रिचर्ड्स के विचार न केवल धर्म के लिए बल्कि कविता के लिए भी क्षतिकारक थे।"[26] इलियट ने अपने सिद्धान्तों द्वारा ख़ासतौर पर निर्वैयक्तिकता तथा स्वायत्तता के आग्रहों के साथ, कविता को विज्ञान की ओर से आनेवाले प्रश्नों का सामना करने योग्य बनाने के प्रयास किये; रिचर्ड्स के समञ्जन सिद्धान्त और भाषा के दो प्रयोगों में भी यही धारणा निहित थी। इनका विस्तार नये समीक्षकों में मिलता है। युग की सांस्कृतिक चिन्ताओं और कविता के प्रति दृष्टिकोण की जो प्रवृत्ति इलियट या रिचर्ड्स में पनपी थी, नये समीक्षकों में और फली-फूली। एलेन टेट इलियट के संवेदन विखण्डनवाले सिद्धान्त से प्रभावित थे।

नये समीक्षकों का दृष्टिकोण 'दी फ्यूजिटिव' में ही उभरने लगा था। इस पत्रिका की स्थापना जॉन को रैन्सम तथा एलेन टेट ने 1922 में की और 1922 से 1925 तक संयुक्त रूप से इसका सम्पादन किया। नये समीक्षकों का अपने युग की समस्याओं के प्रति जो रुख था, उसे प्रतिक्रियावादी कहा गया, इसकी विस्तार से चर्चा अगले पृष्ठों में होगी। जहाँ तक सामाजिक सरोकारों का प्रश्न है, जॉन फेकेट ने इस समीक्षा-सिद्धान्त को 'बूर्जुआ वैज्ञानिक रूपवाद' कहा तो उनके मन में यह तर्क है कि इस पद्धति को वैज्ञानिक और सुव्यवस्थित बनाने के साथ-साथ कुछ चुने हुए विशिष्ट लोगों के लिए निश्चित किया गया जो विश्वविद्यालयों से जुड़े थे।[27] एफ.आर. लीविस एक अल्पसंख्यक, विशिष्ट तथा चयनित लोगों के पक्षधर थे और भीड़ से कुछ आशा नहीं रखते थे।[28] 1930 में 'मास सिविलाइजेशन ऐण्ड माइनोरिटी कल्चर' प्रकाशित हुई जिसमें अपने समय की समस्याओं को अच्छे ढंग से उभारा गया था। इसमें 'अल्पसंख्यक संस्कृति' के पक्ष में तर्क है जिसका पोषण एक बौद्धिक अभिजात वर्ग करता है। इस अभियान में 'स्क्रूटनी' की भूमिका महत्त्वपूर्ण रही जिसका प्रकाशन 21 वर्षों तक होता रह।[29] लीविस यह मानते थे कि संस्कृति सदा से ही एक विशिष्ट समूह द्वारा संरक्षित होती रही है। "यदि साहित्य को

मानविकी में अपना स्थान बनाये रखना है, और मात्र एक शैक्षिक अनुशासन के रूप में सिमट नहीं जाना है... तो कविता और सभी रचनात्मक लेखन को पढ़ने का सही लक्ष्य होना चाहिए – एक बहुसंख्यक संस्कृति (या कि सुसंस्कृत बहुसंख्यक) का निर्माण।[30]

जैसा कि संकेत किया गया है, अपने समाज और संस्कृति की भीषणताओं के प्रति, नये समीक्षकों ने जो समाधानपरक पहल की, उसमें एक बुनियादी कमी थी। इसके अलावा इतिहास के प्रति उनका रुख़ तार्किक नहीं था। क्रीस बाल्डिक ने एक दिलचस्प तथ्य दिया है। वे कहते हैं – "रिचर्ड्स और एफ. आर. लीविस दोनों ने अभिधा में इतिहास से नाता तोड़ा। दोनों प्रारम्भिक रूप से कैम्ब्रिज में इतिहास के छात्र थे और दोनों ने पढ़ाई बन्द कर दी। रिचर्ड्स नैतिक विज्ञान की ओर गये और लीविस अंग्रेज़ी की ओर। रिचर्ड्स ने बाद में याद किया कि इस परिवर्तन के प्रति उनका उद्देश्य यह था कि वे "इतिहास को सहन न कर सके।"[31] हम जानते हैं कि रिचर्ड्स ने अपने साहित्यिक विमर्श में इतिहास को जगह न दी। यही हाल कमोबेश नये समीक्षकों का रहा। सामाजिक समस्याओं को ठोस समाधान देने में उनकी असफलता इस तथ्य में भी निहित है कि वह समाज को पूरी तरह समझने में असफल रहे। "इलियट और रिचर्ड्स दोनों समाज के बारे में अपेक्षाकृत सरल मॉडल रखते थे। उनका समाज अव्यवस्थित रूप से आत्मकेन्द्रित 'विशाल रेंगते हुए जनसमुदाय' और किसी समय 'आधे दर्जन पुरुषों' और कभी 'लन्दन में या कहीं भी लगभग तीन हज़ार लोगों' से बने मानवजाति के सुसंस्कृत हरावलों, में विभाजित था।"[32] इस सरल और कहें कि सतही सामाजिक पर्यवेक्षण का परिणाम अनपेक्षित नहीं था।

1930 में रैन्सम ने अपनी पुस्तक 'दी गॉड विदाउट थण्डर' प्रकाशित करायी। इसमें 'नयी समीक्षा' की वैचारिकता और व्यावहारिक प्रविधि का आधार मिलता है। रैन्सम ने औद्योगिक आक्रामकता के विरुद्ध प्राक्-औद्योगिक स्थिति को प्राथमिकता दी। वर्तमान औद्योगिक सभ्यता में विज्ञान सब-कुछ प्रामाणिक ज्ञान के साथ प्रकाशित करने का दावा करता था। लेकिन इन चिन्तकों ने दिखाया कि विज्ञान खण्डित सत्य का प्रतिपादन करता है; यह केवल ज्ञान की एक शाखा भर है और इस संसार में ऐसे कई पक्ष और प्रत्यय हैं जिनका ज्ञान या प्रबोध विज्ञान की प्रणाली से सम्भव नहीं है।[33] वैज्ञानिक औद्योगिक सभ्यता में ज्ञान को जिस प्रकार और जिस दृष्टि से प्रकाशित किया जा रहा है, वह न तो पर्याप्त है, न मनुष्य की चेतना की सम्पूर्णता को प्राप्त करने में सहायक ही है। अतः हमें ऐसे ज्ञान या प्रबोध की आवश्यकता है जो सम्पूर्ण हों, जिससे मनुष्य की चेतना सम्पूर्णता में निर्मित हो और

औद्योगिक सभ्यता के विखण्डन और स्वार्थ से मुक्ति मिले। कविता इस सम्पूर्णता के उत्तरदायित्व का वहन कर सकती है। इसलिए विचारकों ने कविता की सम्पूर्ण, अविभाज्य, एकीकृत और विशिष्ट सत्ता पर बल दिया। यह विशिष्टता कविता के रूप में या मूर्त विधान में है। इसी विशिष्टता के कारण कविता एक समग्रता का निर्वहन कर पाती है। इसी समग्रता को कविता, विज्ञान से भिन्न प्रविधि के माध्यम से प्राप्त करती है। इस प्रकार वह विज्ञान के कारण हुई क्षति और विज्ञान की अक्षमता से उत्पन्न अभाव, दोनों की पूर्ति कर पाती है। यही समय की ज़रूरत थी।

अगले पृष्ठों में हम उन विचारकों का परिचय प्राप्त करेंगे जिन्होंने इस समयावधि में अपनी भूमिका निभायी। यह परिचय वर्णनात्मक होते हुए भी आलोचकों की पृष्ठभूमि और विचारभूमि को स्पष्ट करेगा।

## (ग)

## प्रमुख आलोचक

यदि 'नयी समीक्षा' में इसके सूत्रधारों को भी गिन लिया जाये तो कहना पड़ेगा कि इतने प्रतिभावान् आलोचक एक साथ किसी भी साहित्य-आन्दोलन में सक्रिय नहीं रहे। जॉन हॉलावे ने 1930 से 1960 के बीच की अवधि को 'साहित्यिक आलोचना में क्रान्ति' का युग कहा है।[34] इस अध्याय में प्रमुख आलोचकों से परिचय प्राप्त करने का उद्यम है। इसका श्रीगणेश इलियट से करना श्रेयस्कर है। इलियट ने परम्परा और समकालीन विमर्श से भी कई तत्त्वों को ग्रहण कर 'नयी समीक्षा' को सूत्र दिये।

**टी. एस. इलियट (1885-1965)** – इतिहासकारों ने इलियट को 'युग की मनःस्थिति' (The general mood of the era) को व्यक्त करनेवाला कहा है।[35] राजनीति में राजतन्त्रवादी, धर्म में कैथोलिक और साहित्य में क्लासिक रुचि के इलियट ने जन्म से अमेरिकी होने के बावजूद 1927 में ब्रिटेन की नागरिकता ग्रहण कर ली थी। उच्चकोटि के कवि और आलोचक-चिन्तक होने के कारण उनका प्रभाव व्यापक था और उन्होंने साहित्य तथा साहित्य-सिद्धान्तों की पूर्ववर्ती प्रवृत्तियों से अलग नितान्त नया प्रस्थान-बिन्दु निर्मित किया। अपने निबन्ध 'परम्परा और वैयक्तिक प्रतिभा' में उन्होंने कविता की निर्वैयक्तिकता की धारणा निर्मित की। इसमें उन्होंने प्रतिपादित किया कि आलोचना और आस्वादन दोनों का लक्ष्य कविता है। कविता आत्माभिव्यक्ति नहीं, आत्म से पलायन है, अच्छी कविता निर्वैयक्तिक

होती है। इस निबन्ध के बाद साहित्य और परम्परा पर नये ढंग से बहस आरम्भ हो गयी। किसी लेखक को बड़ा बनने के लिए परम्परा को स्वयं में रचाना-बसाना पड़ता है और उस परम्परा में ही स्थान-निर्धारण सम्भव हो सकता है। इलियट विश्लेषण और तुलना, दो उपकरण अपरिहार्य रूप से स्वीकार करते हैं। अपने एक और निबन्ध 'Hemlet and His Problems' में उन्होंने 'ऑब्जेक्टिव को रिलेटिव' का सिद्धान्त दिया। कृति में मूर्तिविधान और वस्तुनिष्ठता पर उनका बल आनेवाले समीक्षा-आन्दोलन के लिए प्रेरणा-स्रोत सिद्ध हुआ। 1935 में प्रकाशित धर्म और साहित्य (Religion and Literature) में उन्होंने अन्य कई प्रस्थान-बिन्दु दिये जिसमें से धर्म और आस्था के तत्त्व का प्रभाव नये समीक्षकों पर पड़ा। ईसाई धर्म की प्रशस्ति और साहित्य के विवेचन को उत्कृष्ट पथ से ईसाई नैतिकता व आस्था की ओर ले जाने की, इलियट ने जो सफल कोशिश की, उसका भी नये समीक्षकों पर प्रभाव पड़ा। 17वीं सदी के कवियों के विवेचन क्रम में इलियट ने संवेदना विखण्डन की बात की थी। इसे अपने युग की सबसे बड़ी समस्या बताया। अपनी कविता 'द वेस्ट लैण्ड' में उन्होंने अपने युग की मार्मिक अभिव्यक्ति की। इस सांस्कृतिक-विमर्श ने बाद की समीक्षकों को विशेषतः एलेन टेट को प्रभावित किया।

'नयी समीक्षा' का सूत्र प्रदान करनेवाले इलियट ने स्वयं को नया समीक्षक नहीं कहा और बाद में इसकी आलोचना भी की। इस अध्याय के अन्त में इलियट की इस भूमिका पर भी कुछ चर्चा होगी।

**आइ. ए. रिचर्डस** – कविता को एक नये रूप और विशिष्टता में स्वीकार करने की जो प्रवृत्ति इलियट ने दिखायी थी, रिचर्ड्स ने उनका प्रयोग किया और व्यवहार में परिणत किया। एक-सी सांस्कृतिक और युगीन चिन्ताओं से ग्रस्त ये दो आलोचक एक-दूसरे से अनजान रहकर भी, एक-से समाधान की ओर प्रवृत्त थे। एक प्रवृत्ति या लेखक का दूसरे पर प्रभाव ढूँढ़कर अध्ययन करने की रीति पर यह तथ्य एक प्रश्नचिह्न खड़ा करता है। ब्रिटेन के कैम्ब्रिज विश्वविद्यालय में रिचर्ड्स ने छात्रों पर कई प्रयोग किये। वे मूलतः नीतिशास्त्र और मनोविज्ञान से सम्बद्ध थे, साहित्य में उनका आगमन परिणाम की दृष्टि से सामान्य नहीं हो सकता था। "वे 'नयी समीक्षा' के सबसे प्रबल सिद्धान्तशास्त्री थे जिन्होंने आलोचना को वह सैद्धान्तिक आधार दिया जिस पर बाद में भाषिक विश्लेषण की प्रविधि का निर्माण किया गया।[36] वे आगे कहते हैं कि पाठक पर पड़नेवाले प्रभाव तथा मूल्य और काव्यभाषा की विशिष्ट प्रकृति, इन दो बातों को ध्यान में रखकर उन्होंने काव्य-सिद्धान्तों को परखा। सी. के. ऑग्डन और जेम्स वुड के साथ मिलकर लिखी पहली 'द फाउण्डेशन ऑफ एस्थेटिक्स' (1922) में रिचर्ड्स ने सौन्दर्य की अलग ढंग से परिभाषा दी

जिसका सम्बन्ध सहृदय के ऊपर पड़नेवाले प्रभाव से है। कविता की अनुभूति और जीवन की अनुभूति में कोई अन्तर न मानते हुए उन्होंने स्वच्छन्दतावाद और रहस्यवाद से कविता को बचाया। कविता हमारे मन की परस्पर विरोधी चित्तप्रवृत्तियों का सामंजस्य स्थापित करती है। इसकी दो विधियाँ हैं – अपवर्जी व अन्तर्वेशी। रिचर्ड्स ने उत्कृष्ट कवियों के लिए विडम्बना को अनिवार्य माना था। नये समीक्षकों ने यह तत्त्व ग्रहण किया। ऑग्डन के साथ एक और प्रसिद्ध पुस्तक 'मीनिंग ऑफ मीनिंग' (1923) में अर्थविज्ञान का आधारभूत विकास मिलता है जिसमें शब्द और अर्थ की व्यंजनाओं के कई रूप मिलते हैं। 'द प्रिन्सिपल्स ऑफ़ लिट्रेरी क्रिटिसिज़्म' (1924) में भाषा का रागात्मक प्रयोग पर बल दिया गया। इसी रागात्मकता का कविता में प्रयोग होता है। "रिचर्ड्स ने विज्ञान तथा अन्य सूचनात्मक लेखन से सम्बद्ध सन्दर्भगत अर्थ (Referential meaning) और कविता से सम्बन्ध रखनेवाले रागात्मक अर्थ (Emotive meaning) के बीच अन्तर किया और इसका प्रकार्य यह बताया कि यह तथ्यों और विचारों का सम्प्रेषण नहीं करता बल्कि चेतना की एक मूल्यवान् स्थिति का सम्प्रेषण करता है।"[37] इन्होंने विज्ञान और कविता की भाषा में साफ़-साफ़ अन्तर किया। कवि और उसके बाद समीक्षक का सम्बन्ध भाषा के दूसरे प्रयोग, रागात्मक प्रयोग से होता है। इस धारणा को उन्होंने 1936 में प्रकाशित 'द फिलॉसफी ऑफ रेटॉरिक' में परिष्कृत किया। साइन्स ऐण्ड पोएट्री (1926) में इन्होंने कहा कि कविता वैज्ञानिक और इतिहासपरक तथ्यों से वास्ता नहीं रखती, कविता तो 'छद्म कथन' (Pseudostatement) है। यह छद्म कथन रागात्मक अर्थ को द्योतित करता है। 'प्रैक्टिकल क्रिटिसिज़्म' (1929) में रिचर्ड्स ने अपने प्रयोगों का विवरण देते हुए निष्कर्ष निकाले हैं। ये प्रयोग उन्होंने कैम्ब्रिज में अपने छात्रों पर किये और शिक्षा तथा पठन-पाठन की स्थति में सुधार के सुझाव, पाठ-प्रक्रिया में आनेवाली बाधाएँ और सामान्य भूलों का विवरण दिया। 'प्रैक्टिकल क्रिटिसिज़्म' में ही वे आलोचना की दस बाधाएँ गिनाते हैं।[38] कविता के पूरे अर्थ के लिए संरचना के विभिन्न तत्त्वों को सन्दर्भ सहित विश्लेषित करने पर उनका ज़ोर था।

रिचर्ड्स ने 'नयी समीक्षा' को सर्वाधिक प्रभावित किया। इनकी पद्धति का समीक्षकों ने स्वागत किया। "भाषा की सूक्ष्म विवृत्तियों में पैठकर उसकी अर्थच्छटाओं का उद्‌घाटन करने के लिए घनिष्ठ पाठ की जो समृद्ध पद्धति सामने आयी, उसके जनक रिचर्ड्स ही माने जायेंगे।"[39]

**जॉन क्रो रैन्सम** (John Crow Ransom – 1888-1974)[40] – टेनिसी (Tennessee) में जन्में, वेण्डरबिट विश्वविद्यालय से 1909 में स्नातक रैन्सम ने ऑक्सफोर्ड में गणित और शास्त्रीय साहित्य का अध्ययन किया जहाँ वे 1910 से

1913 के बीच रोड्स स्कॉलर रहे। प्रथम विश्वयुद्ध के समय दो वर्षों तक वे संयुक्त राज्य अमेरिका की सेना में रहे। 1914 में वे वेडरबिट से जुड़े तथा 1927 से 1937 तक अंग्रेज़ी के प्रोफ़ेसर रहे। 1937 से केन्योन कॉलेज में कार्नेज़ी प्रोफ़ेसर ऑफ पोएट्री के रूप में कार्य किया।

रैन्सम उन दक्षिणी लेखकों में एक हैं जिन्होंने अपने समकालीनों को क्षेत्रवाद की चेतना से अवगत किया। वे 'फ्यूजीटिव' के संस्थापक और सम्पादक (1922-25) रहे तथा 1938 में केन्योन रिव्यु की स्थापना की और कविता तथा साहित्यिक आलोचना दोनों का प्रकाशन करते रहे। रैन्सम के आलोचना-सिद्धान्तों का विकास इस पूर्वधारणा के साथ हुआ है कि साहित्य नीति-निर्णय से परे होता है और इस आधार पर परम्परागत आलोचना से उनका वैर चर्चा का विषय रहा। फिर भी, उन्होंने दावा किया कि कविता स्वयं में एक सम्पूर्ण अनुभव है और इसलिए उसमें नैतिक तथा सौन्दर्यपरक दोनों तरह की अनुभूतियों का अवकाश होता है। एक ओर वे उन आलोचकों से जूझते हैं जो कविता को नैतिकता के प्रतिमानों से जाँचते हैं तो दूसरी ओर यह सिद्ध करते हैं कि कविता बौद्धिक, सैद्धान्तिक और वस्तुनिष्ठ होती है। रैन्सम का कविता-सम्बन्धी दार्शनिक पक्ष उनकी अनुभव की सम्पूर्णता की धारणा पर आधारित है, रैन्सम 'नयी समीक्षा' के सर्वाधिक निष्ठावान् आलोचकों में हैं। ''केन्योन रिव्यू, 'द केन्योन रिव्यू फेलोशिप' और 'द केन्योन स्कूल ऑफ इंग्लिश' के साथ पूरे केन्योन कॉलेज-परिसर ने रैन्सम के निर्णायक प्रभाव के अधीन एक शक्तिशाली और वर्धमान साहित्यिक आन्दोलन के प्रयासों को स्पष्ट करने में केन्द्रीय आधार का काम किया।''[41] जॉन फेकेट ने 'नयी समीक्षा' की नवीनता पर लिखते हुए रैन्सम के बारे में यह कहा है कि उनमें विज्ञान के प्रति अपेक्षाकृत अलग दृष्टि मिलती है। फेकेट ने रैन्सम की पुस्तक (New criticism) से उद्धरण देते हुए दिखाया है कि रैन्सम ज्ञान के दोनों पक्षों अर्थात् वैज्ञानिक और सौन्दर्यशास्त्रीय में टकराव नहीं सामंजस्य की आवश्यकता बताते हैं। यद्यपि वे मानते हैं कि इस कविता संसार के बारे में विज्ञान से अधिक बताती है लेकिन यह सत्य विज्ञान के प्रति वैमनस्य नहीं प्रकट करता है न व्यावहारिक संरचना के प्रति घातक है।[42]

रैन्सम की पुस्तक 'द वर्ड्स बॉडी' '' 'नयी समीक्षा' के पक्षों को स्पष्ट रूप देने में सहायता करती है। कविता बच्चों का खेल नहीं है न मन की रंगीन कल्पना है बल्कि 'एक वयस्क मस्तिष्क का कार्य है।''[43] इस पुस्तक की प्रस्तावना में रैन्सम ने यह बताने की पहल की है कि कविता क्या नहीं है। इसके लिए उन्होंने एक कविता की चार पंक्तियाँ दी हैं[44] जिन्हें वे रोमाण्टिक और हृदयाभिलाष की कविता कहते हैं। इसमें व्यक्त भावों को वे यथार्थ से दूर और मानसिक रुग्णता की स्थिति की

ओर संकेत करनेवाले ऐसे कवि को मानसिक चिकित्सा के योग्य बताते हैं। रैन्सम मानते हैं कि संसार की पूर्णता और भौतिकता के समान कविता की पूर्णता और भौतिकता होती है। वे लिखते हैं कि, ''यह (कविता) केवल संसार को अनुभव करना चाहती है, इसे बेहतर देखना चाहती है। कविता एक प्रकार का ज्ञान है जिसके द्वारा हमें उन चीजों को अवश्य जानना चाहिए या जान सकते हैं जिन्हें किसी अन्य तरह से जाना नहीं जा सकता।''[45] रैन्सम ने बहुत ही महत्त्वपूर्ण वाक्य लिखा है – ''लोग कवि होते हैं या कम-से-कम वे कवियों को पढ़ते हैं ताकि शुष्क व्यावहारिक और शुष्क सैद्धान्तिक वैज्ञानिक होने की क्षतिपूर्ति (या प्रायश्चित्त भी) कर सकें।''[46] अपने एक महत्त्वपूर्ण लेख में जो प्रथमतः 'येल रिव्यू' में 1935 में प्रकाशित हुआ और बाद में 'द वर्ड्स बॉडी' में संकलित हुआ, रैन्सम कहते हैं कि, ''आधुनिक कविता शुद्ध कविता है। इसके पीछे जो प्रेरणाशक्ति है, उसे अन्य आधुनिक गतिविधियों के पीछे निहित प्रेरणाशक्ति से अलग नहीं माना जा सकता जो हमारे आधुनिकतावाद्द के लिए निश्चित तौर पर एक प्रेरक बल है।''[47] इसके बाद वे आधुनिकता को अपने समय की प्रमुख प्रवृत्ति बताकर अन्य युगों से अलगाव दर्शाते हैं तथा धर्म, नैतिकता, राजनीति, व्यापार आदि पर चर्चा करते हैं।

रैन्सम के विचारों में विकास होता रहा है। 'द वर्ड्स बॉडी' में रैन्सम ने 'पोस्ट स्क्रिप्ट' नामक अध्याय में इस बात पर गहरा दुःख व्यक्त किया है कि पहले लिखे दो आलेखों में उन्होंने आलोचनात्मक अविवेक का परिचय दिया।[48] अपनी भूल को स्वीकारते हुए रैन्सम ने सम्पूर्ण आलोचनात्मक सम्मान के साथ Postscript नामक लम्बा अध्याय लिखा और कहा कि–''इन सम्मानित व्यक्तियों (इलियट और शेक्सपियर) की प्रतिष्ठा के साथ अब मैं न्याय कर सकता हूँ तथा उनके प्रति किये गये अनादर की जगह सर्वोत्कृष्ट जयपत्रों से उनका अभिषेक कर सकता हूँ।[49] रैन्सम के विचारों में विकास को जॉन फेकेट ने विस्तार से दिखाया है।[50] कृषक आन्दोलन के समय रैन्सम के जो विचार थे, उनमें 'नयी समीक्षा' की अवधि में परिवर्तन आये। कभी-कभी विरोधी परिवर्तन भी हुए। फेकेट ने सोदाहरण इसे दिखाया है।

जॉन फेकेट ने ठीक लिखा कि, ''विश्व की शारीरिकता का यह सौन्दर्यशास्त्रीय ज्ञान ही न केवल रैन्सम के लेखन का बल्कि समग्रत 'नयी समीक्षा' का केन्द्रीय और सर्वाधिक प्रभावकारी प्रमेय हो जाता है।''[51] और रिचर्ड्स फॉस्टर ने तो रैन्सम को Philosopher General to the New Criticism कहा है।[52]

**एलेन टेट (Allen Tate - 1899-1979)** – 'द वर्ड्स बॉडी' के आभार में रैन्सम ने सिर्फ़ एलेन टेट को नाम लेकर याद किया है।[53] कविता-सम्बन्धी विमर्श

में वे टेट के साथ की गयी बहसों को याद करते हैं। एलेन टेट एक महत्त्वपूर्ण कवि भी थे और यही कारण है कि उनकी समीक्षा में एक विशेष प्रकार की रचनात्मकता मिलती है। टेट दक्षिणी समीक्षकों के वर्ग से थे, रैन्सम के शिष्य थे। इनका प्रारम्भिक उभार इलियट की कविता 'दी वेस्टलैण्ड' के समर्थन में देखा गया। 1923 में वे इलियट के पक्षधर होकर उभरे और जैसा कि कहा जा चुका है, 'संवेदन विखण्डन' का सिद्धान्त उन्हें इतना सटीक लगा कि अपने युग की सांस्कृतिक हलचल को विश्लेषित करने का उन्हें सही पैमाना मिल गया। इस प्रकार रैन्सम और इलियट के मिले-जुले प्रभावों से इनका निर्माण हुआ। वे 'निर्वैयक्तिक विचारक और निस्संग समीक्षक नहीं हैं। उनके आलोचनात्मक निबन्धों में वैयक्तिकता के साथ ही अनुचिन्तन का स्वर है और अधिकांश निबन्ध किसी पूर्वनिर्मित सिद्धान्त की व्याख्या करने के स्थान पर अपने-आपसे बहस करते हुए मुखर चिन्तन का रूप ग्रहण कर लेते हैं।''[54] रेने वेलेक ने टेट को नये समीक्षकों में सर्वाधिक वागविदग्ध और तीक्ष्ण कहा है।[55] साथ ही सामाजिक और धार्मिक चिन्ताओं से टेट कविता को जोड़ते हैं – ''सभी साहित्यों का एक सामाजिक, नैतिक या धार्मिक लक्ष्य होता है।''[56] टेट इलियट को जीवित व्यक्तियों में सर्वाधिक मेधावी, ब्लैकमर को संयुक्त राज्य में कविता का सर्वश्रेष्ठ पाठक और क्रेन को अमेरिकी कवियों की पहली पंक्ति के योग्य मानते थे।[57]

'टेट ने 'मिस एमिली ऐण्ड द बिबलियोग्राफर' (1940) नामक एक व्याख्यान में उन प्रयासों की व्यर्थता का खुलासा किया है कि कैसे विज्ञान के अनुकरण में उन प्रभावों को खोजने की चेष्टा हो रही है, जो शक्तियों, कारण और प्रभाव जैसे कारकों में या विकास और वृद्धि की जैविक अनुरूपताओं में निहित होते हैं और कैसे मनोविज्ञान, अर्थशास्त्र और समाजशास्त्र को साहित्य में घुसेड़ा जा रहा है।''[58] टेट कहते हैं कि ये सब आलोचना की मौलिकता को धूमिल कर देते हैं। 'रीजन इन मैडनेस' में टेट ने औद्योगिक सभ्यता की निन्दा की है, मनुष्य के आर्थिक पुतले में रूपान्तरित हो जाने पर दुःख व्यक्त किया है और सारतः मनुष्यता पर खड़े संकट को शब्द दिये हैं। एलेन टेट के निबन्ध तीन संग्रहों में उपलब्ध हैं – रीजन इन मैडनेस (1941), ऑन द लिमिट्स ऑफ पोएट्री (1949) तथा 'दो फार्लोन डेमन' (1953)। टेट की सर्वाधिक प्रसिद्ध अवधारणा तनाव की है, जिसकी व्याख्या आगे की जायेगी।

**रिचर्ड पामर ब्लैकमर (Rechard Palmer Blackmur) (1904-1965)** – स्प्रिंगफील्ड मेसाचुसेट्स में जन्में, न्यूजर्सी में प्रिन्सटन के निवासी ब्लैकमर एक स्वतन्त्र लेखक, आलोचक और कवि थे। 1940 में उन्होंने प्रिन्सटन में कार्यभार

सम्हाला तथा 1951 में अंग्रेज़ी के आचार्य हुए। 'इन्स्टीट्यूट ऑफ एडवान्स स्टडी' के सदस्य (1944-45) तथा गुडेगेनहेम फेलो ब्लैकमर ने कविता तथा आलोचना के कई खण्ड प्रकाशित किये। इनकी आलोचना का जन्म भाषा-सम्बन्धी अन्वेषण की इनकी असाधारण क्षमता से हुआ। यद्यपि इन्होंने व्यापक आलोचनात्मक व्यवस्था से युक्त कोई ग्रन्थ नहीं लिखा, लेकिन अन्य लेखकों की रचनाओं का जो मूल्यांकन उन्होंने किया, उससे स्पष्ट होता है कि रचनात्मक लेखन में कथ्य और तकनीक की अविभाज्यता में वे विश्वास रखते थे। ब्लैकमर मानते थे कि किसी कविता की सफलता इस बात में है कि किस स्तर तक इसकी भाषा इसके कथ्य की प्रस्तुति करती है। आलोचक का यह अपरिहार्य दायित्व है कि वह किसी भी प्रकार के ऐसे ज्ञान का अर्जन और उपयोग करे, जो कविता के लिए अपेक्षित है। ब्लैकमर की आलोचना का स्वरूप भाषिक शोध से पूरा होता है। इसमें उन्होंने स्रोतों का सारगर्भित और प्रायः थका देनेवाला विश्लेषण, शब्दों के प्रयोग व उनकी बारम्बारता तथा व्यवस्था जिसमें वे प्रयुक्त हुए हैं, आदि का शोधपरक अध्ययन किया। इनका सर्वाधिक महत्त्वपूर्ण लेख लैंग्वेज ऐज जेस्चर' है जो 1942 में प्रिन्सटन में व्याख्यान देने के लिए लिखा गया। प्रथमतः यह 1943 में 'Accent' में प्रकाशित हुआ और फिर 1952 में इसी नाम से कविता सम्बन्धी उनके अध्ययन को प्रस्तुत करनेवाली एक पुस्तक में हुआ।

ब्लैकमर ने व्यक्तिगत रूप से रिचर्ड्स की प्रशंसा की कि वे एक सज्जन पुरुष और काव्यप्रेमी हैं। लेकिन 'वे एक साहित्यिक आलोचक के रूप में एकदम नहीं सराहे जाने चाहिए।[59] ब्लैकमर पर सर्वाधिक प्रभाव इलियट का था। कविता की स्वायत्तता निर्वैयक्तिकता तथा आस्वाद सम्बन्धी कई प्रभावों को ग्रहण करने के साथ ही उनकी धर्मनिष्ठा का अस्वीकार ब्लैकमर से ही सम्भव हो सका। उन्होंने लिखा – "हम उनका अनुसरण नहीं कर सकते।"[60] दक्षिणी लेखकों में वे केवल टेट से सहानुभूति रखते थे। रैन्सम, ब्रुक्स आदि से वे गहरे मतभेद रखते थे। 'प्रतीकवाद' इनके विचार के केन्द्र में था और आलोचना को विज्ञान बनाने के किसी भी प्रयास को वे व्यर्थ मानते थे। बाद में वे धर्म को सौन्दर्यशास्त्रीय अनुभूति के रूप में अनुशंसित करते हैं तथा आनेवाले वर्षों में धीरे-धीरे 'नयी समीक्षा' से वे कटते गये।

**क्लीन्थ ब्रुक्स (Cleanth Brooks - 1906)**[61] – दक्षिणी आलोचक ब्रुक्स रैन्सम के शिष्य थे। घनिष्ठ पाठ तथा विडम्बना और विरोधाभास की युक्तियों के लिए ब्रुक्स चर्चा में रहे। रेने वेलेक ने इन्हें 'आलोचकों का आलोचक' – कहा है।[62] ब्रुक्स का योगदान इसी तथ्य से आकलित किया जा सकता है कि 'नयी समीक्षा' के विरुद्ध आक्रमणों का मुख्य लक्ष्य इन्हीं को बनाया गया। उनके सर्वाधिक ज्ञात ग्रन्थ

(The Well-Wrought Urn - 1947) के शीर्षक को लेकर आलोचना की गयी कि इसमें कविता को एक कृत्रिम वस्तु या निर्जीव प्रतिमा बना दिया गया है।

ब्रुक्स यथार्थ को सामाजिक यथार्थ और इतिहास से जोड़ते हैं। दक्षिणी लेखकों में ब्रुक्स ही हैं जो कविता को इतिहास से जोड़ पाते हैं। उनका पहला पुस्तकाकार प्रकाशन 'द एप्रोच टू लिटरेचर' तथा अण्डरस्टैण्डिंग पोएट्री' – (1938) पाठ्यपुस्तकों के रूप में थे जिन्होंने एक धीमी शुरुआत के बाद अमेरिकी महाविद्यालयों में अंग्रेज़ी-अध्यापन में क्रान्ति ला दी थी। निबन्धों की पहली पुस्तक Modern poetry and Tradition- (1939) ने अंग्रेज़ी कविता के इतिहास में एक मूलभूत परिवर्तन की पहल की। 'Notes for a Revised History of English Poetry' नामक अध्याय में ब्रुक्स ने लगभग इलियट की अभिरुचि से मेल रखते हुए अंग्रेज़ी कविता के इतिहास की रूपरेखा प्रस्तुत की। ब्रुक्स ने कहा कि अच्छी कविता एक सम्पूर्णता होती है, सन्दर्भात्मक अन्विति होती है और एक समग्रता होती है। अतः इसे गद्यात्मक कथ्य के रूप में न्यूनान्तरित करना 'अन्वयार्थ का अपधर्म' है।

अन्य आलोचकों के बारे में उनकी आलोचना अपने पक्ष को स्पष्ट करने के प्रयास के रूप में देखी जानी चाहिए। वे एक खुले दिमाग के, पाठोन्मुख और विचारों के सजग परीक्षक आलोचक हैं। रैन्सम ने अरस्तू को कविता के क्षेत्र में कोई बहुत महत्त्व नहीं दिया था, ब्रुक्स ने भी यही धारणा व्यक्त की। ब्रुक्स आदर्शवादी नहीं हैं। इलियट उनकी प्रशंसा के सर्वाधिक योग्य हैं। एक कवि, संस्कृति-चिन्तक और साहित्य-आलोचक के रूप में इलियट के कविता-सम्बन्धी धारणा ने ब्रुक्स का निर्माण किया होगा। रिचर्ड्स के प्रिन्सिपल्स ऑफ लिटरेरी क्रिटिसिज़्म' को ब्रुक्स ने कम-से-कम 15 बार पढ़ा होगा। वे मानते थे कि इलियट और रिचर्ड्स की कविता सम्बन्धी अवधारणाओं में कोई मूलभूत अन्तर नहीं है।

एक कवि और आलोचक के रूप में अपने अध्यापक रैन्सम की प्रशंसा करते हुए भी विरोधाभास और विडम्बना को कविता में बहुत महत्त्वपूर्ण न मानने के कारण उनकी आलोचना भी करते हैं। टेट से ब्रुक्स की बहुत छनती थी, दोनों मानते थे कि कविता सम्पूर्ण ज्ञान है। बर्क के बारे में उन्होंने कम लिखा और ब्लैकमर के 'भंगिमा सिद्धान्त' से काफ़ी कुछ सहमत थे। वे विण्टर्स की नैतिकता सम्बन्धी अवधारणा के कारण प्रशंसा करते हैं और विल्बर अर्बन के 'लैंग्वेज ऐण्ड रियल्टी' से काफ़ी प्रभावित दिखते हैं। इलियट के अलावा यीट्स और ऑडेन को कवि के रूप में उन्होंने बहुत महत्त्वपूर्ण माना। फॉकनर पर लिखित पुस्तकों को छोड़कर अपनी प्रत्येक पुस्तक में ब्रुक्स ने यीट्स पर एक अध्याय लिखा है। रेने वेलेक ने ब्रुक्स पर रूपवादी होने का आरोप लगाने से इन्कार कर दिया है। यदि कला और सामान्य

वक्तव्य के बीच अन्तर करना, सौन्दर्यपरक तथ्यों को ग्रहण करना, कला और प्रचार के अन्तर को समझना, रूपवाद है, तब वे रूपवादी हो सकते हैं। अपने प्रिय कवि यीट्स के विचार की व्याख्या करते हुए उन्होंने लिखा कि कविता के माध्यम से व्यक्ति अपने को यथार्थ के सापेक्ष जानने की कोशिश करता है और इस प्रकार प्रज्ञावान् होता है। ये शायद स्वयं ब्रुक्स के भी विचार हैं।

**राबर्ट पेन वारेन (Robert penn Warren) (1905) –** वाण्डेरविल्ट में वारन भी रैन्सम के शिष्य रहे थे। ब्रुक्स के साथ इनका नाम इस प्रकार जुड़ा है कि इन्हें अलगाना कठिन है। 'अण्डरस्टैण्डिंग पोएट्री' (1938) 'अण्डरस्टैण्डिंग फिक्शन,' (1943) तथा 'मॉडर्न रेटोरिक' (1949) की रचना में ब्रुक्स के साथ सहयोगी रहे। ये दोनों बेटर रोज के लुसियाना स्टेट यूनिवर्सिटी में जब युवा प्रोफ़ेसर थे तभी साथ मिलकर The Southern Review की स्थापना की ओर प्रवृत्त हुए। वारेन ने अपना अधिक ध्यान कथा-साहित्य और कविता पर दिया। इनका कहना था कि आलोचना अध्यापन का ही विस्तार है। अन्य आलोचकों के विपरीत वे किसी एक आलोचना-पद्धति के कायल न थे। यही कारण था कि 1966 में 'नयी समीक्षा' उनके लिए एक बीते समय की बात हो गयी। जिसका एक तात्कालिक महत्त्व था। Selected Essays में उनकी अधिकांश आलोचना आ जाती है, जिसका सम्बन्ध लेखकों के चरित, लेखन-विवरण, मूल्य, रूपरेखा तथा सामाजिक-दार्शनिक निरूपण से है। फाकनर उनके लिए अपने समय के सबसे बड़े लेखक हैं। बाद के अध्ययन में वारेन की रुचि सामाजिक और जीवनी-सम्बन्धी भूमिका में भी दिखायी देती है। उनके लेख 'Pure and Impure poetry' 1942 ने उनके सिद्धान्तकार रूप को स्पष्ट किया। कॉलरिज के Rime of the Ancient Mariner के अध्ययन पर आधारित 'A Poem of Pure Imagination : An Experiment in Reading' (1946) उनकी विद्वत्ता और शोध का प्रमाण हैं।

**केनेथ बर्क (Kenneth Burke 1897) –** बर्क 'नयी समीक्षा' से अलग पड़ते हैं। इसका कारण सम्भवतः यह है कि वे प्राथमिक तौर पर साहित्यिक आलोचक नहीं हैं। इसलिए रेने वेलेक ने उनकी, तीस के दशक के अन्तिम में लिखी रचनाओं को आलोचना के लिए महत्त्वपूर्ण माना जिसमें The Philosophy of literary form (1941). A Grammer of Motives (1945) and A Rhetoric of Motives (1950) प्रमुख हैं। सिद्धान्ततः बर्क एक आलोचनात्मक बहुलतावाद के समर्थक थे। उन्होंने कहा कि सभी तरह की पद्धतियाँ हमारे लिये उपयोगी हैं। उनका साहित्य को विश्लेषित करने का मुख्य उपकरण मनोविश्लेषणशास्त्र से सम्बद्ध था। बर्क में कई तरह के अतिवाद थे जो आपस में अनौपचारिक रूप से

मिलते थे। इसलिए उनके बारे में कहा जाता है कि वे एक आत्मनिर्मित शाब्दिक ब्रह्माण्ड में विचरण करते हैं जहाँ किसी भी चीज़ का कुछ भी अर्थ हो सकता है।

**आइवर विण्टर्स (1900-1968)** – विण्टर्स ने कहा कि कविता मानवीय अनुभव के बारे में एक शाब्दिक वक्तव्य है। यह वक्तव्य दार्शनिक या सैद्धान्तिक वक्तव्यों से अलग है। विण्टर्स ने काव्य को नैतिकता से जोड़कर स्वयं नये समीक्षकों से थोड़ा भिन्न कर लिया। नैतिकता (moral) का प्रयोग वे व्यापक अर्थ में करते हैं – एक भेदपरक चेतना या सच और झूठ का बोध न कि केवल उचित-अनुचित का बोध। आलोचना, कविता में निहित निर्णय का एक निर्णय है। इसका सम्बन्ध कुछ सिद्धान्तों या शुभ-अशुभ की आधारभूत धारणाओं से है या होना चाहिए। सुखवाद के प्रति उनके यहाँ अस्वीकार है और वे साफ़-साफ़ कहते हैं कि मैं ईसाई नहीं हूँ।

विण्टर्स की रुचि इंग्लैण्ड और अमेरिका के प्रगीत-काव्य में है। इसके अलावा फ्रान्सीसी कविता में भी उनकी रुचि रही। अपने अन्तिम ग्रन्थ 'Forms of Discovery' में उन्होंने प्रगीत काव्य का इतिहास लिखा है। अंग्रेज़ रोमाण्टिक कवियों की लगभग निन्दा करते हुए कॉलरिज के बारे उन्होंने लिखा कि वे एक दुर्भाग्यशाली समय के ख़राब कवि थे; और शैली की एक भी कविता ऐसी नहीं है जो अवधारणा के हिसाब से कमज़ोर न हो। नये समीक्षकों से दूरी बनाये रखते हुए वे कहते हैं कि टेट और ब्लैकमर में प्रायः ऐसा कुछ नहीं है जो इलियट और रैन्सम में न हो। लेकिन रैन्सम सहित सभी नये समीक्षकों को इस बात का श्रेय देते हैं कि शैक्षिक जगत् में आलोचना की विजय इन्हीं (a handful of men of my generation) के कारण हुई। व्यावहारिक आलोचना के लिए विण्टर्स ने विधि-निर्देश दिये। In Defence of Reason, 1947 तथा The Function of Criticism 1962 के कारण उनकी साहित्यिक आलोचक के रूप में प्रतिष्ठा हुई।

**विलियम के. विमसाट (William K. Wimsatt - 1907-1975)** – अमेरिकी आलोचकों में सबसे कनिष्ठ विमसाट को मुख्यतः साहित्यशास्त्री के रूप में जाना जाता है। अन्य किसी भी आलोचक की अपेक्षा विमसाट ने कृति को आलोचना का केन्द्र बनाने पर सर्वाधिक बल दिया। इतिहासकार की यह अपेक्षा कि किसी रचना को उसके अपने समय के सन्दर्भ में देखना चाहिए विमसाट के लिए अग्राह्य है। कविता की प्रक्रृति को व्यक्त करने के लिए उनको 'शाब्दिक प्रतिमा' (The verbal icon) पद सर्वाधिक उपयुक्त लगता है। (विमसाट के आलोचनात्मक अवदान की चर्चा अगले उपअध्याय में की गयी है।) कविताएँ सबसे पहले शब्दों से बनती हैं। विमसाट ख़ासतौर पर व्यावहारिक आलोचना में, अनभ्य रूप से शब्दवैधानिक

समालोचक (Verbal Critic) हैं। मीटर और छन्द के प्रति उनका गहरा आग्रह था। इसके बावजूद रेने वेलेक उन्हें भाषा के कारागृह में बँधा हुआ मानने से इन्कार करते हैं। विमसाट मानते थे कि हमारे सभी शाब्दिक ज्ञान एक सीमा के बाद चीज़ों और घटनाओं से सम्बद्ध ज्ञान हैं।

**एफ. आर. लीविस (Frank Ranmond Leavis 1898-1978)** – इलियट, ज्वायस, डी.एच. लारेन्स और एजरा पाउण्ड से लगभग एक दशक पहले जन्मे लीविस के पिता कैम्ब्रिज में एक साइकिल की दुकान चलाते थे। 1919 से कैम्ब्रिज में पहले इतिहास और फिर अंग्रेज़ी की पढ़ाई की। 1924 में उन्होंने अपना पी.एच.डी. का शोध प्रबन्ध जमा किया जिसका शीर्षक था – The Relationship of Journalism to Literature : Studies in the Rise and Earlier development of the press in England 1927 में उन्हें व्याख्याता की नौकरी मिली और 1929 में अपनी शिष्या Queenic Dorothy Roth से उनका विवाह हुआ जिसके साथ उन्होंने कई महत्त्वपूर्ण काम किये। 'Mass civilization Minority Culture' तथा 'D. H. Lawrence' का प्रकाशन 1930 में, 1932 में Scrutiny की स्थापना तथा New bearings in English poletry का प्रकाशन हुआ। इसके बाद 'स्क्रूटनी के लेखों के संग्रह निकलते रहे। शिक्षा और अध्यापन के प्रति उनकी चिन्ता का प्रतिफलन 'Education and the University' (43) में हुआ। 1952 में उनके लेखों का संग्रह 'The Common Persuit' निकला जिसने उनके यश को स्थायित्व दिया। 1962 में Richmond Lecture के कारण उनकी ख्याति बढ़ी।[63] जब लीविस ने आलोचना के क्षेत्र में प्रवेश किया तो 'नयी समीक्षा' की प्रवृत्तियाँ रूप ले चुकी थीं। जैसा कि क्रिस्टोफर नौरिस ने दिखाया है, लीविस पर इलियटवाली परम्परा की धारणा, रिचर्ड्स की काव्यभाषा-सम्बन्धी युक्तियाँ और एम्पसन के 'सघन पाठ' की धारणा का प्रभाव था।[64] अंग्रेज़ी समीक्षा को प्रतिष्ठा और संगठित आकार देने तथा तत्सम्बन्धी अभिरुचि का निर्माण करने में लीविस का नाम अग्रणी है। "लीविस और अन्य शिक्षाकर्मियों में अन्तर सिद्धान्त का नहीं, गम्भीरता का है।"[65] लीविस अपने निर्णायक और तीखे साहित्यिक मूल्यांकन के लिए जाने जाते हैं। वे मानते थे कि 'evaluation' आलोचना की प्रधान चिन्ता है तथा साहित्यिक आलोचना अपनी निजी दृष्टि और हितों के साथ एक अलग अनुशासन है। "इन दो Focal बिन्दुओं की व्याख्या और विश्लेषण में लीविस 20वीं सदी की आलोचना के सर्वाधिक निश्चित और संगत प्रत्ययों को प्रस्तुत करते हैं।"[66] इतना ही नहीं – "लगभग आधी शताब्दी तक लीविस ने आधुनिक सभ्यता में आलोचना के प्रकार्य को केन्द्रीय महत्त्व दिलाने के लिए संघर्ष किया।"[67] वे आलोचना को विज्ञान बना

देने के विरुद्ध थे तथा व्यावहारिक और सैद्धान्तिक आलोचना के बीच किसी स्पष्ट विभाजन के हिमायती न थे। 1930 में लिखे आलेख 'Restatements for Critics' में उन्होंने कहा कि आलोचना का प्रकार्य 'समकालीन संवेदना को आकार देना' है। लीविस के विश्लेषण की विधि ब्रुक्स, एम्पसन, रिचर्ड्स से भिन्न और इलियट से समानता रखती है। उन्होंने इलियट से सचेत और घोषित तौर पर प्रभाव ग्रहण किये थे। यद्यपि आधुनिक सिद्धान्तों ने उनकी प्रविधि को नकार दिया है, लेकिन अंग्रेज़ों की व्यावहारिक शिक्षा और अध्यापन पर उनका प्रभाव बहुत अधिक है। वे मानते थे कि भाषा जो अर्थ से इतर कुछ नहीं है मानवीय रचनाशीलता की उपज है और इसलिए अर्थ भी मानवीय रचनाशीलता की उपज है। जब भाषा दरिद्र हो जाती है, जैसा कि आज तेज़ी से हो रहा है, संसार भी दरिद्र हो जाता है।[68]

**विलियम एम्पसन (William Empson - 1906-1984)** – आँग्ल-अमेरिकी आलोचना संस्कृति में महत्त्वपूर्ण स्थान एम्पसन का भी है। एम्पसन की समयावधि इस सदी के तीन-चौथाई काल को साधती है, अतः उनके यहाँ विकास और विविधता के लिए पूरा अवकाश है। कैम्ब्रिज में वे रिचर्ड्स के शिष्य थे और कविताएँ लिखते थे। 1930 के दशक में वे टोकियो में अंग्रेज़ी के आचार्य रहे। 1940 में जॉर्ज आर्वेल के साथ बी. बी. सी. में काम किया। 1953 में शेफील्ड वि. वि. (Sheffield) में अंग्रेज़ी साहित्य के अध्यक्ष रहे और 1971 में वहीं से अवकाश लिया। अपनी मृत्यु के समय वे शेक्सपियर पर अपने लेखों के संग्रह को तैयार कर रहे थे। वे लिखते हैं कि मैं अपने पुराने आलेखों को पढ़ते समय हमेशा गलतियाँ देख रहा हूँ।[69] अपने अन्तिम दशक में भी वे अपने आलेखों को सुव्यवस्थित और परिष्कृत करने में लगे रहे। क्रिस्टोफर नौरिस और Nigel Mapp द्वारा सम्पादित पुस्तक William Empson : The Critical Achievement (1993) में एम्पसन और देरिदा का तुलनात्मक अध्ययन प्रस्तुत किया गया है। अंग्रेज़ी को एक 'एकैडेमिक डिस्कोर्स' के रूप में स्थापित करने में उनकी महत्त्वपूर्ण भूमिका का ज़िक्र किया गया है। 'Collected Poems' तथा 'Seven Types of Ambiguity', के अलावा 'Some versions of Pastoral, The Structure of Complex Words' तथा 'Milton's God' उनकी प्रमुख कृतियाँ हैं।

**रेने वेलेक (Rene Wellek - 1903)** – अपनी पुस्तक 'थियरी ऑफ़ लिटरेचर' के दूसरे अध्याय में साहित्य की प्रकृति पर बात करते हुए रेने वेलेक ने एडविन ग्रीनलॉ (Edwin Greenlaw) को उद्धृत किया है कि सभ्यता के इतिहास से जुड़ी कोई भी चीज़ हमसे परे नहीं है।[70] लेकिन इस मत का समर्थन करते हुए नहीं जान पड़ते है। वे साहित्य को रचनात्मक साहित्य तक ही रखना चाहते हैं और भाषा ही

वह तत्त्व है जो साहित्य को विशिष्टता देती है, यही नहीं, साहित्य की भाषा दैनन्दिनी प्रयोग की भाषा से भिन्न होती है। 'द फंक्शन ऑफ़ लिटरेचर'[71] नामक अध्याय में उनका निष्कर्ष यह है कि कविता के कई सम्भावित प्रकार्य हैं, लेकिन इसका प्राथमिक और मुख्य प्रकार्य, इसके अपने स्वभाव के प्रति निष्ठा है। 'लिटरेचर ऐण्ड सोसाइटी' में वे कविता की स्वायत्तता और विशिष्टता को रेखांकित करते हुए कहते हैं कि कई महान् साहित्य ऐसे हैं जिनकी सामाजिक प्रासंगिकता न्यून या नहीं है। इसी प्रकार काव्य और विचार या अन्य कलाओं से कविता के सम्बन्ध के बारे में लिखते हुए उन्होंने कविता-सम्बन्धी अपनी धारणा प्रस्तुत की है। इस ग्रन्थ में 'नयी समीक्षा' के सिद्धान्त बड़े ही व्यवस्थित और तार्किक ढंग से प्रस्तुत हुए है। रेने वेलेक ने 'नयी समीक्षा' को कोई नया सिद्धान्त नहीं दिया लेकिन इनकी विद्वत्ता से एक व्यवस्था बनी। वेलेक बहुभाषी थे और तुलनात्मक साहित्य के अधिकारी विद्वान् के रूप में प्रसिद्ध हुए। प्राग में पढ़े-लिखे वेलेक बाद में अमेरिका में जा बसे और चेक विश्वविद्यालय में तुलनात्मक साहित्य के प्रोफ़ेसर नियुक्त हुए। 1970 में प्रकाशित रचना 'डिसक्रिमिनेशन्स' तुलनात्मक साहित्य के लिए अविस्मरणीय ग्रन्थ है। प्राग विश्वविद्यालय, लन्दन विश्वविद्यालय और अमेरिका में पढ़ाने के बाद वे येल विश्वविद्यालय गये थे जहाँ वे 'प्रोफ़ेसर अमरीटस' हुए। कई पुरस्कारों और चौदह मानद डिग्रियों के अलावा कई प्रतिष्ठित संस्थाओं के सदस्य रहे। 'ए हिस्ट्री ऑफ़ मॉडर्न क्रिटिसिज़्म – 1750-1950, जो छह खण्डों में प्रकाशित है, उनकी विद्वत्ता और अध्ययनशीलता का प्रमाण है।'

## (घ)

## आलोचना – दृष्टि और मान्यताएँ

'नयी समीक्षा' से किसी समरूप, एकरेखीय और साम्प्रदायिक आन्दोलन का भ्रम होना स्वाभाविक है। लेकिन नये समीक्षकों का समूह कभी-कभी विरोधाभासी धारणाएँ प्रकट करता था। ''यह विचार कि 'नयी समीक्षा' एक मण्डली या एक सम्प्रदाय को प्रकट करती है, एक भूल होगी।''[72] ये समीक्षक अपने-अपने स्तर से एक-दूसरे के साथ बहसें करते थे। यहाँ तक कि रैन्सम, जो विभिन्न वर्षों में एलेन टेट, क्लीन्थ ब्रुक और आर.पी.वारेन के अध्यापक रहे थे। अपने छात्रो से भिन्न मत रखते थे। बर्क और ब्लैकमर ने बाद में जोरदार तरीके से 'नयी समीक्षा' का खण्डन किया और विण्टर्स कभी भी इस समूहन से प्रसन्न नहीं रहे।''[73] जॉन फेकेट ने

दिखाया है कि कैसे 'नयी समीक्षा' के मुख्य विवाद 'अन्वयार्य या अपधर्म' (Heresy of Paraphrase) के सम्बन्ध में रैन्सम एवं ब्रुक्स विरोधी धारणाएँ रखते थे।[74] "समीक्षकों में कुछ अपनी प्रविधि और प्रवृत्ति में काफ़ी दृढ़ और अडिग थे। लेकिन अन्य समीक्षकों में हम पाते हैं कि विभिन्न पद्धतियों का एक साथ प्रयोग होता है या कोई निश्चित पद्धति एक विशेष और व्यक्तिगत ढंग से प्रयुक्त हो रही है।[75] रैन्सम ने इलियट और रिचर्ड्स दोनों से असहमति प्रकट की।[76] कविता में विडम्बना की अनिवार्यता के प्रश्न पर रिचर्ड्स से तथा कवि के कार्य करने की प्रक्रिया पर इलियट से उनका मतभेद रहा। टेट और रैन्सम दोनों रिचर्ड्स द्वारा प्रस्तुत काव्यगत अर्थ के विश्लेषण से असहमत थे। "प्रत्येक का अपना व्यक्तिगत स्वर था – रैन्सम में अभिव्यक्ति की बेतुकेपन की हद तक सुसभ्यता, लेखक की कारीगरी की युक्तियों को खोजने में ब्लैकमर का उत्साह, टेट का तीक्ष्णता और अनुरंजन का सम्मिलन, क्लीन्थ ब्रुक्स का अध्यापकीय आकर्षण और वारेन द्वारा सादृश्य का युक्तिसंगत प्रयोग।[77] केनेथे बर्क द्वारा मनोविज्ञान, साहित्यशास्त्र और साहित्यिक रूप के बीच सम्बन्धों पर जटिल बहस अनेक आधुनिक प्रवृत्तियों के मौलिक विकास को प्रस्तुत करती है। इलियट की कविता और आलोचना पर आक्रमण करते हुए तथा किसी कविता की तार्किक संरचना के प्रति आग्रह दिखाते हुए विण्टर्स एक भिन्न प्रकार की आधुनिक शास्त्रीयता प्रदर्शित करते हैं।[78]

एडमण्ड विल्सन की आलोचना में पाया जानेवाला व्यापक सामाजिक एवं मनोवैज्ञानिक अन्वेषण का संयोजन 'नयी समीक्षा' की विशिष्टतावाली रचनाओं की तुलना में कम तकनीकी और सामान्य पाठक के लिए अधिक आकर्षण उत्पन्न करता है। डेविड डचे आगे सूचना देते हैं कि लायनल ट्रिलिंग एक अन्य महत्त्वपूर्ण समीक्षक हैं, जिन्होंने आधुनिक सांस्कृतिक हितों से व्यापक मानवीय ढंग से जोड़ती है। कई नये समीक्षक, कवि या उपन्यासकार भी हैं। वारेन और टेट कवि तथा उपन्यासकार दोनों की भूमिका में पाये जाते हैं जबकि रैन्सम और विण्टर्स कवि के रूप में ख्यात थे। 'नयी समीक्षा' के दौरान आलोचना, अंग्रेज़ी साहित्य के इतिहास में सर्वाधिक विशेषीकृत और तकनीकी हो गयी फिर भी इसका सम्बन्ध रचनात्मकता से बना रहा।[79] कोई व्यक्ति एक साथ आलोचक और रचनाकार की भूमिका में होने पर किस प्रकार का विकास प्रदर्शित करता है और उसकी आलोचना, ठेठ आलोचक से किस प्रकार भिन्न होती है, अलग से शोध का विषय है।

ऊपर वर्णित विभिन्नताओं के बावजूद नये समीक्षकों को इस नाम से सम्बोधित करने के पीछे कुछ समानताएँ हैं जो उन्हें सामान्य धरातल प्रदान करती हैं। रेने वेलेक का कहना है कि[80] लगभग सभी समीक्षकों में अपने से पूर्ववर्ती और

समकालीन आलोचना-पद्धति के प्रति असन्तोष है। केनेथ बर्क को छोड़कर सभी का मार्क्सवाद से छत्तीस का आँकड़ा था। अमेरिका के सन्दर्भ में जो सर्वाधिक महत्त्वपूर्ण बात थी, वह यह कि सभी समीक्षक तत्कालीन अमेरिकी साहित्य जगत् में वर्तमान ठस्स परम्पराओं और रूढ़ व्यवस्था के विरुद्ध थे। रेने वेलेक याद करते हैं कि जब वे पहली बार, 1927 में अंग्रेज़ी साहित्य का अध्ययन करने प्रिन्सटन ग्रेजुएट कॉलेज में आये, तो आधुनिक साहित्य और आलोचना का कोई पाठ्यक्रम उपलब्ध नहीं था। सभी अध्यापकों में केवल मौरिस डब्ल्यू. क्रोल ही सौन्दर्यशास्त्र या कहें कि विचारों में कुछ रुचि रखते थे। अधिकांश नये समीक्षक कॉलेजों में अध्यापक थे और उन्हें अपना रास्ता उसी परिवेश में बनाना पड़ा जो आलोचना के प्रति विद्वेष से भरा था। केवल बर्क स्वतन्त्र लेखन करते थे यद्यपि बाद के दिनों में उन्होंने कभी-कभी अध्यापन भी किया। रेने वेलेक ने दिखाया है कि नये समीक्षकों को प्रारम्भ में काफ़ी बाधाओं और विरोधों के बीच आलोचना कर्म की प्रतिष्ठा स्थापित करनी पड़ी। इस बात का श्रेय उन्हीं को दिया जाना चाहिए कि अधिकांश अमेरिकी विश्वविद्यालयों में आलोचना की पढ़ाई होने लगी और आलोचनात्मक कर्म की प्रतिष्ठा सुनिश्चित हुई।[81]

अलोचना के इस प्रयास में सबका योगदान है। हमने देखा है कि समीक्षकों में विविधता है। आगे, संक्षेप में विभिन्न प्रत्ययों का परिचय प्राप्त किया जा सकता है। कविता एक विशिष्ट संरचना हेती है। कविता की विशिष्टता उसके मूर्त रूप में होती है। प्रश्न यह है कि यह विशिष्टता कैसे उत्पन्न होती है और इसके रूप-सौन्दर्य को अनावृत करने की प्रविधि क्या होगी? इन्हीं प्रश्नों के उत्तर में भिन्न-भिन्न मत उपस्थित हुए।

**तनाव (Tension)** – एलेन टेट – टेट ने अपने प्रसिद्ध निबन्ध 'टेन्शन इन पोएट्री' (Tension in Poetry -1838) में इस मत का प्रतिपादन किया है। टेट बताते हैं कि कविता में प्रयुक्त शब्द दो प्रकार का उत्तरदायित्व वहन करते हैं। इसे अभिधा और लक्षणा के द्वारा प्रकट किया जा सकता है। जब हम भाषा का सामान्य प्रयोग करते हैं तो इन दोनों में किसी एक का खासतौर पर बाहरी अर्थ का विस्तार होता है। स्वच्छन्दतावादी या प्रतीकवादी कवि जब कविताएँ रचता है तो उसका ध्यान शब्द के आन्तरिक अर्थ-संकेत पर होता है। ऐसे अर्थ-संकेत पाठक के मन को जाग्रत कर देते हैं। दूसरी ओर जो अलंकारप्रधान कविता होती है। उसमें बिम्ब महत्त्वपूर्ण होते हैं और भाषा का बाहरी सौन्दर्य प्रधान होता है। टेट के अनुसार दोनों अपूर्ण और अधूरी स्थितियाँ हैं। उत्तम काव्य इन दोनों का सन्तुलन है। अभिधा के अर्थ का अधिकतम विस्तार और लक्षित अर्थ की अधिकतम गहनता और इन दोनों

का सन्तुलन ही काव्यभाषा को उत्कृष्टता प्रदान करता है। टेट ने 19वीं सदी के एक कवि जेम्स टॉम्सन की कविता ली है और कहा है कि इसमें अर्थ-संकेत अन्तर्मुख है, फिर 17वीं सदी के कवि काउले की एक कविता लेकर दिखाया कि इसमें अर्थ-संकेत बहिर्मुख है और अन्त में डॉन की एक कविता उद्धृत कर सन्तोष प्रकट किया कि इसमें अभिधा और लक्षणा दोनों सफल है। दोनों में सन्तुलन है, यह उत्तम काव्य है।

इसी निबन्ध में, भाषा पर पड़ रहे ऐसे प्रभाव के प्रति भी चिन्ता है जो भाषा की गरिमा और सौष्ठव को नष्ट कर रहे हैं। सार्वजनिक भाषण या सामान्य कथन के प्रति उनकी उपेक्षा का यही अर्थ है कि कविता की भाषा भी उधर प्रवृत्त न हो जाये। तनाव की व्याख्या करते हुए उन्होंने भाषा के एकतरफा विस्तार को नकारा और कहा कि, "कविता विचारों या प्रवृत्तियों का सम्प्रेषण मात्र नहीं है बल्कि अर्थों की जटिल व्यवस्था के रूप में पढ़ी और सराही जानेवाली अर्थों की जटिल व्यवस्था है।"[82] रेने वेलेक ने टेट को उद्धृत करते हुए लिखा है कि अच्छी कविता अन्तः और बाह्य की विस्तार तीव्रता के चरम से निःसृत सम्पूर्ण अर्थों की इकाई है। 'तनाव' को टेट इसी अर्थ में लेते हैं।[83]

**एम्बीग्यूटी (Ambiguity) एम्पसन** – एम्बीग्यूटी का अर्थ अस्पष्टता या अनेकता, द्विअर्थता, सन्दिग्धता आदि से जुड़ता है। डॉ. नगेन्द्र इसे श्लेष कहते हैं क्योंकि उनका कहना है कि एम्पसन ने इस शब्द का व्यापक अर्थ लिया है।[84] सामान्य कथन में दोष मानी जानेवाली द्विअर्थता एम्पसन के कारण गुण के रूप में विवेचित होने लगी। अपनी पुस्तक 'सेवेन टाइम्स ऑफ एम्बीग्यूटी' में वे सात प्रकार के श्लेष बताते हैं। यह विभाजन केवल सुविधाजनक ढंग से कर लिया गया है। श्लेष के इतने ही प्रकार नहीं हैं। ये अनेक और हो सकते हैं। श्लेष के सातों स्तर तर्क की संगति के क्रमशः क्षीण होते जाने के स्तर हैं। डॉ. नागेन्द्र का कहना है – 'एम्पसन के श्लेष' या अनेकार्थता नामक गुण में शब्द-श्लेष, चमक, लक्षणा और व्यंजना द्वारा सिद्ध विविध अर्थ-चमत्कार, अनेक प्रकार के विरोधमूलक और कुछ सादृश्यमूलक अलंकार, शब्दालंकार वक्रोक्ति तथा कुन्तक की वक्रता के कई-एक भेदों का अन्तर्भाव है। इस सिद्धान्त का आधार यह है कि शब्द-अर्थ का चमत्कार ही कविता है और शब्द-अर्थ में चमत्कार की सृष्टि तब होती है जबकि कवि शब्द के द्वारा प्रचलित अर्थ से भिन्न या अतिशय अर्थ की व्यंजना करता है। अतः शब्द का श्लिष्ट या अनेकार्थक प्रयोग ही कविता का मूल तत्त्व है।[85] आगे उन्होंने इस अवधारणा की तुलना भारतीय काव्यशास्त्र से की है। एम्पसन की धारणा यह है कि शब्दों के कई प्रत्यक्ष-अप्रत्यक्ष अर्थ होते हैं, एक शब्द की अनेक सूक्ष्म व्यंजनाएँ होती हैं, इनका प्रयोग काव्य को उत्कृष्ट बनाता है।

**सार्वभौम मूर्तविधान (Concrete Universal) विमसाट** – कविता के विशिष्ट और सार्वभौम दोनों गुणों के बारे में आलोचकों ने लिखा है। कविता अपना विशिष्ट स्वरूप रखते हुए भी कुछ प्रत्ययों के कारण सार्वभौम होती है। विमसाट ने हीगेल से मूलतः इस धारणा को ग्रहण किया और 'द स्ट्रक्चर ऑफ कांक्रीट यूनिवर्सल' नामक निबन्ध में उसे विस्तार दिया। विमसाट ने काव्य के इन दोनों पक्षों को महत्त्वपूर्ण माना। विमसाट का मानना है कि कवि ऐसे बिम्बों की रचना करता है जो स्वतन्त्रता और सार्वभौमिकता दोनों के गुणों से युक्त हों। अर्थात् दूसरे शब्दों में कहें तो व्यष्टि और समष्टि का जीवन और जगत् का कलात्मक रूप सम्मिलन हो। यह कार्य प्रबन्ध और शब्दावली दोनों स्तरों पर होता है। कविता या कहानी में रचनाकार चरित्रों की रचना इस प्रकार करता है कि उनके व्यक्तित्व का सामान्यीकरण हो जाता है। कोई चरित्र अपना अस्तित्व रखते हुए भी सामान्य का प्रतिनिधित्व करता है। होरी यदि एक ओर 'गोदान' का मुख्य पात्र है जो व्यक्तिगत कई विशिष्ट पक्षों से निर्मित है, तो दूसरी ओर उसमें सार्वभौम गुण है जिनके कारण लाखों पाठक उससे तादात्म्य स्थापित कर लेते हैं। इस विधान में जटिलता के लिए अवकाश भी है और अपेक्षा भी है। शब्द-विधान के स्तर पर भी इसका प्रयोग होता है। कोई शब्द किसी मूर्त और प्रस्तुत अर्थ के लिए प्रयुक्त होता है, वही शब्द अप्रस्तुत अर्थ की भी व्यंजना करता है। इसके लिए 'लक्षणा' का प्रयोग वांछनीय है। विमसाट काव्य के लिए रूपक (Metaphor) को अनिवार्य मानते हैं। यह रूपक ही कविता और यथार्थ के बीच मुख्य सेतु है। रेने वेलेक ने इसकी व्याख्या विस्तार से की है और लिखा है कि रूपक के अन्तर्गत 'नयी समीक्षा' के बीज शब्द-विडम्बना, विरोधाभास और वक्रता आदि का समावेश हो जाता है तथा रूपक से संसार की प्रकृति का बोध होने लगता है।[86]

## अभिप्रायपरक हेत्वाभास और प्रभावपरक हेत्वाभास – विमसाट

The Interntional Fallacy and The Affective Fallacy 1946 में मोनरो सी. वर्डस्ले के सहयोग से लिखे अपने पहले महत्त्वपूर्ण पत्र 'The International Fallacy' में विमसाट ने कविता की स्वायत्तता और विशिष्टतता को सबल तर्क दिया। उनकी स्थापना थी कि किसी रचना का मूल्यांकन रचनाकार के उद्देश्य या प्रोजेक्ट को ध्यान में रखकर करना दोष है। अपने दूसरे पत्र 'The Affective Fallacy' में रिचर्ड्स के भावात्मक सिद्धान्त के विरुद्ध तर्क देते हुए विमसाट ने कलाकृति को पाठक या दर्शक के ऊपर पड़नेवाले प्रभाव से मुक्त किया। किसी

रचना का मूल्यांकन इस आधार पर नहीं हो सकता कि पाठक के मानस पर क्या प्रभाव पड़ा। इस प्रकार विमसाट ने कविता को 'रचनाकार और पाठक दोनों से मुक्त कर दिया एवं आलोचक का काम कविता को केन्द्र में रखकर उसकी विशिष्टता का उद्घाटन करना हो गया।

## अर्थ-विधान और शब्द-विधान (Structure and Texutre) रैन्सम

रैन्सम द्वारा प्रतिपादित इस द्वैत की चर्चा और आलोचना पर्याप्त हुई है। स्वयं रेने वेलेक ने इसकी आलोचना की है।[87] रैन्सम का 'स्ट्रक्चर' अर्थ की संगति को प्रकट करता है। इसे 'तार्किक वक्तव्य' (Rational argument) कहा गया। स्ट्रक्चर शब्द भ्रम उत्पन्न करता है क्योंकि भाषाशास्त्र में इसका अर्थ भिन्न होता है। 'टैक्स्चर' कविता के मूर्त-विधान को स्पष्ट करता है। विज्ञानपरक विमर्श में स्ट्रक्चर होता है जबकि कविता में दोनों होते हैं। इन दोनों का सम्बन्ध कविता के अर्थ के लिए अनिवार्य है। शब्द-विधान कई बार कविता में निहित तार्किक वक्तव्य से असंगत हो जाता है। तथापि यह शब्द-विधान ही महत्त्वपूर्ण है क्योंकि कविता की विशिष्टता इसी से सम्पन्न होती है। बाद में रैन्सम ने अपने इस द्वैत की तुलना फ्रायड के इगो-इद (Ego-id) द्वैत से की है। रैन्सम के इस 'टैक्स्चर' का मुख्य तत्त्व रूपक (Metaphor) है।

## कविता के तीन प्रकार – रैन्सम

'द वर्ड्स बॉडी' में संकलित एक निबन्ध Poetry : A Note in Ontology में रैन्सम ने कविता के तीन प्रकार बताये हैं। पहला प्रकार फिजिकल पोएट्री का है। इसमें कविता वस्तुओं का चित्रण करती है। रैन्सम का कहना है कि, "आलोचक के तौर पर हमें फ़िजिकल पोएट्री के प्रति सद्भावना रखनी चाहिए क्योंकि यह किसी की कविता का आधारभूत तत्त्व होता है।[88] दूसरी कविता Platonic होती है। इसे The Poetry of Ideas[89] कहा गया। यह कविता 'फिजिकल कविता' की नकल है और वास्तव में कविता है ही नहीं।[90] रैन्सम ने इसे 'Bogus Poetry'[91] कहा। 'मेटाफिजिकल पोएट्री' तीसरी तरह की कविता है। यह पद आलोचना की शब्दावली में जॉनसन द्वारा जोड़ा गया जिन्होंने इसे पोप से लिया था। पोप ने इसे ड्राइडेन से लिया था। मेटाफिजिकल कविताओं के अन्तर्गत रैन्सम ने साहित्य की सर्वोत्तम रचनाओं को रखा है। ऐसी कविताओं में एक तरह का 'चमत्कारवाद' (Miraculism) भी पाया जाता है। यह प्रवृत्ति तब उत्पन्न होती है जब कवि अपूर्णता से पूर्णता की

ओर गमन करता है और उपमा के द्वारा (If, like) व्यक्त करता है। (हम यहाँ रहस्यवाद के सम्बन्ध में महादेवी वर्मा की धारणा याद कर सकते हैं।) इस बात को रैन्सम ने 'काउले' की एक पंक्ति द्वारा समझाया है। अन्त में रैन्सम ने मेटाफिजिकल कविता को सच्ची कविता कहा है।

## 'अन्वयार्थ का अपधर्म' और 'विडम्बना' तथा 'विरोधाभास' (Heresy of Paraphrase 'Irony and paradox) क्लीन्थ ब्रुक्स

अन्य नये समीक्षकों की तरह ब्रुक्स भी कविता की सम्पूर्णता के पक्षधर थे। कविता के रूप और कथ्य को अलगाया नहीं जा सकता। इसलिए ब्रुक्स ने कहा यदि कविता को अन्वय के माध्यम से किसी व्याख्या में परिवर्तित किया जाता है तो यह कविता के लिए घातक है। ऐसा करना अपधर्म होगा। कविता के प्रति अपराध होगा। अन्वय करने से कविता की सम्पूर्णता नष्ट होती है और कोई बौद्धिक वक्तव्य सामने आता है। 'द वेल राट अर्न' में उन्होंने कविता की संरचना को अर्थों, मूल्यांकनों और व्याख्याओं की संरचना कहा। यह विरुद्धों का सामञ्जस्य होती है।

विडम्बना इस संरचना का मुख्य तत्त्व है। कविता के प्रसंग के बदलने से अर्थ का परिवर्तन होता है। यह अर्थ-परिवर्तन विडम्बना है। ब्रुक्स विडम्बना का व्यापक अर्थ लेते हैं। यही प्रसंग भी महत्त्वपूर्ण हो जाता है। 1942 में अपने एक लेख 'द लैंग्वेज ऑफ पैराडोक्स' में ब्रुक्स ने 'विरोधाभास' को कविता के लिए अपरिहार्य बताया। कवि जिस 'सत्य' को कहना चाहता है, उसे विरोधाभास के माध्यम से ही कहा जा सकता है। इस प्रकार कहें तो ब्रुक्स विडम्बना प्रधान विरोधाभासों को कविता के लिए अनिवार्य मानते हैं। अपनी धारणा को उन्होंने व्यवहार में परिणत किया है। समकालीनों के साथ शेक्सपियर से लेकर यीट्स तक का मूल्यांकन कर उन्होंने अपनी धारणा को स्थापित किया।

'नयी समीक्षा' से सम्बन्धित अनेक अवधारणाओं के परिचय से इसकी पूरी रूपरेखा बनाने में अब सुविधा हो सकती है। 'नयी समीक्षा' का नितान्त रूपवादी हो जाना कुछ बाद की दुर्घटना है, प्रारम्भ में एक सन्तुलन की ओर झुकाव था। 'दी न्यू क्रिटिसिज़्म' में रैन्सम ने कहा है कि जो रचनाकार अर्थ और रूप दोनों की माँग पूरी करने का प्रयास करता है, वह एक साथ दो कठिन काम करता है। कविता का संघटन एक ऐसी क्रिया है जिसमें कथन और मीटर दोनों एक-दूसरे को हटाने के लिए लड़ते हैं।[92] अन्तिम अध्याय में रैन्सम ने एक उदाहरण दिया है। कवि का काम उस नौकर के काम के समान है जिसकी मालकिन ने सौ सेबों में से बारह सबसे बड़े

और सबसे लाल सेबों को चुनकर प्रदर्शित करने को कहा है। वह इस प्रक्रिया में पाता है कि उसे कुछ सेबों को हटा देना पड़ेगा जो अत्यधिक लाल तो हैं पर बड़े नहीं हैं तथा कुछ पर्याप्त बड़े हैं लेकिन लाल नहीं हैं। तब उसे कहीं एक स्थायी समझौता करना पड़ेगा जहाँ दोनों मानकों के निकटतम बिन्दु को प्राप्त किया जा सके जैसा कि मालकिन चाहती है। तब भी मालकिन को ऐसा लग सकता है कि ये बारह सेब उस सेब से ज्यादा आकर्षक हैं जो उसकी कल्पना में हैं।[93]

'नया समीक्षक यह मानता है कि एक साहित्यिक कृति का आकार अर्थ और रूप के संघर्ष से निर्मित होता है, न कि कृषिवाद और वाणिज्यवाद, बूर्जुआ और सर्वहारा या अहं और काम के संघर्ष से।[94] रेने वेलेक ने 'नयी समीक्षा' पर लगाये गये आरोपों की विस्तृत जाँच करते हुए उन्हें आधारहीन बताया है।[95] 'नयी समीक्षा' में इतिहास के प्रति अस्वीकार है इस आरोप के विरुद्ध वे लिखते हैं कि 'नयी समीक्षा' एक पूरे ऐतिहासिक कार्यक्रम को अंगीकार करती है, इतिहास के दर्शन में विश्वास रखती है तथा निर्णय के प्रतिमान के रूप में इसका प्रयोग करती है।[96] शैक्षिक जगत् की ऐतिहासिक आलोचना-पद्धति का अस्वीकार यह कतई सिद्ध नहीं करता कि कविता में ऐतिहासिकता नहीं होती।

ब्रुक्स ने कहा कि आलोचक को इतिहासकार की सहायता की ज़रूरत होती है। टेट कविता को सदा इतिहास के अन्तर्गत देखते थे। वस्तुतः नये समीक्षकों ने इलियट से, इतिहास-सम्बन्धी प्रभाव ग्रहण किया था। आलोचना की भूमिका कविता, भाषा और अन्ततः समाज के स्वास्थ्य के लिए काफ़ी बड़ी होती है। ब्रुक्स ने ज़ोर देकर कहा कि कविता, यदि वह सच्ची है तो, यथार्थ की प्रतिकृति या छायाभास होती है। रैन्सम में हम कविता को प्रस्तुतीकरण के रूप में देख सकते हैं। वे यथार्थ जगत् के पुनर्ग्रहण और ज्ञान, प्रकृति के सौन्दर्य का उत्सव यहाँ तक कि प्राकृतिक सौन्दर्य के प्रतिनिधित्व को कविता में व्यक्त करते हैं। नये समीक्षकों ने कभी भी 'भाषा के कारागृह' में विश्वास नहीं किया।[97]

नये समीक्षकों के लेखन में कविता की सुसंगति रूप के अर्थ में नहीं ली जाती जैसा कि रूपवादी कहने से लगने लगता है। ब्रुक्स और वारेन ने 'अण्टरस्टैण्डिंग पोएट्री' में मीटर और छन्दों पर अवश्य ही ध्यान दिया है लेकिन नये समीक्षक रूप और कथ्य के भेद के विरुद्ध हैं। वे कविता की संघटना में विश्वास रखते हैं। विडम्बना और विरोधाभास जैसी अवधारणाएँ एक व्यापक अर्थ में प्रस्तुत की गयी हैं। ''वे केवल इसी अर्थ में रूपवादी हैं कि वे कलाकृति के सुसंगठन पर बल देते हैं। जिसके कारण वह एक सामान्य संवाद होने से बच जाती हैं।''[98] इसलिए यह आरोप लगाना कि समीक्षकों ने कविता को फार्मूलों में बन्द कर दिया, उचित नहीं

है। विण्टर्स ने कहा है कि कविता मानवीय अनुभवों के बारे में शाब्दिक वक्तव्य है।[99] समीक्षकों ने साहित्य को जीवन से अलग नहीं किया, बल्कि विशिष्ट ढंग से जोड़ा।

## (ङ)

## 'नयी समीक्षा' का प्रसरण और विस्तार

'नयी समीक्षा' का प्रसरण और विस्तार, आन्तरिक तथा बाह्य दोनों रूपों में हुआ। 'आन्तरिक विस्तार का अर्थ है इस समीक्षा-आन्दोलन का प्रायोगिक विस्तार, भीतरी विरोध और अपनी सीमाओं का रूपांकन तथा स्वयं नये समीक्षकों द्वारा इस पद्धति का मूल्यांकन, वहीं बाह्य विस्तार का अर्थ है – इसका दूसरी भाषाओं पर पड़नेवाला प्रभाव। इसी विस्तार के अन्तर्गत हम अगले अध्याय में हिन्दी आलोचना और साहित्य में 'नयी समीक्षा' के अभिग्रहण पर विशेष रूप से विचार करेंगे। डॉ. नगेन्द्र ने 'नयी समीक्षा' पर लिखते समय प्रसंगवश संस्कृत काव्यशास्त्र से उसकी तुलना की है।[100] पी. एस. शास्त्री ने अपने लम्बे निबन्ध 'न्यू क्रिटिसिज़्म ऐण्ड इण्डियन पोएटिक्स : ए स्टडी इन एटीट्यूड्स' में 'नयी समीक्षा' और भारतीय काव्यशास्त्र पर तुलनात्मक दृष्टि से विचार किया है।[101] जिन साहित्यिक समस्याओं पर नये समीक्षक विचार कर रहे थे, उन पर बहस का प्रारम्भ भामह से हो जाता है। भामह ने 'काव्यालंकार' में कविता को अर्थ और शब्द-ध्वनि की संगति कहा। आगे, विभिन्न भारतीय आचार्यों को उद्धृत करते हुए श्री शास्त्री ने 'नयी समीक्षा' पर विचार किया है। रंजिनी ओबसेकेरे ने अपने निबन्ध 'द न्यू क्रिटिक्स ऐण्ड मॉडर्न सिंहलीज़ क्रिटिसिज़्म में इसी प्रकार का एक अध्ययन प्रस्तुत किया है।[102] 'नयी समीक्षा' आन्दोलन की गूँज इसी प्रकार संसार के अन्य भाषा-साहित्यों में सुनायी पड़ी। फ्रान्स में भी इस तरह की एक प्रवृत्ति विकसित हुई।[103]

'नयी समीक्षा' के आन्तरिक प्रसरण की दिशा सुखद नहीं रही। 'अण्डरस्टैण्डिंग पोएट्री' जो एक पाठ्यपुस्तक के रूप में खूब चली, उदाहरण के तौर पर ली जा सकती है। इसमें ब्रुक्स और वारेन ने यीट्स की एक कविता का पाठ किया है।[104] कविता सम्बन्धी उनकी प्रधान धारणा 'द वेल रॉट अर्न' में व्यक्त हुई है और यहाँ इस पाठ में घटित हुई है। यह कविता यीट्स के आदर्श प्रेम मॉड गॉन (Mavd Gonne) के बारे में है। पर ब्रुक्स और वारेन इस मुख्य विषय का जिक्र तक नहीं करते, वे कविता की व्याख्या में अनेक पृष्ठ रँगते हैं, अर्थात् बुनावट, टोन, मीटर की

अव्यवस्था तथा सूक्ष्म, आवयविक प्रक्रियाओं पर बातें करते हैं। लगभग बीस पृष्ठों के बाद, दूसरे किसी सन्दर्भ में वे याद करते हैं कि इस कविता में वर्णित नारी 'मॉड' है और तत्क्षण घोषणा कर देते हैं कि यह आत्मचरितात्मक चिह्न अनिवार्य नहीं है। इसी प्रकार 'द वेल रॉट अर्न' में एक निबन्ध 'द लैंग्वेज ऑफ पोएट्री' में जॉन डॉन की कविता के साथ प्रशंसा का व्यवहार इसलिए किया गया है कि इसमें ब्रुक्स के प्रतिमान घटित हुए हैं। जबकि एक पाठक के लिए डॉन ने अनावश्यक उलझनें और जटिलताएँ बुन दी हैं।[105] ब्रुक्स और वारेन का भाषा के प्रति प्रेम अपनी हदें पार करता दिखायी देता है। 'मॉडर्न रेटॉरिक' नामक उनकी पुस्तक इन पंक्तियों से खुलती है – "मनुष्य को भाषायुक्त पशु कहा जा सकता है – 'प्रतीकों का निर्माता पशु'। थोड़े दूसरे ढंग से हम कह सकते हैं कि भाषा के माध्यम से ही मनुष्य अवधारणाओं, प्रवृत्तियों, कौशल का निर्माण तथा संवहन कर सकता है। जिनसे सभ्यता बनती है। केवल भाषा के द्वारा ही मनुष्य अपने अतीत का संवहन कर सकता है, वर्तमान को समझ सकता है और भविष्य के बारे में कुछ रच-बुन सकता है।"[106] इसीलिए शिकाओ-समीक्षकों का सर्वाधिक प्रहार भाषा या काव्यभाषा के इस अत्यधिक मोह पर ही हुआ। डेविड डचे ने इस मुद्दे पर एक और पक्ष सामने रखा है। यह पक्ष 'नयी समीक्षा' के विस्तार को अधिक स्पष्ट करता है।[107] इस समीक्षा-पद्धति के विस्तार ने नृतत्त्वविज्ञान और मनोविज्ञान को समृद्ध किया। रूपकों के अध्ययन पर काफ़ी बल देने के कारण कुछ आलोचकों ने इसे मिथक के अध्ययन से जोड़ा। नृतत्त्वविज्ञान और मनोविज्ञान में हुई नयी प्रगति से इस मिथक-अध्ययन को प्रोत्साहन मिला। प्रारम्भिक सभ्यता और साहित्य में प्रतीक तथा मिथक के महत्त्व के अध्ययन को काव्यभाषा के अर्थवैज्ञानिक और आलोचनात्मक अध्ययन से जोड़ दिया गया।

एक जर्मन प्रोफ़ेसर अर्नस्ट कैसिरर ने 1923 से 1929 के बीच प्रकाशित फिलॉसॉफी ऑफ सिम्बोलिक फॉर्म्स' में मिथक और प्रतीक के इस नये अध्ययन के लिए दार्शनिक आधार प्रदान किया। सुजेन के लांजर (Suznne K Langer) ने कैसिरर के सिद्धान्त को फिलॉसॉफी इन ए न्यू की' नामक प्रभावशाली पुस्तक में विकसित किया। जिसमें मिथक को एक ज्ञान के माध्यम के रूप में देखा। अपने दूसरे ग्रन्थ 'फीलिंग ऐण्ड फॉर्म' में लांजर ने इस विश्लेषण को कला की प्रतीकवादी दृष्टि के प्रस्तुतीकरण में प्रयुक्त किया।[108] इस प्रकार नृतत्त्ववैज्ञानिक, मनोवैज्ञानिक, अर्थविज्ञानी तथा आलोचनात्मक प्रत्यय एक साथ आये जिससे 'नयी समीक्षा' के 'मिथक और प्रतीक' वाले पक्ष को प्रोत्साहन मिला।"[109] लोकगीतों व कर्मकाण्डीय विधानों के अध्ययन पर भी काम हुआ। 'मिथक और प्रतीक' विचारधारा का

सम्बन्ध फ्रायड की अपेक्षा कार्ल युंग से अधिक है। इससे साहित्यिक आलोचना को काफी समृद्धि मिली। ब्रिटेन में मॉड बोदकिन ने इस दिशा में काम किया। इसके बाद कई अमेरिकी आलोचकों ने इसे आगे बढ़ाया। रिचर्ड चेस ने आगे बढ़कर यह भी कहा कि सभी सच्ची कविताएँ मिथक के भेष में होती हैं। इस प्रविधि के गुण और दोष दोनों उभरकर आये।

'नयी समीक्षा' के विरोधी स्वर प्रारम्भ से ही वर्तमान थे। शिकागो समीक्षकों द्वारा इनके विरोध की चर्चा हो चुकी है। आर. एस. क्रेन ने ब्रुक्स के 'आलोचनात्मक एकलवाद' का विरोध किया। 'क्रिटिक्स ऐण्ड क्रिटिसिज़्म' में ब्रुक्स की इस धारणा का प्रबल विरोध मिलता है कि कविता के सम्बन्ध में धारणाओं को सभी साहित्यिक कृतियों पर लागू करें। प्रगीत को ही मूल्यांकन के केन्द्र में रखना, नये समीक्षकों की सीमा को स्वतः स्पष्ट करता है। क्रेन ने कहा कि नये समीक्षकों का 'एक सार्वभौम काव्यात्मक स्ट्रक्चर'' का आग्रह विभिन्न प्रकार की कविताओं के बीच के अन्तर को समाप्त कर देता है।[110]

'नयी समीक्षा' का विरोध 'मिथक-आलोचकों' ने स्वयं किया। मिथक पर अति आग्रह के कारण 'नयी समीक्षा' से विरोध स्वाभाविक था। जेनेवा स्कूलवालों की तरफ़ से 'नयी समीक्षा' का घोर विरोध हुआ। जॉर्ज पॉल (George Pavlet) कविता के रूप या इसकी विशिष्टता में रुचि ही नहीं दिखाते थे।[111] एक अन्य फ्रान्सीसी समूह जिसे संरचनावादी (Structuralists) कहा जाता था और जिनका सम्बन्ध सास्यूर के भाषाशास्त्र तथा लेनी स्त्रास के नृतत्त्वविज्ञान से था, नये समीक्षकों से सादृश्य रखता था। लेकिन कुछ मुद्दों पर ये भी मतभेद रखते थे।

नॉर्थोप फ्राई ने 'द क्रिटिकल पाथ' में 'नयी समीक्षा' पर कई प्रश्नचिह्न खड़े किये।[112] ''काव्यात्मक अर्थ तक कैसे पहुँचे?'' यह एक सर्वस्वीकृत सिद्धान्त है कि अर्थ सन्दर्भ से ग्रहण किया जाता है।'' फ्राई ने प्रश्न किया। इन्होंने 'नयी समीक्षा' का पुनर्मूल्यांकन किया, कोरा विरोध नहीं किया। इन्होंने स्वयं लक्षित किया कि इस पद्धति की निर्बलताएँ शीघ्र ही सामने आने लगीं और नये समीक्षकों में से कई पुनः उन प्रत्ययों की ओर लौटे जिनका विरोध वे कर चुके थे। फ्राई ने आलोचना के सन्दर्भ में अतियों का निषेध किया और सन्तुलित दृष्टि की अनुशंसा की। 'स्क्रूटनी' का प्रकाशन बन्द करने के पीछे एफ.आर. लीविस का यह तर्क कि इसका काम सम्पन्न हो गया है, एक अध्याय को बन्द करने जैसा था। इनके शिष्य रेमण्ड विलियम्स का एक मौलिक रूप से भिन्न पथ चुन लेना एक रेडिकल प्रस्थान बिन्दु को सूचना देता है।

जॉन फेकेट ने 'नयी समीक्षा' की समग्रता को बूर्जुआ-वैज्ञानिक समग्रता की संज्ञा दी है।[113] रैन्सम ने विज्ञान को एकांगी बताया लेकिन विज्ञान का विरोध करनेवाली 'नयी समीक्षा' स्वयं उसी दोष का शिकार हुई। "रूप के महत्त्व के प्रति घोर आसक्ति ने कलावस्तु और यथार्थ के वास्तविक सम्बन्धों का गला घोंट दिया और आलोचना को इसके वास्तविक सत्तामूलक विमर्श से विच्छिन्न कर दिया।"[114] ए. सी. वार्ड ने कुछ तीखे स्वरों में लिखा कि नये समीक्षकों की विशिष्टता और बौद्धिकता के कारण साहित्य कुछ ही लेखकों तक सिमटकर रह गया और "जो हानि पहुँची वह कहीं अधिक थी क्योंकि अल्पसंख्यक संस्कृति-आन्दोलन एक दक्ष-मिशनरी उत्साह से चलाया गया। इसने नेताओं, अध्यापकों और आचार्यों की पूरी जमात पैदा की जो शैक्षिक जगत् में प्रतिष्ठित हुए और देश तथा विदेश के छात्रों में नथिंग-बट-दी-वर्ल्डस-ऑन-दी-पेज' हेत्वाभास का प्रसरण किया। इसके अलावा उन छात्रों ने विचारों की स्वतन्त्रता का विकास नहीं किया बल्कि इस नीति के परिणामस्वरूप इस हेत्वाभास का प्रसार किया।"[115] रेने वेलेक 'नयी समीक्षा' के प्रति अपनी सहानुभूति के लिए ख्यात रहे। उन्होंने 'द डिमाइस ऑफ द न्यू क्रिटिसिज़्म' के कारण गिनाये हैं।[116] मुख्य समीक्षकों के राजनीतिक और धार्मिक दृष्टिकोण के प्रति अविश्वास एक प्रमुख कारण रहा है। नये समीक्षकों का धर्म के प्रति व्यवहार चौंकानेवाला रहा। ईसाई धर्म में सारी समस्याओं का समाधान खोजनेवाली प्रवृत्ति का समापन यही है कि ईसाई निष्ठा से सम्पन्न रचना ही सर्वोत्कृष्ट हो सकती है (यद्यपि रेने वेलेक यह नहीं कह रहे हैं) अन्य धर्मों या दार्शनिक प्रणालियों, विशेषतः पूर्वी संस्कृतियों के प्रति नये समीक्षकों का क्या आचरण था, क्या अर्जन था, इसका ठोस विवरण नहीं है और इससे उनके ज्ञान की सीमा का पता चलता है।

अपने समय की राजनीतिक समस्याओं का कितना विश्लेषण वे कर पाये। यह तो एक बात है लेकिन समाधान के रूण में जो जगह उन्होंने चुनी, वह पिछड़ी थी। वर्तमान की दुरावस्था का विकल्प अतीत नहीं होता। पलायन और भविष्य के प्रति विजन का अभाव नये समीक्षकों में निश्चित तौर पर था।

इलियट का दौर समाप्त हो रहा था। इसलिए इलियट के साथ प्रारम्भ हुई समीक्षा-पद्धति का पराभव एक स्वाभाविक परिघटना थी। एक नये ढंग की काव्य-रुचि का विकास हो रहा था। आधुनिकता पर प्रश्नचिह्न खड़े हो रहे थे। इस विकास को देखते हुए रेने वेलेक ने लिखा है – "नयी समीक्षा', कला और साहित्य मात्र पर ही आक्रमण, साहित्यिक पाठों के 'विखण्डन', नयी अराजकता जो व्याख्या से पूर्ण मुक्ति चाहती है, यहाँ तक कि आत्मस्वीकृत 'निहिलिज़्म' का शिकार हो गयी है।[117] लेकिन रेने वेलेक 'नयी समीक्षा' की एक सीमा को गम्भीर मानते हैं। यह अत्यधिक

'आँग्लकेन्द्रित' रही, यहाँ तक कि प्रान्तीय[118] जो बात मैंने दर्शन और संस्कृति के सन्दर्भ में कही, रेने वेलेक साहित्य के सन्दर्भ में कह रहे हैं। यदि पहले अध्याय का स्मरण करें तो यह बात बहुत असहज नहीं लगेगी। आँग्ल-अमेरिकी समाज अपने ऐतिहासिक विकास की जिस अवस्था तक पहुँचा था, उसकी अपनी समस्याएँ थीं इन समस्याओं का जो निदान प्रस्तुत किया, उससे तत्कालीन समाज ने निश्चित ही हवा के ताज़ा झोंके की तरह महसूस कर अपनाया होगा। आगे स्वयं इस पद्धति के सूत्रधार इलियट ने कोई भी श्रेय लेने से इन्कार कर दिया। अनेक नये समीक्षकों ने स्वयं 'नयी समीक्षा' के विरुद्ध कहा और लिखा। समाज ने भी अनुभव किया कि 'नयी समीक्षा' की वैचारिकता अग्रगामी नहीं है। यदि 'नयी समीक्षा' के 'कृति-केन्द्रित' विमर्श को यह मानकर स्थान दिया भी जाये कि इसने साहित्य के लिए ऐतिहासिक सन्दर्भ में एक सार्थक बहस की। जिससे कविता की शक्ति और गरिमा को देखने और उस पर सोचने का एक क्रम बना, तो भी इसके सामाजिक और राजनीतिक दृष्टिकोण को किसी भी कोण से प्रगतिशील नहीं कहा जा सकता है। पूँजीवाद और इससे जुड़े साम्राज्यवाद तथा उपनिवेशवादी पक्षों को देखने-समझने का अवकाश इन बुद्धिजीवियों के पास न था। ये लोग शब्दों की महिमा के बखान में लगे और यूरो-अमेरिकी सत्ताधीश दूसरे विश्वयुद्ध की तैयारियाँ कर रहे थे। यह देखकर आश्चर्य होता है कि कैसे ये बुद्धिजीवी अपने समय की असली समस्या और उसकी व्यापकता को देख पाने में असफल रहे। यदि इसका आभास हुआ भी, तो इसका स्वरूप इतना सूक्ष्म था कि कोई बदलाव सम्भव न था।

कोई साधारण स्तर का साहित्यशास्त्री भी यह नहीं कहेगा कि रचना में सिर्फ़ कथ्य महत्त्वपूर्ण होता है या सिर्फ़ रूप महत्त्वपूर्ण होता है। इसलिए इन समीक्षकों ने यदि दोनों का सम्मान किया, या ऐसा दिखाया तो इसमें नयापन क्या है? रचना में सुसंगति या 'कोहेरेन्स' हों, इससे किसी को भी इन्कार नहीं होगा। साधारण व्यक्ति से लेकर चिन्तक तक — सभी अपने-अपने स्तर से जीवन और जगत् में सुसंगति बिठाने का ही यत्न करते हैं। लेकिन इस सुसंगति का सम्बन्ध यदि सन्दर्भ या प्रसंग से न हो तो इसकी युक्तियुक्तता को जाँचने का पैमाना क्या होगा? विज्ञान तक में आइन्स्टीन ने सापेक्षता की धारणा को प्रतिष्ठित किया। वैज्ञानिक खोजों और शोधों का आधार तथा प्रेरक-बल समाज ही होता है। विज्ञान से होड़ लेनेवाले ये समीक्षक विज्ञान से भी पिछड़ गये! इस सदी के पूर्वार्द्ध में कोई व्यक्ति चाहे वह इलियट ही क्यों न हो, यदि स्वयं को राजतन्त्र का समर्थक कहता है, तो उसे महान् कहने से पहले हिचक होनी चाहिए। तात्त्विक चिन्तन और दार्शनिकता के आधार पर नये समीक्षक कोई ऊँचाई प्रदर्शित नहीं करते। एक तो इतिहास के साथ-साथ इनका

भूगोल भी कमज़ोर था, दूसरे यूरोपीय पुनर्जागरण के दौरान जिस यूरोप-केन्द्रित (और विश्वयुद्ध के बाद अमेरिका-केन्द्रित) सभ्यता का विकास हुआ था, उसका प्रतिनिधित्व भी करते थे।

विज्ञान के विरोध में कविता को खड़ा करना न बुद्धिमानी थी, न दार्शनिकता। दशकों पहले शिकागो में ही विवेकानन्द ने उन्हीं की भाषा में यह घोषणा की थी कि धर्म और विज्ञान में कोई विरोध नहीं है। दोनों एकत्व की ओर जाने के लिए प्रयत्नशील हैं। इन पश्चिमी विचारकों का दार्शनिक आधार इतना निर्बल और स्पष्ट है कि कुछ लिखना स्पष्टताओं की पुनरावृत्ति है।

कह सकते हैं कि 'नयी समीक्षा' ने कई ऐतिहासिक कार्य सम्पन्न किये। जैसा कि डचे ने लिखा है ''नये समीक्षकों के आग्रह और उनकी सारी वरीयताओं की जड़ में तत्कालीन युग की मनोवैज्ञानिक और संवेदनात्मक ज़रूरतें थीं। यह सही है कि सच्चे समीक्षक को दूरद्रष्टा होना चाहिए लेकिन यदि कोई आलोचक अपने युग की रचनाशीलता से गहराई से जुड़ जाये तो इसकी पक्षधरता स्वाभाविक है। वर्ड्सवर्थ ने 'लिरिकल बैलेड्स' में अपनी रचनाशीलता के पक्ष में लिखा, इलियट और टेट या रैन्सम ने वही किया। वर्ड्सवर्थ को स्वयं को स्थापित करने के लिए 18वीं सदी के अंग्रेज़ कवियों का अवमूल्यन करना था, नये समीक्षकों ने वही पथ चुना।[119]

नये समीक्षकों ने कविता ओर आलोचना से सम्बन्धित अनेक आधारभूत और तात्त्विक प्रश्न उठाये। सौन्दर्यानुभूति के स्वरूप, उद्भव और विनिमय की विशिष्टता, व्याख्या की तकनीक, कलाकृति की नियामक भूमिका, कविता की विशिष्टता और स्वायत्तता, आस्वाद के लिए अनिवार्य पूर्वग्रहहीनता, कला को ज्ञान का प्राथमिक और प्रामाणिक स्रोत मानना आदि ऐसे तत्त्व हैं, जिनके लिए नये समीक्षक अविस्मरणीय हैं। आलोचना के प्रकार्य पर बहस और इसकी प्रतिष्ठा का महत्त्वपूर्ण काम इन आलोचकों ने किया। रेने वेलेक ने कहा है कि यदि मानविकी को समाज में अपनी उपादेयता बचा रखनी है तो उसे हस्तक्षेप और आत्मपरिभाषा की नीति नहीं छोड़नी होगी।[120]

यह काल आँग्ल अमेरिकी साहित्य के इतिहास में सर्वश्रेष्ठ आलोचना का काल माना जा सकता है। ब्लैकमर ने ठीक ही कहा है कि सर्वाधिक रचनात्मक और प्रतिभाशाली मस्तिष्क इस काल में आलोचना की ओर प्रवृत्त हुए।[121] स्पीलर ने कहा कि, 'नयी समीक्षा' ने एक पूरी पीढ़ी को पाठ करना सिखाया।[122] लुइस कोवान (Louise Cowan) ने कहा कि नये समीक्षकों का महानतम प्रभाव यह है कि उन्होंने 'प्रोफेशन ऑफ लैटर्स' को स्थापित किया।[123]

भाषा की खोज मनुष्य ने की, कि वह स्वयं को व्यक्त और सम्प्रेषित करे। इस अर्थ में भाषा को समझना मनुष्य को समझना है। लेकिन भाषा को समझने के व्याकरणिक उपादानों के अलावा क्या और कुछ भी वांछित है? भाषा का अपना इतिहास, उसका निर्माण करनेवाला समाज और उसका उपयोग करनेवाला समूह होता है तथा इसकी भी एक विचारधारा होती है, नया समीक्षक यहाँ तक नहीं आ पाता। सदी के अन्त में हमारे संसार का, जो स्वरूप है, जिसमें संस्कृति, मीडिया, साहित्य और भूमण्डलीकरण के प्रत्यय सम्मिलित हैं, 'नयी समीक्षा' की वैचारिकता और उपकरण से कोसों दूर हैं। क्योंकि यह समीक्षा कोरे रूपवाद में परिणत हो गयी और रूपवादी उपकरणों से सभ्यता के विश्लेषण का काम प्राथमिक स्तर से आगे नहीं जा सकता। इतिहासबोध के बिना युगबोध सम्भव नहीं है और नयी समीक्षा' ने इतिहास और आलोचना के अलगाव को चरमान्त तक पहुँचा दिया।''[124] इसलिए कविता की विशिष्टता को स्वीकार करने के साथ ही एडवर्ड सईद ने इसे अपर्याप्त भी कहा और अमेरिकी 'नयी समीक्षा' के विरोध में तर्क दिये। सईद को इसका श्रेय दिया जाना चाहिए कि इन्होंने 'नयी समीक्षा' या रूपवाद के प्रभाव को अन्तिम रूप से ध्वस्त कर दिया। अपनी पुस्तकों 'दि वर्ल्ड, दि टेक्स्ट ऐण्ड दि क्रिटिक' तथा 'लिटरेचर ऐण्ड सोसाइटी' में उन्होंने नये समीक्षकों और रूपवादियों को खण्डित किया तथा 'ओरियण्टलिज़्म' और 'कल्चर ऐण्ड इम्पीरियलिज़्म' में उनके बरक्स अपने सिद्धान्तों को स्थापित किया जिसकी चर्चा इस शोध में कई जगहों पर हुई है।

## सन्दर्भ, स्रोत तथा टिप्पणी


1. डेविड डचे (David Daiches) का लेख। The New Criticism पृ. 96 'A Time of Harvest : American Lite : 1910-1960' में संकलित, सम्पादक Robert E. Spiller' American Century Series Hill and wang : Ny : प्र.सं. 1962.
2. "Poetry is not a turning loose of emotions but an escape from emotion; it is not the expression of personality, but an escape from personality," 'Tradition and the Individuals'Talent', Selected Essays' Fabers Faher. F.E. 1932. P. 21.
3. डेविड का लेख, पृ. 97.
4. वही, पृ. 98.
5. रेने वेलेक A History of Modern Criticism (1750-1950) Part -6, Yale University press प्रथम संस्करण – 1986, अध्याय – 8, पृ. 145.
6. रेने वेलेक, वही, पृ. 144-145.
7. डॉ. नगेन्द्र, नयी समीक्षा : नये सन्दर्भ, पृ. 49.

8. विलियम विमसाट और क्लीन्थ ब्रुक्स, Literary Criticism : A short History, Oxford University Press, पृ. 667.
9. वही, पृ. 167.
10. डॉ. नगेन्द्र, वही, पृ. 15.
11. John Feket. The Critical Twilight - Explorations in the Ideology of Anglo-American Literary theory from Eliot to Mcluhan, Routledge & Kegal Paul, 1977, अध्याय-7, पृ. 86.
12. जॉन फेकेट ने उक्त पुस्तक में, पृ. 86 पर यह उद्धरण दिया है।
13. ये उद्धरण भी पृ. 86 से लिये गये हैं।
14. Chris Baldick, The Social Mission of English Criticism, page 199.
15. World Civilization खण्ड-सी, सं. Edward M. Burns व सहयोगी W.W. Nortons, Company, Ny Indian Edition. 1991. विश्वस्तर पर हुए औद्योगिकीकरण व प्रतियोगिता के बारे में विस्तार के लिए अध्याय 30 देखें।
16. अमेरिकी गृहयुद्ध के लिए उक्त पुस्तक।
17. निर्मला जैन, नयी समीक्षा के प्रतिमान, नेशनल पब्लिशिंग हाउस, नयी दिल्ली, 1992 पृ. VII.
18. प्रो. बर्नस ने लिखा है कि यदि हम नीत्शे के वक्तव्य पर विश्वास करें तो जीवन के अन्तिम दशक में उसका प्रत्येक वर्ष दो सौ विषादपूर्ण दिनों से भरा था और 1900 में जब वे मरे तो विक्षिप्त हो चुके थे। देखें – पृ. 1125.
19. Oswald Spengler (1880-1936) की पुस्तक 'Decline of the West 1918 में पूरी हुई।
20. डेविड डचे, वही लेख, पृ. 95.
21. World Civlization वही, पृ. 1276.
22. वही, पृ. 1276.
23. वही, पृ. 1279.
24. "In the Seventeenth Century a dissociation of sensibility set in from which We have never recovered". The Metaphysical Poets, Selected Essays, P. 287-288.
25. विमसाट और ब्रुक्स, वही, पृ. 623.
26. क्रीस वाल्डिक, वही, पृ. 157। प्रिन्सिपल ऑफ लिटरेरी क्रिटिसिज़्म में रिचर्ड्स ने काव्यानुभूति और जीवनानुभूति की एकता का प्रतिपादन किया, यह इलियट को मान्य नहीं था।
27. जॉन फकेट, वही, पृ. 86.
28. उनकी पुस्तक 'Mass Civilization and Minority Culture' इसी पर बहस करती है।
29. कैम्ब्रिज यूनिवर्सिटी प्रेस द्वारा 'स्क्रूटनी का सम्पूर्ण पुनर्प्रकाशन 1963 में बीस खण्डों में हुआ।

30. ए. सी. वार्ड (A. C. Ward), Twentieth Century English Literature 1901-1960, Methaven and Co. Ltd. 11 New Petter Lan Ecy, 1964 पृ. 213-214.
31. क्रीस वाल्डिक, वही, पृ. 211.
32. वही, पृ. 222.
33. जॉन क्रो रैन्सम 'द वर्ल्ड्स बॉडी' Lovisian State University Press, प्रथमतः 1938 पेपरबैक संस्करण, 1918, भूमिका, पृ. 10.
34. 'नयी समीक्षा के प्रतिमान' की भूमिका में डॉ. निर्मला जैन ने इसकी चर्चा की है।
35. प्रो. बर्न्स व सहयोगी इतिहासकार, पूर्वोक्त पुस्तक, पृ. 1277.
36. डॉ. निर्मला जैन, पूर्वोक्त, पुस्तक पृ. XXI.
37. डेविड डचे पूर्वोक्त लेख, पृ. 100.
38. प्रेक्टिकल क्रिटिसिज़्म, पृ.सं. 13-17 तक.
39. डॉ. निर्मला जैन, पूर्वोक्त पुस्तक, पृ. XXIII.
40. रैन्सम और ब्लैकमर के परिचयात्मक विवरण स्रोत Literary Criticism in America, Edited - Albert D. Van Nostrand. The Liberal Arts Press, New York 1957 सम्बद्ध अध्याय।
41. जॉन फेकेट, पूर्वोक्त पुस्तक, पृ. 87.
42. वही, पृ. 88.
43. 'द वड्र्स बॉडी', प्रस्तावना, पृ. VIII
44. पृ. ix. 'a heart's desire poetry', Should be treated under the Pathological Categories.
45. वही प्रस्तावना पृ. X
46. वही पृ. XI
47. लेख 'Poets without Laurels' उद्धरण, पृ. 63 से
48. पृ. 351, ये दो लेख हैं — A Cathadralist looks at Murder, / Shakespeare at sonnets.
49. 'द वर्ड्स बॉडी की प्रस्तावना,' पृ. XII
50. फेकेट की वही पुस्तक, पृ. 89, 90 और आगे।
51. पूर्वोक्त पृ. 76.
52. The New Romantics : A Reappraisal of the New Criticism. पृ. 137 इसे जॉन फेकेट ने पृ. 44 पर उद्धृत किया है।
53. 'And Whose Views of Poetry I save' रैन्सम के शब्द
54. डॉ. निर्मला जैन, पूर्वोक्त पुस्तक, पृ. XXIV
55. रेने वेलेक, पृ. 147.
56. रेने वेलेक ने इसे पृ. 175 पर उद्धृत किया है।
57. वही, इलियट के लिए पृ. 183, ब्लैकमर के लिए पृ. 185, क्रेन के लिए 182.
58. वही, पृ. 147.

59. वही, पृ. 219.
60. वही, पृ. 220.
61. क्लीन्थ ब्रुक्स, वारेन, बर्क, विण्टर्स और विमसाट-सम्बन्धी लेखन के लिए मुख्यतः रेने बेलेक को आधार बनाया है। देखें, इनसे सम्बद्ध अध्याय।
62. 'A Critic of Critics' वही पृ. 188.
63. Michael Bell, 'F. R. Leavis' का 'Life and Work' नामक अध्याय Routledge London N. Y. 1988.
64. वही, पृ. Editor's Foreword.
65. वही, पृ. 137.
66. R. P. Bilan. 'The Literary Criticism of F.R. Leavis Cambridge University Press, 1979 पृ. 61.
67. वही, पृ. 61.
68. 'Valvation in Criticism and other Essay's collected and edited by G. Singh, University Cambridge Press, 1986. p. 285.
69. 'William Empson - Essays on renaissanse Literature' Vol. 1. Edited by John Haffeden, Cambridge University Press. 1993 भूमिका में।
70. Theory of Literature, Rene Wellek Austin Warren, Jonathan cape Thirty Bedford Square London, F.E. 1949., दूसरा अध्याय The Nature of Literature, पृ. 20.
71. वही, पृ. 37.
72. रेने वेलेक, वही, पृ. 146.
73. वही, पृ. 146.
74. पूर्वोक्त, पृ. 95, 96.
75. डेविड डचे का लेख, वही, पृ. 107.
76. 'द वर्ड्स बॉडी' में वह स्पष्टतः देखा जा सकता है। A Psychologist looks at Poetry नामक आलेख में रिचर्ड्स सम्बन्धी विमर्श है।
77. डेविड डचे, वही. पृ. 107.
78. वही, पृ. 107.
79. वही, पृ. 107-108.
80. वही, पृ. 146.
81. वही, पृ. 147
82. डेविड डचे, वही, पृ. 99.
83. वही, पृ. 177.
84. डॉ. नगेन्द्र, वही, पृ. 21.
85. वही, पृ. 24-25.
86. रेने वेलेक, वही, पृ. 284-285.

87. वही, पृ. 169.
88. 'द वर्ड्स बॉडी, पृ. 120.
89. वही, पृ. 120.
90. वही, पृ. 128.
91. वही, पृ. 128.
92. Bonnie Klomp stevens & Larry L. Stewart, 'A guide to literary Criticism and Research's. harcourt Brace Jovahovich College Publishers 1992.
93. वही, पृ. 13, 14.
94. वही, पृ. 14.
95. वही, पृ. 144.
96. वही, पृ. 148.
97. वही, पृ. 150. 'None of the critics could have believed in the prison house of language.
98. वही, पृ. 151.
99. वही, पृ. 151.
100. नयी समीक्षा : नये सन्दर्भ।
101. पी. स. शास्त्री का लेख New criticism and Indian Poetics : 'A study in Attitudes यह लेख Asian Response to American Literature में संकलित है जिसके सम्पादक C.D . Narasimhaiah हैं। Vikas Publication, Delhi. 1972.
102. यह लेख भी पूर्वोक्त पुस्तक में चालीसवें अध्याय के रूप में संकलित है। Ranjini Obenesekere 'The New criticism and Modern Sinhalese Criticism नयी समीक्षा के भौगोलिक विस्तार के लिए छिटपुट अध्ययनों पर ही आश्रित रहना पड़ता है। पूर्वोक्त पुस्तक में Ediberto K. Tiempo का आलेख The Impact of the 'New Criticism in the Philippines भी इस सम्बन्ध में महत्त्वपूर्ण है।
103. Maynard Mack का The World of Hamlet दिखाता है कि प्रगीत पर जिस प्रविधि को लागू किया गया, उसे बड़ी विधाओं पर किया जा सकता है। इसी तरह का प्रयास Mark Schorer ने 'फिक्शन' के लिए किया। कई उपन्यासों का अध्ययन उन्होंने किया। इसे 'नयी समीक्षा' के आन्तरिक विस्तार के एक पहलू के रूप में देख सकते हैं।
104. Bonnie K. Stevens & Larry L. Streward पूर्वोक्त पुस्तक, पृ. 15-16.
105. वही, वृ. 16-17.
106. Cleanth Brooks µ R. P. Warren, 'Modern Rhetoric', Harcourt Brace Jovanovich Inc. 1972, p. 3.
107. डेविड डचे का वही लेख, पृ. 105-108.
108. वही, पृ. 105.

109. वही, पृ. 106.
110. Critics and criticism, Edited R. S. Crane, The University of Chicago Press 1952 में R. S. Crane का लेख, The Critical Monism of Cleanth Brooks.
111. रेने वेलेक, पूर्वोक्त, पृ. 155.
112. 'The Critical path : An Essay on the Social Context of literary Criticism. Norshrop, Frye, Indiana University Press, 1971 p. 15.
113. पूर्वोक्त पुस्तक, पृ. 92.
114. वही पृ. 93.
115. A. C. Ward. 'Twentieth Cen. English Liter. P. 212.
116. वही, पृ. 156 और आगे।
117. वही, पृ. 157.
118. 'They are extremely anglo-centric, even Provincial' पृ. 157.
119. वही, लेख, पृ. 108-109.
120. पूर्वोक्त, पृ. 157, 158.
121. डेविड, डचे, पृ. 109
122. वही, पृ. 109.
123. जॉन फेकेट ने उद्धृत किया है। पृ. 96.
124. प्रो. मैनेजर पाण्डेय, साहित्य और इतिहास दृष्टि', पृ. 28.

# अध्याय – 4

# नयी समीक्षा और हिन्दी आलोचना

भारतीय स्वतन्त्रता को साहित्य के संसार में एक विभाजक बिन्दु के रूप में स्वीकार करें या नहीं, एक विवाद का विषय हो सकता है लेकिन अध्ययन की सुविधा के लिए इसे एक कालक्रमिक प्रस्थान-बिन्दु मानने पर यह स्पष्ट हो जाता है कि बाद का साहित्य अपने को एक विशिष्ट व्यक्तित्व देने को आकुल है। भारतीय मानस का उपनिवेशवाद के दौर में जो निर्माण हुआ, वह एक मिश्रित, जटिल और थोड़ा आगे बढ़कर कहें तो भ्रमित संघटन था। हिन्दी समाज और मानस का संघटन तो और भी दिलचस्प है। आजकल हिन्दी प्रदेशों में वैचारिक संकट की बात उठाकर बहस की जाती है। इस संकट की ऐतिहासिकता को खोजें तो इस दिलचस्पी का अर्थ निकल आयेगा। अस्तु! स्वतन्त्रता से पहले ही हिन्दी साहित्य में मुख्य प्रवृत्ति के तौर पर राजनीतिक स्वतन्त्रता का महत्त्व समाप्त हो गया और ब्रिटेन मुख्य प्रतिपक्ष नहीं रहा। प्रयोगवादी साहित्य को साम्राज्यवाद-विरोधी साहित्य नहीं कहा जा सकता। इस तथ्य की कई व्याख्याएँ हो सकती हैं—हिन्दी साहित्य अत्यधिक परिपक्व हो चला था या हिन्दी साहित्य पर उस दबाव की तीव्रता बहुत अधिक थी, जिसका प्रतिनिधि नेहरू को माना जाता है। यह भी हो सकता है कि हिन्दी साहित्य ने पश्चिम के उपलब्ध प्रतिमानों को अपनी समृद्धि के लिए अलादीन का चिराग़ समझ लिया। समाज के अग्रणी चिन्तक जिस शिक्षा-पद्धति और परिवेश में दीक्षित हुए थे, उसका सम्पूर्ण ताना-बाना प्राच्यवादी सूत्रों के साथ बुना गया था। जिस परम्परा, स्मृति और इतिहास, यहाँ तक कि भूगोल का अन्वेषण यूरोप ने किया था, उसे भारत में स्थापित प्रत्येक संस्थान में लागू किया गया। आज़ादी के तुरन्त बाद जिस बुद्धिजीवी समाज को हम पाते हैं, वह समाज इन्हीं संस्थानों से पोषित हुआ था। अनजाने में ही यह समाज उस मॉडल को पूरी निष्ठा के साथ अपना रहा था। जिसकी जड़ें न अपनी थीं, न अपने यहाँ थीं। आलोचना के प्रश्न पर यह मनोवृत्ति और भी गहरी थी। 'नयी समीक्षा' में ऐसा कुछ नहीं था कि जिससे हिन्दी के चिन्तक सर्वथा अपरिचित रहे हों, या हिन्दी साहित्य में उन मूल्यों का आगमन अनिवार्य

लगता हो। तथापि हिन्दी में 'नयी समीक्षा' का अभिग्रहण हुआ और इसे लेकर शोर-शराबा भी हुआ। पूर्व के अध्यायों में हमने जिस मानस और आख्यानों के निर्माण की बात की है, उसे स्वतन्त्र भारत के तुरन्त बाद की आलोचनात्मक गतिविधियों के मध्य रखकर देखना इसलिए आवश्यक है कि शोध का उपक्रम आलोचनात्मक संवाद के प्रति है और इसी अवधि में उक्त निर्मितियों का स्पष्ट रूप उभरता है। इस दौर में हिन्दी आलोचना में जो विभाजन हुआ था, वह बाद के कालों में भी जारी रहा।

## (क)

## हिन्दी में नयी समीक्षा का अभिग्रहण

स्वतन्त्रता के बाद का साहित्य आलोचना के प्रतिमान, बाहरी कारकों से सम्बन्ध, कला के मूल्य और जीवन के सन्दर्भ जैसे बिन्दुओं पर एक विविधतापूर्ण और जटिल परिघटना को व्यक्त करता है। वैसे भी, स्वतन्त्रता चाहे राजनीतिक मात्र ही क्यों न हो, एक वेगवान् उत्सुकता और चेतना को विस्तृत होने के लिए दिशाएँ प्रशस्त कर देती हैं। इस विस्तार की रूपरेखा और सार्थकता उस समाज के अन्य आन्तरिक और बाह्य कारकों से तय होती है।

छायावाद के बाद उभरे प्रगतिवादी आन्दोलन के साहित्य में छायावाद के प्रति असन्तोष और प्रतिक्रिया के कई तत्त्व थे। इसके बाद जब प्रयोगवाद का काल आया तो इससे छायावाद और प्रगतिवाद दोनों के प्रति असन्तोष और प्रतिक्रिया के तत्त्व थे। इस प्रकार नयी कविता का दौर जिसे प्रयोगवाद का विस्तार और परिणति माना जाता है, अपने पूर्ववर्ती काव्यधाराओं से अपने को साफ़-साफ़ अलग करते हुए नये मूल्यों की माँग करनेवाली उत्साही रचनाकारों और समीक्षकों का दौर है। इस दौर में रचना और आलोचना के बीच गहरे मतभेद और आरोप-प्रत्यारोप के दृश्य मिलते हैं। इस युग में जो साहित्य रचा जा रहा था वह अपने पूर्ववर्ती काव्य से भिन्न और जटिल था क्योंकि रचनाकार अपने को अपेक्षाकृत अधिक जटिल, विसर्पी और चुनौतीपूर्ण परिस्थितियों में पा रहे थे। वैश्विक स्तर पर हो रहे परिवर्तनों, विचारधाराओं व साहित्य-सिद्धान्तों के उदय तथा अन्तरराष्ट्रीय घटनाक्रमों से हिन्दी के रचनाकार अपने को अत्यधिक परिचित और संलग्न पाते थे। इस परिस्थिति में न सिर्फ़ साहित्य पर पड़नेवाले दबावों की उन्हें चिन्ता थी, बल्कि स्वयं अपने अस्तित्व पर भी चिन्तन करना अनिवार्य लगा। जब इन सम्मिलित कारकों का उनके काव्य-व्यक्तित्व पर

प्रभाव पड़ा तो निश्चय ही एक नये क़िस्म की जटिलता उनके साहित्य में आयी। दूसरी ओर, जो आलोचक थे, उन्होंने कदाचित् इस भिन्न काव्य को ठीक से नहीं समझा और अपने प्रतिष्ठित, पुराने मान-मूल्यों को निष्ठा के साथ चिपकाये अड़े रहे। इसलिए तत्कालीन पत्र-पत्रिकाओं में इस विवाद के कई रंग और पहलू प्रचुरता से मिल जाते हैं। मुक्तिबोध एक रचनाकार और सिद्धान्त के रूप में एक स्थापित सन्दर्भ है। इस समय स्वयं मुक्तिबोध ने रचना और आलोचना के बीच की खाईं पर गहरा दुःख व्यक्त किया और उनके कई निबन्ध इसी तथ्य को ध्यान में रखकर लिखे गये। उनका कहना था कि प्रगतिवादी भी इस नये उन्मेष के प्रति रूढ़िवादी रवैया अपना रहे हैं। "प्रगतिवादी तथा आदर्शवादी समालोचक पूरी नयी कार्यशैली के विरोधी हैं। विरोध का उतना प्रश्न नहीं जितना इस बात का है कि वे बनते हुए साहित्य की जीवनभूमि से असम्पृक्त रहकर—साहित्यांकित जीवन और साहित्यसृजन की वास्तविक मानवभूमि इन दोनों के घनिष्ठ परस्पर-सम्बन्धों के स्वरूप का – इन दोनों के अपने-अपने विशिष्ट-विशिष्ट स्वरूप का आकलन न करते हुए या छिछली दृष्टि से उनका आकलन करते हुए न्याय-निर्णय प्रदान करते हैं... सच तो यह है कि अपने-अपने सिद्धान्तों की तर्कव्यवस्था के ऊँचे आयवरी टॉवर पर बैठे हुए बनते हुए साहित्य को देखते हैं।"[1] स्वभावतः ऐसे समीक्षक साहित्य-रचना के प्रति उपेक्षा और कुरुचि प्रकट करते थे। मुक्तिबोध लिखते हैं – "समीक्षकों की इस दयनीय उपहासात्मक स्थिति के कारण ही, आज प्रत्येक लेखक को अपना समीक्षक होना पड़ रहा है। ... समीक्षक तो एकदम 'चिन्तक' हो गया है, उसको ज़िन्दगी के आवेगों से कोई मतलब नहीं।"[2] परिणामतः, रचनाकार आलोचकों की एक लम्बी सूची मिलती है, जिनमें से कुछ ने व्यवस्थित रूप से और कुछ ने छिट-पुट आलोचनाएँ लिखीं और सिद्धान्तों पर बहस कीं।

हम जिसे नयी कविता का युग बता रहे हैं, उस युग में ऐसा अलगाव क्यों कर हुआ और क्या इसकी कोई और पृष्ठभूमि तलाशी जा सकती है? पण्डित नेहरु ने अपनी आत्मकथा में इलियट को उद्धृत किया है। प्रसंग गाँधी-इरविन समझौते के प्रति नेहरू की निराशा का है। श्री साही ने इस तथ्य को लिखते हुए प्रश्न किया है... "हिन्दुस्तान के किस विशिष्ट मानस का साम्य इलियट से बैठा?"[3] वे छायावाद से नयी कविता में एक नैरन्तर्य देखते हैं। नामवरसिंह नेहरू की आत्मकथा के हवाले से 1936 के समय को उद्धृत करते हुए कहते हैं कि भारतीय मानस में एक दरार-एक फाँक पैदा हुई। वे कहते हैं – "जिसे टी.एस. इलियट ने अपनी परम्परा के सन्दर्भ में 'संवेदना का पृथक्करण' कहा है।"[4] ध्यातव्य है कि यह परिघटना इलियट के समाज में लगभग तीन दशक पहले हुई और इसके कारण नयी समीक्षा को बल

मिला। यदि इस तथ्य का यहाँ विस्तार करें तो हम देख सकते हैं कि पश्चिम में 'नयी समीक्षा' के उदय के जो कारण मोटे तौर पर मान्य हैं उनमें से अनेक यहाँ भी मौजूद थे। जैसे – स्वच्छन्दतावादी भाव विह्वलता और कृतिकार केन्द्रित मानों विरोध, प्रगतिवादी-मार्क्सवादी आग्रहों का विरोध, संवेदना का पृथक्करण, साहित्य के ऊपर अन्य अनुशासनों का दबाव व चुनौतियाँ तथा आधुनिकता का प्रसार आदि। एक दृष्टि यह भी है कि, "स्वाधीनता के बाद की हिन्दी कविता के इतिहास में प्रयोगवाद और नयी कविता के आधुनिकतावादियों ने या तो इतिहास और परम्परा से मुक्ति की घोषणा की, क्योंकि इतिहास और परम्परा का बोध उन्हें बोझ प्रतीत होता था, या फिर अपनी कलावादी रचनादृष्टि या प्रतिक्रियावादी सामाजिक विचारधारा का औचित्य सिद्ध करने के लिए परम्परा और इतिहास का दुरुपयोग किया।"[5] मैनेजर पाण्डेय ने मुक्तिबोध को समझाते हुए ऐसा लिखा है। मुक्तिबोध ने स्वयं इस समय की हवा में प्रतिक्रियावाद और शीतयुद्ध की छाप देखी थी जिसकी चर्चा की जायेगी।

कारण और भी हो सकते हैं लेकिन आलोचना के प्रतिमानों पर होनेवाली बहस इतनी धारदार थी कि एक सघन आलोचनात्मक परिवेश बन गया। कर्णसिंह चौहान ने भी लिखा है कि आधुनिक ज्ञानों का साहित्य-समीक्षा में दुरुपयोग हुआ और इस अतिवाद के विरोध में दूसरे में प्रकार का अतिवाद उठ खड़ा हुआ। उन्होंने तीसरे सप्तक की भूमिका में अज्ञेय के वक्तव्य को उद्धृत किया है – "यह मानकर भी कि शास्त्रीय आलोचकों से उसे सहानुभूतिपूर्वक तो क्या पूर्वग्रहरहित अध्ययन नहीं मिला है, यह आवश्यक हो गया कि स्वयं उसके आलोचक तटस्थ और निर्मम भाव से उसका परीक्षण करें। दूसरे शब्दों में परिस्थिति की माँग यह है कि कविगण स्वयं एक-दूसरे के आलोचक बनकर सामने आवें।"[6] इस माँग या कहें कि निवेदन का प्रभाव अचूक पड़ा और न सिर्फ़ कवियों ने बल्कि कहानीकारों ने भी एक-दूसरे पर लिखना प्रारम्भ कर दिया। लेखक और आलोचक के बीच दीवार नहीं रही, इसके परिणाम चाहे जैसे भी रहे हों। स्वयं इलियट ने यह दिखाया है कि रचनाकार के हाथों में समीक्षा के आ जाने के ख़तरे क्या होते हैं। बहरहाल "समकालीन रचना के सन्दर्भ में मान-मूल्यों की चिन्ता का नये सिरे से प्रारम्भ यहीं से हुआ। रचनाकारों ने जो समीक्षा प्रस्तुत की उससे ध्यान अन्य चीज़ों से हटकर रचना पर केन्द्रित हुआ। वे मुद्‌दे जो अब तक छूटे थे, बहस के केन्द्र बन गये। सृजन प्रक्रिया के विस्तृत दस्तावेज़ सामने आये, जिन्होंने रचना को खोलने की एक नयी समझ दी। संक्षेप में, आलोचना सृजन के इतना क़रीब आ गयी कि उसके और रचना के बीच प्रक्रिया तक का फ़र्क़ मिटने लगा।"[7] जैसा कि श्री चौहान ने ज़िक्र किया और अन्य पहलू पहले के वर्णन में उभरकर सामने आये, इस काल की समीक्षा ने रचना को अपना

केन्द्र बनाया। रचना के केन्द्र में आते ही इसकी विशिष्टता और इस विशिष्टतर को व्यक्त करनेवाले कारकों पर ज़ोर बढ़ा। इस काल की समीक्षा को नयी समीक्षा कहा गया। यह नाम New Criticism की तर्ज़ पर नहीं पड़ा बल्कि अपने नयेपन के कारण पड़ा। लेकिन अंग्रेज़ी नयी समीक्षा से इस काल में रचनाकारों व आलोचकों का परिचय हो गया था और इस परिचय का स्वरूप क्या था, विवेचनीय है। "छायावाद के कवियों ने दूर-दूर तक यह मानकर नहीं दिया कि भारत के बाहर भी किसी साहित्य से उनकी पहचान है। इसके विपरीत 'तारसप्तक' के लगभग सभी कवि पश्चिम के प्रभाव या अपनी पश्चिम-उन्मुखता का ढिंढोरा पीटते नहीं हिचकते। इस ढिंढोरे का क्या तात्पर्य है? अधिकांश कवियों की सूची में इंग्लैण्ड के अतिरिक्त शेष यूरोप की पुस्तकों और लेखकों का प्राधान्य है। यह वह दौर था जब हिन्दी ने बड़े पैमाने पर यूरोप की खोज की। यद्यपि इस खोज ने आगे चलकर कुछ दूसरे दबावों की सर्जना की, लेकिन उस समय तो यूरोप अंग्रेज़ी और अंग्रेज़ों के मुकाबले में मुक्तिदाता-सा आता हुआ दिखता है।"[8] श्री साही के कथन से यह अनुमान लगाना कठिन नहीं है कि इस युग के लेखक प्रतीकवाद, बिम्बवाद, नयी समीक्षा, अस्तित्ववाद और भाषा के क्षेत्र में होनेवाले शोधों से परिचित थे और इस प्रकार उनके साहित्य-चिन्तक में इन सबके सन्दर्भ मिल जाते हैं। इस सारे सन्दर्भों से उपजे कई पारिभाषिक शब्द उदाहरण के तौर पर लिये जा सकते हैं, जिनका प्रतिमानों के तौर पर उल्लेख किया गया।

लक्ष्मीकान्त वर्मा ने 'नयी कविता के प्रतिमान' लिखकर नयी कविता के लिए प्रतिमान निश्चित करने चाहे। इस समूह के एक और आलोचक श्री साही ने समूची कविता के लिए नये प्रतिमानों की आवश्यकता पर ज़ोर दिया। इस काम को एक आकार देने का प्रयास नामवरसिंह ने किया। उन्होंने भी लक्ष्य किया – "नयी कविता को जाँचने के लिए कविता का प्रश्न उठाना ग़लत नहीं है, ग़लत है कविता-सम्बन्धी बुनियादी सवाल की ओट में किसी पुराने सिद्धान्त का सहारा लेना। और निश्चय ही ऐसी चुनौती का जवाब, श्री लक्ष्मीकान्त वर्मा की तरह नयी कविता के प्रतिमान बनाकर नहीं दिया जा सकता, बल्कि जैसा कि साही ने कहा है, "समूची नयी कविता को ठीक-ठीक देखने के लिए नयी कविता के प्रतिमान की ज़रूरत नहीं है, बल्कि कविता के नये प्रतिमान की ज़रूरत है।"[9] इसी प्रतिज्ञा के अन्तर्गत 'कविता के नये प्रतिमान' पुस्तक का प्रकाशन हुआ, जिसमें लेखक ने छायावादी संस्कारों से पाठकों को मुक्त करने का प्रयास किया और मुक्तिबोध को केन्द्र में रखकर नये मान-मूल्यों पर विचार किया। पुस्तक पर्याप्त बहस का केन्द्र बनी। दूसरे संस्करण की भूमिका में स्वयं लेखक ने क्षोभ प्रकट किया कि अकारण

ही उन पर रूपवादी रुझान का आरोप लगाया जा रहा है। लेकिन लेखक के अन्य मन्तव्यों से साफ़ प्रकट होता है कि कथित रूपवादी सिद्धान्तों से विमर्श होता रहा है। इस तथ्य पर बहस आगे के उपअध्याय में होगी। वैसे इस बात से अस्वीकृति असम्भव है कि नयी समीक्षा ने भी अपना प्रभाव डाला था। श्री चौहान लिखते हैं –''कला का स्वायत्ता और सौन्दर्यानुभूति आदि के नाम पर नित नवीन सिद्धान्तों का जो आयात-निर्यात, अन्वेषण होता रहता है आज हिन्दी समीक्षा में उसका प्रभाव है।[10] इसके अलावा नामवरसिंह का यह कथन पक्के सबूत के रूप में देखना उचित होगा, ''यदि हिन्दी में आज काव्य के नये प्रतिमान बनाते समय इंग्लैण्ड-अमेरिका की 'नव्य-आलोचना' से सहायता ली जा रही है तो फिर अपनी परम्परा के रस-सिद्धान्त ने ही क्या बिगाड़ा है।''[11]

इस युग में पुराने काव्यशास्त्र की ओर भी गमन हुआ। जैसा कि नामवर जी के प्रयास से मालूम होता है। उन्होंने पुनः कहा – ''शताब्दियों पूर्व ध्वन्यालोकलोचनकार अभिनवगुप्त ने 'अपूर्व यदवस्तु प्रथमयति बिना कारणकलाम्' कहकर और काव्यप्रकाशकार मम्मट ने 'नियति-कृत-नियम रहिताम् अनन्यपरतन्त्राम्' कहकर कविता की जिस स्वकीयता, स्वायत्तता और सापेक्ष स्वतन्त्रता की स्थापना की थी और आधुनिक अंग्रेज़ी कवि इलियट ने 'द सेक्रेड वुड' के द्वारा कविता की निजी इण्टिग्रिटी की रक्षा का प्रयास किया। नयी कविता ने हिन्दी में आज कविता के उसी स्वधर्म की पुनः प्रतिष्ठा का संकेत दिया है।''[12]

लेकिन बात यहीं तक नहीं रही। रचनाकेन्द्रित आग्रह से चलनेवाला प्रवाह भाषा वैज्ञानिक अतिवादों और आधुनिकता के पश्चिमी मानदण्डों तक जा पहुँचा। हिन्दी में शैलीविज्ञान ज़ोर-शोर से चला और रूसी रूपवाद से अपना सम्बन्ध जोड़ते हुए भाषा केन्द्रित मान स्थिर किये गये। विद्यानिवास मिश्र ने तो 'रीतिविज्ञान' की रचना की और रवीन्द्र श्रीवास्तव ने शैलीविज्ञान को एक सर्वश्रेष्ठ मानदण्ड के रूप में प्रतिष्ठित करने की बात की। डॉ. नगेन्द्र ने भी 'शैलीविज्ञान' लिखकर अपने समकालीन होने का परिचय दिया।

पश्चिम से आये अस्तित्ववाद ने भी भारतीय लेखकों को बहुत लुभाया। और इस प्रकार ''साहित्य और समीक्षा में ऐसे पारिभाषिक शब्दों का अम्बार लगता गया जो अपनी परिभाषा के लिए सन्दर्भ माँगते थे। साहित्य के मान-मूल्यों के स्तर पर प्रतिष्ठित अनुभूति की प्रामाणिकता, क्षणवाद, पीड़ावाद, भोगवाद, अकेलापन, सन्त्रास, अजनबीयत, अस्वीकृति आदि शब्दों के माध्यम से प्रकट यह एक अजाना काव्यशास्त्र था।''[13]

अब हम यह कहने की स्थिति में हैं कि विवेच्य-युग में जो आलोचनात्मक गतिशीलता देखने को मिलती है, उसके कई पक्ष हैं। इस अवधि में संस्कृत काव्यशास्त्र, नयी समीक्षा, पश्चिम के अन्य भाषा वैज्ञानिक सिद्धान्त, बिम्बवाद, प्रतीकवाद, अस्तित्ववाद आदि का विसरणशील घोल तत्कालीन सामाजिक और राजनीतिक वास्तविकताओं के ढाँचे में ढलकर एक अनगढ़-सा आकार प्रकट करता है। भाषा और विशेषकर काव्यभाषा पर विचार करनेवालों में प्रथमतः आचार्य शुक्ल का नाम आता है। 1904 में 'सरस्वती' में उनका लेख 'साहित्य', 'बुद्ध चरित' की भूमिका तथा 'जायसी ग्रन्थावली' की भूमिका में उनका चिन्तन देखा जा सकता है। रिचर्ड्स से उनके सम्बन्धों के स्वरूप की चर्चा पिछले अध्याय में हो चुकी है। रिचर्ड्स नयी समीक्षा के जनकों में से एक थे। इलियट से भारतीय मानस के सम्बन्ध-सूत्र का भी उल्लेख हुआ है। इलियट से 'नयी समीक्षा' के आचार्यों ने प्रेरणा ली थी। इस प्रकार 'नयी समीक्षा' से अस्वीकृति का प्रश्न ही नहीं है। अज्ञेय ने विवेच्य युग में इस स्वीकृति का सबल प्रतिनिधित्व किया। अज्ञेय मानते थे कि कविता ही कवि का परम वक्तव्य है।

अन्त में यह ध्यान रखना आवश्यक है कि अपनी पृष्ठभूमि और प्रतिबद्धता के अनुसार नये मान-मूल्यों के प्रति लेखकों की दृष्टि में अन्तर था। जहाँ कुछ लोग कलावाद की प्रतिष्ठा में लगे थे वहीं कुछ लोग इस कलावाद और इसके पीछे निहित विचारधारा को समझाकर इसका विरोध करते थे। कुछ लोग ऐसे भी थे कि जो नयी समीक्षा से स्वस्थ तत्त्व ग्रहण करने को उत्सुक थे। तथापि इस पूरे युग में उन लोगों का वर्चस्व बना रहा जिन्हें मोटे तौर पर कलावादी या रूपवादी कहते हैं।

## (ख)

## हिन्दी में अन्य साहित्य – सिद्धान्तों से नयी समीक्षा का सम्बन्ध

'नयी समीक्षा' के आधार-ग्रन्थ के रूप में समादृत रैन्सम की 1941 में प्रकाशित पुस्तक The New Criticism से गुज़रते हुए कई महत्त्वपूर्ण स्थापनापरक स्थलों पर दसवीं सदी के आचार्य कुन्तक का स्मरण हो आता है। तथापि हम इस पुराने झगड़े को यदि संस्कृत काव्यशास्त्र के आचार्यों के लिए छोड़ दें और हिन्दी आलोचना की बात करें तो हिन्दी के प्रमुख आलोचकों में एक श्री रामस्वरूप चतुर्वेदी ने एक भेंट में मेरे द्वारा नयी समीक्षा के प्रभाव पर प्रश्न किये जाने पर यह साफ़ कहा कि इस समीक्षा-प्रणाली का हिन्दी पर कोई प्रभाव नहीं है। उनका कहना है कि 'नयी

समीक्षा' के आधार पर कोई सुव्यवस्थित पद्धति बनाकर हिन्दी आलोचना में उसका प्रयोग हुआ हो, ऐसा नहीं दिखता। दूसरी ओर इस बात के पर्याप्त प्रमाण हैं और आगे एक उपअध्याय में उन्हें देखा जायेगा कि श्री चतुर्वेदी नये समीक्षकों व उनकी प्रमुख रचनाओं से भली-भाँति परिचित हैं।[14] इस स्थिति में नये समीक्षा के साथ अन्य सिद्धान्तों का सम्बन्ध-निर्धारण किसी गणितीय प्रक्रिया से नहीं हो सकता।

पहले हम उसी प्रणाली की बात करते हैं जो पुराने काव्यशास्त्र से सहायता लेकर हिन्दी में निर्मित हुई। इस प्रणाली को शास्त्रीय कह सकते हैं। आचार्य शुक्ल ने नये समीक्षकों का ठीक-ठीक ज़िक्र नहीं किया। लेकिन वे रूपवादी प्रवृत्तियों की पछुआ हवा से अच्छी तरह परिचित जान पड़ते हैं और इस सन्दर्भ में उन्होंने उनसे कुछ सीखने की बात नहीं बल्कि उसके विरुद्ध चेताया। इस अनुमान का कारण यह है कि जिस साहित्य की विशिष्टता को, कृतिकेन्द्रित आलोचना को उन्होंने प्रतिष्ठित किया, उसके उत्स प्राचीन काव्यशास्त्र में स्थित हैं। हिन्दी में संस्कृत काव्यशास्त्र का जो रूप निर्मित है उसका प्रयोग सभी तरह के आलोचक करते रहे हैं। मार्क्सवादी नामवरसिंह ने भी नयी समीक्षा से सम्बन्धों के प्रश्न पर काव्यशास्त्र की ओर गमन किया। डॉ. नगेन्द्र ने नयी समीक्षा पर विस्तार से लिखा और अपनी पुस्तक 'नयी समीक्षा : नये सन्दर्भ' में इसकी तुलना भारतीय काव्यशास्त्र से भी की। प्रसाद की कविता 'किरण' के दो छन्द लेकर उन्होंने नयी समीक्षा की प्रक्रिया से विश्लेषित किया। इस नयी समीक्षा में निहित अनेक तत्त्व भारतीय काव्यशास्त्र में पहले से उपस्थित हैं। कई तत्त्वों का उल्लेख डॉ. नगेन्द्र ने किया है। उदाहरण के लिए एम्पसन का सिद्धान्त 'अनेकार्थता' काव्यशास्त्र के 'श्लेष' से तुलनीय है। वे 'राम की शक्ति पूजा' से एक छन्द लेकर विस्तार से नयी समीक्षा के आग्रहों को प्रयोग में लाते हैं। नामवरसिंह ने प्रतिमानों पर बात करते समय यथास्थान नये समीक्षकों को संस्कृत काव्यशास्त्र के आचार्यों को मिलाया है – "इस प्रकार चाहें तो संस्कृत काव्यशास्त्र को शुद्ध कविता का शास्त्र कह सकते हैं। रिचर्ड्स और इलियट द्वारा प्रवर्तित काव्य-समीक्षा भी एक तरह से मुख्यतः शुद्ध कविता का ही काव्यशास्त्र है।"[15]

अपने-आप में बहुत पुराना और कई बार उठाया गया प्रश्न है कि 'नयी समीक्षा' से पहले संस्कृत काव्यशास्त्र की उन प्रवृत्तियों की ओर आचार्यों का ध्यान क्यों नहीं गया जिनकी प्रासंगिकता साहित्य के लिए बनी हुई है? उदाहरण के लिए नामवरसिंह ने 'काव्य-बिम्ब और सपाटबयानी' नामक अध्याय में 'नयी कविता' के दौर में काव्य-बिम्ब को बलपूर्वक पुनः प्रतिष्ठित करने के औचित्य पर प्रश्न उठाते हुए लिखा कि, "आधुनिक युग में संस्कृत काव्यशास्त्र की इस विस्मृत परम्परा का पुनरुद्धार करते हुए आचार्य रामचन्द्र शुक्ल ने कविता में पुनः विभावन व्यापार की प्रतिष्ठा

की। सन्दर्भ-भेद से इसी के लिए उन्होंने 'मूर्तिमत्ता' और बिम्बग्रहण शब्दों का प्रयोग किया।"[16] केदारनाथ सिंह द्वारा बिम्ब को मूल्यांकन का प्रतिमान घोषित करने को वे 'स्थापित-सत्य की स्वीकृति-मात्र' मानते हैं मौलिक खोज नहीं। लेकिन यह तो कई लोगों ने माना है कि यह स्वीकृति पश्चिमी बिम्बवाद के प्रभाव से प्रेरित थी। इस बिम्बवाद का 'नयी समीक्षा' में पर्याप्त स्वीकरण था। इसी प्रकार 'तनाव' शब्द की नयी व्याख्या करते हुए उन्होंने एलेन टेट के 'टेन्शन' से कोई सम्बन्ध नहीं जोड़ा और लिखा – "नयी कविता आज यदि द्वन्द्व और तनाव को काव्य के प्रतिमान के रूप में प्रतिष्ठित करना चाहती है तो वह हिन्दी आलोचना की गौरवशाली परम्परा को ही आगे बढ़ा रही है।"[17] आगे उन्होंने मुक्तिबोध और अज्ञेय को उद्धृत किया है। एक और उदाहरण देखा जा सकता है। 'काव्यभाषा और सृजनशीलता' नामक अध्याय में अज्ञेय के इस कथन को कि 'काव्य के जो भी गुण बताये जाते हैं या बताये जा सकते हैं। अन्ततोगत्वा भाषा के ही गुण हैं, 'वागर्थ प्रतिपत्ति' की कालिदास की धारणा से जोड़ते हुए नामवरसिंह ने नयी कविता के दौर में इसकी पुनः प्रतिष्ठा को रेखांकित किया है।[18]

छायावादी मान-मूल्यों से संघर्ष के सर्वाधिक प्रसंग खोजे जा सकते हैं। हिन्दी में 'नयी समीक्षा' चाहे जिस रूप में आयी, छायावादी संस्कारों के प्रति असन्तोष से इस प्रक्रिया को सुगमता हुई। "इस दृष्टि से आज नये-से-नये प्रतिमान के लिए सबसे बड़ी चुनौती छायावादी संस्कार हैं।"[19] कर्णसिंह चौहान ने अपेक्षाकृत साफ़ ढंग से लिखा है कि, "पश्चिम के नव्यसमीक्षकों को रोमाण्टिसिज़्म और साहित्येतर नाम के दो शत्रु मिले जिनके विरुद्ध वहाँ जेहाद बोला गया। यहाँ भी लक्ष्मीकान्त वर्मा ने कहा है कि, "छायावादी शिशुबोध' और 'प्रगतिवादी साम्प्रदायिकता' ही नयी समीक्षा के दो शत्रु हैं। अतः इन्हीं के विरुद्ध कवि का और समीक्षा का दुर्धर्ष समर होगा।"[20] छायावादी कविता को निकृष्ट कोटि की पुनरुत्थानवादी कविता मानते हुए श्रीकान्त वर्मा ने अपनी नयी कविता की सार्थकता सिद्ध की। इस प्रकार 'नयी समीक्षा' की अवधारणाएँ छायावाद के विरुद्ध युद्ध में हिन्दी के नये समीक्षकों को बहुत आकर्षक लगी हो तो कोई आश्चर्य नहीं। इस युग में छायावाद के पक्ष में बोलने की हिम्मत कोई नहीं कर सकता था।

*आओ हम अतीत को भूलें*
*और आज की अपनी रग-रग के अन्तर को छू लें*
*छू लें इसी क्षण*
*क्योंकि कल के वे नहीं रहे*
*क्योंकि कल हम भी नहीं रहेंगे।"*[21]

छायावादी संस्कारों के प्रति विद्रोह तो लगभग सभी समीक्षकों में सामान्य तत्त्व था लेकिन थोड़ा आश्चर्य इस तथ्य पर होता है कि, ''साहित्येतर मूल्यों के नाम पर मुख्य रूप से सामाजिक यथार्थ पर आधारित मूल्यांकन प्रतिमान का तथाकथित नये समीक्षकों द्वारा जो विरोध किया जा रहा है, उसमें डॉ. नामवरसिंह जैसे मार्क्सवादी से लेकर अशोक वाजपेयी जैसे उदारमना आलोचक तथा मार्क्सवादी विरोधी सभी तरह के लेखक, समीक्षक शामिल हैं।[22] नामवरसिंह ने 'कविता के नये प्रतिमान' में जो प्रयास किया उस पर उपर्युक्त टिप्पणी के साथ-साथ और भी कुछ प्रश्न हैं जिन पर आगे के उपअध्याय में विचार करने का अवकाश मिलेगा लेकिन यहाँ उन प्रयासों को देखना होगा। इनका मानना है कि प्रगतिवादी आलोचना ने नये युग के साथ तालमेल बनाये नहीं रखा और साहित्य की स्वकीयता को महत्त्व नहीं दिया। ''मार्क्सवादी आलोचना के इस रूप-तिरस्कार की क्षतिपूर्ति के लिए ही कविता के नये प्रतिमान में काव्य के रूप पक्ष पर अतिरिक्त बल दिया गया है।''[23] और जहाँ तक 'नयी समीक्षा' का प्रश्न है तो नामवरसिंह ने उन लोगों को अच्छी ख़बर लेनी चाही है जो अंग्रेज़ी के कुछ समीक्षकों का उद्धरण देखकर उन पर रूपवादी होने का आरोप लगा बैठे क्योंकि ''जो मार्क्सवादी आलोचना के विकास के लिए प्रयत्नशील हैं, वे जानते हैं कि, अंग्रेज़ी 'नयी समीक्षा' को साम्राज्यवादी साज़िश या 'पतनशील' पाश्चात्य प्रवृत्ति कहकर टाला नहीं जा सकता।''[24] डॉ. नामवरसिंह इस 'नयी समीक्षा' के अनेक उपयोगी तत्त्वों को स्वीकार करने के लिए प्रयत्नशील हैं। इस प्रकार मार्क्सवादी आलोचना को और अधिक सक्षम और पूर्णतर बनाया जा सकता है। अपनी धारणा के समर्थन में वे पुराने काव्यशास्त्र तक जाते हैं और मुक्तिबोध को केन्द्र में रखकर प्रतिमानों को रूप देते हैं।

मार्क्सवादी आलोचना के हितार्थ संघर्षरत एक और समीक्षक मुक्तिबोध का 'नयी समीक्षा' से सामना हुआ। इन्होंने भिन्न तरह से प्रतिक्रिया की। उन्होंने नयी समीक्षा और प्रगतिवादी समीक्षा दोनों की निर्बलताओं और रूढ़ियों को उजागर किया लेकिन अंग्रेज़ी 'नयी समीक्षा' के प्रति कोई आसक्ति इनमें नहीं दिखती। नयी कविता के रचनाकारों में जो निजबद्धता, अभिरुचि की तानाशाही आदि उपस्थित है ''इसका मूल कारण, वह पैटर्न और वह अभिरुचि है जिसने अभ्यासवश शब्दों के ऐसे कठघरे, बिम्बों और उपमाओं की ऐसी प्राचीरें खड़ी कर दी हैं जिससे उन्हीं कवियों द्वारा अनुभूत उदार क्षणों का चित्रण नहीं हो पाता...।''[25]

'नयी समीक्षा' से परिचय के कारण हिन्दी में शैली विज्ञान और भाषाकेन्द्रित मूल्यांकन को निश्चय ही बल मिला। जब अंग्रेज़ी 'नयी समीक्षा' को अपनी ज़मीन कमज़ोर लगने लगी तो भाषाविद् और भाषा के दार्शनिकों ने इसे बल प्रदान किया।

'नव्य समीक्षा' में 'स्वायत्तता' रूपवाद की मूल सम्भावनाओं को सही ठहराते हुए उन्होंने तर्क दिया कि भाषा की वैज्ञानिक खोजों व सम्भावनाओं में पूर्णतया दक्ष न होने के कारण वे भाषा की बारीक़ियों को खोजने में असमर्थ रहे। इस अभाव को ही भाषाविदों ने भरा, मरते रूपवाद को अपने क्षेत्र की आधुनिक खोजों के उपयोग द्वारा जीवित रखने का प्रयास किया।''[26] इसके साथ ही अर्थविज्ञान चला और बाद में कई विशेषज्ञतापूर्ण शाखाएँ बनती गयीं। इनका विस्तार संरचनावाद और उत्तर-संरचनावाद तक खोजा जा सकता है। इस सबकी अनुगूँज हिन्दी में सुनी जा सकती है। ''यों अज्ञेय से शब्द की जिस सृजनात्मकता का पुनरुद्धार हुआ, नामवरसिंह आदि ने जिसे प्रतिमान की ऊँचाइयों तक उठाकर परिवेशगतता प्रदान की, अशोक वाजपेयी, श्रीकान्त वर्मा आदि ने जिस पर अपनी मुहर लगा दी, मूल्यांकन के उस प्रतिमान को अभी अपनी तार्किक परिणतियों तक पहुँचाना बाक़ी था। इस अधूरे कार्य को पूर्ण करने का श्रेय जाता है – भाषाविद् डॉ. रवीन्द्रनाथ श्रीवास्तव और श्री विद्यानिवास मिश्र को।''[27] इन भाषाविदों और व्याकरणशास्त्रियों ने साहित्य को शाब्दिक कला माना। (यहाँ हम 'नयी समीक्षा' के एक पद Verbal Icon को याद कर सकते हैं) शब्द और इसकी सूक्ष्म प्रतीतियों की विवेचना, विश्लेषण और व्युत्पत्ति में ही साहित्य की आलोचना अर्थवत्ता ग्रहण करती है। इनका मानना था कि साहित्य की समस्त सम्भावनाएँ भाषा में आकार ग्रहण करती हैं। यह एक प्रकार से स्वाभाविक विकास था। आज महत्त्वपूर्ण समीक्षकों में एक श्री रामस्वरूप चतुर्वेदी की इस धारणा से ऊपर कहे गये कथन को मिलता है – ''नयी कविता के युग में आज जब कविता के सभी परम्परागत भेदक लक्षण, तुक, छन्द, अलंकरण, लय धीरे-धीरे विलुप्त हो चले हैं, तो काव्यभाषा ही वह अन्तिम और सर्वाधिक महत्त्वपूर्ण आधार शेष रह जाता है। जिसके सहारे कविता के संघटन को समझने की चेष्टा हो सकती है।''[28]

## (ग)

## प्रमुख आलोचक

विवेच्य-काल आलोचना और रचना के बीच आरोप-प्रत्यारोप और अविश्वास का काल है। इसका अतिवादी परिणाम हुआ कि रचना और आलोचना के बीच विभाजन धुँधला होने लगा। दोनों काम एक ही व्यक्ति के हाथों सम्पन्न होने से एक प्रकार की अव्यवस्था की भी स्थिति उत्पन्न हुई। 'नयी समीक्षा' और हिन्दी

आलोचना के सम्बन्धों पर चर्चा करने के क्रम में मुख्य आलोचकों और उनके पक्ष को समझना आवश्यक है। हिन्दी के नये रचनाकार-आलोचक लगभग एक-सी चिन्ता और चिन्ताधारा से संचालित हो रहे थे। इनमें कुछ प्रमुख रचनाकार-आलोचकों को चुनकर सम्पूर्ण विषय की रूपरेखा बनायी जा सकती है। इसी प्रकार आलोचकों में, जो 'नयी समीक्षा' से कहीं सीधे जुड़ते हैं, उनके आलोचनात्मक विचारों की चर्चा होगी।

1943 में 'तारसप्तक' का प्रकाशन आलोचना के क्षेत्र में भी एक स्पष्ट परिवर्तन का संकेत था। पहले उपअध्याय में जिन परिवर्तनों का संकेत किया गया और एक नयी समीक्षा-पद्धति की ओर झुकाव की चर्चा की गयी, उनका स्पष्ट प्रमाण तारसप्तक की भूमिका में खोजा जा सकता है। इस प्रकार अज्ञेय इस नयी प्रवृत्ति के अगुआ के रूप में प्रतिष्ठित हुए। अज्ञेय और इलियट के सम्बन्धों पर बहुत-कुछ लिखा और कहा गया है। 'नये समीक्षक' इलियट से कैसा सम्बन्ध रखते थे यह निर्धारित किया जा चुका है। ''अज्ञेय की भूमिकाएँ (कवि-दृष्टि), निबन्ध (त्रिशंकु, आत्मनेपद, अद्यतन) और समग्र विवेचन (संवत्सर) साहित्य ही नहीं रचनात्मकता और सम्प्रेषण मात्र की विविध समस्याओं का गहरा और सुलझा हुआ विश्लेषण प्रस्तुत करते हैं।''[29] 'सम्प्रेषण' और 'ग्रहीता' जैसे पदों का प्रयोग इतनी सुगमता से प्रचलित करने का श्रेय अज्ञेय को ही है। इन दोनों पदों को 'नयी समीक्षा' और रूसी रूपवाद से जोड़ा जा सकता है। वैसे भी सम्प्रेषण का तर्क आधुनिकता से जुड़ता है। ''प्रतीक सत्यान्वेषण से लेकर चुनी हुई कविताएँ की भूमिका तक में अज्ञेय ने इस सिद्धान्त की बार-बार स्थापना की है कि 'कवि की खोज अर्थवान् शब्द की खोज है।' ...आत्मनेपद, त्रिशंकु और तारसप्तक' में उनके प्रारम्भिक भाषा-सम्बन्धी वक्तव्य काफ़ी सीमा तक प्रतीकवादी कवियों यीट्स, और इलियट से प्रभावित हैं। मलार्मे का प्रसिद्ध कथन कि, ''कविता विचारो से नहीं शब्दों से होती है' वात्स्यायन का भी प्रस्थान-बिन्दु है।''[30] आलोचना का लक्ष्य साहित्य है, साहित्यकार नहीं, यह बात वे कई जगहों पर कहते रहे हैं। शब्दों के प्रति अज्ञेय इतना आग्रही और उत्सुक रहे कि इसकी खोज में 'संवत्सर' में काल, दिक् और भाषा के सम्बन्ध में गहरे चिन्तन की ओर प्रवृत्त हुए। 'तीसरा सप्तक' में 'प्रतीक' के स्थान पर शब्द के लिए 'संकेत' का प्रयोग करना संरचनावादी प्रभाव के रूप में देखा गया है। 'शब्द मौन और अस्तित्व' नामक लेख तथा विद्यानिवास मिश्र द्वारा सम्पादित 'ऐन ऐन्थोलॉजी ऑफ मॉडर्न हिन्दी पोएट्री' की भूमिका में अज्ञेय द्वारा प्रतिपादित 'मौन' एक सुनिश्चित धारणा के रूप में व्यक्त किया गया है। ''कविता में शब्दों के बीच विरामों के आदर्श की चुनौती का वे बार-बार उल्लेख करते हैं। क्लीन्थ ब्रुक्स और एम्पसन

ने भी इसका उल्लेख किया है। इन आलोचकों के अनुसार यह प्रयोग रचना को मौन के उस बिन्दु पर छोड़ता है, जहाँ पाठक में सर्जनात्मक कल्पना के माध्यम से सृजन की सम्भावना उत्पन्न होती है।[31]

अज्ञेय उनके बीच अत्यधिक समादृत हैं जो साहित्य में कलात्मकता, विशिष्टता और तार्किकता पर बल देते हैं तथा जिनकी मार्क्सवादी की तरफ़ निष्ठा नहीं है। अज्ञेय ने इस प्रकार की विचारधाराओं के प्रति अधिक रुचि के साथ सोचा है। उनका उपन्यास 'अपने-अपने अजनबी' अस्तित्ववाद की बहसों में उलझा हुआ उपन्यास है। 'नयी समीक्षा' को अस्तित्ववाद का एक आधार भी प्राप्त हुआ था।

हिन्दी की 'नयी समीक्षा' में मुक्तिबोध एकदम अनोखे स्थान पर खड़े दिखायी पड़ते हैं। समसामयिक साहित्य की सबलताएँ और निर्बलताएँ, इनके स्रोत और आलोचना की स्थिति पर इनके पास स्पष्ट और ठोस दृष्टि है। इनमें विचलन नहीं है और जो कहा जा रहा है उसके प्रति पूरी निष्ठा है। ''मुक्तिबोध का आलोचनात्मक संघर्ष' नामक निबन्ध में विस्तार से इस युग में मुक्तिबोध की भूमिका का उल्लेख है।''[32] 'आलोचनात्मक संघर्ष' पद से ही संकेत मिल जाता है कि इन्हें कई रास्तों से विरोध और भ्रम से भरे परिवेश का सामना करना पड़ा होगा और इसी परिप्रेक्ष्य में आलोचनात्मक मान निर्धारित करने पड़े होंगे। 'नयी कविता का आत्मसंघर्ष और अन्य निबन्ध' तथा एक 'साहित्यिक की डायरी' में संकलित उनके आलोचनात्मक विचार नयी कविता में निहित कलावादी और रूपवादी मान्यताओं के विरुद्ध ठोस तर्क के साथ खड़े हैं। मुक्तिबोध ने अंग्रेज़ी 'नयी समीक्षा', 'रूपवाद', भाषावैज्ञानिकों की भाषाकेन्द्रिकता आदि के प्रभावों को ही नहीं बल्कि प्रगतिवादी आलोचना की प्रतिगामी भूमिका को भी स्पष्ट किया। ''कलाकार को एक साथ आत्मचेतस् और विश्वचेतस् बनने की क्रिया को अधिकाधिक सन्तुलित, अधिकाधिक बाह्यानुभवसम्पन्न, अधिकाधिक जीवनानुभवसम्पन्न बनाना होगा।''[33] वे मानते हैं कि, ''कोई भी भावना न अपने-आप में प्रतिक्रियवादी होती है न 'प्रगतिशील।''[34] और ''ज्ञान का कण जहाँ भी मिले, जहाँ भी प्राप्त हों, उन्हें तुरन्त अपने आकुल संवेदनों द्वारा उठाकर कृतज्ञ होना और मुग्ध भाव से उन्हें स्वीकार करना।''[35] आवश्यक है तथा ''सौन्दर्यानुभूति की अधिकतमता और बारम्बारता जिस व्यक्ति में अधिक होगी, वह अधिक मनुष्य होगा।''[36] लेकिन उनका मानना यहीं निःशेष नहीं हो जाता। जैसे वे कहते हैं कि, ''कला का अपना स्वायत्त स्वतन्त्र क्षेत्र है। किन्तु, उसकी यह स्वतन्त्रता जीवनसापेक्ष्य है, अपने प्राणपोषण और श्रीसम्पन्नता के विकास के लिए ही।''[37] मुक्तिबोध का चिन्तन हिन्दी की अपनी ज़मीन तैयार करता है।

"किसी भावाभिव्यक्तिवादी को यह समझाना ख़ासा मुश्किल है कि किसी काव्यकृति में साधन-साध्य जैसी दो अलग-अलग चीज़ें नहीं होतीं – यहाँ तक कि कविता का कोई एक अंश किसी दूसरे अंश अथवा सम्पूर्ण का भी साधन नहीं होता। एक सफल काव्यकृति अखण्ड और अविभाज्य होती है।"[38] नामवर सिंह के इस कथन की 'नयी समीक्षा' की उपपत्तियों से तुलना करने की यहाँ आवश्यकता नहीं है क्योंकि उन्होंने स्वयं विमसाट की पुस्तक The Verbal Icon के हवाले से (अपने-आपको प्रामाणिक सिद्ध करने की ग़रज़ से) यह बात कही है। इस प्रकार के अनेक अन्य उद्धरण 'कविता के नये प्रतिमान' में मिल जायेंगे, जिनसे प्रतीत होता है कि नामवरसिंह नये समीक्षकों से प्रभावित हैं। दूसरी ओर उनका आरोप है कि "हिन्दी के नये मार्क्सवादी आलोचक अंग्रेज़ी की नयी समीक्षा' के प्रति ज़रूरत से ज़्यादा शंकालु हैं।"[39] इस बात को स्पष्ट करने के लिए उन्हें दूसरे संस्करण की भूमिका में सफ़ाई देनी पड़ी। नामवरसिंह का मानना है कि प्रगतिवादी समीक्षा ने रूप तिरस्कार और बाहरी कारकों पर अतिनिर्भरता के कारण नयी कविता के साथ न्याय नहीं किया। अतः 'नयी समीक्षा' में जो स्वस्थ तत्त्व हैं उनको ग्रहण कर मार्क्सवादी समीक्षा को अधिक सक्षम बनाया जा सकता है। इसलिए उन्होंने विवेच्य पुस्तक में काव्य के प्रतिमानों पर बात करते समय अन्य स्रोतों के साथ-साथ 'नयी समीक्षा' से भी मदद ली। यह बात न सिर्फ़ वे स्वीकार करते हैं बल्कि उनके प्रतिमानों से भी स्पष्ट है। परन्तु वे मानते हैं कि रूपवाद के ख़तरों से वे अनभिज्ञ नहीं हैं – "इस प्रसंग में जेरेमी हाँथर्न ने तथाकथित रूपवादी समीक्षा की चुनौती का ज़िक्र करते हुए यह आशा व्यक्त की है कि रूपवादी आलोचना के तत्त्वों का उपयोग मार्क्सवादी आलोचना को विस्तृत और समृद्ध करने के लिए हो सकता है। उनका विश्वास है कि 'अटोनोमी' के स्थान पर 'आइडेण्टिटी' शब्द को स्वीकार कर लेने से रूपवादी आलोचना के निषेधात्मक पक्ष तिरस्कृत हो जायेंगे और स्वयं काव्यकृति सम्बन्धी रूपवादी अनुशीलन के विधेयात्मक तत्त्व सुरक्षित रह जायेंगे।"[40] कुछ इसी तरह की पहल नामवरसिंह ने की। इस प्रक्रिया में वे मार्क्सवादी पक्ष से विचलित लगे हों तो आश्चर्य नहीं। परन्तु जहाँ तक उनकी निष्ठा का प्रश्न है वह स्पष्ट है कि, "शुद्ध साहित्यिक मूल्यों की स्थिति जितनी भ्रामक है उतनी ही भ्रामक है कविता के स्वतः सम्पूर्ण संसार की सत्ता।"[41] इस घोषणा के बावज़ूद उन्हें यह कहना पड़ा कि, "यह विडम्बना अवश्य देखता हूँ कि जिस व्यक्तिपरक आत्मपरक काव्य-सिद्धान्त का खण्डन कविता के नये प्रतिमान में आद्यन्त अनुस्यूत है उसी का समर्थक मुझे बताया जाता है। इसे दृष्टिकोण कहने की अपेक्षा अपनी वाणी की दीनता चीन्हकर चुप रह जाना ही श्रेयस्कर है।"[42]

विजयदेव नारायण साही की स्थिति स्पष्ट है कि वे मार्क्सवाद से हटकर एक नये काव्य-मूल्य के लिए प्रयत्नशील रहे। उनके मत में ''आलोचना का काम साहित्यिक कृति की संवेदना को ज़बर्दस्ती खींचकर पाठक तक पहुँचाना नहीं है। आलोचना सिर्फ़ इतना कर सकती है कि पाठक के जो भी वैचारिक या धारणात्मक पूर्वग्रह, जाने या अनजाने, अपनी उपस्थिति या अनुपस्थिति के कारण, पाठक को उस ओर उन्मुख होने से रोक रहे हैं, जहाँ से काव्य का 'प्रभाव' प्रवाहित हो रहा है उन्हें विनष्ट कर पाठक को एक उचित तत्परता की अवस्था में छोड़ दें।''[43] उन्होंने कविता के लिए प्रतिमानों की माँग की और नामवरसिंह को इसी माँग से प्रेरणा मिली। लघु मानव के बहाने 'हिन्दी कविता पर एक बहस' नामक लम्बे निबन्ध में उन्होंने अपनी दृष्टि से हिन्दी की कविता की परम्परा पर विचार किया। उनके व्यवस्थित समीक्षा-कर्म का एकमात्र प्रतिफलन 'जायसी' हैं जिसमें कृति की राह से गुज़रकर 'पद्मावत' को समझा गया है। यह एक महत्त्वपूर्ण प्रयास था और इसलिए जायसी उनकी प्रतिष्ठा का आधार है। उन्होंने अपने सहयोगी और हमख्यालों की यथाशक्य रक्षा की, लक्ष्मीकान्त वर्मा द्वारा प्रतिपादित लघुमानव को तो उन्होंने अपना पूरा आशीष दिया। साही किसी विचारधारा से अपने को नहीं जोड़ते थे। कलात्मकता और विशिष्टता को केन्द्रीय तत्त्व माननेवाले समीक्षकों को इनसे पर्याप्त बल मिला।

लक्ष्मीकान्त वर्मा ने ही पहले पहल नयी कविता के लिए प्रतिमानों की बात की। उनकी पुस्तक 'नयी कविता के प्रतिमान' इसी का परिणाम है। इनकी पुस्तक 'नये प्रतिमान : पुराने निकष' में भी नयी समीक्षा के तत्त्वों का भरपूर समर्थन मिलता है। 'भोगा हुआ यथार्थ', 'अनुभूति की प्रमाणिकता, क्षणबोध, अस्तित्ववादियों का सन्त्रास, 'असंगति' आदि का प्रतिफलन श्री वर्मा के लेखन से हुआ। 'लघु मानव' का सिद्धान्त तो बहुत चर्चित हुआ और ''लक्ष्मीकान्त वर्मा को इस बात के लिए श्रेय देना होगा कि उन्होंने कविता के अन्तर्गत विसंगति, विडम्बना, विद्रूप आदि के महत्त्व को प्रतिष्ठित करने के लिए 'ताज़ी कविता' नाम से एक आन्दोलन चलने का भी संकल्प किया।''[44] इसके अलावा नामवर जी उनके द्वारा प्रतिपादित शरारतपूर्ण सह-संयोजन को महत्त्वपूर्ण मानते हुए इनके एक और पक्ष को उद्घाटित करते हैं – ''लक्ष्मीकान्त वर्मा के शरारतपूर्ण सह-सहयोजन' को समझने में आसानी होगी यदि हम याद कर लं कि इससे पहले उन्होंने कविता में जीवन के प्रति 'सिनिकल एप्रोच' की हिमायत की थी।''[45] इस सिनिकल एप्रोच का नयी कविता को व्याख्यायित करने के सन्दर्भ में महत्त्वपूर्ण स्थान है। दूसरी ओर डॉ. मैनेजर पाण्डेय ने इन्हें प्रगति-विरोधी विचारधारा का अगुआ माना है। ''लक्ष्मीकान्त वर्मा उस गिरोह के

प्रमुख प्रवक्ता रहे हैं जिसमें विजयदेव नारायण साही, धर्मवीर भारती और जगदीश गुप्त आदि शामिल थे और जो 'परिमल' के मंच से लगातार कला और सौन्दर्य के नाम पर प्रगतिवादी विरोधी साहित्य-सिद्धान्त के निर्माण और प्रचार का काम कर रहा था।''[46] लक्ष्मीकान्त वर्मा साहित्य के माध्यम से समाज को देखने की वकालत कर रहे थे।

देवीशंकर अवस्थी ने 'विवेक के रग' में यह संकेत दिया कि तमाम पत्र-पत्रिकाओं में जो समीक्षाएँ प्रकाशित हो रही हैं उनसे नये काव्यशास्त्र के निर्माण का आभास होता है। साहित्य पर बाहरी दबावों, ख़ास तौर से विज्ञान की चुनौतियों का ज़िक्र उन्होंने किया। इस चुनौती का एक सकारात्मक परिणाम यह रहा कि, ''इन ज्ञान-विज्ञानों ने मनुष्य के मस्तिष्क और परिवेश को समझने की नयी दृष्टि दी है। उसके अनुभव के लिए नये विस्तृत क्षेत्र का द्वार उन्मुक्त किया है। उसके 'बिम्बविधान एवं चिन्तन के लिए नये उपकरण प्रदान किये हैं।''[47] श्री अवस्थी की आलोचनात्मक क्षमता कथा के क्षेत्र में अधिक कारगर हुई।

रामस्वरूप चतुर्वेदी ने पूरी निष्ठा के साथ अब तक भाषा के प्रति अपनी आलोचनात्मक प्रतिबद्धता बनाये रखी है। वैसे वे, यह नहीं मानते कि उन पर 'नयी समीक्षा' का कोई निर्णायक प्रभाव है लेकिन 'नयी समीक्षा और समीक्षकों से उनके घनिष्ठ परिचय और अध्ययन को देखते हुए यह बात सीधी नहीं लगती। 'हिन्दी काव्यभाषा के अध्ययन की समस्याएँ' नामक निबन्ध में 'काव्यभाषा सम्बन्धी विविध अध्ययन पर लिखते हुए उन्होंने नये समीक्षकों व उनकी पुस्तकों का उल्लेख किया है। डॉ. सत्यप्रकाश मिश्र ने भाषा और इसके प्रतिमान के रूप स्थापित करने के प्रयास के सन्दर्भ में डॉ. चतुर्वेदी को हिन्दी में अभी सबसे बड़ा आलोचक माना है। भाषा को सबसे विश्वसनीय प्रतिमान मानकर डॉ. चतुर्वेदी ने अपनी समीक्षा को विस्तार दिया है। ''डॉ. रामस्वरूप चतुर्वेदी ने इन निबन्धों में काव्यभाषा का केन्द्रीय तत्त्व भावचित्र या बिम्ब माना है। कई स्थलों पर इन्होंने इसकी स्थापना की है। पश्चिमी आलोचक भी काव्यभाषा की इस केन्द्रीयता को स्वीकार करते हैं। नॉर्थोप फ्राई ने इस प्रकार के सिद्धान्त को रूप-सम्बन्धी आलोचना कहा है और इसका कार्य व्याख्या के माध्यम से दिये हुए अर्थों को अनुभवगम्य बनाना या बहिर्मुख करना माना है। नयी समीक्षा के व्यवस्थापक रैन्सम भी भावचित्र को ही कविता का केन्द्रीय तत्त्व मानते हैं।''[48] डॉ. मिश्र के उपर्युक्त कथन से नयी समीक्षा और हिन्दी की नयी समीक्षा का डॉ. चतुर्वेदी के सन्दर्भ में परिचय का प्रमाण मिलता है। हिन्दी साहित्य और संवेदना का विकास' में उन्होंने इसी भाषा-सम्बन्धी निष्ठा के साथ विवेचन किया है और भाषा तथा अन्य सहवर्ती तत्त्वों पर विपुल लेखन भी किया है।

हिन्दी आलोचना में बिम्बों की महत्त्वपूर्ण स्थिति की घोषणा करने के कारण केदारनाथ सिंह का उल्लेख किया जाता है। लेकिन, "आचार्य शुक्ल स्पष्टतः पहले व्यक्ति हैं न कि केदारनाथ सिंह, जैसा कि नामवरसिंह मानते हैं, जो प्रतीक और बिम्ब के स्तर-सिद्धान्त का निर्माण करते हैं और बिम्बविधान को प्रतीक से विकसित अवस्था के काव्य के लिए आवश्यक मानते हैं।"[49]

इनके अलावा अन्य कई आलोचक या रचनाकार आलोचक थे, जिनके लेखन या स्फुट चिन्तन में आलोचनात्मक गतिविधियों में तेज़ी बनी रही। धर्मवीर भारती, श्रीकान्त वर्मा, जगदीश गुप्ता, विद्यानिवास मिश्र, अशोक वाजपेयी, कुँवर नारायण, विपिनकुमार अग्रवाल आदि और भी रचनाकार या लेखक थे जो रचना और आलोचना में आवागमन की गतिशीलता बनाये रख सके। जैसे "प्रभाकर माचवे की तुलना अंग्रेज़ी के आधुनिक कवि विलियम एम्पसन के साथ करते हुए केदारनाथ सिंह ने जुलाई-सितम्बर, 67 की 'आलोचना' में लिखा है कि ये "व्यंग्य, विडम्बना तथा शाब्दिक विरोधों का भरपूर उपयोग करनेवाले कवि हैं।"[50]

जो रचनाकार और आलोचक अपने को नयी प्रवृत्तियों और समकालीन दबाव में उपजे प्रतिमानों के प्रति निष्ठावान् पाते थे, रूपवादी और कलावादी रुझानों की ओर आकर्षित थे तथा इतिहास और इतिहास और अतीत के प्रति असन्तोष से भरे थे, उनमें भी आपसी अन्तर मौजूद थे लेकिन ये अन्तर एक दायरे के भीतर के अन्तर थे। साम्यवाद का विरोध इस युग की व्यापक प्रवृत्ति थी।' "नयी कविता, नवलेखन के दौर में कम्युनिस्ट आन्दोलन की सर्वसत्तावादी पद्धति का आक्रान्तकारी रूप देश के बौद्धिक जीवन में भी प्रवेश कर रहा था। फलतः छठे दशक में मानव-मूल्य और व्यक्तित्व की बुनियादी स्वाधीनता को लेकर इस क्षेत्र में व्यापक बहस चलती है, इलाहाबाद की 'परिमल' गोष्ठी जिसके लिए बराबर खुला मंच प्रदान करती रही।"[51]

## (घ)

## नयी समीक्षा-सम्बन्धी वाद-विवाद

हिन्दी के नये समीक्षक और इस युग में आलोचना से जुड़े अन्य विचारधाराओं के आलोचक अनेक बिन्दुओं पर गम्भीर मतभेद प्रदर्शित करते थे। वस्तुतः आलोचना में नये और पुराने तथा पाश्चात्य और भारतीय प्रभावों को लेकर इतना विवाद पहले नहीं हुआ था। अंग्रेज़ी नयी समीक्षा ने किसी भी आलोचक और रचनाकार को

अप्रभावित रहने दिया हो, सम्भव नहीं लगता। इसके प्रति अनुक्रिया में अन्तर हो सकता है। समर्थन और विरोध को लेकर कई तरह की बहसें हुईं। दृष्टियों का अन्तर इन बहसों के अलावा किसी विषय-विशेष पर हो रहे वाद-विवाद में झलक जाता था। उदाहरण के लिए 'दिनकर' की रचना 'उर्वशी' पर हुआ विवाद सामने है। "इस प्रश्न पर लेखकों में स्पष्टतः दो वर्ग हो जाते हैं – यहाँ तक कि पीढ़ियों का भेद भी मिट जाता है। लेखकों का एक वर्ग वह है जो सुरुचि, संयम, सन्तुलन और भद्रता के नाम पर भगवतशरण उपाध्याय के लेख की भर्त्सना करता है और दूसरा वर्ग वह है जो ईमानदारी, सच्चाई, साहस और खरेपन के लिए उस लेख को सामाजिक दृष्टि से अत्यन्त उपयोगी मानता है।"[52] नयी कविता के भीतर दृष्टि और समझ को लेकर विभाजन बहुत साफ़ था। मुक्तिबोध इसमें एक पक्ष का प्रतिनिधित्व कर रहे थे। लेकिन यह सच है कि इस काल मे मुक्तिबोध व अन्य समानधर्मा रचनाकार उपेक्षित रहे। इस निरन्तर उपेक्षा के बावजूद मुक्तिबोध ने संघर्ष और विवाद जारी रखा। 'नयी कविता का आत्मसंघर्ष' वस्तुतः मुक्तिबोध का आत्मसंघर्ष था। उन्होंने नयी कविता और समीक्षकों का विश्लेषण करते हुए उनमें व्याप्त प्रतिक्रियावादी और प्रतिगामी तत्त्वों का स्पष्टीकरण किया, "नये कवियों को यह बताया गया कि वे तथाकथित एस्थेटिक इमोशन तक ही सीमित रहें। हृदय में संचित वास्तविक जीवनानुभवों को, यदि वे एस्थेटिक इमोशन के क्षण में बहकर नहीं आते – व्यक्त करना ग़लत होगा। ...यह सिद्धान्त मनोवैज्ञानिक दृष्टि से अनुचित और व्यावहारिक दृष्टि से प्रतिक्रियावादी है।"[53]

यह समय शीतयुद्ध का था। साम्यवाद का विरोध इसके केन्द्र में था। मुक्तिबोध ने स्पष्ट ढंग से कहा कि इस दौर के अधिकांश समीक्षक और रचनाकार "... विश्व में चलते हुए शीतयुद्ध से और शीतयुद्ध की भावनाओं से प्रेरित थे। प्रगतिवादी भावधारा का हिन्दी-साहित्य-क्षेत्र से उन्मूलन करना – उनका प्रधान उद्देश्य था। साथ ही, एक ऐसी भावधारा का प्रचलन करना उनका उद्देश्य था, जो प्रगतिवाद का स्थान ग्रहण करे।"[54] इस उद्देश्य की पूर्ति के लिए अज्ञेय से लेकर बाद तक के नये लेखक प्रत्यक्षतः या अप्रत्यक्षतः प्रयासरत थे। इसी प्रयास के तहत "उन्होंने एक ही साथ या एक के बाद एक, काव्य की विशेष पैटर्न, कलाव्याख्या, कलाकार का धर्म, सौन्दर्यानुभूति का सिद्धान्त, आधुनिक भावबोध तथा उससे जुड़ी हुई सभ्यता-समीक्षा, लघुमानव का सिद्धान्त तथा अन्य जो सम्भवतः मुझे इस समय याद न हो – इन सबको उपस्थित किया।"[55] डॉ. मैनेजर पाण्डेय ने अपने निबन्ध में उल्लेख किया है कि लक्ष्मीकान्त वर्मा ने कल्पना के चार अंकों में "हिन्दी साहित्य के पिछले बीस वर्ष" शीर्षक लेखमाला में 1947 से 67 तक हिन्दी साहित्य पर

विचार करते हुए प्रगतिवादी दृष्टि को ख़ूब गालियाँ दी हैं। लेखमाला की पहली किश्त में जो पाँच माँगें रखी गयी हैं उनमें डॉ. पाण्डेय ने नामवरसिंह के शब्द लेकर 'शीत युद्ध के मन्त्रपूत शब्दों' की छाप बतायी है। इस प्रकार जो कला दर्शन विकसित किया गया, इसके सूत्र और मन्त्र पश्चिम के आधुनिकतावादी और रूपवादी साहित्य-चिन्तकों से प्राप्त हुए थे और कुछ शीत-युद्ध के साम्राज्यवादी विचारधारा अभियान की उपज थे। पहले प्रकार के सूत्रों और मन्त्रों के सहारे पश्चिम के आधुनिक बूर्जुआ कला चिन्तन को हिन्दी में स्थापित करने की कोशिश हो रही थी और दूसरे प्रकार के सूत्रों और मन्त्रों के द्वारा भारतीय साहित्य में साम्राज्यवाद की शीतयुद्धकालीन विचारधारा को सुनियोजित ढंग से प्रचारित करने का प्रयास हो रहा था।''[56] इस निबन्ध में डॉ. पाण्डेय ने नयी कविता के दौर में कलावादियों द्वारा स्थापित मान्यताओं को रखते हुए मुक्तिबोध द्वारा उसके खण्डन को तार्किक रूप में प्रस्तुत किया है। इनके क्षणवाद, शुद्धतावाद, सौन्दर्यवाद, लघुमानव, जीवनानुभूति और सौन्दर्यानुभूति में पार्थक्य का सिद्धान्त, अनुभूति की ईमानदारी और अनुभूति की प्रामाणिकता का आग्रह, सौन्दर्य प्रतीति और सामाजिक-दृष्टि में परस्पर विरोध का भाव, नितान्त व्यक्तिवाद, जैसे सिद्धान्तों का मुक्तिबोध ने न सिर्फ़ विश्लेषणपरक उत्तर दिया बल्कि इनके पीछे निहित राजनीतिक और सामाजिक आग्रहों को भी सामने रखा।

इसके समानान्तर दूसरे पक्ष ने अपने समर्थन और बचाव के लिए पर्याप्त लेखन किया। इसमें शामिल रचनाकार-आलोचकों की संख्या बहुत अधिक थी और इसमें भाषावैज्ञानिक तक सम्मिलित थे। श्री साही ने लघुमानव के सिद्धान्त के विरुद्ध उठाये गये प्रश्नों का जवाब दिया। साथ-ही-साथ, 'मार्क्सवादी समीक्षा और उसकी कम्युनिस्ट परिणति' तथा 'जनवादी साहित्य' नामक लेख लिखकर अपने पक्ष को सबलता प्रदान की। इनके आधुनिकतावादी प्रतिमान इनके जाने या अनजाने ऐसे विचारकों से मिल जाते थे जो पूँजीवादी – साम्राज्यवादी हताशा को व्यक्त करते थे। किर्कगार्द, नीत्शे, जास्पर्स, हेडेगर, मार्शल आदि के साथ-साथ कुछ दूसरे अर्थों में सार्त्र, दास्तवस्की आदि विचारकों का प्रभाव इन पर देखा जा सकता है। श्री कर्णसिंह चौहान, ने तीसरे सप्तक से ही श्री साही के वक्तव्य को उद्धृत किया है – ''नीत्शे का जरथुस्त्र उवाच'' सामाजिक यथार्थ की दृष्टि से जला देने लायक़ है, पर कविता की दृष्टि महान् कृतियों में से एक है। उसकी एक प्रति अपने पास रखता हूँ और आप से ही भी सिफ़ारिश करता हूँ।''[57] इस वक्तव्य की कितनी और कैसी आलोचनाएँ हुईं, इसका पता मुझे नहीं है लेकिन श्री साही जैसे बड़े आलोचक का कहना कुछ-कुछ भ्रम में डालता है। इसका विखण्डन किया जाये तो यह निष्कर्ष

निकल सकता है कि कविता की दृष्टि का सामाजिक हित-अहित से कोई सम्बन्ध नहीं, कविता कसीदाकारी और पच्चीकारी का ही दूसरा नाम है। तभी तो सामाजिक दृष्टि से जला देने लायक़ होने के बावज़ूद क़ोई रचना महान् हो सकती है। इस वक्तव्य को पढ़कर कोई पाठक नन्ददुलारे वाजपेयी के बाद से हिन्दी आलोचना की प्रगति के बारे में क्या अनुमान लगा सकता है? श्री वाजपेयी ने लिखा था कि अपनी सारी कलात्मकता के बाद यदि कोई काव्य अनिवार्य नहीं है तो वह महान् नहीं हो सकता।

इतना तो स्पष्ट है कि कला के प्रति आग्रही लेखकों का वर्चस्व बना रहा और इसके शिकार दूसरे विचार के लेखक हुए। आज के प्रमुख आलोचक डॉ. रामस्वरूप चतुर्वेदी की पुरस्कृत पुस्तक 'हिन्दी साहित्य और संवेदना का विकास' उक्त प्रवृत्ति का अद्यतन विस्तार है। इस पुस्तक के मूल में निहित विचारधारा वामपन्थ के विरुद्ध है और आलोचना के प्रतिमान के रूप में भाषा को ग्रहण करती है। इसकी इस निष्ठा और अनन्यता का सीधा कुपरिणाम सामने आया कि त्रिलोचन कवि नहीं रहे और धूमिल दोयम दर्जे के कवि हो गये। इतिहास की पुस्तक होने का दावा रखनेवाली रचना में इतिहास के प्रति घोर विरोध झलकता है और आलोचकों की फ़ेहरिस्त बनाते समय चलते-चलते डॉ. मैनेजर पाण्डेय का नाम जोड़ दिया गया है। यदि श्री साही के शब्दों में कहें तो यह पुस्तक इतिहास और विचारधारा तथा इतिहास-लेखक की ईमानदारी की दृष्टि से घटिया लेकिन लेखन की सफ़ाई और प्रस्तुतीकरण की रचनात्मकता की दृष्टि से उत्तम है। इस काल में व्याप्त अवसरवाद, जिसकी चर्चा मुक्तिबोध ने की थी, बाद के कालों में भी चलता रहा। इस काल के चर्चित कवि-आलोचकों का परवर्ती आचरण, विशेष तौर पर पुरस्कार आदि के मामलों में, इसी अवसरवाद के विस्तार को सूचित करता है जो परवर्ती आलोचना के जनवादी दबाव के आगे प्रच्छन्न हो गया था। हिन्दी के सत्ता-प्रतिष्ठानों तथा विश्वविद्यालयों और महाविद्यालयों में पदासीन लोगों में दक्षिणपन्थी महोदयों और अर्द्ध शताब्दी पूर्व की साहित्यिक रुचिवालों का वर्चस्व इसी काल के श्रम का परिणाम है।

इस काल में चली बहस का एक और महत्त्वपूर्ण आयाम मार्क्सवादी आलोचना से जुड़ता है। प्रगतिवादी आलोचना अपनी पकड़ खो बैठी थी, इसका अहसास इससे जुड़े लोगों में था। पहले मुक्तिबोध को लें। इन्होंने अपने निबन्धों में प्रगतिवादियों की जमकर ख़बर ली है। प्रगतिवादी आलोचक कहाँ चूक गये, साहित्य के प्रति दायित्व में कहाँ कमी रह गयी और किन तत्त्वों का अभाव इनकी अलोकप्रियता का कारण बना, इसकी व्याख्या मुक्तिबोध ने की। नयी कविता के काल में इन पर ध्यान भी गया। ''हिन्दी के प्रगतिशील आलोचकों ने इस प्रभाव (नयी कविता या समीक्षा

के) और प्रभुत्व के प्रसार के ख़िलाफ़ संघर्ष किया। डॉ. रामविलास शर्मा के 'आस्था और सौन्दर्य' तथा डॉ. नामवरसिंह के इतिहास और आलोचना' के अधिकांश निबन्ध इस प्रकार के संघर्ष के 'ऐतिहासिक दस्तावेज़' हैं। लेकिन डॉ. रामविलास शर्मा, डॉ. नामवरसिंह, चन्द्रबली सिंह और अमृतराय आदि अनेक आलोचकों के होते हुए भी और अपने-अपने ढंग से प्रगति विरोधी रचना और आलोचना-दृष्टि के ख़िलाफ़ उनके संघर्ष करने के बावज़ूद नयी कविता और नयी कहानी के काल में कलावादी और व्यक्तिवादी लेखन का ही आधिपत्य रहा और प्रगतिशील लेखन का प्रभाव घटा।''[58] इस अभाव और क्षति की पूर्ति का काम मुक्तिबोध ने अपने ढंग से किया। 'कामायनी : एक पुनर्विचार,' 'एक साहित्यिक की डायरी', उनके निबन्ध मिलकर एक परिष्कृत और हिन्दी समाज के अनुकूल आलोचना-दृष्टि का निर्माण करते हैं जिसे विश्व के अग्रगण्य आलोचकों के समक्ष रखा जा सकता है।

मार्क्सवादी आलोचना के शिथिल हो जाने को डॉ. नामवरसिंह ने अपनी तरह से समझा और कहा कि भाषागत संवेदना तथा साहित्य की अपनी सत्ता को मार्क्सवाद ने महत्त्व नहीं दिया। फलतः इसकी पकड़ शिथिल हो गयी। नये साहित्य को बचाने और इसके लिए नये प्रतिमान प्रस्तुत करने की आकांक्षा सामूहिक थी और डॉ. नामवरसिंह की पुस्तक इस आकांक्षा का ही फल है। इसमें यदि डॉ. नगेन्द्र को पुराने संस्कारोंवाले आलोचकों का प्रतिनिधि मानकर ध्वंस का शिकार बनाया गया है तो मुक्तिबोध को प्रतिमानों के केन्द्र में रखा गया है। जिस प्रकार अंग्रेज़ी नयी समीक्षा के केन्द्र में प्रगीत था उसी प्रकार हिन्दी नयी समीक्षा के केन्द्र में छोटी कविताएँ ही रहीं और लम्बी कविताओं की उपेक्षा हो गयी। मुक्तिबोध की लम्बी कविताएँ डॉ. नामवरसिंह के लिए मुख्य आधार थीं। ''कविता के नये प्रतिमान' की मुख्य स्थापना मेरी दृष्टि में यह है कि कविता के प्रतिमान को व्यापकता प्रदान करने की दृष्टि से आत्मपरक नयी कविता की दुनिया से बाहर निकलकर उन कविताओं को भी विचार की सीमा में ले आना आवश्यक है, जिन्हें किसी अन्य उपयुक्त शब्द के अभाव में सामान्यतः लम्बी कविता कहा जाता है।''[59] प्रतिमानों को व्यापकता प्रदान करने की ग़रज़ से नामवर जी ने अंग्रेज़ी के नये समीक्षकों और पश्चिम तथा भारत के समकालीन भाषानिष्ठ आलोचकों के साथ आत्मीयतापूर्ण ढंग से संवाद किया। साहित्य की स्वायत्तता, प्रतिमान के रूप में भाषा का महत्त्व तथा रूप के प्रति आकर्षण का समर्थन नामवरसिंह ने किया। अपनी नयी दिशा और नये चाल-ढाल को परम्परा से पोषित सिद्ध करने के लिए संस्कृत काव्यशास्त्र का सहारा भी लिया गया। संस्कृत काव्यशास्त्र का आश्रय तो इसलिए भी लिया गया कि प्रतिपक्षी डॉ. नगेन्द्र थे और उनको यह अहसास कराना था कि, ''हम भी मुँह में ज़ुबान रखते हैं।''[60]

एक उदाहरण लिया जा सकता है – काव्य-संसार को स्वतः सम्पूर्ण कहने के मसले पर वे लिखते हैं, "संस्कृत के प्राचीन आचार्य इसे अपनी विशिष्ट भाषा में अलौकिक कहते थे।"[61] आगे अलौकिक शब्द की नूतन और सारगर्भित व्याख्या करते हुए वे सिद्ध करते हैं कि संस्कृत काव्यशास्त्र में साहित्य की स्वायत्तता और रचनाकार की विधायनी स्थिति का मूल है। इतना ही नहीं वे उचित ही यह दिखाने का उद्यम करते हैं कि नयी समीक्षा और उसके जनकों के अनेक तत्त्व संस्कृत काव्यशास्त्र में मौजूद हैं। "काव्य के विषय में जिस शास्त्र-भिन्न प्रतिमान की स्थापना भामह और राजशेखर ने की है, वह एक तरह से आधुनिक युग में आई. ई. रिचर्ड्स द्वारा निरूपित वस्तु-निदर्शक अर्थ (Referential Meaning) से भिन्न भावात्मक अर्थ (Emotive Meaning) ही है।"[62]

नामवर जी के इस परम्परा प्रेम और संस्कृत काव्यशास्त्र के प्रति अनुकूल विश्लेषण की ईमानदारी पर सन्देह के लिए पर्याप्त अवकाश है। उन्होंने संस्कृत काव्यशास्त्र के जिन तत्त्वों को विश्लेषित किया है, यथास्थान प्रयुक्त किया है, उन्हें 'नयी समीक्षा' के दबाव का परिणाम मानने में कोई अनुचित बात नहीं। न इससे पहले और न इससे बाद ही पुनः संस्कृत काव्यशास्त्र की पुनर्व्याख्या का कोई प्रयत्न हुआ। यह तो समस्या संस्कृत काव्यशास्त्र की रही और इसके पक्ष में बोलने के लिए न कोई था, न आया। मार्क्सवाद के पक्ष में जो लोग खड़े थे, उन्हें नामवर जी के आचरण पर सन्देह हो गया। उन पर रूपवादी होने का आरोप लगाया गया। पुस्तक के दूसरे संस्करण की भूमिका में नामवर जी ने अपनी सफाई दी और यथाशक्य आरोपियों को लताड़ा भी। नामवर जी के प्रति मार्क्सवादी आलोचकों में सन्देह का जो माहौल बना उसकी अच्छी समझ श्री कर्णसिंह चौहान की पुस्तक देती है। डॉ. नामवर जी ने लिखा कि, "हिन्दी आलोचना में एक अरसे से काव्यभाषा के आधार पर सम्पूर्ण काव्यकृति के मूल्यांकन की इस विधि की उपेक्षा होती आ रही है।"[63] साथ ही, यह भी कि, "किसी कविता की भाषा को सुन्दर कहने के बाद उसके कथ्य को असुन्दर कहना असंगत होगा।"[64] इस तर्क से चलें तो जरथुस्त्र उवाच का कथन चूँकि सुन्दर है अतः उसके कथ्य को भी सुन्दर कहना चाहिए। जिसे श्री साही ने जला देने लायक कहा। इस बिन्दु पर तो नामवर जी और साही जी में से किसी एक को चुनना मुश्किल है। कर्णसिंह चौहान ने उचित ही मुक्तिबोध को उद्धृत किया है कि वस्तु तत्त्व में इतनी शक्ति होती है कि वह स्वयं अपने रूप को लेकर आता है। अतएव मुख्यतः हमारे लिये वस्तु तत्त्व ही प्रधान हो जाता है।[65] इसमें व्याप्त सौन्दर्य सम्बान्धित सभी पक्षों को दीप्त करता है।

"कहने का तात्पर्य यही है कि नयी समीक्षा में 'भाषा की सृजनात्मकता' के मान की वकालत करने के लिए 'विरुद्धों के सामञ्जस्य' के परिचालित हो नामवरसिंह ने जो दो विरोधी विचारों में समझौतापरक दृष्टि से गड्डमड्ड कर दिया है, उससे उस चिन्ता के मूलभूत मन्तव्य छिपाये नहीं जा सकते। केवल परिवेश और मूल्य का अर्घ्य चढ़ाकर नामवरसिंह उस रूपवादी रुझान की नव्य परिणतियों से मुक्त नहीं हो सकते।"[66] डॉ. नामवरसिंह का यह कहना कि कथन की दरिद्रता ही कथ्य की दरिद्रता की द्योतक है, किस प्रकार हीगेल की उल्टी नक़ल है इसे श्री चौहान ने दिखाया है। उन्होंने हीगेल को 'ऐस्थेटिक्स' से उद्धृत किया है – "किसी कलाकृति की कमज़ोरी का कारण लेखक की अदक्षता में कदापि नहीं देखा जाना चाहिए बल्कि इसके विपरीत रूप की कमज़ोरी भी कथ्य की अक्षमता में ही खोजी जानी चाहिए।"[67] नामवर जी से उल्टा कथन हो गया। अब कथ्य के विश्लेषण के लिए कथन के माध्यम से जाने की बात कही गयी। "यहाँ नयी आलोचना की 'आन्तरिक पद्धति' का जादू सर चढ़कर बोल रहा है। विमल वर्मा ने 'अर्थात्-4' में लिखते हुए कहा है कि, "नामवर हीगेल से आगे जाने के लिए तैयार नहीं। यहाँ तो लगता यह है कि वे हीगेल तक आने के लिए भी तैयार नहीं।" 'नयी समीक्षा' को मार्क्स के द्वन्द्वात्मक और ऐतिहासिक भौतिकवाद से ही ख़तरा नहीं, उसे हीगेल की द्वन्द्वात्मक से भी परहेज़ है।"[68] भाषा पर अत्यधिक आग्रह का एक और प्रमाण उस समय अनेक पत्रिकाओं द्वारा भाषा विशेषांक या भाषा पर बहस केन्द्रित विशेषांक निकालना है।

नामवर जी ने मुक्तिबोध को केन्द्र में रखा लेकिन उन्हें समग्रता में प्रस्तुत नहीं किया। वस्तु और रूप के मामले में एक उदाहरण तो हमने देखा है, कुछ उदाहरण श्री चौहान ने भी प्रस्तुत किये हैं। अपनी पुस्तक के द्वितीय संस्करण की भूमिका में नामवर जी ने लिखा – "लेकिन जो मार्क्सवादी आलोचना के विकास के लिए प्रयत्नशील हैं, वे जानते हैं कि अंग्रेज़ी नयी समीक्षा को 'साम्राज्यवादी साज़िश' या 'पतनशील' पाश्चात्य प्रवृत्ति कहकर टाला नहीं जा सकता।" मुक्तिबोध ने लिखा – "ये सिद्धान्त और उनके हमले, वस्तुतः उस शीतयुद्ध के अंग थे जिसकी प्रेरणा लन्दन और वाशिंगटन से ली गयी थी। पश्चिम की परिपक्व मानववादी परम्परा से साहित्यिक प्रेरणा ग्रहण न करके उन नये व्याख्याओं ने उसकी अत्यन्त प्रतिक्रियावादी साहित्यिक विचारधारा को अपनाया और फैलाया। नयी कविता के आस-पास लिपटे हुए बहुत-से साहित्यिक सिद्धान्तों में शीतयुद्ध की छाप है।[69] नामरवरजी के कथन के बाद मुक्तिबोध को उद्धृत करने का आशय स्पष्ट है। मुक्तिबोध के अनुसार 'नयी समीक्षा' साम्राज्यवादी साज़िश भी हो सकती है और पश्चिम की पतनशील प्रवृत्ति

भी। अब नामवर जी कहें कि क्या मुक्तिबोध मार्क्सवादी दृष्टि के विकास के लिए प्रयत्नशील न थे। या मार्क्सवादी दृष्टि के विकास के लिए किया गया मुक्तिबोध का कार्य नामवर जी से अधिक और व्यवस्थित न था। जिन लोगों और प्रवृत्तियों से मुक्तिबोध को निरन्तर संघर्ष करना पड़ा, उन्हीं से आप प्रेरणा और स्वस्थ तत्त्व ग्रहण कर रहे हैं, यह सब मुक्तिबोध के सही मूल्यांकन के नाम पर हो रहा है। यह सारी क्रीड़ा भ्रम में डालनेवाली है और कोई साहित्य-सिद्धान्त क्या बनता, स्वयं पुस्तक ही अकालमृत्यु को प्राप्त हुई। मार्क्सवादी साहित्य-सिद्धान्त का व्यवस्थित रूप से, सुसंगत और अपनी परम्परा से सामञ्जस्य दिखाते हुए निरूपण हिन्दी साहित्य-समाज की ज़रूरत थी। ''यदि मार्क्सवादी आलोचना के उद्धार की इतनी ही चिन्ता है और 'भूल-सुधार' का ऐसा उत्साह तो फिर साहित्यिक कृति को 'सामाजिक उत्सों के साथ एकाकार' करनेवाली यान्त्रिक व विकृत मार्क्सवादी समझ के स्थान पर सही द्वन्द्वात्मक समझ को सामने लाने की ज़रूरत थी, न कि रूपवादी प्रतिमान के पैबन्द लगाने की। मार्क्सवादी आलोचना में द्वन्द्वात्मक समझ की प्रतिष्ठा का कार्य अत्यन्त दुष्कर है। मार्क्सवादी आलोचकों की चिन्ता का विषय भी वह रहा है। लेकिन वह ज़हमत उठाये कौन, जब 'नयी समीक्षा' के बने-बनाये सस्ते नुस्ख़े सहज ही उपलब्ध हैं? इन नुस्ख़ों से मार्क्सवादी आलोचना को समृद्ध करने के प्रयास उसे कितना मार्क्सवादी रहने देंगे, उस पर भी ग़ौर किया जाना चाहिए।''[70]

किसी भी दूसरे पक्ष से कुछ ग्रहण करने और अपने अनुकूल बनाने की प्रवृत्ति का विरोध कोई नहीं कर सकता। आचार्य शुक्ल ने प्रवृत्तियों को ग्रहण करने और उसका उपयोग करने में आलोचनात्मक विवेक का परिचय दिया। मुक्तिबोध को हमने पहले उद्धृत किया है कि पश्चिम की परिपक्व मानवतावादी साहित्य परम्परा से ग्रहण कर अपना विकास किया जा सकता है। मार्क्सवाद में कला रूपों की स्वयत्तता और भाषा पर अच्छी तरह विचार किया गया है। ये दोनों चीज़ें किसी से उधार माँगने की आवश्यकता न थीं। यदि इन दोनों का घोर अभाव था, तो यह मार्क्सवादी चिन्तन का दोष नहीं, हिन्दी के मार्क्सवादी आलोचकों का दोष था। वाल्टर बेंजामिन ने मार्क्सवाद में निहित यूटोपिया का रचनात्मक उपयोग किया और हिन्दी के बड़े आलोचक इसमें उपलब्ध कला की स्वायत्ता और भाषा-विवेचन का उपयोग नहीं कर सकते जो अपेक्षाकृत सरल कार्य है। इन तत्त्वों के लिए 'नयी समीक्षा' या अन्य सिद्धान्तों की ओर जाना निरापद न था क्योंकि 'एक कला सिद्धान्त के पीछे एक विशेष जीवन-दृष्टि हुआ करती है, उस जीवन-दृष्टि के पीछे एक जीवन-दर्शन होता है और इस जीवन-दर्शन के पीछे आजकल के ज़माने में राजनैतिक दृष्टि भी रहती है।''[71] समीक्षा की समस्याएँ नामक लम्बा निबन्ध

लिखकर मुक्तिबोध ने विश्व-साहित्य से सम्बन्धों के प्रश्न पर भी संकेत किया है। संसार के अनेक देशों में, पश्चिमी और एशियाई सब, जो कुछ अच्छा लिखा जा रहा है, उसे हिन्दी में आना चाहिए। इसलिए आधुनिकता और खुलेपन का अर्थ अपनी ज़मीन से उखड़कर सब-कुछ ग्रहण करना नहीं है, जैसा कि नयी कविता के युग में अधिकांशतः दिखता है। मुक्तिबोध का यह प्रश्न सबके लिए हो सकता है – "जब आप पश्चिम के ह्रासयुक्त साहित्य और विचारधारा के विरोध में जिसका कि प्रचार हिन्दी में खूब हो रहा है, उसी पश्चिम की इसी सदी के सुन्दर, स्वस्थ और मानवीय साहित्य का प्रचार-प्रसार आप नहीं करता और वहाँ के प्रभावशाली और विश्वमान्य लेखकों की कलात्मक विशेषताओं पर चर्चा नहीं करते तो यह कैसे समझा जाये कि आप अच्छे साहित्य में दिलचस्पी रखते हैं।"[72]

## (ङ)

## हिन्दी आलोचना पर नयी समीक्षा के प्रभाव और उपलब्धियाँ

अंग्रेज़ी 'नयी समीक्षा' चाहे जिस रूप में, और जितनी स्वीकारी गयी, प्रयोगवाद से नयी कविता तक, आलोचकों पर हावी रही। इसे या तो समर्थन दिया जा सकता था, या विरोध किया जा सकता था। इससे उदासीन रहना असम्भव था। इसका एक कारण यह भी हो सकता है कि इसे अन्य रूपवादी सिद्धान्तों और तत्कालीन अस्तित्वादी दर्शन का समर्थन प्राप्त था। इधर भारतीय समाज में भी स्वतन्त्रता के बाद ऐसी परिस्थितियाँ बनीं कि इनका आगमन असहज नहीं लगा। रचनाकार और आलोचक बिना विदेशी नये समीक्षकों को उद्धृत किये अपनी बात शायद ही कहते हों। यह बहुत बार सहज और सामान्य ढंग से आलोचना की भाषा में झलकने लगता था। एक बड़े आलोचक की पुस्तक से कुछ उदाहरण लिये जा सकते हैं। "औसत नयी कविता क्रिस्टल या स्फटिक की सघन संरचना के समान है, इसका प्रमाण यह है कि आलोचना में उद्धरण की सुविधा के लिए उससे कोई एक अंश चुनना कविता के साथ अन्याय हो जाता है... इसलिए नयी कविता अभिव्यक्ति नहीं बल्कि निर्मिति मानी जाती है।"[73] नयी समीक्षा में भी कविता को स्वयंपूर्ण और अखण्ड माना जाता था। एक और स्थल पर नामवर जी, डॉ. रामस्वरूप चतुर्वेदी की तुलना इलियट के साथ करते हुए कहते हैं – "इलियट का यह उदाहरण डॉ. रामस्वरूप चतुर्वेदी द्वारा कामायनी के सन्दर्भ में प्रस्तुत समस्या पर पर्याप्त प्रकाश डाल सकता है। वर्णन की भाषा और बिम्ब की भाषा के बीच की असंगति वस्तुतः स्ट्रक्चर और टेक्स्चर का

तनाव है, इसलिए आवश्यकता उस असंगति को तनाव के रूप में देखने की है।''[74] इस कथन से पहले वे रैन्सम को समझाते हैं और काव्य के रूपात्मक विश्लेषण के लिए स्पष्ट दिशा की सम्भावना बताते हैं जिससे नयी समीक्षा-पद्धति की स्थापना भी हो सकती है। एक-दो कथन और भी लिये जा सकते हैं – ''वस्तुतः वस्तुनिष्ठ है तो काव्य-कृति, जिसे अंग्रेज़ी आलोचक पृष्ठ पर अंकित कविता अर्थात् पोएम ऑन द पेज' कहते हैं।''[75] तथा ''आलोचकों ने प्रायः कविताओं की भाषागत सूक्ष्मता और घनत्व को सायास अलग कर सामान्य वक्तव्य को निकालने का प्रयत्न किया जिसे अमेरिकी आलोचक क्लीन्थ ब्रुक्स ने ''हेरेसी ऑफ पैराफ्रेज की संज्ञा दी है।''[76] ये उदाहरण इस बात को भी स्पष्ट करने के लिए दिये गये कि नयी समीक्षा की प्रमुख वास्तविकताएँ नये रचनाकारों को इस क़दर रास आयीं कि सामूहिक रूप से कविता की अपनी अस्मिता के लिए सहमति बननी प्रारम्भ हो गयी। नामवर जी के हवाले से यह कहा जा सकता है कि, '' 'शुद्ध कविता की खोज' नामक दिनकर जी की रचना पर राबर्ट पेन वारेन का प्रभाव है। जिन्होंने 1943 में शुद्ध और अशुद्ध कविता का विभाजन प्रस्तुत किया था।''[77] नयी समीक्षा में व्यक्तिवाद, अहं और क्षण का अत्यधिक आग्रह होने के कारण, छोटी कविताएँ अधिक लिखी जाने लगीं। अज्ञेय ऐसी ही कविताओं को अपने लिये उपयुक्त मानते थे। छोटी कविता, बड़ी कविता से आकार में ही नहीं सिद्धान्त में भी अलग हो जाती है। ऐसी कविताएँ प्रगीत का पर्याय हो गयीं और प्रगीत की कविता का पर्याय हो गया। स्वभावतः प्रगीत का प्रतिमान ही कविता मात्र के लिए प्रतिमान हो गया। अंग्रेज़ी नयी समीक्षा में प्रगीत को ही आधार बनाकर विश्लेषण-विवेचन हुआ। एक-एक कविता की व्याख्या और सूक्ष्म क़सीदाकारी में दर्जनों पृष्ठ रंगे जाते थे। बाद में, जब दूसरी तरह की कविताएँ केन्द्र में आयीं तो प्रतिमान भी बदल गये। हिन्दी में भी इन छोटी कविताओं के प्रभाव के कारण लम्बी कविताएँ उपेक्षित रहीं। हमने पहले के उपअध्यायों में यह देखा है कि इस काल में जो प्रतिमान चर्चा में रहे थे, उनके स्रोत हमारी प्राचीन काव्यशास्त्रीय परम्परा में उपस्थित थे और इस युग के कई लेखकों ने उसे दिखाया भी, लेकिन यह स्वीकार करने में कोई हिचक नहीं कि इसमें नयी समीक्षा की प्रेरणा और दबाव की भूमिका थी। ''कहना न होगा कि रूपवादी प्रतिमान की दिग्विजय का यह अभियान 'बाहर से भीतर की ओर' हुआ है। क्योंकि पाश्चात्य नव्यसमीक्षा और भाषावैज्ञानिक समीक्षा से दृष्टि-अस्त्र ले फिर लौटकर यह अश्व प्राचीन संस्कृत काव्यशास्त्र के क्षेत्र में गया है।''[78] इन प्रयासों का एक और परिणाम हुआ कि भाषाविज्ञान और शैलीविज्ञान का हिन्दी में विकास हुआ।

शैलीविज्ञान साहित्य के मर्म को उद्घाटित करने में कितनी दूर तक पाठक की सहायता करता है, यह तो एक महत्त्वपूर्ण विवाद है पर इससे भाषा और शैली की बारीक़ियों को समझने-समझाने में सहायता मिली। लेकिन इन प्रयासों की सीमा शीघ्र ही सामने आयी, जब ये लेखक साहित्य को भाषा की एक विधा मानकर कृति और रचनाकार के बाहर कुछ भी देखने और समझने से इन्कार करने लगे। हिन्दी साहित्य और समाज के लिए यह एक अशोभनीय वास्तविकता है कि, ''पश्चिम के नये समीक्षक भी जब संस्कृत के व्याकरण और ध्वनि सिद्धान्त की ओर मुखातिब हुए तो 'घर का जोगी जोगड़ा आन गाँव का सिद्ध' को ही सर्वस्व समझकर चलनेवाले भारतीय समीक्षकों ने भी अपने घर के जोगी को, जिसे अब तक जोगड़ा माना सिद्ध रूप में पहचाना-काँच से बाहर देखती दृष्टि सहसा उस काँच से ही टकरा गयी या उस काँच पर अड़ गयी। अतः साहित्य को 'शाब्दिक कला' तथा 'भाषा' की ही एक विधा' माननेवाले नये भाषाविद्-समीक्षकों को संस्कृत काव्यशास्त्र में एक 'ठोस' और 'यथार्थ' आधार मिल गया तथा पश्चिमी अनुकरणता 'स्टाइल या शैली बदलकर रीति हो गया।''[79]

रचनाकारों द्वारा समीक्षा का कार्य अपना लेना समग्र रूप में उर्वर नहीं रहा। कुछेक उदाहरणों को छोड़ दें तो अधिकांश रूप में आपसी भाईबन्दी या मामला सलटाने का ही उद्यम हुआ और सतही या भावुकतापूर्ण मूल्यों से लदी आलोचनाएँ सामने आयीं। इससे यह स्पष्ट हुआ कि आलोचक की ज़रूरत बनी रहेगी और आलोचक के कर्त्तव्य का निर्वाह करने के लिए वैसी ही व्यापक तैयारी और सूझ-बूझ चाहिए जैसी समय-समय पर आलोचकों के लिए निर्धारित की जाती रही है।

रचनाकारों और लेखकों का एक बड़ा समुदाय जब कलावाद और तत्कालीन उभारों से आकर्षित होकर 'नयी समीक्षा' तथा अन्य सहवर्ती विचारों को स्वीकार की दृष्टि से देख रहा था, तब उनमें पूर्णतः आत्मसमर्पण और स्वत्वहीनता की स्थिति हो, ऐसा न था। उदाहरण के लिए श्री साही जब कहते हैं कि अज्ञेय की तुलना सर्वाधिक सटीक प्रसाद के साथ हो सकती है और ''हिन्दी साहित्य का स्रोत जो लोग हिन्दुस्तान के बाहर ख़ास तौर पर अंग्रेज़ी में खोजने की कोशिश करते हैं, वे यदि छोटे मुँह बड़ी बात न लगे तो कहना चाहूँगा, इसी कारण करते हैं कि उनका ज्ञान अंग्रेज़ी साहित्य के बारे में बहुत थोड़ा है।''[80] तो इस बात को और बल मिलता है। वैसे भी अज्ञेय ने अस्तित्ववाद की अनसुलझी पश्चिमी समस्या को जिस प्रकार भारतीय दर्शन से शमित किया, आलोचना और साहित्य-चिन्तन में भी सिर्फ़ अनुकरणकर्त्ता ही नहीं बने रहे।''[81] बिम्ब भारतीय काव्यशास्त्र में न हो, कविता में है।[82] और वैसे भी ''काव्यभाषा के अन्तर्गत 'प्रतीक' या 'बिम्ब' की बात करने का

यह अर्थ कदापि नहीं कि आलोचक फ्रान्स के प्रतीकवादियों की तरह से केवल इन्द्रिय आवेग या अनुभव को प्रमाण मान रहा है।"[83] यह बिम्ब के प्रति आग्रह जो नयी कविता के दौर में पहले काफ़ी दृढ़ था, बाद में क्षीण हो गया और सपाटबयानी की ओर उन्मुखता बढ़ी। यह सच है कि केदारनाथ सिंह की अपेक्षा रघुवीर सहाय अधिक याद किये जाते हैं और अधिक पढ़े जाते हैं। बड़े आलोचकों में नयी समीक्षा से लाग-डाट रखनेवाले नामवरसिंह भी अनेक स्थलों पर हिन्दी समाज के अपने यथार्थ और परिस्थितियों से नये प्रतिमानों को जोड़ने की कोशिश करते हैं। जिन तत्त्वों की ओर आकर्षित होकर नामवरसिंह नयी समीक्षा की ओर गये, उन तत्त्वों के प्रति सकारात्मक ढंग से सोचना कोई अपराध न था, चूक यह हुई कि इन्हें सही जगह से ग्रहण करने का उद्यम न हुआ; वे इसीलिए आरोप और सन्देह का पात्र बने, उन्होंने नयी समीक्षा को स्वीकार्य माना हो, ऐसा नहीं है। भाषा और रूप-सम्बन्धी तत्त्वों में कौन से कुछ स्पष्ट धारणाओं को छोड़कर यह निर्णय करना कठिन है कि पश्चिम से है और कौन अपनी परम्परा से लेकर स्वयं विकसित किया गया है, इससे सम्बन्धित जो भी बातें पिछले पृष्ठों में कही गयी हैं वे प्रस्ताव या पूर्वप्रतिज्ञा मात्र है। नामवरसिंह ने अज्ञेय के बारे में लिखा कि, "जब अज्ञेय तारसप्तक के नये संस्करण में अपने वक्तव्य के 'पुनश्च में अर्थवान् शब्द को अपने कवि-जीवन की चरम उपलब्धि घोषित करते हैं तो उनकी दृष्टि में 'शब्द की अर्थवत्ता' में स्फटिक की संरचना के समान ही ध्वनि, लय, छन्द आदि के साथ ही सारे सामाजिक सन्दर्भ, युग सम्पृक्ति और कृतिकार के सामाजिक दायित्व की भी पर्तें घनीभूत हैं।'[84] नयी समीक्षा में अर्थवान्, शब्द की व्याप्ति इतनी दूर तक नहीं होती थी। जब हिन्दी में कविता के नये प्रतिमान की बात उठी तो इसके पीछे ठोस कारण था कि नये क़िस्म की कविताएँ भी लिखी जा रही थीं।

नये समीक्षकों को पढ़ते हुए हमने देखा कि अधिकांश बाद में चर्च की सुरक्षा की ओर उन्मुख हो गये और सारी समस्याओं का समाधान ईसाई धार्मिकता में देखा यह एक तरह से सम्पूर्ण साहित्य की अस्मिता का गुड़-गोबर कर देना हुआ। एक अन्य सन्दर्भ में लिखते हुए डॉ. सत्यप्रकाश मिश्र ने लिखा है, "हिन्दी साहित्य चिन्तन में काव्यधारा-सम्बन्धी विचारक इस प्रकार के प्रेरकों से मुक्त हैं। मनोविज्ञान और धर्म की महत्त्वपूर्ण प्रेरक शक्तियाँ हिन्दी के इन चिन्तकों के लिए बाधा या बोझ के रूप में नहीं है। हिन्दी साहित्य चिन्तन आचार्य शुक्ल के समय से ही धर्म-निरपेक्षता की ओर उन्मुख हुआ और बाद के महत्त्वपूर्ण चिन्तकों ने उसमें वृद्धि ही की है।"[85]

'नयी समीक्षा' का पश्चिम में जो हाल हुआ, कमाबेश हिन्दी में भी वही हुआ। बिम्बों से सपाटबयानी की ओर प्रवृत्ति का, उल्लेख किया जा चुका है। वास्तव में

स्वतन्त्रता के बाद का जो परिदृश्य था, वह एक मोहक यथार्थ की सृष्टि करता था, जिसमें उत्साह और सृजन का आवेग था, साथ ही अवसरवाद की एक लहर भी चली। छायावादी काल यहाँ ध्यातव्य है। उस समय आन्तरिक रूप से सामन्तवाद और बाहरी रूप से साम्राज्यवाद का विरोध साथ-साथ चला। नयी कविता के काल में आन्तरिक तत्त्व अवसरवाद और बाहरी तत्त्व शीतयुद्ध दोनों का समर्थन दिखता है। आज़ादी के बाद के भारत में अपनी गोटी फिट बैठाने में जो तीन-पाँच का खेल चला, उसका कलात्मक वर्णन 'मैला आँचल' में मिल सकता है और आन्दोलन के दौरान का आदर्शवाद जिस प्रकार हवा हो गया उसे ही देखकर कहा गया कि, "जवानी का जोश बुढ़ापे की वासना बन गया है।"[86]

इन सब हालात के बीच नामवर जी जिसे नवरोमानवाद का पुनरुत्थान कहते हैं, वह नेहरू जी के रहते तक चला। नेहरू और अज्ञेय, दोनों का देहान्त साहित्य और राजनीति में गहरे परिवर्तन का सूचक था। इसके साथ ही नयी समीक्षा का कैशौर्य आवेग स्खलित हो गया। आज नयी समीक्षा की स्मृति है, उसके प्रतिमानों की 'शाब्दिक' उपस्थिति है, नयी समीक्षा का कथ्य अस्वीकृत हो चुका है और रूप बिगड़ चुका है। यद्यपि इससे मिलते-जुलते 'सनम' को अपनाये हुए कई कलावादी आलोचक नये ज़माने के अनेक परिवर्तनों को अपनाकर डटे हुए हैं।

एक और दृष्टि से देखें तो नयी कविता के दौर का कलावादी आगमन निरर्थक नहीं रहा। इस दौर की आलोचनात्मक उपलब्धियों को इस दृष्टि से विश्लेषित किया जा सकता है। इसे 'संश्लेषण' शब्द से जाना जा सकता है। नयी समीक्षा के आग्रहों का ज़ोर हिन्दी आलोचना में बढ़ा और इधर एक छोटा समुदाय था, जो इन आग्रहों के तात्कालिक मोहपाश से मुक्त रहा। मुक्तिबोध ने अन्तिम क्षण तक अपने को बचाये रखा। लेकिन इन रूपवादी आग्रहों और हिन्दी की जातीय आलोचना की क्षति से उत्पन्न चुनौती की टक्कर जब मुक्तिबोध से हुई तो उसका परिणाम उनके साहित्यिक चिन्तन में प्रतिफलित हुआ। इस प्रकार यह कहा जा सकता है कि, "मुक्तिबोध ने अपने आलोचनात्मक संघर्ष के दोरान ही रचना और आलोचना से सम्बद्ध विभिन्न समस्याओं के बारे में जो महत्त्वपूर्ण और मौलिक चिन्तन किया है, उसके आधार पर वे आचार्य रामचन्द्र शुक्ल के बाद हिन्दी के सबसे बड़े साहित्य विचारक सिद्ध होते हैं। इनके साहित्य-चिन्तन से हिन्दी के मार्क्सवादी साहित्यशास्त्र और सौन्दर्यशास्त्र के विकास का मार्ग प्रशस्त हुआ है। उन्होंने अपने आलोचनात्मक संघर्ष के दौरान ही हिन्दी आलोचना की भाषा को नये पारिभाषिक शब्दों से समृद्ध किया है।"[87] जिस 'आलोचनात्मक संघर्ष' की चर्चा की गयी है, वही उपलब्धि है।

एक तरह से देखें तो मुक्तिबोध का चिन्तन अपनी परम्परा से ठीक से जुड़ जाता है। नये समीक्षकों में बात-बात पर छायावाद को लात जमा देना कोई अनसुनी बात न थी। नवीनता का जो दर्शन उन्हें इलियट से मिला था, इलियट के उसी निबन्ध को यदि वे समग्रता में समझ लेते तो बात-बात में परम्परा को गाली न देते। मुक्तिबोध ने छायावाद की अन्धनिन्दा नहीं की। साथ ही, छायावाद की आलोचना करनेवालों को उत्तर भी दिये। नयी कविता की अवधि में जो कुछ सार्थक लिखा जा रहा था, उसकी रक्षा के यत्न भी किये। उन्होंने कहा कि हमारे प्रगतिशील समीक्षकों ने अपने दायित्व का निर्वाह नहीं किया। उन्होंने वर्षानुवर्ष निर्मित होनेवाले साहित्य की कोई कला समीक्षा प्रस्तुत नहीं की। ऐसी कला समीक्षा जो कलाकृतियों के सभी पक्षों पर समान रूप से प्रकाश डालती हो, ऐसी कला जो साहित्य के आन्तरिक तत्त्वों पर प्रकाश डालते हुए कलाकार के व्यक्तित्व और उस व्यक्तित्व के माध्यम से, समाज और युग की प्रवृत्तियों को निरूपित करती हों, ऐसी विस्तृत और भावगम्भीर कला समीक्षा, जिसमें लगे हाथों, साहित्य तथा कलात्मक सौन्दर्य-सम्बन्धी प्रश्नों पर सर्वश्लेषी विचार किया गया हो।''[88] जिस प्रकार की समीक्षा की बात मुक्तिबोध ने कही है, उसी के अनुरूप उन्होंने स्वयं भी प्रयत्न किये। इसकी ज़रूरत तभी पड़ी जब नयी कविता में नयी परिस्थितियाँ पैदा हुईं। मुक्तिबोध ने नयी समीक्षा, इसके पीछे के सामाजिक दर्शन और राजनीतिक आग्रह तथा देश और समाज के हालात के प्रति इस दर्शन की अवसरवादिता या समझौतावादिता को पहचाना, इसे साहित्य के धर्म के विरुद्ध समझा और जब तक भौतिक रूप से जीवित रहे, इनके विरोध में खड़े रहे।

हिन्दी के नये समीक्षकों में अधिकांश अपने ही तर्कजाल में उलझ गये। बाद में उन्हें विभिन्न दिशाएँ खोजनी पड़ीं। इन लेखकों की मानसिकता ऐसी थी कि साहित्य पर बाहरी दबावों को अस्वीकार करते थे। लेकिन बाहरी दबावों का निषेध करनेवाली उनकी मानसिकता का निर्माण भी स्वयं बाहरी दबावों से हुआ था। इस प्रकार वे एक सूक्ष्म सत्य को ठुकरा रहे थे। वे जिस परिवेश के दबावों में अपनी विशेष सक्रियाताओं के साथ उपस्थित हुए थे, उसी परिवेश का महत्त्व इन्कार कर एक तरह से व्यर्थ की कसरत कर रहे थे। इस प्रकार जो पर्याप्त रचनात्मक सम्भावनाएँ इस काल में एक साथ सिमट आयी थीं, उनका सदुपयोग न हो सका। जो समीक्षक नयी समीक्षा की लीक पीट रहे थे, वे ही बतौर रचनाकार भिन्न प्रकार की उपस्थिति दर्शा रहे थे। उनका रचनाकार अधिक सार्थक सिद्ध हुआ। इन नये समीक्षकों ने रचना के क्षेत्र में अधिक सार्थक और महत्त्वपूर्ण योगदान दिया। वैसे भी, रचना की अपनी विशिष्टता और स्वकीयता की प्रतिष्ठा का प्रश्न उस काल में

भले ही दूषित हो गया हो, इससे आगे उचित सन्दर्भ के साथ इसके पक्ष में सहमति दिखती है।

आज हिन्दी आलोचना का जो परिदृश्य है उसमें रूपवादी ओर कलावादी न हों, ऐसी बात नहीं लेकिन वे भी स्वयं को रूपवादी नहीं कहते। 'रूपवाद' एक स्थिति से अधिक एक आरोप है और जनवादी समीक्षा से जो 'मार्क्सवाद समीक्षा' का ही नाम है, अपने को भिन्न दिखाने के लिए आलोचकगण भिन्न शब्दावली का प्रयोग करते हैं। उदाहरण के लिए अशोक वाजपेयी यह तो सगर्व घोषित करते हैं कि मैं जनवादी नहीं हूँ लेकिन यह नहीं कह सकते कि मैं रूपवादी हूँ। अर्थ यह कि आलोचना कर्म का विस्तार हुआ है और इसके दायरे में अनेक वर्जित क्षेत्र में भी आ गये हैं। मुक्तिबोध ने आलोचना को सांस्कृतिक प्रक्रिया कहा था। कहा जा सकता है कि हिन्दी आलोचना इस समय सांस्कृतिक प्रक्रिया होने की ओर अग्रसर है। वैसे भी दलित साहित्य और नारीवादी साहित्य के उत्थान से पुराने विभाजन का कोई अर्थ नहीं रह गया है और कोई चाहकर भी आलोचना को सांस्कृतिक प्रक्रिया और समतापरक दृष्टि होने से नहीं रोक सकता। यह आलोचना के अस्तित्व के लिए शुभ स्थिति है।

## सन्दर्भ, स्रोत तथा टिप्पणी

1. मुक्तिबोध, नयी कविता का आत्मसंघर्ष तथा अन्य निबन्ध, पृ. 124, 125.
2. वही, पृ. 102.
3. विजयदेव नारायण साही, छठवाँ दशक, पृ. 279.
4. कविता के नये प्रतिमान, पृ. 176.
5. श्री मैनेजर पाण्डेय का लेख 'मुक्तिबोध का आलोचनात्मक संघर्ष, निर्मल शर्मा द्वारा सम्पादित 'मुक्तिबोध' नामक पुस्तक में, पृ. 107.
6. आलोचना के नये मान, पृ. 14.
7. वही, पृ. 14-15.
8. विजयदेव नारायण साही, वर्धमान और पतनशील, पृ. 23। रेखांकित शब्द का अर्थ नहीं खुलता। यहाँ यह पढ़ना चाहिए 'आभास नहीं होने दिया।'
9. कविता के नये प्रतिमान, पृ. 27.
10. वही, पृ. 37.
11. वही, पृ. 51.
12. वही, पृ. 41.
13. कर्णसिंह चौहान, वही, पृ. 99.

14. इनका आलेख 'हिन्दी काव्यभाषा के अध्ययन की समस्याएँ, काव्यभाषा पर तीन निबन्ध में संकलित, सं. डॉ. सत्यप्रकाश मिश्र, लोकभारती प्रकाशन, 1989.
15. कविता के नये प्रतिमान, पृ. 213.
16. वही, पृ. 115.
17. वही, पृ. 180-181.
18. वही पुस्तक।
19. वही, पृ. 29.
20. आलोचना के नये मान, पृ. 19.
21. मुद्राराक्षस, श्री चौहान द्वारा पृ. 121 पर उद्धृत।
22. कर्णसिंह चौहान, वही, पृ. 20.
23. कविता के नये प्रतिमान की भूमिका।
24. वही।
25. मुक्तिबोध, इनका लेख "आधुनिक कविता की दार्शनिक पार्श्वभमि," 'नयी कविता का आत्मसंघर्ष तथा अन्य निबन्ध में संकलित, पृ. 42-43.
26. कर्णसिंह चौहान, वही, पृ. 81.
27. वही, पृ. 27.
28. 'काव्यभाषा पर तीन निबन्ध' में इनका लेखक 'काव्यभाषा का स्वरूप', पृ. 79.
29. रामस्वरूप चतुर्वेदी, 'हिन्दी साहित्य और संवेदना का विकास', पृ. 223.
30. डॉ. सत्यप्रकाश मिश्र, 'काव्यभाषा पर तीन निबन्ध', की प्रस्तावना, पृ. 54.
31. डॉ. सत्यप्रकाश मिश्र, वही, पृ. 58.
32. डॉ. मैनेजर पाण्डेय का लेख।
33. मुक्तिबोध, वही पृ. 175.
34. वही, पृ. 127.
35. वही, पृ. 156.
36. वही, पृ. 166.
37. वही, पृ. 152.
38. डॉ. नामवर सिंह, वही, पृ. 179.
39. वही, कविता के नये प्रतिमान की भूमिका।
40. वही।
41. वही पुस्तक, पृ. 214.
42. वही, पृ. 251.
43. साही, छठवाँ दशक, पृ. 260.
44. नामवरसिंह, वही, पृ. 161.
45. वही।
46. वही निबन्ध, पृ. 115-116.
47. देवीशंकर अवस्थी, आलोचना और आलोचना, पृ. 93.

48. सत्यप्रकाश मिश्र, वही, पृ. 25.
49. वही, पृ. 43.
50. नामवरसिंह, वही, पृ. 161.
51. रामस्वरूप चतुर्वेदी, हिन्दी साहित्य और संवेदना का विकास, पृ. 266.
52. नामवरसिंह, वही, पृ. 68.
53. मुक्तिबोध, वही, पृ. 17.
54. वही, पृ. 162.
55. वही, पृ. 162.
56. डॉ. मैनेजर पाण्डेय, वही, पृ. 117.
57. वही, पृ. 103.
58. डॉ. मैनेजर पाण्डेय, वही, पृ. 133.
59. नामवर सिंह, वही, पृ. 249.
60. यह धारणा प्रो. मैनेजर पाण्डेय की है।
61. वही, पृ. 210.
62. वही, पृ. 212.
63. वही, पृ. 102.
64. वही।
65. वही, पृ. 26.
66. वही.
67. वही, पृ. 89.
68. कर्णसिंह चौहान, वही, पृ. 90.
69. 'नयी कविता का आत्मसंघर्ष तथा अन्य निबन्ध', पृ 37.
70. कर्णसिंह चौहान, वही, पृ. 87.
71. मुक्तिबोध, पृ. 37.
72. वही, पृ. 143.
73. नामवरसिंह, पृ. 26.
74. वही, पृ. 77.
75. वही, पृ. 101.
76. वही, पृ. 103.
77. वही, पृ. 170.
78. कर्णसिंह चौहान, वही, पृ. 46.
79. वही, पृ. 42.
80. श्री साही, छठवाँ दशक, पृ. 318.
81. श्री साही ने इसी पुस्तक में 316 पर इस पर थोड़ी चर्चा की है.
82. श्री रामस्वरूप चतुर्वेदी, काव्यभाषा पर तीन निबन्ध, पृ. 119.
83. डॉ. सत्यप्रकाश मिश्र, उपर्युक्त, पुस्तक 41.

84. वही, पृ. 26.
85. वही, पृ. 36.
86. देशभक्त सत्ता के लालची बन गये : इस रूपान्तरण को व्यक्त करती समर सेन की अन्तिम कविताओं से इस उद्‌गार को प्रो. सुमित सरकार ने उद्धृत किया। आधुनिक भारत, पृ. 505.
87. डॉ मैनेजर पाण्डेय, वही, पृ. 105.
88. मुक्तिबोध, वही, पृ. 149.

♦

# अध्याय – 5

# पश्चिम से संवाद का समकालीन परिदृश्य

वैश्विक स्तर पर मूलभूत परिवर्तनों को समझने के लिए द्वितीय विश्व-युद्ध को एक प्रस्थान-बिन्दु के रूप में देखा जाता है। भारत के सन्दर्भ में यह महत्त्वपूर्ण तो है, लेकिन स्वतन्त्रतता की प्राप्ति का वर्ष अधिक निर्णायक हो जाता है और इसलिए अध्ययन के लिए एक स्पष्ट प्रस्थान-बिन्दु भी बन जाता है। पिछले अध्याय में 'नयी समीक्षा' और तत्सम्बन्धी बिन्दुओं का विवेचन करते समय हमने बदली हुई अवधि में आलोचनात्मक गतिविधियों की चर्चा की है। जब हम बाद के काल में प्रवेश करते हैं तो ज्ञान के कई अनुशासनों में क्रिया और प्रतिक्रिया की कई धाराएँ जन्म ले चुकी थीं। इतिहास, समाजशास्त्र और दर्शनशास्त्र में इन धाराओं की सर्वाधिक तीव्रता देखी गयी और इन तीनों का साहित्य से सबसे निकट का सम्बन्ध रहा है। इतिहास में सबाल्टर्न अध्ययन, समाजशास्त्र में नतृत्त्वशास्त्र के साथ मिलकर मिथक और संस्कृति तथा आदिम जनजातियों का अध्ययन तथा दर्शन में भाषा-दार्शनिकों का विवेचन, मोटे तौर पर इन धाराओं को व्यक्त करने के लिए देखा जा सकता है। उत्तर-आधुनिकता, उत्तर-उपनिवेशवाद और विखण्डनवाद ऐसे अध्ययन हैं जो लगभग सारे अनुशासनों के साथ विज्ञान तक में जा पहुँचे हैं। इधर साहित्य में नारीवादी लेखन तथा दलित-लेखन की सशक्त धाराएँ आमूल परिवर्तन की आकांक्षा और तीव्रता लिये उपस्थित हो गयी हैं। 20वीं सदी के अन्तिम दशकों में समाज और व्यक्ति को समझने के लिए आवश्यक जिन प्रमुख पद्धतियों का उल्लेख किया गया वे बहुत ही सूत्र रूप में हैं। कारण यह कि परिवर्तन और वृद्धि की गति इतनी तीव्र और बहुपक्षीय है कि किसी एक अध्याय में इन्हें समेटना शीघ्रता होगी। टॉफलर ने अपनी पुस्तक 'फ़्यूचर शॉक' का समापन ही इस चेतावनी के साथ किया है कि विश्व में परिवर्तन की गति बहुत तेज़ है और यदि इस परिवर्तन की गति और दिशा को नियन्त्रित और सुनियोजित नहीं किया गया तो मनुष्य का भविष्य ख़तरे में है।[1] इस अवधि में दुनिया'भर में राजनीतिक परिवर्तन भी हुए। रूस का विघटन एक ऐसा

तत्त्व है जिसने ज्ञान के अनुशासनों को मार्क्सवादी बहस के कारण प्रभावित किया। आर्थिक क्षेत्र में उदारीकरण और भूमण्डलीकरण के आवेग ने अपने भीतर निहित राजनीतिक अर्थों को छुपाते-खोलते अपना विस्तार कर लिया और इस समूचे परिदृश्य को इतना जटिल, विसर्पी और बहुअर्थी बना दिया कि संवाद की कोई निश्चित रेखा नहीं खींची जा सकती है, लेकिन यह निश्चित है कि पश्चिम अब भी अपने-अन्यों पर हावी है।

अब पश्चिम का केन्द्र-बिन्दु ब्रिटेन नहीं रहा। यह केन्द्र सरककर यू.एस.ए. की ओर चला गया। एडवर्ड सईद ने भारत आगमन पर कई साक्षात्कारों और व्याख्यानों में कहा कि मानव सभ्यता के इतिहास में अमेरिका जैसा साम्राज्यवादी देश कभी नही हुआ और न ही साम्राज्यवाद इतने आवेग और विस्तार के साथ कभी महसूस किया गया। इसी के समानान्तर विरोध और प्रतिरोध के स्वर भी उठे हैं, यद्यपि वे संगठित और योजनाबद्ध नहीं हैं। साहित्य-आलोचना के क्षेत्र में इसकी सीमा और सामर्थ्य का भारी विस्तार हुआ है। इसने अपना ध्यान संस्कृति पर केन्द्रित करना शुरू कर दिया है और यह सही दिशा है। लेकिन इस साम्राज्यवाद के विरोध में किसी दूसरे प्रकार के साम्राज्यवाद की प्रतिष्ठा की जा सकती है या पश्चिम के विरोध में किसी प्रतिशोधपरक विचारधारा की स्थापना हो सकती है, जिसको सईद ने व्यक्त की।[2]

## (क)

## हिन्दी में प्रमुख आलोचना – सिद्धान्त और आलोचक

'नयी समीक्षा' के दिनों में हिन्दी के आलोचना पक्ष को वाद-विवाद से पर्याप्त समृद्धि मिली। रचना के क्षेत्र में जिस प्रकार 'नयी कविता' के बाद मोहभंग की स्थिति उत्पन्न हुई और कुछ फ़ासले तय करने के बाद कविता प्रगतिवादी दिनों के मूल्यों के परिष्कृत और परिवर्द्धित रूपों के साथ सामने आने लगी, उसी प्रकार आलोचना का मुख्य स्वर भी बदलकर उन प्रवृत्तियों को अपनाने लगा, जिसे मोटे तौर पर जनवादी कहा जाता है। लेकिन व्यापक रूप से देखने पर हिन्दी-आलोचना के कई स्वर मिलते हैं। इन्हें सुविधा के लिए पुरानी शब्दावली में वाम और दक्षिण कहकर समझते हैं। संरचनावाद, शैलीविज्ञान, रीतिविज्ञान, भाषा-केन्द्रित आलोचना अर्थात् कुल मिलाकर मार्क्सवादी दृष्टि के विरोध में चल रहे ये वाद हिन्दी में अपने केन्द्रक निर्मित करते थे। दूसरी ओर मार्क्सवादी दृष्टि थी जो स्वयं में कोई एकीकृत और बन्द व्यवस्था न होकर कई उपविभागों में बँटी थी। इस प्रकार साहित्य की

संस्थाओं, विश्वविद्यालयों, अकादमियों, पुरस्कार समितियों तथा समाचार समूहों में ये प्रमुख वर्ग अपने-अपने ढंग से आसीन रहे। समय-समय पर स्वाभाविक रूप से दोनों पक्ष अपने बल और ऊर्जा की परीक्षा कर लेते थे।

इसी बीच एक और परिवर्तन घटित हुआ। 70 के दशक के आस-पास हिन्दी समाज के सम्पर्क का भौगोलिक विस्तार और भी व्यापक हुआ। लातिनी अमेरिका, मध्य और पूर्वी यूरोप तथा बाद में अफ्रीकी देशों के रचनाकारों से हिन्दी का सम्पर्क हुआ। यद्यपि यह सम्पर्क मुख्यतः अंग्रेज़ी भाषा के माध्यम से हुआ। इससे हिन्दी भाषा और साहित्य का 'पश्चिम' से संवाद भौगोलिक रूप से बदल गया। एक प्रकार से अंग्रेज़ी का साम्राज्य उसी प्रकार छिन गया जैसे अंग्रेज़ों का सबसे मूल्यवान् साम्राज्य छिन गया था। अब ब्रिटेन या अंग्रेज़ी भाषी दुनिया से ऐसा कोई सिद्धान्त आने को नहीं था, जिसका प्रभाव शेष संसार पर पड़ता। 'जादुई यथार्थवाद' लातिनी अमेरिका से आया और अन्य प्रमुख विचारधाराएँ जर्मनी, फ्रान्स या अन्य क्षेत्रों में पनपी, अर्थात् आँग्ल-अमेरिकी सिद्धान्तों का ज़ोर नयी कविता के दौर में चला था, समाप्त हो गया। हाँ, "युद्धोत्तर ब्रिटेन में रेमण्ड विलियम्स एकमात्र महत्त्वपूर्ण आलोचक रहे हैं।"[3] रेमण्ड विलियम्स का हिन्दी समाज में स्वागत हुआ क्योंकि इनका साहित्य के समाजशास्त्र सम्बन्धी अवधारणा में महत्त्वपूर्ण योगदान है। अस्सी के दशक में साहित्य का समाजशास्त्र हिन्दी में आया और साहित्य तथा समाज के बीच कई छिपे हुए सूत्रों और सम्बन्धों को देखते हुए साहित्य की अवस्थिति का एक नया पाठ तैयार हुआ। "जो साहित्य का समाजशास्त्र जिस समाजशास्त्रीय पद्धति को अपनाता है उसके अनुरूप उसका स्वरूप भी बनता है। इसलिए जितने प्रकार के समाजशास्त्र हैं उतने ही प्रकार के साहित्य के समाजशास्त्र भी दिखायी पड़ते हैं। यही कारण है कि कुछ लोग साहित्य का समाजशास्त्र के बदले साहित्य के समाजशास्त्रों की बात करते हैं।... उसने साहित्य की नयी धारणा निर्मित की है और साहित्य की सामाजिकता के विवेचन के लिए आवश्यक कुछ दृष्टियों और पद्धतियों का विकास किया है।..."[4] आज के युग में साहित्य जीवन के ऐसे पक्षों से भी जुड़ा है, जिसकी पहले उपेक्षा की जाती थी। साहित्य का सम्पूर्ण संसार विशाल और जटिल हो गया। इस प्रकार आज के साहित्य-जगत् में ऐसे प्रश्न भी उठते हैं, जिनका परम्परागत आलोचना-पद्धतियों के पास कोई उत्तर नहीं है। साहित्य का समाजशास्त्र उन प्रश्नों का उत्तर देता है। रचना, रचनाकार, पाठक, बाज़ार, प्रकाशक, वितरक... एक लम्बी शृंखला बनती हैं और सभी एक-दूसरे से जुड़ते हैं। ये सब मिलकर साहित्य का सम्पूर्ण-संसार निर्मित करते हैं और इस संसार में साहित्य के समाजशास्त्र के सहारे ही प्रवेश किया जा सकता है। डी. पी. मुखर्जी, पी.सी. जोशी और श्यामचरण दुबे

ने साहित्य के समाजशास्त्र को समृद्ध किया। डी. पी. मुखर्जी ने भारतीय साहित्य के समाजशास्त्र पर विचार किया। डी. डी. कोसाम्बी और रोमिला थापर जैसे इतिहासकारों ने भी इस दिशा में योगदान किया है। समस्त प्रयासों का समन्वित रूप मैनेजर पाण्डेय की पुस्तक साहित्य के समाजशास्त्र की भूमिका में मिलता है। हिन्दी में इस पद्धति का विकास नहीं हुआ है। इतना ही नहीं, गम्भीर चर्चा तक नहीं हुई, इससे एक जड़ता का अनुमान किया जा सकता है।

सदी के अन्तिम दशक की शुरुआत हिन्दी आलोचना के लिए बहुत ही गतिशील और चुनौतीपूर्ण सिद्ध हुई। इस चुनौती का सामना हिन्दी आलोचना ने कितना किया, यह तो विवेचन योग्य है। इस अवधि में दलित विमर्श, नारीवादी विमर्श, उत्तर-आधुनिकता, उत्तर-औपनिवेशिकता और विखण्डनवाद क्रमिक रूप से हिन्दी संसार में चर्चित हुए। ऐतिहासिक रूप से वर्ण-व्यवस्था के बाहर धर्म, शास्त्र और विशेषाधिकार से वंचित, समाज के अन्तिम स्तर पर निरन्तर बने रहनेवाले समूहों ने स्वतन्त्रता-आन्दोलन के पूर्व से ही गतिशीलता दिखायी लेकिन उनके साधन और लक्ष्य दूसरे थे। स्वतन्त्रता के बाद जब कई तरह के आदर्शपरक आवरण हटे तब इस समूह ने अपनी अस्मिता को नये सिरे से पहचानना प्रारम्भ किया। इसकी प्रतिध्वनि साहित्य में सुनी गयी। हिन्दी में यह परिघटना इसी दशक में सम्भव हुई। इस प्रकार हिन्दी साहित्य में ऐसे लोगों के अनुभव सामने आये जो असम्भव जान पड़ते थे। इन कृतियों को आलोचना के उपलब्ध मानों से परखना कठिन था। इन समूहों ने स्वयं को दलित की संज्ञा दी और दलित-साहित्य को देखने के लिए नये सौन्दर्यबोध के विकास की माँग उठायी। चूँकि दलित साहित्य अपने इतिहास और परम्परा की नयी रूपरेखा बनाता है, अतः इसके आस्वादन के लिए वे प्रतिमान पर्याप्त नहीं हो सकते, जो ग़ैर दलित साहित्य के लिए हैं। इस नवविकसित दलित-लेखन को अदलित लेखकों, ख़ासतौर पर मार्क्सवादी लेखकों ने अपना समर्थन दिया। उदाहरण के लिए प्रो. मैनेजर पाण्डेय ने दलित साहित्य के पक्ष में खुलकर लिखा और कहा लेकिन ऐसे लोगों की संख्या बढ़ी नहीं क्योंकि बाद में आकर दलित-विमर्श आत्मालोचना से कतराकर अतिवादों की ओर चला जा रहा है। दलितों में कई विमर्शकार ब्रिटिशराज को अपने लिये उद्धारक और मुक्तिदाता मानकर उनके आने को विलम्ब और जाने को शीघ्रता कहकर कुछ-कुछ सिनेमाई भावुकता में विलाप कर रहे हैं। रचनाकर्म में भी सामान्य या कभी-कभी सतहीपन को भी कलाविरोध के नाम पर दलित-साहित्य की उपलब्धि मान लेने की प्रवृत्ति आ गयी है। दलित-साहित्य से सम्बन्धित अनेक प्रश्न अभी भी वाद-विवाद की शक्ल में पत्र-पत्रिकाओं में बिखरे हैं और दलित आलोचना जैसा कोई तन्त्र विकसित नहीं हो

पाया है। रचना की दृष्टि से दलित-साहित्य में समृद्धि बढ़ रही है लेकिन दलित-आलोचना के मान-प्रतिमान केवल सुनने में आते हैं।[5] इसी प्रक्रिया में हिन्दी आलोचना और संस्कृति-विमर्श में काफ़ी सक्रियता और नयेपन की हवा बही है। दलित-लेखन हिन्दी साहित्य की समृद्धि के लिए महत्त्वपूर्ण है और इसने इतिहास और संस्कृति के कई पक्षों पर नये ढंग से सोचने को बाध्य किया है। एक प्रकार से संस्थागत जड़ता को झकझोरने में भी इससे सहायता मिलती है।

इसी दशक में नारीवादी विमर्श की धमक हिन्दी में सुनी गयी। नारीवादी विमर्श में भी अतिवाद की छौंक सुनी जाती थी लेकिन यह बहुत ही कम थी। नारीवादी विमर्श दो प्रमुख कारकों के सहारे समझा जाना चाहिए। यह एक रेडिकल, समग्रतापरक और मौलिक विमर्श है तथा इसके लिए नये ढंग की भाषा, नये ढंग की दृष्टि तथा इतिहास की नयी व्याख्या चाहिए। नारी-विमर्श के कई रूप है और विद्वानों ने इसे वर्गीकृत भी किया है। लेकिन हिन्दी रचना और आलोचना में यह वर्गीकरण इतना महत्त्वपूर्ण नहीं जितना रचना कर्म की सम्पन्नता। अब तक इतिहास में नारी स्वर को या तो दमित कर दिया गया या उसे कोई और रूप, विशेषकर आध्यात्मिक रूप देखकर प्रस्तुत किया गया।[6] वैसे तो नारी का प्रश्न समूची मानव-सभ्यता का प्रश्न है तथा इसे तीव्रता में अन्तर के साथ हर देश में देखा जा सकता है लेकिन भारत में इतिहास, धर्म और परम्परा के आपसी जटिल सम्बन्धों और दीर्घ निरन्तरता के कारण इस सम्बन्ध में कोई स्पष्ट और शीघ्र वक्तव्य अपरिपक्व हो सकता है। इस दशक में जब नारी-विमर्श का जोर बढ़ा तब स्वभावतः धर्म, इतिहास और संस्कृति के कई पक्षों पर नये अध्ययन हुए हैं। कला से लेकर राजनीति, विधि और सामान्य जीवन तक नारी के प्रश्न को गम्भीर महत्त्व मिला है। रचना की दृष्टि से नारी-विमर्श सम्पन्नता की ओर बढ़ रहा है। कम-से-कम एक दर्जन अच्छी कथाकार और कवयित्री निरन्तर लेखन कर रही हैं और पुरुषों में नारीवादी रचनाकारों और आलोचकों का ध्यान भी इधर लगातार रहा है। नारीवादी आलोचना का कोई स्वायत्त साहित्य-सिद्धान्त नहीं बन पाया है। आगे इस दिशा में काम होने की सम्भावना है क्योंकि सिद्धान्तों की बात अलग है, भाषाओं का वर्तमान स्वरूप भी नारीवादी विमर्श के सर्वथा योग्य नहीं हैं।[7] मानसिकता, संस्कृतिबोध, भाषा, सिद्धान्त और प्रयोग क्रमशः सबमें नारीवादी विमर्श एक मूलभूत अनुकूलता की माँग करता है।

दलित और नारीवादी सक्रियताओं के कारण प्रचलित काव्य-सिद्धान्तों और आस्वादन की प्रक्रिया के बने-बनाये ढाँचे टूटे हैं। कभी-कभी लगता है कि बलाघात का अन्तर ही प्रमुख रह गया है। इस स्थिति में उत्तर-आधुनिकता, उत्तर-औपनिवेशिकता

और विखण्डनवाद ने हर खाँचे को यहाँ तक कि मार्क्सवादी खाँचे को भी तोड़ा है। इसमें उत्तर उपनिवेशवाद के लिए अगले उपअध्याय में चर्चा होगी, यहाँ पहले उत्तर-आधुनिकता का थोड़ा परिचय जान लेना उचित होगा क्योंकि यह अब फैशन जैसा लोकप्रिय हो चुका है। ''आधुनिक साहित्य इतिहास में उत्तर-आधुनिकता ऐसा व्यापक परिदृश्य हो चुका है और यह पद इतने सारे कारकों को द्योतित करने में प्रयुक्त हो रहा है कि इसका भी हाल रोमाण्टिसिज़्म जैसे 'अन्तर्वेशी' पदों के जैसा हो जायेगा और जिसके बारे में कोई भी कह सकेगा जैसा लवजॉय ने रोमाण्टिसिज़्म के बारे में कहा कि इसका अर्थ 'सब-कुछ' और इसलिए 'कुछ नहीं' है।''[8] वस्तुतः महायुद्ध के बाद अमेरिका और यूरोप में लिखा गया साहित्य, जो आधुनिकता के प्रति विद्रोह प्रकट करता है। उत्तर-आधुनिक कहा जाता है। आधुनिकता, जो मनुष्यमात्र के लिए मुक्ति के दावे लेकर आयी थी, जीवन के प्रत्येक क्षेत्र में साहित्य से राजनीति और अर्थव्यवस्था तक लोगों के विश्वास का केन्द्र थी। यूरो-अमेरिकी साहित्य में इलियट इसके महान् प्रवक्ता थे। दूसरी ओर मार्क्सवाद था जिसने प्रगति की एक निश्चित दिशा बतायी थी। सुनिश्चित इतिहास था, अतीत से भविष्य तक रेखांकित मार्ग था। मनुष्य को अपनी आस्था पर दृढ़ रहने के लिए पर्याप्त आधार थे। सदी के दूसरे चरण में आश्चर्यजनक रूप से विचारधाराएँ मनुष्य के लिए अपर्याप्त सिद्ध हुईं और सदी के अन्त तक यह सिलसिला चलता रहा। साहित्य में यह मोहभंग कई स्तरों से गुज़रा। वैचारिकी के क्षेत्र में सारे प्रोजेक्ट, विचारधारा और इतिहास के अन्त की घोषणा कर दी गयी। लोगों को बोध हुआ कि ये ऐसे परिदृश्य के सामने हैं, जहाँ सब-कुछ गाँउज-माँउज हो गया है, एक घटना स्वयं को कई कोणों से दिख रही है। अनेक अख्यात-प्रख्यात हो रहे हैं और जीवन एक सीधी रेखा में चलने की जगह कई प्रशाखाओं में फूटकर चल रहा है। यह आधुनिकता के खाँचे में नहीं आता था। यह उत्तर-आधुनिकता है।

साहित्य में यह आधुनिकतावादी सौन्दर्यशास्त्र का अस्वीकरण है। पचास के दशक के मध्य तक आधुनिकतावादी प्रवृत्तियों से रचनाकारों का असन्तोष बढ़ चुका था। इलियट, जॉयस, फॉकनर और इनके अनुयायियों के यहाँ साहित्य 'समीक्षा उद्योग' का रूप धारण कर चुका था। अर्थात् यह केवल बौद्धिक उपयोग के लिए शुद्ध एकैडेमिक वार्त्ता का रूप ले चुका था। इसके पाठक सिकुड़े हुए वर्ग के रूप में थोड़े रह गये थे।[9] आधुनिकता का जीवन और कला के प्रति ऐसा रुख़ था जिसमें अनुशासन के माध्यम से स्वयं को मुक्त करने का आग्रह था और इस प्रक्रिया में मिथक का उपयोग भी सम्मिलित था। यह एक तरह से अर्नाल्ड की उच्च संस्कृति का अवशेष था। आधुनिकता की यह संस्कृति जिसे उदार मानववाद भी कहा गया

और जिसे इलियट का मानववाद भी कह सकते हैं, पचास के दशक में ख़तरे में पड़ गयी। युद्ध के बाद की चेतना अल्जीरिया, स्वेज, वियतनाम आदि के उदाहरण के साथ समझी जा सकती है जिसने उदार मानववाद की चूलें हिला दीं। आधुनिकता को झूठ और पाखण्ड के ऐसे विचार के रूप में देखा गया, जिसके माध्यम से बूर्जुआ वर्ग ने अपनी संस्कृति और शक्ति को बनाये रखा। 'नयी समीक्षा', जिसकी विस्तृत चर्चा पिछले अध्याय में हुई है, इसी आधुनिकता और मानववाद को प्रश्रय देती थी। यदि मार्क्सवादी ढंग से कहें तो कोई भी साहित्य-सिद्धान्त निरपेक्ष नहीं हो सकता। सभी वक्तव्य और सिद्धान्त आर्थिक या राजनीतिक विचारधाराओं के भार से युक्त होते हैं। अतः 'नयी समीक्षा' का यह दावा कि वह हर तरह की विचारधारा से मुक्त है, भ्रामक है जबकि वह पूँजीवाद का वाहक थी। इस सिद्धान्त ने आधुनिकता के तत्त्वों को, पूँजीवाद के आग्रहों को साहित्यिक आवरण देकर एकैडेमिक संस्थाओं में मज़बूती से स्थापित कर दिया। उत्तर-आधुनिकता ने आधुनिकता के छद्म को आवरणहीन कर दिया। अतः उत्तर-आधुनिकता, एक साहित्यक और सांस्कृतिक परिदृश्य है जो पश्चिमी उदार मानववाद तथा इसके द्वारा विहित साहित्य और संस्कृति के ध्वंस को संकेतित करता है।''[10]

लेसली फिडलर सम्भवतः पहले व्यक्ति थे जिन्होंने 'उत्तर-आधुनिकता' पद को गढ़ा था। इनके अनुसार उत्तर-आधुनिकता सबसे पहले कला में 'डीइलियटाइजेशन आन्दोलन' है।[11] इसने कला और लोकप्रिय मनोरंजन, उच्चकला और निम्न कला, अभिजात संस्कृति एवं पॉपुलर संस्कृति के बीच की खाईं को ख़त्म करने के लिए संघर्ष किया है। इसने आलोचक और पाठक के बीच की दूरी को भी मान्यता नहीं दी है। इसने आलोचक, साहित्य के स्थापित विश्वविद्यालय विभाग तथा संस्थाओं पर नये ढंग से विचार करने, इन्हें पुनः परिभाषित करने तथा स्तरीकरण की स्थिति को चुनौती देने के लिए तर्क दिये हैं। उत्तर-आधुनिकता, इस प्रकार आधुनिकता के विरुद्ध एक सशक्त विचारधारा है।

इस सिद्धान्त को कड़ी चुनौती मिली है। ग्राफ और कारमोड ने इस पदावली पर ही आपत्तियाँ दिखायी हैं।[12] प्रो. मैनेजर पाण्डेय ने एक पारदर्शी भाषा में, बिना किसी जटिलता में उलझे, इस सिद्धान्त की अपर्याप्तता और निहितार्थों को परखा है।[13] जो हो, इसके समर्थक हिन्दी समाज में इसके आगमन और लक्षणों को स्पष्ट कर रहे हैं। हिन्दी में अज्ञेय (और राज़नीति में नेहरू) के बाद, या नयी कविता के बाद जिन परिस्थितियों का उदय हुआ, उसमें आधुनिकता के मॉडल पर प्रश्न खड़े हो गये थे। आज हिन्दी साहित्य और हिन्दी समाज में, कला या राजनीति में 'अभद्र', 'अज्ञात', 'संस्कारहीन' तत्त्वों का सशक्त समावेश उत्तर-आधुनिव परिदृश्य को स्पष्ट

करता है। बड़े बाँध, बड़े उद्योग, अनवरत विकास, राष्ट्रवाद, महानायकत्व, महाकाव्य – इनकी 'भव्यता' और सार्थकता प्रश्न के घेरे में आ चुकी है। लेकिन स्वयं उत्तर-आधुनिकता की सार्थकता पर प्रश्न लगे हैं और प्रो. पाण्डेय ने इसके अन्तर्विरोधों को रेखांकित किया है।[14]

देरिदा का विखण्डनवाद उनकी दिल्ली-यात्रा के बाद खासा चर्चित रहा है। वैसे तो विखण्डनवाद पर भारत में खूब चर्चा हो रही है लेकिन हिन्दी में इसकी ख़ास नोटिस नहीं ली जा रही है। सुधीश पचौरी इसका परचम लिये खड़े नज़र आते हैं लेकिन जो वे कहना चाहते हैं वह स्वयं इतना अबूझ है कि उनके पाठक हैरान रह जाते हैं। सिद्धान्त के तौर पर जो इतना कम परिचित हैं, व्यावहारिक आलोचना में उसका कोई उपयोग होगा, इसमें सन्देह है। संक्षेप में, विखण्डनवाद का मर्म जान लें।

देरिदा प्रमुख उत्तर-आधुनिकतावादी चिन्तक है। उत्तर-संरचनावाद के विस्तार का श्रेय भी इन्हीं को जाता है। विखण्डन, उत्तर-आधुनिक प्रमुख युक्तियों में एक है। देरिदा, दूसरे उत्तर-आधुनिक फूकोयामा से भिन्न हैं। इस भिन्नता के तकनीकी कारणों के अलावा देरिदा का मार्क्सवादी होना भी मुख्य कारक है। फूकोयामा दक्षिणपन्थी हो जाते हैं। विखण्डनवाद हमें नयी समीक्षा, संरचनावाद और इनकी प्रविधियों से आगे ले जाता है। ये प्रविधियाँ (जैसे – व्याख्या) हमारे आलोचना-कर्म में बद्धमूलक संस्कार बन चुकी हैं। विखण्डन, रचना और आलोचना को दो तरह के कार्य मानता है, दोनों अर्थ निर्माण करते हैं, लेकिन दोनों समान हैं। कोई भी वक्तव्य, कथन, रचना अथवा पाठ्य जो दिखता है वही नहीं है, उसमें छिपे, दमित कई अर्थ हैं, ध्वनियाँ हैं। इनको विखण्डन के माध्यम से अनावृत करते हैं। यह पेचों को खोलता है, दमन को तरल कर देता है और एक रणनीति की तरह ऐसा करते हुए स्वयं को भी अन्तिम नहीं मानता। विखण्डन, एक सतत और निरन्तर रणनीति है। जहाँ कुछ भी अन्तिम या निश्चित नहीं।[15]

उत्तर-आधुनिक विचारकों में जो पूरब के चिन्तक हैं, उनमें आपस में कई अन्तर हैं। सईद, होमी भाभा, एजाज अहमद, गायत्री स्पीवाक प्रमुख चिन्तक हैं, जिन्हें मैं उत्तर-आधुनिक से अधिक उत्तर-उपनिवेदशवादी कहना पसन्द करूँगा। अगले उपअध्याय में इन पर चर्चा का अवकाश मिलेगा।

हिन्दी आलोचना का वर्तमान परिदृश्य बहुत ठोस नहीं कहा जा रहा है। इसका प्रमुख कारण तो यह है कि आलोचकों की नयी पीढ़ी का निर्माण नहीं हो सका है और पुराने आलोचक ही परिदृश्य पर दिख रहे हैं। इस प्रश्न पर पर्याप्त विलाप हो चुका है कि हिन्दी आलोचना ने ऐसे किसी सिद्धान्त का निर्माण नहीं किया, जो मौलिक देन के रूप में स्वीकार्य हो। इस बहुप्रचारित कथन का विखण्डन अनिवार्य

है। सत्य वहाँ होता है जहाँ शक्ति हो। जिस भाषा को अर्थ और सैन्य की शक्ति प्राप्त है, वही भाषा महान् होगी, फैलेगी। हिन्दी आलोचना ने कोई विचारधारा पल्लवित नहीं की, यह तथ्य है और पिछले अध्ययनों से इसके कारणों के निर्माण पर चर्चा हुई है। यह भी देखा गया कि पश्चिम हावी होता चला गया और जब पुराना उपनिवेशवाद टूटा तो नये क़िस्म के उपनिवेशवाद, पुराने उपनिवेशवाद के अवशेषों के साथ चलते रहे। इससे साहित्य की मौलिकता और आत्मविश्वास पर विपरीत असर पड़ा। अब दूसरा पक्ष भी सामने है। जो कुछ मौलिक चिन्तन हिन्दी आलोचना में उपलब्ध है, उसका कितना अंश विश्व-आलोचना में प्रसारित हुआ है। हिन्दी को वह पावर प्राप्त नहीं है जो इसके चिन्तकों को प्रसार दे सके। अंग्रेज़ी के प्रश्न पर और चर्चा अगले उपअध्याय में अपेक्षित है, यहाँ इतना उल्लेख करना कदाचित् पर्याप्त है कि हिन्दी जैसे-जैसे पावर डिस्कोर्स की भाषा बनती जायेगी, इसमें व्यक्त चिन्तन, लोगों की दृष्टि में आता जायेगा। मैं व्यक्तिगत रूप से, टेरी इगल्टन को इसलिए जानता हूँ कि वे अंग्रेज़ी के आलोचक हैं, उनसे बड़े आलोचक भारतीय भाषाओं में मौजूद हैं जिन्हें मैं इतना नहीं जानता। एक साम्य दिलचस्प है। टेरी इगल्टन और मैनेजर पाण्डेय—दोनों 1943 में जन्मे, दोनों की प्रारम्भिक शिक्षा स्थानीय स्तर पर हुई, दोनों उच्च शिक्षा के लिए अपने समय के प्रतिष्ठित संस्थान तक पहुँचे थे, दोनों मार्क्सवादी हुए, दोनों के महत्त्वपूर्ण प्रकाशन लगभग एक ही समय होने लगे दोनों के प्रारम्भिक कार्य क्लासिक कवियों पर हुए लेकिन क्या कोई ब्रिटेन में मैनेजर पाण्डेय को जानता है? सापेक्षिक स्तर पर अपनी-अपनी भाषा में, आलोचनात्मक अवदान और सैद्धान्तिक विवेचन के स्तर पर दोनों का योगदान सामने है।

हिन्दी आलोचना में भीतरी शीतयुद्ध की स्थिति पहले से चली आ रही है। इससे आलोचना को वैचारिक समृद्धि मिलने के स्थान पर नुक़सान ही हुआ है। ऐसी कोई पुस्तक मेरी दृष्टि में नहीं है, जो हिन्दी आलोचना का सम्यक् इतिहास बताती हो। जो पुस्तकें हैं वे अपने वर्ग के हित में लगकर वस्तुनिष्ठता खो बैठी हैं। विश्वनाथ त्रिपाठी और निर्मला जैन की पुस्तकें 'किसको शामिल करें, और किसको कालापानी दे दें' जैसे भाव के साथ लिखी गयी हैं।[16] एक अन्य महत्त्वपूर्ण आलोचक डॉ. रामस्वरूप चतुर्वेदी ने सम्प्रदायगत भावना का सतही उदाहरण, अच्छी भाषा में प्रस्तुत किया। उनकी सर्वाधिक चर्चित पुस्तक इसी प्रकार का आचरण प्रस्तुत करती है। अद्यतन आलोचना पर लिखते समय उन्होंने जिस क्रम में आलोचकों को स्थान दिया है, उससे इस गुटीय भावना का अनुमान लग सकता है।[17] अधिकांश आलोचना, जिसे समीक्षा कहें तो उचित लगेगा, सामाजिक सम्बन्धों और आत्मप्रचार के लिए लिखी

जा रही है। परस्पर उन्नति के लिए सार्वभौम सत्य के रूप में स्वीकृत यह सहकारी प्रयास इतना व्यवस्थित हो चुका है कि इसके बीच से असहमति का स्वर उभरना कठिन है।

हिन्दी साहित्य में सम्पादक नामक सामन्त और प्रकाशक नामक पूँजीपति माफ़िया का असर इतना अधिक है कि नयेपन का विकास कठिन हो जाता है। जब आलोचना की बात आती है, तब तो स्थिति और भी जटिल हो जाती है। आलोचना के क्षेत्र में वैसे भी, नये लोगों को सुनकर, महत्त्व देना हिन्दी में परिपाटी के रूप में विकसित न हो सका है। जहाँ नयेपन का सत्कार नहीं है, वहाँ नयी विचारधाराएँ आते संकोच करें तो स्वाभाविक ही है। इनके अलावा आलोचना के लिए कुछ महत्त्वपूर्ण प्रश्न रह जाते हैं। संस्कृत काव्यशास्त्र या भाषाशास्त्र का आधुनिक ढंग से पठन-पाठन का चलन हिन्दी में नहीं है। देरिदा का विखण्डनवाद देखते ही भर्तृहरि से जोड़कर देखने और उसे पहले से ही अपने यहाँ बताने की आत्ममुग्धता से हम नहीं बचते लेकिन भर्तृहरि को स्वयं पढ़ने की ज़रूरत नहीं समझते। एक अन्य प्रश्न हिन्दी के काव्यशास्त्र का है। हिन्दी के काव्यशास्त्रीय तत्त्व मौजूद हैं लेकिन उनको व्यवस्थित कर एक शास्त्र का रूप देना ऐसा कठिन कार्य है जो कहीं आरम्भ हुआ नहीं दिखता।

पश्चिम से संवाद के प्रश्न पर हिन्दी के प्रतिपक्ष के रूप में जिस पश्चिम को रखा जाता है, वह कभी निश्चित इकाई नहीं रहा है। आज पश्चिम का अर्थ, हमारे लिये विस्तृत हो चला है। एक भाषा और साहित्य नहीं बल्कि कई भाषाओं के साहित्य से हिन्दी का परिचय हुआ है। इसमें अंग्रेज़ी हमारे लिये 'रामखिड़की' है जहाँ से हम बाहरी जगत् को देखने के आदी हैं।[18] तब, जहाँ एक हिन्दी का कई भाषाओं से संवाद चल रहा हो, वहाँ एक बराबरी के लेन-देन जैसा भाव रखना उचित नहीं है। आज का आलोचक एक साथ कई भाषाएँ जानता है। यह कोई नयी बात नहीं है, पुरानी परम्परा का नैरन्तर्य है। कहा जा सकता है कि हिन्दी का आलोचक-वर्ग एक खुला, उत्सुक और ग्रहणशील समुदाय है जहाँ छुई-मुई जैसी पवित्रता नहीं है। एक तरह से देखा जाये तो आज अपना, नितान्त अपना, कोई शास्त्र गढ़ पाना सम्भव नहीं है। हम जिन्हें पश्चिम का सिद्धान्त कहते हैं, वे नितान्त उनके नहीं हैं इस पर विस्तार से चर्चा होनी चाहिए। तब, हिन्दी आलोचना की समस्या क्या है? मैं समझता हूँ अपनी विरासत की शक्ति के प्रति अज्ञानता और आत्मविश्वास का अभाव! हिन्दी आलोचना को किसी कथित भव्यता से आक्रान्त नहीं होना चाहिए, इसे अपनी तेजस्विता का अभिज्ञान होना चाहिए।

## (ख)

### उत्तर औपनिवेशिक समाज : मिथक और यथार्थ

उत्तर उपनिवेशवाद शैक्षिक जगत् में चर्चित एक महत्त्वपूर्ण प्रत्यय के रूप में हमारे सामने हैं। इस प्रत्यय के विभिन्न आयामों को समझने के साथ-साथ हिन्दी समाज और आलोचना के सन्दर्भ में इसकी परख आवश्यक है। अन्य सिद्धान्तों की तरह इस सिद्धान्त को भी कई कोणों से परिभाषा में लाने का प्रयास किया गया। "उत्तर-उपनिवेशवाद, साम्राज्य के अन्त के बाद की समयावधि को इंगित करनेवाला कालक्रमिक ठप्पा मात्र नहीं है। विचारधारात्मक रूप से यह एक मुक्तिकारक अवधारणा है, ख़ासतौर पर साहित्य के उन छात्रों के लिए जो पश्चिमी दुनिया से बाहर के हैं।"[19] क्योंकि यह हमें उन प्रश्नों पर सोचने के लिए, उन रचनाओं को पढ़ने के लिए एक नयी दृष्टि देता है, जिन्हें हम बनी-बनायी आँख से देख सोच रहे थे। यह प्रत्येक सम्बद्ध व्यक्ति को यूरोपकेन्द्रित या वैश्विक सौन्दर्य-प्रतिमानों पर पुनर्विचार के लिए बाध्य करता है। यह पद पिछले एक-डेढ़ दशकों से कॉमनवेल्थ साहित्य के स्थान पर अधिक उपयुक्त मानकर प्रयुक्त हो रहा है। इसी समय रूटलेज द्वारा 'द इनसाइक्लोपीडिया ऑफ़ कॉमनवेल्थ लिटरेचर' को प्रकाशन के पूर्व 'द इनसाइक्लोपीडिया ऑफ़ पोस्ट-कोलोनियल लिटरेचर इन इंग्लिश' करके प्रकाशित करना मानो 'ऐंग्लोसेण्ट्रिक पुराने नाम की ताबूत में आख़िरी कील लगाना' सिद्ध हुआ।[20] लेकिन मीनाक्षी मुखर्जी अपने आलेख के अन्त में यह स्वीकार करती हैं कि उपनिवेशवाद से उत्तर-उपनिवेशवाद में संक्रमण एक मिथक हो जाता है क्योंकि क्षेत्रीय उपनिवेशवाद की जगह दूसरे क़िस्म के उपनिवेशवाद ने ले ली है। इसको व्यक्त करने के लिए ये 1994 में प्रकाशित दर्शन पेरुशेख के एक आलेख का ज़िक्र करती हैं कि जिसमें लेखक ने दिखाया है कि जिस प्रकार 'टाउन/कण्ट्री' जैसे सम्बन्धों में होता था कि कच्चे माल उपनिवेश उपजाते थे और साम्राज्यवादी उनका आयात कर तैयार माल बनाते थे, उसी प्रकार तीसरी दुनिया के देशों में आजकल रचनात्मक लेखन प्रभूत मात्रा में हो रहा है लेकिन सिद्धान्त और वाद पश्चिम के देशों में निर्मित हो रहे हैं। एलेक बोमर ने अपनी पुस्तक में यह स्पष्ट किया है कि वे सिर्फ़ अंग्रेज़ी लेखन को अपने अध्ययन का विषय बना रहे हैं और उत्तर-औपनिवेशिक लेखन का अर्थ अंग्रेज़ी भाषा के लेखन से बनता है। उन्होंने कोलोनियल और कोलोनियलिस्ट साहित्य में फ़र्क़ किया है। औपनिवेशिक साहित्य में वह सब-कुछ आयेगा जो ब्रिटेन या उसके शासित प्रदेश में लिखा गया। आवश्यक नहीं कि

साम्राज्यवाद से उसका सम्बन्ध हो। उपनिवेशवादी साहित्य साम्राज्यवादी सत्ता द्वारा, यूरोपीय सत्ता द्वारा अयूरोपीय क्षेत्रों में विस्तार से सम्बन्धित लेखन है। इसका दृष्टिकोण साम्राज्यवादी है। उत्तर-औपनिवेशिक लेखन उपनिवेशवादी परिप्रेक्ष्य का विरोध करता है। इस वर्ग में उन्होंने यू.एस.ए. और आयरलैण्ड को नहीं रखा हैं क्योंकि दासता से मुक्ति का समय और अनुभव भिन्न होने के कारण ये भिन्न प्रकार का साहित्य रचते रहे हैं।[21]

टी. एन. धर ने अपने आलेख 'हिस्ट्री, मिथ ऐण्ड द पोस्ट कोलोनियल : दी इण्डियन काण्टेक्स्ट' में यह प्रारम्भ में ही कहा है कि उत्तर-उपनिवेशवाद अब तीसरी दुनिया से ही सम्बद्ध नहीं रहा जबकि प्रारम्भ में ऐसा सोचा गया था।[22] इस आलेख में वे इस टर्म के सर्वाधिक परिचित अर्थ को लेकर आगे बढ़ते हैं जिसके अनुसार, "यह अधिकांशतः उन देशों के साहित्य से सम्बन्धित हैं जो औपनिवेशिक अनुभव से गुज़र चुके हैं और इसके प्रत्यक्ष या अप्रत्यक्ष प्रभाव का वहन करते हैं?"[23]

हेलेन टिफ़िन जिन्होंने आशक्रॉफ्ट और ग्रिफिथ्स के साथ मिलकर उपनिवेशवाद पर प्रभूत विचार किया है इस विषय पर लिखे एक निबन्ध-संग्रह के परिचयात्मक आलेख में कहती हैं कि 'इतिहास का प्रश्न' उत्तर-औपनिवेशिक लेखन का एक प्रमुख पक्ष है। क्योंकि इस पद का उसी अर्थ में व्यापक प्रयोग करते हुए, जिस अर्थ में श्री धर कर रहे हैं, वे दो तरह से व्यक्त करती हैं और यह बताती हैं कि साम्राज्यवादी शक्तियों द्वारा जिन विचारधाराओं का प्रयोग अधीनस्थता के लिए किया जाता रहा, उनको पुष्ट करने में इनके इतिहास-लेखन का महत्त्वपूर्ण योगदान रहा है।[24] उनके अनुसार "उत्तर-औपनिवेशिक लेखन का मुख्य ज़ोर यूरोपीय ग्रहण या अस्वीकार के विरुद्ध आत्म की प्रतिष्ठा या पुनप्रर्तिष्ठा है।"[25] यह कई उपकरणों से किया जाता है और इस इतिहास के उपयोग या दुरुपयोग के प्रति लेखक की चेतना और जागरूकता पर निर्भर करता है। उनका कहना है कि उपनिवेशों के इतिहास को निर्मित किया गया या कहें कि छलपूर्वक रचा गया और यह सब औपनिवेशिक सत्ता द्वारा मुख्य रूप से अपनी उपस्थिति और दमनकारी नीतियों को न्यायोचित ठहराने के लिए किया गया।[26] इसलिए उत्तर-औपनिवेशिक लेखक उनके 'मास्टर नैरेटिव्स' को चुनौती देते हुए दो मार्गों से उन्हें तोड़ता है। जिन देशों में तत्त्वमीमांसीय विकास या तन्त्र उपस्थित है, वहाँ मिथक के चेतन प्रयोग से और जिन देशों में यह व्यवस्था विकसित नहीं है, वहाँ 'कल्पना की प्रतिसंस्कृति' (the counter culture of the imagination) के माध्यम से ऐसा किया जाता है।[27] श्री धर ने टिफ़िन के विचार-क्रम को परखते हुए यह कहा है कि टिफ़िन मिथ के प्रयोग से सम्बन्धित ख़तरों से परिचित नहीं है।[28] स्वतन्त्रता आन्दोलन के दौरान

गाँधी जी ने मिथक का प्रयोग किया था और इस उनके जैसे महान् व्यक्तिव से भी इसके ख़तरे शमित नहीं हुए। 1954 में प्रकाशित 'जिन्ना की जीवनी में हेक्टर बोलीथो ने कहा कि गाँधी जी ने ही जिन्ना के अखण्ड भारत के स्वप्न को नष्ट कर दिया था क्योंकि उन्होंने मुसलमानों के मन में सन्देह के बीज बो दिये। जिन्ना उन्हें हिन्दू पुनरुत्थानवादी तक कहता था।[29] इसलिए श्री धर ने कहा है कि टिफ़िन की चूक यह है कि वे भारत जैसे देश में एक यूनीफ़ार्म सिद्धान्त प्रस्तुत कर रही है, जहाँ मिथक के प्रयोग के कई ख़तरे हैं।[30]

हरीश त्रिवेदी ने अपने आलेख 'इण्डिया ऐण्ड पोस्ट-कोलोनियल डिस्कोर्स' में लिखा है कि पिछले दो-तीन दशकों में जितने भी विमर्श विकसित हुए हैं, उनमें शायद ही किसी विमर्श की इतनी चर्चा हुई है, जितनी उत्तर-उपनिवेशवाद की और इसने 'उत्तर' नामधारी अन्य सभी विमर्शों को ढँक लिया है।[31]

''पश्चिमी शिक्षा जगत् के सम्पूर्ण इतिहास में सम्भवतःपहली बार अ-पश्चिम इसके प्रमुख विमर्श के केन्द्र में आया है।''[32] उत्तर-औपनिवेशिक लेखन (अंग्रेज़ी) पर पश्चिम का ध्यान इसके पहले इस तरह केन्द्रित नहीं हुआ था। सलमान रुश्दी, अमिताव घोष, होमी भाभा, गायत्री चक्रवती आदि इसके पहले इस तरह पश्चिम में पढ़े जायेंगे, अकल्पनीय था। लेकिन सदा की तरह हरीश त्रिवेदी, कुछ और पक्षों की ओर हमारा ध्यान खींचते हैं। एक उत्तर-औपनिवेशिक पश्चिमी लेखक रॉबर्ट यंग को उद्धृत करते हुए उन्होंने इस नये विमर्श को प्रश्नांकित किया है।[33] रॉबर्ट लिखते हैं कि भारत ब्रिटिश शासन के अन्तर्गत भी ब्रिटेन का गौरव और प्रशंसा का पात्र था और अब भी वह 'उपनिवेशवादी विमर्श विश्लेषण के ताज का गहना है' (Jewel in the crown of colonial-discourse analysis)।[34] श्री त्रिवेदी प्रश्न करते हैं कि तब पहले के प्रशंसित भारत और आज पश्चिमी उत्तर-औपनिवेशिक विमर्श के अन्तर्गत प्रशंसित भारत में क्या अन्तर है। यह जितना ही बदलता है, उतना ही अपरिवर्तित बना रह जाता है, वे कहते हैं – "The more it changes, the more it stays the same."[35] और यही, दोनों अवस्थाओं के बीच वास्तविक फ़र्क़ का अभाव ही नवउपनिवेश है। यह अन्तर मात्र कालक्रम का नहीं है। 'दि एम्पायर राइट्स बैक' में उत्तर-औपनिवेशिक स्थिति को जिस ढंग से समझा गया, यह इनसाइक्लोपीडिया' ने भी स्वीकार किया और अब लगभग सर्वमान्य है। इसमें कहा गया – ''तथापि हमने उत्तर-उपनिवेशवादी' पद का प्रयोग उस समूची संस्कृति को जताने के लिए किया है, जो उपनिवेशीकरण के क्षण से आज तक साम्राज्यिक प्रक्रिया द्वारा प्रभावित हुई।''[36] इन लेखकों की जो सभी श्वेत हैं, इतिहास-दृष्टि बहुत-कुछ उन देशों के लिए उपयुक्त है, जहाँ साम्राज्य का गमन वास्तव में कोई

फ़र्क़ उत्पन्न करनेवाला परिदृश्य नहीं रहा। भारत से अंग्रेज़ों का गमन, स्वयं भारतीय इतिहास में एक अभूतपूर्व घटना थी। कोई भी साम्राज्य या वंश भारत से बोरिया-बिस्तर बाँधकर इस प्रकार गमन पर बाध्य नहीं हुआ था। इसलिए भारत जैसे देश के बारे में बात करते समय निरन्तरताओं के साथ-साथ अनिरन्तरताओं और अन्तरालों पर भी ध्यान होना चाहिए जो अपेक्षाकृत अधिक महत्त्वपूर्ण हैं।[37] इस पद की व्याख्या का एक और उदाहरण विजय मिश्र और बॉब हॉज की आलोचना में मिलता है। इन लोगों ने 'हाइफ़न' की सहायता से इस पद के दो अर्थ किये हैं।[38] श्री त्रिवेदी ने हिन्दी के उत्तर शब्द को समझाते हुए लिखा है कि 'हाइफ़न' का प्रयोग करें या न करें, 'उत्तर' शब्द इस पद को चार तरह से व्यक्त कर सकता है।[39]

क. बाद में, तत्पश्चात् पहले उपनिवेशवाद था, अब उत्तर-उपनिवेशवाद है।

ख. बाद में लेकिन विलग नहीं, अर्थात् उपनिवेशवाद का विस्तार या नवउपनिवेशवाद।

ग. उच्चतर, अधिक विशिष्ट, उपनिवेशवाद का उच्चतर रूप, नव उपनिवेशवाद।

घ. जवाब, प्रत्युत्तर, उपनिवेशवाद का प्रतिकार या खण्डन।

हरीश ने उत्तर-उपनिवेशवाद को हिन्दी से जोड़कर भी देखा है जिसकी चर्चा थोड़ी देर बाद होगी। अनिया लूम्बा ने इस पद के अर्थवैभिन्य का कारण यह माना है कि इसका प्रयोग एक साथ कई अनुशासनों में हो रहा है।[40] इसे सैद्धान्तिक रूप देना मुश्किल हो रहा है। इसी के साथ एक और प्रश्न है जैसा कि इला शोहत उठाती हैं कि उत्तर-उपनिवेशवाद का प्रारम्भ कब से मानें। साथ ही, यह पद क्या समकालीन यथार्थ और सरोकारों को व्यक्त करने में सक्षम हैं? इस अवधारणा के ऊपर कई तरह की शंकाएँ-व्यक्त की गयी हैं। एक अन्य महत्त्वपूर्ण आपत्ति स्वयं 'उपनिवेश' की व्याख्या को लेकर भी है।[41] "उत्तर-औपनिवेशिक समाजों का विश्लेषण प्रायः ही इस भाव से किया जाता है कि उपनिवेशवाद इन समाजों का एकमात्र इतिहास है।"[42] जब उपनिवेशवाद आया, उसके पहले का इतिहास या परम्परा या संस्कृति का क्या कोई महत्त्व है? उत्तर-औपनिवेशिक अध्ययनों से यह बात सामने आयी है कि औपनिवेशिक प्रक्रिया मे उपनिवेश और मेट्रोपोलिस' दोनों में परिवर्तित हुए हैं। उसी प्रकार उपनिवेशवाद ख़त्म होने के बाद दोनों की पुनर्रचना भी हुई है।[43]

अब तक के विवेचन से कुछ सामान्य निष्कर्ष निकाले जा सकते हैं। पिछले दशकों में अंग्रेज़ी लेखकों ने एक प्रकार के नवउत्थान का अनुभव किया है। इस नवउत्थान का कारण उन्हें यह लग रहा है कि अंग्रेज़ी-लेखन में वे एक स्वायत्त और विशिष्ट रूप निर्मित कर चुके हैं। साथ ही विचारधारात्मक स्तर पर वे उपनिवेशवादी सत्ता और उसकी संस्थाओं की न सिर्फ़ व्याख्या करने में सक्षम हैं बल्कि उस व्याख्या

के बल पर एक सांस्कृतिक उत्तर भी निर्मित कर सकते हैं। उत्तर-औपनिवेशिक विमर्श के सन्दर्भ में कम-से-कम तीन व्यक्तित्व अलग से विवेचन योग्य हैं। एडवर्ड सईद ने नये और पुराने दोनों प्रकार के साम्राज्यवादी रूपों, उनके सांस्कृतिक आधार तथा औपचारिक ताने-बाने को ठोस व्याख्या दी और पश्चिम को पूर्णतः 'एक्सपोज' किया है। ये एक 'एक्टिविस्ट' भी रहे हैं और सिद्धान्तों का प्रयोग शक्तिकरण में करने के पक्षधर रहे हैं। इनका कार्य साहित्यिक कृतियों पर अधिक नहीं है और उपनिवेशवादियों के साहित्य पर ही ध्यान केन्द्रित किया है। इनके ऊपर पर्याप्त चर्चा पहले अध्याय में हुई है और उत्तर-औपनिवेशिक विचारकों में इनका स्थान कितना महत्त्वपूर्ण है, यह इसी से सिद्ध होता है कि इनके बाद कोई भी लेखक बिना इनको उद्धृत किये नहीं लिख सकता। सईद में 18वीं सदी के इतालवी दार्शनिक विको, फूको, देरिदा, मार्क्स और ग्राम्शी – सबके संवाद खोजे जा सकते हैं। 'बिगनिंग्स' (1975) से लेकर 'कल्चर ऐण्ड इम्पीरियलिज़्म' (1993) तक उन्होंने निरन्तर इन दार्शनिकों से जिरह की है। सईद अपनी सांस्कृतिक ज़मीन से जुड़े रहे हैं और साम्राज्यवाद तथा प्राच्यवाद के विरोध में किसी भी प्रकार के क्षेत्रवाद या प्रतिशोधात्मक विचारधारा के निर्माण के ख़िलाफ़ हैं। उनके यहाँ पूरब और पश्चिम के मेल की दुर्दम्य आकांक्षा है।

गायत्री चक्रवर्ती स्पीवाक तत्समय पश्चिम में सम्भवतः सर्वाधिक उद्धृत की जानेवाली भारतीय लेखिका रही हैं। देरिदा की पुस्तक 'ऑफ ग्रामेटोलॉजी' से चर्चित होनेवाली स्पीवाक ने नारीवाद को उत्तर-उपनिवेशवाद का प्रमुख विमर्श बनाने का प्रयास किया है। क्षेत्रीय साहित्य, खासतौर पर बँगला साहित्य पर इनका काम अधिक है। 'कैन दि सबाल्टर्न स्पीक' तथा 'इन अदर वर्ल्डस : ऐसेज इन कल्चरल पॉलिटिक्स' जैसी पुस्तकों में उन्होंने राजनीतिक और आर्थिक प्रश्नों को साहित्य और संस्कृति से जोड़ते हुए यह दिखाया है कि वर्तमान की ज़रूरतों के अनुसार अतीत को विखण्डित करने से नये सन्दर्भ और नये अर्थ खुलते हैं। इन्होंने नये किस्म का पठन विकसित किया है जिसमें उपेक्षितों के विद्रोही बन जाने की प्रक्रिया समाहित रहती है।

''प्रथम श्रेणी के एक अन्तरराष्ट्रीय स्कॉलर के रूप में भाभा का क़द''[44] उनकी पुस्तक 'द लोकेशन ऑफ़ कल्चर' के कारण और भी बढ़ा है। यह पुस्तक ''विलक्षण रूप से समृद्ध निबन्धों का संग्रह है जो उन जटिल पथों को प्रदीप्त करने में सफल है जिसमें वर्तमान अस्मिताएँ बनती और बिगड़ती हैं।''[45] उनका कहना है कि समकालीन आलोचनात्मक सिद्धान्तों की एक शृंखला देखकर यह निष्कर्ष निकाला जा सकता है कि ये वही लोग हैं जो इतिहास के दण्ड भोगते रहे हैं, जिनसे हम अपने

चिन्तन और जीवन के लिए निरन्तर सबक सीखते हैं। यहाँ तक कि सामाजिक रूप से हाशिये पर होने का गहरा अनुभव हमारी आलोचनात्मक रणनीति को परिवर्तित कर देता है।[46] जिन अनुभवों और स्वरों को उपनिवेशवाद में अनसुना कर दिया गया था, उनको सुनने के लिए उत्तर-उपनिवेशवाद ज़मीन तैयार करता है। होमी भाभा ने संकरत्व (Hybridity) के सिद्धान्त से इस विमर्श को समृद्ध किया है। Can there be any purity ? क्या नितान्त शुद्धता सम्भव है? वे प्रायः ही ऐसे प्रश्न करते हैं। हम, हमारा आधुनिक समाज एक अनुकरण है, नक़ल है। हमारी स्थिति विडम्बनापूर्ण है – Same, but not quite, उपनिवेशवादी और उपनिवेशित के बीच संयोग से संकरत्व निकला है। जब हमारा परिचय पश्चिम से हुआ, हमारा परिवर्तन आरम्भ हो गया। संवाद प्रारम्भ करने मात्र से अन्तर आ जाता है। हमने जो आधुनिकता ग्रहण की, वह वही आधुनिकता थी, लेकिन नितान्त वही नहीं थी। हमारा उभरता हुआ राष्ट्रवाद इस संकरत्व से निकला था। होमी भाभा का आग्रह है कि संस्कृति के विमर्श को आधुनिकता से निकालकर उत्तर-उपनिवेशवाद में अवस्थित किया जाये। वे इस बात को स्वीकार करना हानिकारक और आत्मपराजय मानते हैं कि, "सिद्धान्त आवश्यक रूप से सामाजिक और सांस्कृतिक दृष्टि से विशेषाधिकार प्राप्त लोगों की अभिजात भाषा है।"[47]

बहुत-से आलोचक यह मानते हैं कि उत्तर-औपनिवेशिक अध्ययन फिर उसी द्वन्द्व का शिकार हो गया है – यह यूरोप केन्द्रित बना रह गया, यूरोपीय दर्शन और दृष्टि पर निर्भर रह गया और पश्चिमी शिक्षा केन्द्रों में स्थापित कर दिया गया।[48] इस प्रकार यह यूरोपीय सन्दर्भ के ढाँचे को तोड़ने में असफल रहा है तथा विश्व के विविधतापूर्ण परिदृश्य को औपनिवेशिक ढाँचे में फिट करके देखने का आदी हो गया। इसके साथ ही, उपभोक्ता पूँजीवाद के दानवी प्रसार को व्याख्यायित करने में इन लेखकों की रुचि अल्प है। यहाँ तक कि भूमण्डलीकरण को बहुसांस्कृतिक कारकों और संकरत्व के प्रसार में सहायक मानकर प्रशस्त करने की प्रवृत्ति देखी गयी है। कहीं ऐसा तो नहीं है जैसा कि रेन ग्रीन्सटीन ने संकेत किया है कि 'नीचे से इतिहास' प्रायः ऊपर से लिखे जाते हैं। (Written from above)[49] इसलिए उपनिवेशों का अनुभव और प्रत्युत्तर दोनों उपनिवेशवादियों द्वारा तैयार किया जा रहा हो?

'द इम्पायर राइट्स बैक' के लेखकों ने मानक अंग्रेज़ी (Standard British English) और उत्तर-औपनिवेशिक देशों में व्यवहृत अंग्रेज़ी (English) में फ़र्क़ किया है।[50] हरीश त्रिवेदी ने लक्ष्य किया है कि उत्तर-उपनिवेशवाद के लिए हिन्दी शब्द को प्रयुक्त करना अकस्मात् ही इसे नये ढंग से समझने की माँग करता है।[51]

अनिया लूम्बा ने स्वीकार किया है कि अंग्रेज़ी में लिखे या अनूदित साहित्य को और यूरोप तथा अमेरिका में 'बेस्ट सेलर्स' की सूची में आये साहित्य को ही उत्तर-उपनिवेशवादी साहित्य माना जाता है।[52] इस प्रकार उत्तर-उपनिवेशवाद प्रधानतः अंग्रेज़ी साहित्य का विमर्श है।

भारतीय भाषाओं में लिखे गये साहित्य से इस अवधारणा का क्या रिश्ता है? पहली बार स्पीवाक द्वारा पूछे गये प्रश्न को हरीश त्रिवेदी फिर से पूछने की ज़रूरत समझते हैं कि, "क्या सबाल्टर्न बोल सकता है?"[53] फूको और देरिदा दोनों को समझते हुए वे इसका उत्तर 'ना' में देती हैं। लेकिन भारतीय भाषाओं में बहुत पहले से ही 'सबाल्टर्न' बोल रहा है। ये भाषाएँ अंग्रेज़ी के सापेक्ष में स्वयं सबाल्टर्न हैं। एकमात्र प्रश्न जिसका उत्तर प्रतीक्षित है, पुनः पूछा जाना चाहिए कि क्या 'सबाल्टर्न, सिद्धान्त और English में भी बोल सकता है? "संक्षेप में can the Subaltern Spivak?"[54] हरीश, भाषा से सम्बन्धित एक और प्रश्न उठाते हैं कि, "जिस प्रकार बिना किसी उत्तर-औपनिवेशिक स्पर्श के संस्कृत को इनसाइक्लोपीडिया ने स्थान देकर आधुनिक भाषाओं को तिरस्कृत कर दिया गया, उससे लगता है कि एक नये प्रकार का प्राच्यवाद सिर उठा रहा है।"[55]

उत्तर-उपनिवेशवाद के प्रति अनुक्रिया के सम्बन्ध में विवाद रहा है। स्वयं हरीश त्रिवेदी ने प्रमुखतः चार प्रकार की अनुक्रियाओं का ज़िक्र किया है। इसके बाद वे एक अन्य अनुक्रिया के प्रति अपनी प्रतिबद्धता व्यक्त करते हैं।[56] वे कहते हैं कि, "इस विमर्श में जो असन्तुलन, अपर्याप्तता और अप्रासंगिकता है।" उसे उभारकर इसकी ही शर्तों पर एक उत्तर दिया जाना चाहिए। अन्तिम लक्ष्य यह कि न तो इस अवधारणा को अपना लेना है, न अन्ध-निषेध करना है बल्कि चुनौती और पुनर्परिभाषा तथा विमर्श के कारकों के विस्तार द्वारा इसे शिथिल करना है, इससे हमारी अपनी स्थिति बेहतर होकर निखरेगी। क्योंकि यदि इस अवधारणा में भागीदारी न करें तो इस वैश्विक, प्रभुत्वशाली विमर्श के कारण हाशिये पर रह जाना पड़ेगा और यदि इसमें भागीदारी की तो चाहे कितना ही रेडिकल प्रतिपक्ष विकसित करें, जटिलताओं का शिकार होना पड़ेगा।[57]

उत्तर-उपनिवेशवाद का एक सकारात्मक पक्ष था प्राच्यवाद का अस्वीकार और इसके बँधन से मुक्ति। लेकिन यह प्रयास एक सीमा के बाद विडम्बना से ग्रस्त हो जाता है जो कि एक स्वाभाविक परिणति है। स्वाति जोशी ने एक पुस्तक के 'परिचयात्मक आलेख में यह लिखा कि हमें पश्चिम और अपश्चिम के विभाजनों में समस्या को नहीं देखना चाहिए, औपनिवेशिक और इण्डीजेनस के विभाजन को स्वीकार नहीं करना चाहिए क्योंकि 'ऐसे ध्रुवीकरण न केवल राष्ट्रवाद और कट्टरवाद

को धारण करते हैं बल्कि वे प्रतिगामी भी होते हैं क्योंकि ये लगातार हमें एक प्रजातान्त्रिक भविष्य की ओर जाने की बजाय अतीत में धकेलते हैं और जहाँ तक सामाजिक परिवर्तन का प्रश्न है, हमें सैद्धान्तिक और राजनीतिक गतिरोध की ओर ले जाते हैं।''[58] उक्त कथन की व्याख्या बहुत आवश्यक नहीं है। स्पष्टतया देखा जा सकता है कि यह भारतीय सन्दर्भ और संघर्ष से कितना कटा हुआ, अगम्भीर और फ़ैशनेबुल वक्तव्य है। प्रश्न पुनः उठाया जा सकता है कि अंग्रेज़ी में जो चिन्ताएँ व्यक्त की जा रही है, उनकी जड़ें कहाँ हैं? अशोक वाजपेयी ने कहा कि[59] उत्तर-उपनिवेशवाद में मूल समस्या राज को लेकर है और यह अंग्रेज़ीवालों की समस्या है। हिन्दी की मुख्य समस्या का केन्द्र 'राज' कभी नहीं रहा। आज़ादी से पहले भी छायावादी रचनाकार जिस प्रकार लिख रहे थे, उसमें 'राज' सीधे-सीधे नहीं था। लड़ाई कहीं व्यापक स्तर पर थी। आज़ादी के बाद भी उपनिवेशवाद और इसकी स्मृतियाँ हिन्दी रचनाकारों के मुख्य सरोकारों में नहीं हैं। क्योंकि हिन्दी समाज के लिए उपनिवेश और उसके अवशेषों के अलावा और भी कई सत्य हैं। अंग्रेज़ी, 'उपनिवेशवाद के स्वर्णिम उपहारों में एक' सदा उपनिवेश से जुड़ी रही और अब उपनिवेश का प्रत्युत्तर तैयार कर रही है। इस पाखण्ड पर आ रही हँसी को थोड़ा रोककर यह गम्भीरता से पूछा जा सकता है कि क्या अंग्रेज़ी के माध्यम से भारतीय सच को पाया जा सकता है? सईद जहाँ अपनी संस्कृति की धरोहर से पूर्णतः वाकिफ़ हैं, वहीं भाभा और स्पीवाक जैसे उत्तर-उपनिवेशवादी भारत की अतुलनीय ज्ञानसम्पदा से द्वितीयक सम्बन्ध ही रख पाते हैं। इसके अलावा वर्तमान भारत की भाषा और संस्कृति से इनका दूर का ही सम्बन्ध बन पाता है।

हंस आर. दुआ ने ठीक ही लिखा है, मैकाले द्वारा रोपित मानसिकता का विस्तार आज तक देखा जा सकता है, अपने कार्य की निरन्तरता और विलक्षणता का अहसास उसे भी न था। ये लिखते हैं कि भारत में सांस्कृतिक और भाषिक नवजागरण के लिए अंग्रेज़ी से भारतीय भाषाओं की ओर गमन आवश्यक है।[60] नीरज सी. चौधरी हमेशा अपने को भारतीयों से श्रेष्ठ समझते रहे, अपने पश्चिमीकरण पर गर्व करनेवाले चौधुरी पहले ब्रिटिश हित में लिखते रहे। पुनः आज़ादी के बाद अपने पलायन मात्र शासकों को प्रसन्न करने के लिए अपनी आत्मकथा लिखनी शुरू कर दी।[61] इनकी सर्वाधिक सटीक आलोचना लिखनेवाले अग्रणी इतिहासकार ए. के. मजूमदार ने इनके स्वाँग और ढोंग का अनावरण किया है।[62] यहाँ यह चर्चा इसलिए की जा रही है कि अंग्रेज़ी के चश्मे से दृश्य का बदलना इसके तर्क में निहित है। के. एम. पणिक्कर ने कहा कि यदि नयी शिक्षा भारतीय भाषाओं के माध्यम से दी जाती तो भारत एक होने के बजाय उतने ही टुकड़ों में बँट जाता। जितनी भाषाएँ

हैं।[63] इसी पुस्तक में आगे कहा गया है कि भारत में मैकाले से पूर्व ही अंग्रेज़ी के प्रति उत्साह और रुचि का माहौल था, हिन्दुत्व रूढ़ियों और अन्तर्विरोधों का बण्डल था, अंग्रेज़ी ज्ञान से ही इसका पुनरुत्थान सम्भव हुआ। भारत का महान् पुनर्जागरण इसी अंग्रेज़ी शिक्षा के कारण आया। सर जदुनाथ सुरकार ने पुनर्जागरण को 'अंग्रेज़ों का महानतम उपहार' इसीलिए कहा है।[64] ऊपर व्यक्त अवधारणाओं की आलोचना स्वयं अंग्रेज़ी में लिखनेवालों ने ही की है। उत्तर-आधुनिकतावादी आलोचकों ने भी राष्ट्रवाद का पुनर्जागरणकालीन रूप, भारतीय पुनर्जागरण और अभिजात संस्कृति – इन पर पर्याप्त लिखा है। यहाँ उल्लेख करने के पीछे यह मन्शा है कि आज के अंग्रेज़ी लेखन को अतीत से जोड़कर एक एतिहासिक परिप्रेक्ष्य बनाने के लिए कुछ सूचनाएँ दी जायें। वैसे आज भी जहाँ तक कविता का प्रश्न है, "जिन्हें पिछले बीस वर्षों की हिन्दी, बाँग्ला, मराठी, गुजराती, ओड़िया या कन्नड़ आदि कविताओं की थोड़ी-सी भी जानकारी है, वे जानते हैं कि इन भाषाओं की कविता भारतीय कविता को ही नहीं बल्कि विश्व कविता को समृद्ध कर रही है। भारतीय-अंग्रेज़ी कविता के बारे में चाहकर भी ऐसा नहीं कहा जा सकता।"[65] एक साक्षात्कारकर्त्ता के एक प्रश्न के उत्तर में विपिनचन्द्र ने कहा कि हम लोगों ने एक किताब भारतीय स्वतन्त्रता संग्राम के सम्पूर्ण पर लिखी लेकिन उसमें संस्कृति की भूमिका पर कुछ नहीं लिख सके। साहित्यिक संस्कृति पर नहीं लिख सके। "हम लोग ऐसे किसी व्यक्ति को नहीं पा सके, जिसे हम यह लिख सकने के योग्य समझते हों।"[67] अगला प्रश्न था कि रामविलास शर्मा हो सकते थे। इस प्रश्न का कोई सीधा उत्तर न देकर विपिनचन्द्र कहते हैं कि, "हिन्दी के लोग – जिन लोगों ने साम्राज्यवाद-विरोधी संघर्ष में हिन्दी की भूमिका पर ढेर-सारी किताबें लिखी हैं, बहुत दीन-हीन हैं। मैंने दो-तीन पुस्तकें पढ़ी हैं। वे सीधे-सपाट समीकरण बनाते प्रतीत होते हैं जो वास्तव में सच्चाई नहीं है।" यहाँ प्रसिद्ध इतिहासकार यह नहीं बताते कि इस निष्कर्ष पर पहुँचने से पहले उन्होंने क्या तैयारी की, जो दो-तीन पुस्तकें पढ़ी गयी वे किनकी थीं और क्या उनसे हिन्दी की क्षमता का प्रतिनिधित्व होता है? इसके साथ ही, रामविलास शर्मा क्यों उपयुक्त नहीं थे, इसका उत्तर तो उन्होंने दिया ही नहीं। यह टिपिकल अंग्रेज़ीवालों के दम्भ और सूचनाविहीनता का उदाहरण है। यह आगे और भी स्पष्ट होगा। अगला प्रश्न है एक साहित्यक लेखक के लिए इतिहास का क्या उपयोग है? उत्तर है – यह समझने के लिए भी कि कोई क्या अभिग्रहीत कर रहा है, ऐतिहासिक अवधि को जानना पड़ता है। इस उत्तर से साहित्य और इतिहास-सम्बन्धी उनकी समझदारी का अनुमान लग जाता है। यह सूचना उन्हें नहीं होगी कि साहित्य के लोगों ने, हिन्दी के लोगों ने इतिहास पर क्या लिखा है। प्रश्नकर्त्ता का सही उत्तर

विपिन चन्द्र नहीं दे सकते, यह विडम्बना न भी हो, पर यह तो विडम्बना है कि जिस हिन्दी के व्यक्ति ने इसका सटीक और पुस्तकाकार उत्तर दिया है, उसका उन्हें पता नहीं। अगले प्रश्न में ऐतिहासिक उपन्यास की बात आती है। आगे के उत्तरों में जो बातें कही जा रही हैं, उनसे ज्ञात होता है कि इतिहासकार महोदय का साहित्य-सम्बन्धी ज्ञान बहुत उथला है। वे कहते हैं कि, प्रायः उपन्यासकार ऐतिहासिक उपन्यास लिखते तो हैं लेकिन उनके पात्र इतिहास के यथार्थ से मेल नहीं रखते। यह पता नहीं कि उन्होंने कौन-कौन से ऐतिहासिक उपन्यास पढ़े हैं। उन्होंने पढ़ा भी तो कृश्नचन्दर का तेलंगाना पर लिखा उपन्यास जो इसलिए उत्कृष्ट नहीं है कि उसमें कृश्नचन्दर तेलंगाना के किसान आन्दोलन, संरचना इत्यादि के बारे में क ख ग भी नहीं जानते लेकिन लिखते हैं एक क्रान्तिकारी की तरह।[68] यह लम्बा विवरण मैंने इसलिए दिया कि हिन्दी में जो कुछ लिखा जा रहा है, उसे पढ़ने और समझने की जहमत उठाना अंग्रेज़ीवालों को गँवारा नहीं। लेकिन जब भी अवसर मिले सर्वज्ञ की भाँति निष्कर्ष सुनाने में कोई संकोच नहीं होगा। इसीलिए अंग्रेज़ी शिक्षा-जगत् में प्रसारित कोई अवधारणा भारतीय संवेदना को कितना व्यक्त कर पायेगी, बहस का विषय है। साथ ही, अंग्रेज़ी और भारतीय भाषाओं के बीच जो एक उपनिवेशवादी और उपनिवेश जैसा सम्बन्ध है, उसे सुलझाये बग़ैर अतीत के उपनिवेशवाद को कैसे चुनौती दी जा सकती है।

उत्तर-उपनिवेशवादी जिन बिन्दुओं पर स्वयं को 'रेडिकल' मानकर एक नया प्रस्थान बता रहे हैं, उन पर हिन्दी में पहले ही लिखा, समझा जाता रहा है। पुनरावृत्ति चूँकि अंग्रेज़ी भाषा में रही है, इसलिए शोर होना तो स्वाभाविक है। प्रायः यह दुहराया जाता है कि अंग्रेज़ी शिक्षा ने भारत को नवीन ज्ञान और विचारधाराएँ दीं, भारत को सांस्कृतिक रूप से जगाया। यह मिथक है। इस पर विस्तार से सोचने की ज़रूरत है। जो जागरण 19वीं सदी में दिखा था, उसका स्वरूप शहरी था और उस स्वरूप में भी काफ़ी विविधताएँ हैं। भारत का वास्तविक जागरण गाँधी के जनआन्दोलनों से प्रारम्भ होता है। अंग्रेज़ी शिक्षा ने एक महीन और निरन्तर क़िस्म की सांस्कृतिक दासता की सरस्वती बहा दी। जिसके शिकार आज और भी बढ़ गये हैं। अंग्रेज़ी में लेखन करनेवालों में भी जो इस तथ्य को समझते हैं (और किन्हीं विवशताओं के कारण इस समझ को कार्यरूप नहीं देते) वे कहते हैं कि अंग्रेज़ी भारत में पढ़ाई जानी चाहिए लेकिन अब इसके कारण भिन्न होंगे।[69] आज, उत्तर-उपनिवेशवादी जो कुछ लिख रहे हैं (और पुरस्कृत भी हो रहे हैं) उसका पाठक प्रत्यक्ष या अप्रत्यक्ष रूप से पश्चिमी होता है। लेखन और रचना की समाजशास्त्रीय व्याख्या की जाये तो व्यवसाय, राजनीति

और साहित्य के गठजोड़ का एक व्यवस्थित तन्त्र उभरेगा, जिसका 'मेन स्विच' भारत में नहीं है। जिस रचना को उसकी प्रयोगशीलता के आधार पर आज सर-आँखों पर उठाकर पढ़ा जा रहा है, उस 'गॉड ऑफ स्माल थिंग्स' से लगभग चार दशक पहले 'मैला आँचल' हिन्दी में मौजूद था। यह 'मैला आँचल' अब भी श्रेष्ठतर रचना ठहरती है।[70] साथ ही, पश्चिम में चर्चित और पुरस्कृत इन कृतियों का पाठक, जीनेवाला समुदाय, सराहने और स्मृति में बसाकर रखनेवाला समाज, भारतीय समाज नहीं है, बल्कि भारत के बाहर है। एक मार्क्सवादी आलोचक ने इस फाँक को सटीक ढंग से व्यक्त किया है – "उत्तर-औपनिवेशिकता के व्याख्याकार भारत की संस्कृति और साहित्य की ऐसी व्याख्या कर रहे हैं जिसमें उपनिवेशवाद से पीड़ित जनता के अनुभवों का कोई महत्त्व है और न उपनिवेशवाद के विरुद्ध उसके संघर्षों का। उत्तर-औपनिवेशिकतावाद के सिद्धान्तकार साहित्य और संस्कृति के क्षेत्र में नक़ल, दोग़लापन और प्रवासीपन को मूल्य तथा दृष्टि के रूप में स्थापित कर रहे हैं। आख़िर वे ऐसा क्यों न करें। संयोगवश उनमें से अधिकांश ऐसे भारतीय हैं जो अमेरिका में रहते हुए अंग्रेज़ी में लिखते हैं। वे अनिवासी भारतीय पूँजीवादियों की तरह ही अनिवासी भारतीय बौद्धिक हैं।"[71]

इधर हिन्दी समाज ने अपने ढंग से अपने सम्बन्धों और बौद्धिक क्रियाकलापों का विस्तार किया है। इसमें अंग्रेज़ी एक माध्यम-भर है। अशोक वाजपेयी के शब्दों में कहें तो यह 'रामखिड़की' है जिससे हम बाहर देख लेते हैं। अपने विस्तार की यह प्रक्रिया बहुत पहले शुरू थी। हरीश त्रिवेदी ने लिखा है कि अपेक्षाकृत अज्ञात और 'अव्यावसायिक' रचनाकारों की एक पूरी शृंखला है, जिसे हिन्दी के लेखकों ने अपनी भाषा में अनूदित किया है। इसमें पूर्वी यूरोप और दक्षिणी अमेरिकी लेखक प्रमुख हैं।[72] निर्मल वर्मा द्वारा चेक लेखकों का हिन्दी में अवतरण एक मौलिक और हिन्दी का अपना काम था। 'इतने बड़े धब्बे' चेक कहानीकारों का संग्रह है।

इन अपरिचित रचनाकारों में मिलान कुन्देरा भी थे, इन्हें हिन्दी में और विश्व-साहित्य में पहली बार चेक से अवतरित करने और परिचय देने का काम निर्मल जी ने ही किया। अंग्रेज़ी में भी मिलान का अनुवाद 1969 तक नहीं हुआ था।[73] हरीश त्रिवेदी ने लिखा है कि यह अपनी शर्तों पर विश्व-साहित्य का आविष्कार था। इस सम्बन्ध में 'इतने बड़े धब्बे' की भूमिका अत्यन्त महत्त्वपूर्ण है।

इस विस्तार का एक रूप अप्रवासी भारतीयों द्वारा किये जा रहे हिन्दी-लेखन में देखा जा सकता है। यह एक जटिल भाषाई और सांस्कृतिक परिदृश्य है। केदारनाथ सिंह ने ब्रिटेन में हिन्दी कविता शीर्षक से तीन दिसम्बर, 2000 के

'हिन्दुस्तान' में सत्येन्द्र श्रीवास्तव की एक कविता का अंश उद्धृत किया है। वह इस प्रकार है —

*सर विन्सटन, आप मेरी माँ को जानते हैं*
*वह भी एक सात बच्चे का पेट फुलाये*
*मसूरी के उसी रास्ते पर लेट गयी थी*
*जहाँ से फ़ौजियों के दस्तों को*
*लौटना पड़ा था*
*मैं उसी माँ के पेट से जन्मा उसका बेटा हूँ*
*और मेरा नाम सत्येन्द्र है*
*और मैं आपसे यह कहने आया हूँ,*
*कि अब मैं इंग्लैण्ड में आ गया हूँ।*

वर्ष 2000 के 12 नवम्बर के 'जनसत्ता' में अपने कॉलम 'कभी कभार' में अशोक वाजपेयी ने 'द पेरिस रिव्यू' के 155वें अंक का उल्लेख किया है। इसमें प्रसिद्ध अमेरिकी कथाकार टी. सी. बॉयल का इण्टरव्यू छपा है। बॉयल ने कृष्ण बलदेव वैद को एक महान् और प्रेरणादायी उपन्यासकार कहकर याद किया है। श्री वैद ने बॉयल को रचनात्मक लेखन का एक कोर्स पढ़ाया था। इसी प्रकार हिन्दी समाज के विस्तार और अन्वेषण को दर्शानेवाले और भी घटनाएँ या सूचनाएँ एकत्र की जा सकती हैं। उत्तर-औपनिवेशिकता के सिद्धान्तकार न केवल इस विस्तार से अपरिचित हैं बल्कि इसमें निहित आधारभूत क्षमताओं को अपने विवेचन का विषय बनाने से भी कतराते हैं। वे अंग्रेज़ी के हथौड़े से भारतीय मानस के पेंच को खोलना चाहते हैं।

अब यह बात उठने लगी है कि अंग्रेज़ी लेखन और चिन्तन से निःसृत किसी अवधारणा का भारतीय सन्दर्भ में 'फिट' होना ख़ासा मुश्किल है। साथ ही, इस भाषा का सर्वाधिक सक्षम उपयोग अधीनस्थता के भाव को महसूस कराने के लिए ही किया जा रहा है। साम्राज्यवाद के जो नये संस्करण और रूप हैं, उनमें अधिकांश स्वयं को अंग्रेज़ी भाषा और संस्कृति के मोहक आवरण में प्रस्तुत करते हैं। जिस प्रकार ब्रिटिश सरकार ने भारत में ही अपने हितों को सुरक्षित रखनेवाला एक वर्ग तैयार कर लिया था, उसी प्रकार अंग्रेज़ी भाषा और संस्कृति के महाकाव्य और मायावी तन्त्र तथा तर्क ने भारतीय भाषाओं के समाज में अपने आदमी खोज लिये हैं, इस प्रकार भाषाई सन्दर्भ में आन्तरिक साम्राज्यवाद का एक सन्दर्भ बन चुका है। लेकिन पहले जड़ की तलाश उचित है, सूत्र जहाँ से निकलते हैं, वहीं प्रकाश डालना वरीय है। अगले उपअध्याय में इन नये रूपों के मर्म और कर्म को देखना अभीष्ट है।

## (ग)

## साहित्य, संस्कृति, साम्राज्यवाद : नये संस्करण और नये रूप

संसार की जो प्रभावी और वर्चस्वशाली शक्तियाँ हैं, उनका सर्वाधिक सक्षम उपकरण है – भ्रम, 'कन्फ़्यूज़न'। वे अन्य लोगों और संस्थाओं को स्वयं के बारे में और उनके बाद में भी इतना कन्फ़्यूज़ रखती हैं कि ठीक-ठीक किसी दिशा में अपनी शर्तों पर आगे बढ़ना असम्भव हो जाता है। इसके साथ ही, अब एक नये क़िस्म का यथार्थ रचा जा रहा है। यथार्थ, हमें विश्वसनीय लगता है, इसलिए यथार्थ रूप में कुछ सम्प्रेषित करना अपेक्षाकृत सरल है। यह यथार्थ अपने मूल रूप में दासता उत्पन्न करनेवाला है, लेकिन इसकी निर्मिति महीन और स्वाभाविक है। इस यथार्थ को निर्मित करने के लिए उनके पास विशाल संसाधन और जनशक्ति है और यह निर्मिति साहित्य, संस्कृति तथा अर्थव्यवस्था में प्रविष्ट होकर रक्तबीज की भाँति अपने विस्तार के साधन जुटा लेती है। आज का विश्व वर्चस्वशाली शक्तियों के इसी भ्रम और निर्मित यथार्थ के अधीन चल रहा है। सम्पूर्ण विश्व के स्तर पर इन परिघटनाओं की व्याख्या और अवस्थिति के लिए न तो यहाँ अवकाश है, न साधन; हिन्दी समाज और आलोचना के सन्दर्भ में इस नवीन परिदृश्य को समझने का प्रयास होना चाहिए।

"एक देश उत्तर-औपनिवेशिक (औपचारिक रूप से स्वतन्त्र होने के अर्थ में) और नवऔपनिवेशिक (आर्थिक रूप से और / या सांस्कृतिक रूप से परतन्त्र होने के अर्थ में) दोनों हो सकता है।"[74] आनिया लूम्बा यह भी कहती हैं कि, "साम्राज्यवाद औपचारिक रूप से उपनिवेशों के न होने पर भी कार्य कर सकता है। (जैसे संयुक्त राज्य का साम्राज्यवाद) लेकिन उपनिवेशवाद काम नहीं कर सकता।"[75] इसलिए हमने अपने विवेचन के लिए साम्राज्यवाद शब्द का चयन किया, जो नवउपनिवेशवाद भी हो सकता है। परम्परागत अर्थ में हम किसी के उपनिवेश नहीं हैं। लेकिन साम्राज्यवाद से मुक्ति का यथार्थ इतना सरल और रैखिक नहीं है। आज साम्राज्यवाद भिन्न और सूक्ष्म क़िस्म का है। नवसाम्राज्यवादी देश सबसे पहले अर्थशास्त्र के सशक्त नियमों के क्रियान्वयन के जरिये किसी देश के अर्थतन्त्र में घुसपैठ करता है। बाज़ार पर नियन्त्रण करता है। बाज़ार पर नियन्त्रण के लिए लोगों और उनकी रुचियों को बदलना, अपने मॉडल और प्रतिमान को उनकी अस्मिता के अनिवार्य कारक बनाना और इस प्रकार उस देश में एक आन्तरिक साम्राज्यवाद का तन्त्र विकसित कर अपने लिये सहयोगी तैयार करना – ये कुछ चिर-परिचित ढंग और

प्रक्रियाएँ हैं जिन्हें साम्राज्यवादी देश अपनाता है। कोई आक्रामक देश इतना कुछ करने के लिए सक्षम हो, इसके लिए उसे ज्ञान और सूचना की समझ और उसे नियन्त्रण में रखने के लिए पर्याप्त बौद्धिक तैयारी होनी चाहिए। इसके लिए अपनी संस्कृति और भाषा को एक मॉडल और सर्वश्रेष्ठता के तौर पर प्रसारित-प्रचारित करना प्रथम कार्य है। भारत के सन्दर्भ में यह सब-कुछ उपनिवेशवाद के अन्त के बाद दूसरे ढंग से किया गया और अंग्रेज़ी भाषा (संस्कृति) इस अश्वमेध यज्ञ का अश्व बनी है।

हमने पहले के अध्यायों में देखा है कि कैसे दूसरे के लिए या अन्य के लिए आख्यान निर्मित कर उसे एक नाम या लेबल दिया जाता है ताकि अपने लिये अनेक अनुकूलताएँ स्थापित की जा सकें। यह भी देखा है कि भारतीय स्वतन्त्रता संग्राम में भी कई तरह के लोग, कई चीज़ों के लिए लगे थे। जैसा कि लैटिन अमेरिका के स्पेनी उपनिवेश के सन्दर्भ में जे. जॉर्ज क्लीर डी. अल्वा ने लिखा है[76] कि औपनिवेशिक शोषण सम्बन्धी किसी का अनुभव इस बात पर निर्भर करता है कि उस उपनिवेश में जो सामाजिक 'हाइरार्की' है उसमें उस व्यक्ति का क्या स्थान है। इसलिए उत्तर औपनिवेशिकता उसके लिए नहीं है, जो इस हाइरार्की में निम्नतम स्तर पर हैं। अल्वा का कहना है कि वे अभिजात वर्ग के लोग जिन्होंने स्पेन से स्वतन्त्रता की लड़ाई जीती, कभी शोषित थे ही नहीं। भारत में आज़ादी के साथ ही, जो वर्ग सबसे आगे थे, शासकों की श्रेणी में था। वे ब्रिटिश राज में भी कभी शोषित रहे होंगे, सन्देह है। साहित्य में खुशवन्त सिंह हों, राजनीति में सिन्धिया हों, व्यापार में टाटा, बिड़ला हों, सामाजिक स्तर पर महानगरों के अंग्रेज़ीभाषी लोग हों – ये तब भी लाभभोगी थे, अब भी हैं। इस वर्ग ने ब्रिटिश साम्राज्य के पतन के बाद भी सांस्कृतिक रूप से अपना सम्बन्ध बनाये रखा। आभिजात्य और सामाजिक दूरी को मज़बूत करनेवाली भाषा को और विकसित किया तथा राजनीति और प्रशासन में उन समस्त कारकों को नैरन्तर्य प्रदान किया, जो औपनिवेशिक विरासत थी। इसलिए देश आज भी, ब्रिटिश मॉडल पर चल रहा है और आज़ादी के बाद एक भी सांस्कृतिक क्रान्ति नहीं हो सकी। सांस्कृतिक और सामाजिक क्रान्तियों से इस व्यवस्था के डगमगाने का भय है, जिस व्यवस्था में एलीट समुदाय मज़े में है। अंग्रेज़ी भाषा, अंग्रेज़ी समाचार-पत्र, अकूत पूँजी और राजनीति में प्रभाव इनकी अपनी दुनिया है।

आनिया लूम्बा ने उपनिवेशवाद और साहित्य पर लिखते समय इस पक्ष पर ठीक ध्यान दिया है कि वे साहित्यिक कृतियाँ जो उपनिवेशवाद का विरोध करती हों या इससे दूर हों, शिक्षा व्यवस्था के माध्यम से उपनिवेशवादी हितों का पोषण करने के

लिए प्रयोग में लायी जा सकती हैं। इसमें देशी मूल्यों और साहित्य का अवमूल्यन किया जाता है तथा उन साहित्य-सिद्धान्तों पर बल दिया जाता है, जो यूरो-केन्द्रित हैं और जिनमें पश्चिमी, कुछ विशेष साहित्यों को ही महत्त्वपूर्ण बताया जाता है।[77] गौरी विश्वनाथ की पुस्तक 'मास्क्स ऑफ कॉन्क्वेस्ट' अनेक ब्रिटिश संसदीय प्रपत्रों का अध्ययन करने के बाद यह बताती है आर्थिक और भौतिक शोषण के लिए ब्रिटिश शिक्षा-व्यवस्था को मुखौटे के रूप में इस्तेमाल किया गया। वर्ग-कक्षाएँ यूरोपीय विचारधाराओं और रणनीतियों के प्रयोग के लिए परीक्षा-स्थल का काम करती थीं।[78] उपनिवेशवाद के सन्दर्भ में बातें करते समय जिन पक्षों की याद आती है, नवउपनिवेशवाद के समय में उन पर ध्यान नहीं आता क्योंकि, कदाचित् लोग स्वयं उसका हिस्सा बन चुके हैं। कभी उपनिवेशवाद और साम्राज्यवाद का शिकार रहा संयुक्त राज्य अमेरिका आज सबसे बड़ा साम्राज्यवादी देश है, यह उपनिवेशवादी विचारधारा द्वारा स्वयं को स्थापित करने का सबसे बड़ा उदाहरण है। उपनिवेशवाद हमारे युग की सर्वाधिक सशक्त विचारधारा है।

उपनिवेशकाल में जो व्यवस्था के बीज बोये गये थे, उनका सर्वाधिक कारगर प्रभाव अब दिख रहा है। हिन्दी समाज और आलोचना, दोनों ही अंग्रेज़ी के भूत से ग्रस्त हैं। जिन छात्रों की रचनात्मकता हिन्दी में निखर सकती थी, अंग्रेज़ी के मोह में त्रिशंकु हो जा रहे हैं। मैंने अपने कई साथियों को अंग्रेज़ी की मोटी-मोटी किताबें लेकर मुखपृष्ठ सामने की ओर करके पुस्तकालय से बाहर आते पाया ताकि दूसरे देख सकें कि वे अंग्रेज़ी की किताबें पढ़ते हैं, प्रकारान्तर से विद्वान् हैं। इस मनोविज्ञान का परीक्षण करें तो एक विवशता भी सामने आयेगी। इस दबाव के लिए सिर्फ़ वे ही उत्तरदायी नहीं हैं। हिन्दी के अधिकांश महानगरीय अध्यापकों तक में हिन्दी के ठाठ का हीनतामुक्त बोध नहीं है। वे हिन्दी के अध्यापक इसलिए हैं कि दूसरे विषयों में नहीं हो सकते थे। इतना दबाव उपनिवेशकाल में भी नहीं रहा होगा।

उधर हमने यह भी देखा है कि साम्राज्य प्रत्युत्तर नहीं लिख रहा है। (Empire in not writing back) यह तो 'उन्हें' सम्बोधित कर रहा है ताकि पहचान मिल सके या आन्तरिक तौर पर पहले से चली आ रही पहचान को मज़बूत कर रहा है। इनमें विरोध या विद्रोह का भाव कहीं नहीं है। अन्य उपनिवेशवादी देशों की तरह इन एन. आर. आई. लेखकों को किसी नस्ल, जाति या 'देशप्रेम' के लिए निर्वासित भी नहीं होना पड़ा था। पश्चिम के प्रति प्रेम इनकी भाषा ने इन्हें प्रारम्भ से ही सिखाया है। रुश्दी के इस आत्मकथन को देखा जा सकता है – 'मैं एक ख़ास तरह के इंग्लैण्ड, सपनों के इंग्लैण्ड, के आत्मीय बोध, यहाँ तक कि इसके साथ मित्रता

के भाव सहित बड़ा हुआ। मैं इंग्लैण्ड आना चाहता था। मैं प्रतीक्षा नहीं कर सका। और सच कहें तो इंग्लैण्ड मेरी अपेक्षाओं पर खरा उतरा है।''[79] रुश्दी के इस कथन को अंग्रेज़ी लेखकों का आत्मकथन माना जा सकता है। इसलिए इनका लेखन विरोध का लेखन नहीं हो सकता है। वैसे भी इनके विमर्श के लिए जो ऐतिहासिक, भाषिक और अवस्थितिपरक तत्त्व है, उनका निर्धारण पश्चिम के केन्द्र ही कर रहे हैं और प्रयोग के तौर पर 'सेटलर कॉलोनी' के लिए अधिक उपयुक्त है।[80] स्वयं भाषा की पुस्तक, हिन्दी समाज को तो छोड़ दें, भारतीय समाज को केन्द्र में नहीं रखती। फेनन के साहित्य के प्रति इनकी समझ जितनी है, किसी भारतीय साहित्यकार के प्रति नहीं है।[81] मैकाले ने कहा था कि अंग्रेज़ भारत छोड़ेंगे भी तो उनका साम्राज्य अक्षुण्ण रहेगा क्योंकि यह, ''हमारी कला, हमारे मूल्य, हमारे साहित्य और हमारे क़ानून का शाश्वत साम्राज्य होगा।''[82] मैकाले का साला चार्ल्स ट्रेविलियन ने लिखा है कि कैसे स्थानीय एलीटों का प्रभाव उन परिवर्तनों को सुरक्षित रखेगा, जो पश्चिमी शिक्षा ने सम्भव किये हैं। यह अंग्रेज़ी शिक्षा भारतीयों को इस योग्य बनायेगी कि वे ब्रिटेन के लिए उतने ही उत्साह और गर्व से बोल सकें जितना ब्रिटेन स्वयं अपने बारे में। ''वैसी ही विधि से शिक्षित, उन्हीं चीज़ों में रुचि रखनेवाला, उसी लक्ष्य में रत, जिसमें हम... वे हिन्दुओं से अधिक अंग्रेज़ हो जाते हैं।''[83] चार्ल्स की धारणा से कम-से-कम मुझे इन्कार नहीं है। ब्रिटिश साम्राज्य समाप्त हो गया, इंगलिश साम्राज्य शाश्वत हो गया। भारत के इंगलिश समाज का यह चेहरा मौक़े-बे-मौक़े उघड़ जाता है। डायना की मृत्यु और क्लिण्टन केलि काण्ड में इस प्रवृत्ति को साफ़-साफ़ देखा जा सकता था। डायना की मृत्यु से दिल्ली के बच्चे शॉक का शिकार हो गये थे। बच्चे इसलिए कि वे उसी परिवेश में पले-बढ़े और दूसरे मीडिया ने इसे अखण्ड जाप की तरह प्रसारित किया। ब्रिटिश काउन्सिल डिवीज़न में शोक-पुस्तिका पर हस्ताक्षर करनेवाले लोगों की लाइन लगी हुई थी। 'टाइम्स ऑफ इण्डिया' इंगलिश एलीट वर्ग का अखबार है। इसने लगातार कई दिनों तक क्लिण्टन-केलि काण्ड को मुख्य समाचार के रूप में बेशर्मी की हद तक जाकर छापा। इसके अन्तरराष्ट्रीय समाचारों का पन्ना सिर्फ़ और सिर्फ़ मोनिका प्रकरण से भरा होता था।[84] पूरे विश्व का पर्याय इनके लिए अमेरिका है। अब ब्रिटेन की जगह अमेरिका ने ले ली है, शेष सब कुशल, यथावत् हैं।

एजाज़ अहमद ने अंग्रेज़ी की प्रभुता और प्रभाव की निरन्तरता को बूर्ज़ुआ वर्ग और राष्ट्र-राज्य की निरन्तरता से जोड़ा है। ये दोनों भारतीय समाज के लिए अशुभ हैं।[85] साथ ही, उन्होंने अंग्रेज़ी शिक्षा के भारतीयकरण की माँग की है। वे कहते हैं कि, ''अंग्रेज़ी के अध्यापक को मुक्त किया जाये।''[86] इस सम्बन्ध में वे

भारतीय साहित्य से भी कुछ सीखने की बात करते हैं। हरीश त्रिवेदी ने इससे कुछ आगे जाकर लिखा है। वे अंग्रेज़ी साहित्य के लोगों को कुएँ का मेंढक कहते हैं जिनके लिए अंग्रेज़ी साहित्य ही सब-कुछ है। इसके समानान्तर हिन्दी के लेखकों ने अंग्रेज़ी साहित्य का अपेक्षाकृत अधिक उर्वर और रचनात्मक प्रयोग करके उसका भरपूर प्रयोग कर लिया है।[87] "दूसरी ओर भारतीय उपनिवेशवादी या पाठ्यक्रम निर्माता और अंग्रेज़ी के अध्यापकों ने मेट्रोपोलिस पर मूर्खतापूर्ण निर्भरता दिखायी है और इससे भी बदतर सड़े-गले पाठ्यक्रम पर।[88] आगे वे कहते हैं कि भारतीय भाषाओं के लेखकों से हम बहुत-कुछ सीख सकते हैं। "अब वे जो कुछ पढ़ते हैं और जैसा लिखते हैं उसमें वे स्वतन्त्र और मुक्त हैं, अंग्रेज़ी साहित्य की कक्षाओं में जो हम पढ़ाते हैं और जैसा पढ़ाते हैं, उसमें हम अभी तक गुलाम हैं।"[89]

बद्री रैना ने अंग्रेज़ी की राजनीति पर स्पष्ट ढंग से विचार किया है।[90] इन्होंने यंग इण्डिया से गाँधी जी के मत को उद्धृत किया है।[91] गाँधी जी ने अंग्रेज़ी शिक्षा की अनिवार्यता पर बल देने के लिए प्रस्तुत तर्कों की निन्दा की है, शिक्षा को अंग्रेज़ी शिक्षा का पर्याय बना देने की आलोचना की है। गाँधी जी ने अंग्रेज़ी के प्रति व्यामोह के जो उदाहरण दिये हैं, वे अब भी यथावत् हैं। प्रेमचन्द ने लिखा कि – "हमारी दासता का सर्वाधिक अपमानजनक, व्यक्त और क्रूर पक्ष अंग्रेज़ी भाषा के प्रभाव में बसता है। आगे वे कहते हैं कि इस प्रभाव को दूर करने का अर्थ है हमारी गर्दन पर से दासता का जुआ आधा हट गया।[92] लोहिया ने 1960 में कहा था कि अंग्रेज़ी जाननेवाले भारतीयों का एक समुदाय पुनः वापस आ गया है और पहले से अधिक शक्तिशाली रूप में, क्रान्ति के अलावा दूसरा कोई इन्हें नहीं हटा सकता।[93] इसलिए बद्री रैना यह महसूस करते हैं कि, "इसमें तनिक ही सन्देह होना चाहिए कि यदि आगामी इतिहास में भारतीय राज्य और राजनीतिक का प्रजातन्त्रीकरण हमारा उद्‌देश्य है तो व्यावसायिक और सरकारी विशेषाधिकार के आधार के रूप में अंग्रेज़ी को जाना ही होगा।"[94] स्पष्ट है कि एक भाषा के रूप में अंग्रेज़ी के अस्तित्व का प्रश्न नहीं है, बल्कि उसके ऐतिहासिक नैरन्तर्य के साथ समकालीन परिदृश्य के वर्चस्व और दबाव का प्रश्न है जो समाज के अधिकांश हिस्से की ऊर्जा को दमित कर देता है। कई अन्य कारणों से ख्यात खुशवन्त सिंह ने एक साक्षात्कार में कहा – "मैंने हमेशा यह कहा है कि भारतीय भाषाएँ अंग्रेज़ी के आगे कहीं नहीं ठहरतीं... क्योंकि हमारे पास शब्द भण्डार नहीं हैं... मैं भारतीय भाषाओं के महारथियों को चुनौती देता हूँ यदि वे अंग्रेज़ी के तमाम शब्दों के समानार्थक शब्द दे सकें।"[95] यहाँ खुशवन्त सिंह भाषाविज्ञान की

प्राथमिक अवधारणाओं से भी अपरिचय प्रकट कर रहे हैं। शब्द भण्डार मात्र से भाषा महान् नहीं बनती। साथ ही, हर भाषा में ऐसे अनगिनत शब्द होते हैं जो अपना पर्याय या अनुवाद नहीं जानते। मैं खुशवन्त सिंह को भोजपुरी के सैकड़ों शब्द दे सकता हूँ कि जिनका समानार्थी वे अंग्रेज़ी में नहीं खोज सकते। इन लोगों ने अपने देश में ही एक नया आख्यान रचा है। यही बाहर भी जाता है। Francois Gautier ने एक आलेख में कहा है कि विदेशी पत्रकार भारत के बारे में एक 'फ़िक्स' छवि से ग्रस्त हैं।[96] कुछ ख़ास विषय हैं और निश्चित प्रतिक्रियाएँ हैं। इस छवि को बनाने में उक्त समुदाय का ही हाथ है। सिर्फ़ दिल्ली में रह रहे लगभग 300 विदेशी पत्रकार भारत को निश्चित माध्यम से ग्रहण करते हैं। भारत के एलीट अंग्रेज़ी समाज की अपनी निर्मितियाँ हैं। यह औपनिवेशिक स्मृतियों से जुड़ाव को प्रदर्शित करता है। केवल गाँधी परिवार की बहू मेनका भी है लेकिन सोनिया गाँधी में ही वह शक्ति थी कि कांग्रेस को जीवन दे। श्वेत होने के नाते उनके साथ एक प्रभामण्डल है। कांग्रेस में वही व्यक्ति सर्वेसर्वा हो सकता है, जिसका व्यक्तित्व 'यूरोसेण्ट्रिक' होगा। इस प्रभामण्डल का विस्तार सामान्य आदमी तक करने में हमारी मीडिया का ही योगदान है। फुटबॉल खिलाड़ी डेविड बेकहम ने स्पाईस कलाकार विक्टोरिया से विवाह किया और अपनी पत्नी का नाम हिन्दी में बाँह पर खुदवाया क्योंकि अंग्रेज़ी में 'विक्टोरिया' बहुत टेढ़ा-मेढ़ा (tacky) लगता।[97] इस घटना से सन्नद्ध दो बातें सामने आती हैं। पहली यह कि ब्रिटेन के दक्षिणपन्थी राजनेताओं ने इसे अंग्रेज़ी का अपमान माना और देशभक्ति का अभाव कहकर विरोध किया। दूसरी, 'टाइम्स ऑफ इण्डिया' लिखता है कि बाज़ार में हिन्दी की क़ीमत बढ़ गयी और इस एक घटना ने जो कर दिखाया कि वह 'नागरी प्रचारिणी सभा' ने भी न किया होगा। इन दोनों बातों की व्याख्या सरल है और विस्तार की गुंजाइश यहाँ नहीं है। इसलिए नवारुण भट्टाचार्य का कहना ठीक लगता है कि ''अंग्रेज़ी पढ़ने-बोलनेवाला जो हमारा भद्रलोक है उसकी शब्दावली भाषा-शैली... जिन किताबों की दुकानों में वे जाते हैं, जैसा संगीत वे सुनते हैं वह सब हमसे फ़र्क़ है। मानो हमारे देश में ही एक छोटा-सा इंग्लैण्ड, अमेरिका मौजूद है। अपसंस्कृति से जुड़ी ''साहबों की इस दुनिया के लोग कलकत्ता में रहकर भी हम भाषाई लेखकों को नहीं जानते। एक तरह से लगता है इनका भारत से कुछ लेना-देना ही न हो।''[98] नवारुण का मर्म यही है कि वे अन्य भारतीयों की तरह एक नये किस्म के साम्राज्यवाद से गुज़र रहे हैं।

साम्राज्यवाद का नया रूप अपने को साहित्य और संस्कृति के माध्यम से अधिक बेहतर ढंग से व्यक्त करता है या कर सकता है। इसका सबसे चिन्ताजनक

पक्ष है, लक्ष्य समाज की इसके प्रति सहमति। पुराना साम्राज्यवाद यह काम नहीं कर सकता था। संस्कृति को नियन्त्रित करने के लिए विज्ञान और तकनीक से सम्बन्धित शोध, फ़िल्मों का विराट् संसार ज्ञान के प्रत्येक क्षेत्र में विशेषज्ञों की सशक्त टीम – सबका प्रयोग होता है। वैसे यह काम तभी प्रारम्भ हो गया था, जब दूसरा विश्वयुद्ध समाप्त हुआ था। सम्पूर्ण दुनिया को, जो महायुद्ध के बाद कई अर्थों में नयी थी, पुरानी तकनीक से हाँकना कठिन था। अतः विश्वबैंक जैसी संस्थाएँ और गैट जैसे समझौते आविष्कृत हुए। समय यहाँ तक आ पहुँचा है कि किसी देश की अपनी सम्पदा पर, सम्पत्ति पर उसका नहीं बल्कि बहुराष्ट्रीय कम्पनियों का अधिकार हुआ जा रहा है।

इन बहुराष्ट्रीय कम्पनियों को उत्तम ढंग से संचालित करनेवाले उसी देश के स्थानीय लोग होते हैं। उदाहरण के लिए कोकाकोला भारत के उन स्थानों तक उपलब्ध है, जहाँ पानी नहीं है। यह चमत्कार कम्पनी के मातृदेश ने नहीं किया बल्कि भारत में उनके कर्मचारियों ने किया है। ये कर्मचारी ही देश की भाषा और संस्कृति से परिचित हैं। ये भारतीय मर्म से परिचित हैं। वे जानते हैं कि भाषा का कैसा प्रयोग, संस्कृति का कौन-सा पक्ष प्रदर्शित करने से जनसाधारण को सम्प्रेषित किया जा सकता है। इसलिए विज्ञापन उनकी इस समझ को, जो शोध के बाद बनती है, प्रतिबिम्बित करनेवाले सर्वोत्तम व्यक्त रूप हैं। इन समूहों ने भारतीय समाज की परम्परागत बुनावट में हलचल पैदा की है। भौतिकता और उपभोक्तावाद को खुलकर बढ़ावा दिया है। इस प्रकार सवा अरब को लाँघते हुए इस देश में प्रत्येक व्यक्ति जो स्वप्न बुनता है, वह दिल्ली के एक साफ़-सुथरे इलाक़े में फ़्लैट और कार के बिना कदाचित् पूरा न होता हो। इन दबाव समूहों ने निरीह जनता के सामने चमकीले सपनों का ऐसा ख़ज़ाना खोला है, जिसकी चमक मूल्यों और सांस्कृतिक स्थायित्व को शिथिल कर चुकी है। ऐसी स्थिति में व्यक्ति उन कारकों की ओर आकर्षित होता है, जो इन दबाव-समूहों से सम्बन्धित हैं या जिन्हें इन समूहों ने प्रतिमान के तौर पर प्रस्तुत किया है। इन प्रतिमानों में देह सौन्दर्य के प्रतिमानों से लेकर रहन-सहन तक के प्रतिमान शामिल हैं। आज देश भर में लड़कियों में जो सौन्दर्य चेतना जगी है, उस चेतना में देह-सौन्दर्य के प्रतिमान भारतीय नहीं हैं। साम्राज्यवादी वर्ग की दुनिया में जो चीज़ें शामिल हैं, वे काम्य हैं। हिन्दी भाषा और साहित्य इस संसार में सम्मिलित नहीं है। साथ ही, जिस जीवन-शैली को ये वर्ग बढ़ावा दे रहे हैं वह उपभोग, शोषण और गलाकाट प्रतियोगिता की ओर जाती है, कला, शोध और मानवीयता की ओर नहीं। हिन्दी समाज इन दबावों को अधिकतम स्तर पर महसूस कर रहा है। हिन्दी रचना और

लेखन से जुड़े लोग अपने-अपने ढंग से इस साम्राज्यवादी प्रक्षेपण का लक्ष्य हो चुके हैं।

हिन्दी साहित्य में रचनाकारों ने हमेशा ही सांस्कृतिक आक्रमण का विरोध किया और उससे आगे निकल गये। कामायनी उस समय लिखी गयी जब हम राजनीतिक रूप से भी पराधीन थे। रचना आज भी हिन्द को समृद्ध कर रही है। इसका एक कारण तो सम्भवतः यह है कि रचना के लिए प्रशिक्षण, संस्थागत ढाँचा और भौगोलिक विशिष्टता की आवश्यकता नहीं होती, इसलिए क़स्बों और गाँवों में भी अच्छे कवि और कथाकार लिख रहे हैं और नवउपनिवेशवाद के दबाव से अपेक्षाकृत अछूते हैं।

आलोचना के साथ ऐसी स्थिति नहीं है। आलोचना के परिदृश्य पर अधिकांशतः पुराने लोग ही क़ाबिज़ हैं। इसके कुछ सम्भावित कारण विचारार्थ रखे जा सकते हैं। आलोचकों की पुरानी पीढ़ी ने नयी पौध तैयार करने की दिशा में स्वयं कोई पहल नहीं की। छात्रों की अक्षमता के कारणों में एक कारण अध्यापक को तो माना ही जाना चाहिए। साथ ही, हिन्दी के अधिकांश विभाग और संस्थान जड़ तथा प्रतिगामी लोगों से भरे हैं, वहाँ से कुछ नये की आशा ही व्यर्थ है। तीसरा पक्ष यह है कि साहित्य की समस्त गतिविधियाँ महानगर और मायानगरी दिल्ली तक सिमट आयी हैं। और जैसा कि हमने देखा है यह महानगर स्वयं ही एक बड़े महानगर के सांस्कृतिक आक्रमण की चपेट में है। साहित्यिक संस्थाओं और शक्ति का विकेन्द्रीकरण अत्यन्त आवश्यक है।

पश्चिम से हिन्दी साहित्य का सम्बन्ध पिछली सदी से ही कई दिशाओं में बनता रहा है। इस प्रक्रिया में आलोचना पर पश्चिम का दबाव सदा से ही रहा है। पुरानी शब्दावली में कहें तो हिन्दी का 'ज्ञानकाण्ड' एक विशेष प्रकार के दबाव से ग्रस्त रहा है। साथ ही, आलोचना के पठन-पाठन की स्थिति ऐसी रही कि परम्परा के सम्पूर्ण आत्मसातीकरण पर बल नहीं दिया जा सका। क्योंकि पश्चिम की ओर झुकाव के कई काल आते रहे। हम जिस दबाव की बात कर रहे हैं, वह समकालीन परिदृश्य पर और आवेगपूर्ण दिखता है। इस प्रकार मुझे यह लगता है कि हिन्दी आलोचना के दो मानसिक स्तर हैं। चेतन स्तर पर हिन्दी आलोचना ने कई मंज़िलें तय कीं, अपने संवाद का भूगोल बदला और स्थिति बदली, अंग्रेज़ी भाषा और साहित्य का उपयोग करते हुए विश्व साहित्य के समकक्ष स्वयं को रखने की ज़िद की तथा विचारधाराओं और साहित्य-सिद्धान्तों के प्रति अपने को खुला रखा। दूसरी ओर अचेतन स्तर पर वह उस दबाव को बोझ की तरह ढो रही है जो ऐतिहासिक रूप से उसे मिला तथा अब और घनीभूत हो रहा है। इस दबाव

में नव साम्राज्यवादी निर्मितियाँ और इंग्लिश समाज के आभिजात्य की निर्मितियाँ दोनों शामिल हैं।

---

## सन्दर्भ, स्रोत तथा टिप्पणी

1. Alvin Toffler, 'Future Shock' Pan Books Ltd. London. 1971.
2. श्री राजनाथ ने अपने लेख 'एडवर्ड सईद और उत्तर-उपनिवेशवादी अधिकल्पना' में इस पर विस्तार से चर्चा की है। देखें, 'आलोचना', अंक-तीन 2000.
3. Terry Eagleton, 'The Function of Criticism, Verso, 1984, p. 108.
4. मैनेजर पाण्डेय, साहित्य के समाजशास्त्र की भूमिका, हरियाणा साहित्य अकादमी, 1989, पृ. 6.
5. डॉ. धर्मवीर की आलोचना भी किसी सिद्धान्त का अनुसरण करती नहीं दिखती और उसमें आवेग, अधैर्य और खण्डन की उत्तेजना अधिक है।
6. ऐसा मीराँ से लेकर महादेवी वर्मा तक हुआ है। महादेवी की कविताएँ मैंने भी विद्यालय के दिनों में आध्यात्मिक अर्थ के साथ सुनी थी।
7. विष्णु खरे ने लिखा है—''अंग्रेज़ी का प्रयोग भारतीय कवयित्री को ज़्यादा शक्ति क्यों और कैसे देता है यह एक दिलचस्प शोध हो सकता है।'' 'आलोचना की पहली किताब' नेशनल पब्लिशिंग हाउस, नयी दिल्ली, 1983, पृ. 188-189। इस बिन्दु पर बद्री रैना ने भी विचार किया है और कहा कि भारतीय भाषाओं में सांस्कृतिक दबाव हैं जो लिंग-विभेद उत्पन्न करते हैं। देखें उनका आलेख 'Language and the politics of English in India.' Collected in 'Rethinking English' edited by Svati Joshi, Trianka. 1991, p. 266.
8. A.S.D. Prillai, Post Modernism, Theresa Publication, 1991. p. Foreward.
9. Ibid, P. 18 और आगे भी।
10. Ibid, P. 23.
11. Ibid, P. 23-24.
12. Ibid, P. 35.
13. 'संकट के बावजूद' की भूमिका, वाणी प्रकाशन, 1998.
14. वही, विशेषकर, पृ. 17, 18.
15. सुधीश पचौरी, 'देरिदा का विखण्डन और साहित्य', आधार प्रकाशन, 1997.
16. विश्वनाथ त्रिपाठी की पुस्तक 'हिन्दी आलोचना' और निर्मला जैन की पुस्तक 'हिन्दी आलोचना की 20वीं सदी' उदाहरणार्थ लिये जा सकते हैं।
17. हिन्दी साहित्य और संवेदना का विकास, लोकभारती प्रकाशन, 1999 का संस्करण, पृ. 260 से 265 तक।

18. अशोक वाजपेयी, एक निजी बातचीत में, दिनांक 9.11.2000 महात्मा गाँधी अन्तरराष्ट्रीय हिन्दी विश्वविद्यालय, दिल्ली।
19. Meenakshi Mukherjee, Interrogating Post-coloniasm, IIAS, 1996, P. 3.
20. Ibid, P. 5.
21. Elleke Boehmer, ' Colonial and Post Colonial Literature' OUP 1995 intro.
22. Interrogating Post-Colonialism edited by Meenakshi Mukherjee, p. 141.
23. Ibid.
24. T. N. Dhar ने उद्धृत किया है, पृ. 142.
25. Ibid.
26. Ibid.
27. Ibid.
28. Ibid. आलेख पृ. 150.
29. Ibid. पृ. 150.
30. Ibid. पृ. 151.
31. Collected in 'Interrogating Post-Colonialism, p-231.
32. Ibid, P. 232.
33. Ibid, P. 232-233.
34. Ibid.
35. Ibid.
36. Ibid.
37. Ibid, P. 235.
38. Ibid, P. 235-236.
39. Ibid, P. 237.
40. Colonialism / Post-Colonialism, Routledge 1998, P. xii.
41. Ibid, P. 8.
42. Ibid, P. 17.
43. Ibid, P. 19.
44. Stuart Hall के शब्द The Location of Culture में टिप्पणी के रूप में उद्धृत।
45. Keith Ansell-person 'The Times Higher Education Supplement इसी पुस्तक में टिप्पणी के रूप में उद्धृत।
46. The Location of Culture Routledge, 1994, p-172.
47. Ibid, P 19.
48. Ania Loomba, Ibid, P 256.
49. Ibid, P 257.

50. Harish Trivedi, Ibid, P 238.
51. Ibid.
52. Ibid, P. 93.
53. Ibid, P. 240.
54. Ibid, P. 240.
55. Ibid, P. 244.
56. Ibid, P. 244.
57. Ibid, P. 245.
58. 'Rethinking English' Introduction p. 28.
59. एक निजी बातचीत दिनांक 9.11.2001 महात्मा गाँधी अन्तरराष्ट्रीय हिन्दी विश्वविद्यालय।
60. Hans R. Dua , 'Hagemony of English', Yashoda pub. 1994.p-viii आगे भी अंग्रेज़ी भाषा की अनिवार्यता को लेकर दिये गये तर्कों के खोखलेपन को ऐतिहासिक पृष्ठभूमि सहित प्रस्तुत किया गया है। सहज भाषा में इस प्रश्न पर स्पष्ट विचार दिये गये हैं।
61. Chetan Karmany, Indian Writting in English' Arnold Associates, 1995 p. 122.
62. Ibid, P 121.
63. 'Problems of the Indian Creative Writer in English, C. Paul Verghese. Somaiya Pub. Bombay, 1971, P. 13.
64. Indi Through the Ages, Calcutta, 1962. पर p. 57 Ibid, P. 14 पर उद्धृत
65. विष्णु खरे, वही पृ. 188.
66. साक्षात्कार के लिए देखें – 'Ourstory' – Indian Responses to Nineteenth Cen. Literature'Eds. Mohua Lahiri, Sanjay Kumar Anand Prakash, Academic Foundations, Delhi 1992, उद्धृत अंश के लिए पृ. 150 और आगे।
67. Ibid.
68. प्रस्तुत विवरण के लिए 150 से 152 तक देखा जाये।
69. एजाज़ अहमद Article 'Disciplinary English : Third Wordism and Literature. Collected in 'Rethiking English. p. 259.
70. अशोक वाजपेयी, वही।
71. प्रो. मैनेजर पाण्डेय, संकट के बावजूद पृ. 14.
72. Article 'Reading English, Writing Hindi : English Literature and Indian Creative Writing', Collected in : Rethinking English p. 200.
73. Ibid.
74. Ania Loomba Ibid, P. 7.
75. Ibid.
76. Ania Loomba Ibid, P. 9.

77. Ibid, P. 85.
78. Ibid.
79. Quoted by Harish Trivedi, in his Article 'India and Post Colonial Discourse, Ibid P. 242.
80. Ibid Harish Trivedi, P. 243.
81. See, His book 'The Location of Culture.'
82. Quoted in the Article of Tejaswini Niranjana, Translation, Colonialism and the Rise of English. Collected in Rethinking English. P. 140.
83. Ibid.
84. उदाहरण के लिए 'टाइम्स ऑफ़ इण्डिया' का 19.8.1998 का अंक, इसमें उक्त पृष्ठ पर मात्र यही प्रकरण है।
85. Ibid P. 233.
86. 'Liberate the teacher of English'. Ibid P. 260.
87. 'Reading English' Writing Hindi. Ibid. p. 202-203.
88. Ibid p. 203.
89. Ibid.
90. Article ' A note on Language and the Politics of English in India'. Collected in Rethinking English' P. 264.
91. Ibid, P. 284.
92. Ibid, P. 285.
93. Ibid, P. 294
94. Ibid.
95. 'The Work' October 8, 2000, p. 13.
96. 'Hinduism Times' May 11, 1999.
97. 'Times of India'. November 28, 2000.
98. एक साक्षात्कार में, जनसत्ता, दिल्ली, 27 जून 1999.

◆

# अन्तिम शब्द

हिन्दी समाज और आलोचना की जटिलता तथा मर्म को समझने के लिए पश्चिम के साथ इसके संवाद को जानना रोचक रहा है। पश्चिम ने हिन्दी को कई तरह से छुआ है। आज का हिन्दी समाज जैसा है, वह आज की निर्मिति नहीं है बल्कि इस स्थिति को बनने में लम्बा समय लगा है। हिन्दी समाज भारतीय समाज का एक हिस्सा है और लगभग समान ऐतिहासिक अनुभवों को व्यक्त करता है। इसलिए यह देखना ज़रूरी है कि पश्चिम कैसे और कब से भारतीय मानस में हस्तक्षेप करता है। संवाद का आदि स्रोत तभी मिलेगा। यूरोपीय पुनर्जागरण में यूरोप के कार्यान्तरण की क्षमता और शेष संसार के मतान्तरण की आकांक्षा निहित थी। इसने पश्चिम के उदय को स्पष्ट रूप से प्रकट किया और पश्चिमी बोध में आमूल परिवर्तन किये। एक-दूसरे को प्रभावित करती हुई अनेक घटनाएँ और स्थितियाँ सम्भव हुईं तथा सबने मिलकर यूरोपीय विस्तार को कार्यरूप दिया। पश्चिम ने अप्रत्याशित आवेग के साथ शेष संसार को जानने, उसे चित्रित कर व्याख्यायित करने तथा अपने उपलब्ध ढाँचे में फिट करना प्रारम्भ कर दिया। 19वीं सदी तक पश्चिम में ऐसे मनुष्य का निर्माण हो चुका था, जो अजेय था और संसार के केन्द्र में था। पुनर्जागरण और इसके बाद के समय में यूरोप ने जो शक्ति प्राप्त की, उस शक्ति में, उनके इतिहास-बोध और जगत्-बोध में सांस्कृतिक परम्परा में आत्म-प्रसार नहीं बल्कि भौतिक प्रसार की दुर्दम्य आकांक्षा निहित थी। इसी आकांक्षा का परिणाम भारत पर रूपायित हुआ। इधर भारत में आत्मसंकुचन, रूढ़िवादिता और अ-प्रगति का परिदृश्य था। चाहे तो इसे पश्चिम के उदय के समानान्तर भारत का अवसान कहकर समझ सकते हैं। यद्यपि 18वीं सदी के भारत को अब अन्धकार-युग नहीं माना जाता तथा यह नहीं कहा जाता कि यह सिर्फ़ पतन का सघन वातावरण था, लेकिन निश्चित तौर पर गतिशील, प्रगतिशील और आत्मसजग समाज का अभाव था। यहाँ जागरण की नूतनता, उच्छलता और सक्रियता नहीं, तन्द्रा का आलस्य था। इसी स्थिति में पश्चिमी जातियों की महत्त्वाकांक्षा को ठोस रूप मिला।

अन्य पश्चिमी राष्ट्रों के ऊपर निर्णायक विजय के बाद अंग्रेज़ों ने जब भारत में अपने प्रभुत्व का आधार निर्मित किया तो उन्हें बहुत ही कम समय में यह ज्ञान हो गया कि यहाँ के समाज, संस्कृति और लोकव्यवहार को समझे बिना, उस पर

अधिकार किये बिना किसी साम्राज्य का निर्माण सम्भव नहीं है। इसलिए एक ओर यदि भारत के इतिहास और संस्कृति को खोजने, निर्मित करने और साहित्य के अध्ययन का कार्य प्रारम्भ हुआ, तो दूसरी ओर हर कार्य को यहाँ तक कि कुकर्म को भी युक्तिसंगत सिद्ध करने के लिए तर्क दिये जाने लगे। उपर्युक्त दोनों कार्य एक-दूसरे की सहायता करते थे। अन्वेषण और अध्ययन में प्राच्यवादियों ने बहुत-सी उपलब्धियाँ प्राप्त कीं। इस प्रक्रिया में भारतीय संस्कृति और भाषाओं के सम्बन्ध में कई महत्त्वपूर्ण कार्य हुए। भारत में और भारत के बाहर भी कई सच्चे ज्ञानप्रेमी थे जिनके कार्य अभिनन्दनीय हैं। लेकिन इनकी संख्या कम है और महत्त्वपूर्ण यह है कि इनके कार्यों का उपयोग उसी ढंग से नहीं हुआ जैसा वे चाह रहे होंगे। यूरोपीय विद्वानों द्वारा जो कार्य हुए, उनके उद्देश्यों और निहितार्थों पर काफ़ी विवाद है लेकिन समग्रता में देखने पर यह बात साफ़ दिख जाती है कि थोड़े-बहुत अन्तर के साथ समस्त प्रक्रियाओं, कार्यों और अन्वेषणों में साम्राज्य की अक्षुण्णता और प्रसार की आकांक्षा प्राणधारा के रूप में प्रवाहित थी। भारत-सम्बन्धी अध्ययन के कई समूह हैं और इन लोगों ने भारत के सम्बन्ध में संसार को कई रूपों में प्रभावित किया। भारत-सम्बन्धी अध्ययन को लेकर आधुनिक समय में विवाद होता रहा और आज भी हो रहा है। एडवर्ड सईद ने यूरोपीय विद्या-प्रेम तथा सत्ता के सम्बन्ध को लेकर विवेचना की और संस्कृति तथा साम्राज्यवाद को जोड़कर दिखाया कि पश्चिम कैसे शेष संसार को साम्राज्य बनाने के लिए ज्ञान और संस्कृति का उपयोग कर रहा था।

भारत पर अंग्रेज़ी शासन की वैधता और अनिवार्यता प्रमाणित करने के लिए विद्याप्रेमी यूरोपीय जनों का ख़ूब उपयोग हुआ। इनके अध्ययन से यह प्रमाणित किया गया है कि अतीत में भारतीयों के पास राजनीतिक संस्थाएँ और विचारधाराएँ सक्षम नहीं थीं और वर्तमान तो और भी नारकीय है। 18वीं सदी के भारत को अन्धकार का समय घोषित किया गया। भारत की जो दुरावस्था स्पष्टतः औपनिवेशिक शासन के कारण थी, उसे भी भारतीय समाज की अपनी परिणति बताया गया है। इसके बाद जो तर्क बनता था, वह स्पष्ट था कि अंग्रेज़ों का यह परम कर्त्तव्य है कि वे भारत पर शासन करते रहें और भारत पर उपकार कर उसे सभ्य बनायें। भारतीय जन और मानस पर शासन करने के लिए इन्हें समझना आवश्यक था। यह एक ऐसी रणनीति है, जिससे प्रत्येक व्यक्ति अपने सामान्य जीवन के अनुभवों से समझ लेता है कि बिना किसी को जाने, बिना उसकी शक्ति या सीमा को समझे, उस पर नियन्त्रण असम्भव है। यूरोपीय विद्याप्रेमियों ने भारतीय जन और मानस को समझने के पथ निर्दिष्ट किये। धर्म, जाति और भाषा – इनके माध्यम से सम्पूर्ण भारत के

मानस को विवेचित किया जा सकता था। यही हुआ। विद्या-विमर्श राजनीति से न आज मुक्त है, न तब था। इसलिए यूरोपीय जनों के तत्सम्बन्धी कार्यों को शुद्ध अकादमिक कार्य मानना शिशुवत् सरलता या रणनीतिक धूर्तता या दोनों हो सकते हैं। यह कविता और आलोचना के क्षेत्र में शुद्ध कविता की धारणा से मेल खाता है।

भारतीय पुनर्जागरण को इसी पृष्ठभूमि में रखकर देखने से कई स्तर स्पष्ट होते हैं। एक ओर तो पाश्चात्य विद्वानों द्वारा खोजा गया अतीत और दूसरी ओर पाश्चात्य ज्ञान-विज्ञान द्वारा प्राप्त दृष्टि-दोनों की, इस जागरण में भूमिका थी। भारत में ऐसा बहुत-कुछ हुआ जिससे नये राष्ट्र के उदय में सहायता मिली लेकिन इसके साथ और भी बहुत-कुछ हुआ जिससे यह नया राष्ट्र आज भी ग्रस्त है। भारतीय पुनर्जागरण में मौलिक दृष्टि और व्यापक सामाजिकता का अभाव था और जिनके कारण स्थिति नारकीय बनी थी, उनसे लड़ने के लिए उपकरण हमारे अपने नहीं थे। भारतीय पुनर्जागरण की सम्पूर्णता पर प्रश्न उठता है। आज भी ठेठ भारतीय का आत्मगौरव एक दुर्लभ अवस्थिति है।

भारत और यूरोप के सम्बन्धों में कई स्तर देखे जाते हैं। एक अपरिचित संस्कृति और जलवायु में रहनेवाले यूरोपीय का मानसिक स्वरूप निश्चय ही भिन्न होगा। लेकिन भारत में यूरोपीय होना एक विशेषाधिकार जैसा था। एक निम्नस्तरीय कर्मचारी भी अपने को श्रेष्ठ भारतीय से ऊपर समझता था और उस समझ के ठोस आधार मौजूद थे। बाद में भारत के एक वर्ग ने शासक वर्ग से अच्छा राग क़ायम कर लिया और प्रचलित भाषा में कहें तो यह भूरे अंग्रेज़ों का वर्ग था। लम्बे प्रवास के कारण अंग्रेज़ों की मानसिक बनावट और संस्कृति में परिवर्तन आये। उनके साहित्य पर विषयवस्तु के क्षेत्र में पर्याप्त प्रभाव पड़ा। जब ब्रिटिश सत्ता का अन्त हुआ तो यह अनुभव किया गया कि उन्होंने अपने स्थान पर अपने राग में डूबा हुआ एक-दूसरा वर्ग बिठा दिया है।

हिन्दी साहित्य के लिए 19वीं सदी का उत्तरकाल बहुत महत्त्वपूर्ण है। 1857 के विद्रोह की प्रत्यक्ष अथवा अप्रत्यक्ष गूँज हिन्दी के मौखिक और लिखित साहित्य में मिलती है। विद्रोह के बाद शासन की नीतियों में जो बदलाव आये और पुनर्जागरण के कारण सामाजिक सक्रियताओं का जो स्वरूप बना, उसे इस अवधि की पत्र-पत्रिकाओं में देखा जा सकता है। यह काल द्वन्द्व और आधार-निर्माण का था। सत्ता के चरित्र की सम्यक् समझ और साम्राज्यवाद के वैश्विक फैलाव को अभी तक भारतीय समझ न पाये थे। हिन्दी के सभी बड़े रचनाकार जो एक साथ सामाजिक कार्यकर्त्ता और साहित्यकार दोनों थे, शासन की आर्थिक दुरवस्था को देखते थे, देश की पतित स्थिति को देखते थे किन्तु इस स्थिति का उत्स साम्राज्यवाद में निहित है, परतन्त्रता

में निहित है, यह देखना सम्भव नहीं हो पाया था। उर्दू और हिन्दी का स्वरूप बनने लगा था। एक विशेष प्रकार का पुनरुत्थान समाज और भाषा दोनों में प्रारम्भ हुआ। शासन ने हिन्दी को प्रारम्भिक दिनों में कोई सुविधा नहीं दी थी। दूसरी ओर फारसी और उर्दू को शासन का स्वाद मालूम था। गाँवों और क़स्बों में हिन्दी ही सामान्य तौर पर हिन्दुओं की भाषा रही थी। इस काल में हिन्दी, संस्कृत और धर्म का मिला-जुला रूप एक उभार के रूप में दिखा और इसके सर्वाधिक समर्थ प्रतिनिधि भारतेन्दु थे। भारतेन्दु ने हिन्दी भाषा और समाज के लिए नयी अस्मिता के निर्माण का उद्यम किया। इस उद्यम को शासन द्वारा साम्प्रदायिक आवरण देना कठिन न था। इस तरह के कार्य उस समाज में बहुत संवेदनशील होते हैं, जहाँ कई समुदाय रह रहे हों। एक विशेष वर्ग ने, जो शुद्धता का समर्थक था, हिन्दी की संस्थाओं का नियन्त्रण करना प्रारम्भ कर दिया। इस प्रकार कई प्रवृत्तियाँ जो बाद में चलकर स्पष्ट होती गयीं, इसी कालावधि में जन्मी थीं। इस काल ने हिन्दी साहित्य को मज़बूत आधार दिया। साथ ही, आन्तरिक और बाह्य दोनों प्रकार के द्वन्द्व कई स्तरों पर विद्यमान थे।

इस द्वन्द्व का एक और रूप खड़ी बोली के साथ जुड़ता है। यह द्वन्द्व इतना व्यापक और मौलिक था कि आज का हिन्दी समाज अब भी उसे व्यक्त करता है। हिन्दी साहित्य परम्परा और आधुनिकता, लोक और अभिजात तथा पूरब और पश्चिम के द्वन्द्व को प्रकट कर रहा था। पश्चिम से संवाद के विषय में जिन महत्त्वपूर्ण चिन्तकों की चर्चा हिन्दी साहित्य में होती रही है, उनमें सर्वाधिक सम्भावनाशील चिन्तक हजारीप्रसाद द्विवेदी हैं। आचार्य शुक्ल का आत्मविश्वास और प्रकाण्ड मेधा तथा आचार्य द्विवेदी की मौलिकता बाद के दिनों में दुर्लभ हो गयी। हिन्दी के रचनाकार और आलोचक अधिक अध्ययनशील, खुले और यूरोपीय शास्त्रों के ज्ञाता हुए, साथ ही विराट् व्यक्तित्व बनने की सम्भावना खोते गये। हिन्दी समाज में श्वेत विद्वानों के प्रति आज भी अत्यन्त श्रद्धा पायी जाती है। यूरोपीय जनों ने हिन्दी भाषा, व्याकरण और शब्दकोश से सम्बन्धी जो कार्य किये, उसके प्रति अभिनन्दनस्वरूप कई पुस्तकें उपलब्ध हैं। इन कार्यों के निहितार्थ सम्बन्धी कोई विवेचन नहीं मिलता है। इसकी तुलना में सूक्ष्म साहित्यिक विवादों पर गम्भीर लेखन हुआ और इसमें पश्चिम के साथ संवाद की झलक मिल जाती है। व्यापक भारतीय समाज की तरह हिन्दी साहित्य ने भी आत्मालोचन या साहित्य-सिद्धान्तों के क्षेत्र में प्रत्यक्षतः या अप्रत्यक्षतः उसी पथ को अपनाया जिस पथ का निर्माण पश्चिमी चेतना से सम्पन्न हुआ था। इस परिघटना के सशक्त अपवाद हैं, लेकिन अपवादों का विस्तार न हो सका।

यदि हम अपने को विशिष्ट अध्ययन की ओर मोड़कर हिन्दी आलोचना पर ही बात करें तो अमेरिकी नयी समीक्षा के साथ इसके सम्बन्धों का अध्ययन दिलचस्प है। 'नयी समीक्षा' के उदय के लिए अमेरिका में अपर्याप्त कारण मौजूद थे। इनमें साहित्यिक और साहित्येतर दोनों कारण सम्मिलित हैं। वैसे तो इस पद को 19वीं सदी में ही खोजा जा सकता है लेकिन इलियट और रिचर्ड्स के प्राथमिक प्रयासों के परिणामस्वरूप रैन्सम के हाथों चौथे दशक के आस-पास नयी समीक्षा की प्रतिष्ठा हुई। यह सच है कि साहित्य की विशिष्टता और प्रतिष्ठा को स्थापित करने तथा साहित्यिक आलोचना को सम्मानजनक स्थान दिलाने में नये समीक्षकों का भारी योगदान है लेकिन बात इतनी बढ़ती गयी कि मात्र रूपवाद में इसका अवतरण हो गया। नयी समीक्षा की प्रवृत्तियाँ इतनी सशक्त थीं कि बाहर के साहित्य जगत् में इसकी गूँज सुनी गयीं। इतना ही नहीं, अन्य कई विचारधाराओं के साथ मिलकर ये प्रवृत्तियाँ चलती रहीं और देरिदा के सशक्त विमर्श में इनको स्थान मिला। यह एडवर्ड सईद जैसे मेधावी शास्त्री से ही सम्भव हो सका कि इन मोहक बन्धनों को तोड़ सकें। नयी समीक्षा को तत्कालीन पूँजीवादी वर्ग का समर्थन प्राप्त था और सत्ता का सम्बल भी था। कहा तो यह भी जाता है कि इसी वर्ग द्वारा प्रचारित विचारधारा का साहित्यिक रूप नयी समीक्षा में प्रकट हुआ।

हिन्दी में इसके आगमन और अधिग्रहण को लेकर ख़ूब विवाद हुए। प्रयोगवाद से लेकर नयी कविता तक हिन्दी आलोचना में नयी समीक्षा का सिक्का चलता रहा। वैसे तो इनमें से अनेक प्रवृत्तियाँ काव्यशास्त्र में खोजी जा सकती हैं और आलोचकों ने संस्कृत काव्यशास्त्र से अपने को जोड़ने की कोशिशें भी कीं, लेकिन नयी समीक्षा के कारण ही हिन्दी आलोचना में रूप और कथ्य या कलावाद और मार्क्सवाद का विवाद तूल पकड़ता रहा। इस पूरी अवधि में रचनाकारों और आलोचकों ने पश्चिमी साहित्य से अपने परिचय को व्यक्त करने के उद्यम किये। बाद में शैलीविज्ञान और भाषाविज्ञान का विकास इन्हीं मूल्यों के आधार पर होता गया। लेकिन इस अवधि में भी कला के चिकने आकर्षण से स्वयं को बचाने में जो सफल रहे, उनका व्यक्तित्व विराट् बनता गया। मुक्तिबोध इसी अर्थ में अजेय कहे जाते हैं। नयी कविता के बाद नयी समीक्षा का वही हश्र हुआ जो पश्चिम में हुआ था लेकिन इसके सकारात्मक परिणामों में एक यह था कि आलोचना में मन्थन का कार्य पर्याप्त हो गया।

स्वतन्त्रता के बाद भारत पर नेहरू का प्रभाव था न कि गाँधी का। यह आधुनिकता और अभिजात शैली का दबाव था, पश्चिमी ज्ञान का दबदबा था जो नेहरू के सहारे भारत में क़ायम था। राजनीतिक रूप से ब्रिटिश सत्ता के अन्त के

बावजूद उनकी अधिकांश निर्मितियाँ यथावत् चलती रहीं। इसीलिए साहित्य में पश्चिमी मानदण्ड को वर्चस्व मिलना स्वाभाविक था। पश्चिमी शास्त्र और अंग्रेज़ी भाषा से प्रगाढ़ परिचय का होना विद्वान् होने का प्रमाण था। भारतीयों के लिए परम्परा का अन्वेषण करने और उनकी स्मृति का निर्माण करने का जो बृहद् अनुष्ठान सदियों पहले यूरोपीय विद्वानों ने किया था, उसका प्रभाव इतना सबल रहा कि हमारे समकालीन परिदृश्य पर भी वह सब-कुछ अंकित है। समाज का एक वर्ग सिर्फ़ शारीरिक रंग को छोड़कर पूरी तरह पश्चिमी है और उनके लिए भारतीय होना द्वितीय श्रेणी का नागरिक होना है। इस वर्ग की अपनी भाषा है, अख़बार हैं, पत्रिकाएँ हैं, फ़िल्में हैं, मॉडल हैं—अर्थात् एक भिन्न, स्वायत्त संसार है। इस संसार को महानगरीय हिन्दी समाज भी जानता है और प्रायः सराहता है। हिन्दी साहित्यकार पर अपने यथार्थ और आकांक्षा का तनाव इतना स्पष्ट है कि अपनी उपलब्धियों और समृद्ध विरासत से कोई ऊर्जा नहीं ले पाता है। कोई इस 'संसार में प्रविष्ट हो चुका है, कोई पंक्ति में खड़ा है और कोई दोनों ही विशेषाधिकारों से वंचित होने के कारण गाली देता है।

इसी परिदृश्य में अंग्रेज़ी रचनाकारों ने उत्तर औपनिवेशिकता के माध्यम से अपना निर्माण करने का दावा किया है। इसमें औपनिवेशिक दबावों, आरोपों और बाधक स्मृतियों से मुक्ति का दावा है। इस वर्ग में भारतीय और अभारतीय दोनों ही लेखक हैं। लेकिन अंग्रेज़ी भाषा और इस भाषा से जुड़े वर्ग के साथ सम्बद्ध साम्राज्यवाद को समझे बिना, पिछले साम्राज्यवाद की स्मृतियों से मुक्ति असम्भव है। लगभग सभी उत्तर औपनिवेशिक लेखक अर्थात् अंग्रेज़ी लेखक भारत के व्यापक समाज और इसके यथार्थ से अपरिचित हैं, उनका भावबोध भिन्न है, वे जिनके लिए लिखते हैं और जहाँ से उन्हें पहचान मिलने की आशा है वह समाज अलग है। इधर हिन्दी समाज ने, जिसकी सीमाओं की पर्याप्त चर्चा हमने की है, अपने क्षितिज का विस्तार किया है और जिन मुद्दों को उत्कृष्ट, परम महत्त्वपूर्ण मानकर अंग्रेज़ी साहित्य के लोग बलिदानी भाव से प्रकट हो रहे हैं, उन मुद्दों से हिन्दी साहित्य आगे जा चुका है। हिन्दी साहित्य और समाज के पास अतुलनीय रूप से समृद्ध विरासत है, विशाल जनशक्ति है, प्रतिभाशाली रचनाकारों की कई पंक्तियाँ हैं, उसे सिर्फ़ उस ढाँचे को तोड़ फेंकने की ज़रूरत है, जिसे जाने या अनजाने उसने पश्चिम की उपस्थिति के कारण निर्मित कर लिया था।

♦

# सन्दर्भ-ग्रन्थ

## (i) हिन्दी

### (क) प्रमुख ग्रन्थ


1. आचार्य रामचन्द्र शुक्ल, 'हिन्दी साहित्य का इतिहास', नागरी प्रचारिणी सभा, वाराणसी, सं. 2050 वि.।
2. आचार्य रामचन्द्र शुक्ल, 'चिन्तामणि' भाग – 1, हिन्दी साहित्य सरोवर, आगरा, 1939.
3. इन्दिरा गाँधी राष्ट्रीय मुक्त विश्वविद्यालय, 'भारत' : 18वीं शताब्दी के मध्य से 19वीं शताब्दी के मध्य तक' खण्ड – 5, नयी दिल्ली 1991.
4. ए. एल. बाशम, 'अद्‌भुत भारत' (अनुवाद) शिवपाल अग्रवाल ऐण्ड कं. आगरा, 1992.
5. कर्णसिंह चौहान, 'आलोचना के नये मान', दि मैकमिलन, दिल्ली, 1978.
6. कार्ल मार्क्स, 'भारत सम्बन्धी लेख', अनु. ओमप्रकाश संगल, पीपुल्स पब्लिशिंग हाउस, दिल्ली 1983.
7. किशोरीलाल गुप्त, 'हिन्दी साहित्य के इतिहासों का इतिहास', विभू प्रकाशन, साहिबाबाद 1978.
8. कृष्णाचार्य, हिन्दी के आदि मुद्रित ग्रन्थ, भारतीय ज्ञानपीठ प्रकाशन, दिल्ली, 1966.
9. गाँधी जी, 'हिन्द स्वराज' नवजीवन ट्रस्ट, अहमदाबाद, 1996।
10. जगदीश कुमार, 'नयी कविता : विलायती सन्दर्भ', सन्मार्ग प्रकाशन, दिल्ली, 1976.
11. डॉ. नगेन्द्र 'नयी समीक्षा : नये सन्दर्भ', नेशनल पब्लिशिंग हाउस, दिल्ली, 1974.
12. डॉ. नगेन्द्र (सं.) 'हिन्दी साहित्य का इतिहास', नेशनल पब्लिशिंग हाउस, दिल्ली, 1991.
13. द्विजेन्द्र नारायण झा, 'प्राचीन भारत : एक रूपरेखा', पीपुल्स पब्लिशिंग हाउस, दिल्ली 1990.
14. देवीशंकर अवस्थी, 'आलोचना और आलोचना', प्रज्ञा प्रकाशन, कानपुर, 1961.
15. न्युगी वा थोंगो, 'भाषा, संस्कृति और राष्ट्रीय अस्मिता', अनु. आनन्दस्वरूप वर्मा, सारांश प्रकाशन, नयी दिल्ली, 1994.
16. नन्ददुलारे वाजपेयी, 'हिन्दी साहित्य : बीसवीं शताब्दी', लोकभारती प्रकाशन, इलाहाबाद 1991.
17. नामवरसिंह, 'कविता के नये प्रतिमान' राजकमल प्रकाशन, दिल्ली, 1974.

18. नामवरसिंह, आधुनिक साहित्य की प्रवृत्तियाँ' लोकभारती प्रकाशन, इलाहाबाद 1991.
19. निर्मल वर्मा, 'हर बारिश में', राधाकृष्ण प्रकाशन, नयी दिल्ली, 1970.
20. निर्मल वर्मा, 'कला का जोखिम', राजकमल प्रकाशन, नयी दिल्ली 1984.
21. निर्मल शर्मा (सं.) 'मुक्तिबोध', त्रयी प्रकाशन, रतलाम, 1980.
22. निर्मला जैन, 'हिन्दी आलोचना बीसवीं सदी', नेशनल पब्लिशिंग हाउस, नयी दिल्ली, 1983.
23. निर्मला जैन, 'नयी समीक्षा के प्रतिमान', नेशनल पब्लिशिंग हाउस, नयी दिल्ली, 1992.
24. पार्थसारथि गुप्त, (सं.), 'आधुनिक पश्चिम का उदय', हिन्दी माध्यम कार्यान्वयन निदेशालय, दिल्ली विश्वविद्यालय 1993.
25. प्रेमचन्द, 'गोदान', लोकभारती प्रकाशन, इलाहाबाद 1993.
26. मुक्तिबोध, 'नयी कविता' का आत्मसंघर्ष तथा अन्य निबन्ध', विश्वभारती प्रकाशन, नागपुर, 1977.
27. मुरलीधर श्रीवास्तव, 'हिन्दी के यूरोपीय विद्वान् (व्यक्तित्व और कृतित्व), बिहार हिन्दी ग्रन्थ अकादमी, पटना, प्रथम संस्करण 1973.
28. मैनेजर पाण्डेय, 'संकट के बावजूद', वाणी प्रकाशन, नयी दिल्ली, 1978.
29. मैनेजर पाण्डेय, 'साहित्य और साहित्य दृष्टि', पीपुल्स लिटरेसी, मरिया महल, दिल्ली, 1981.
30. मैनेजर पाण्डेय, 'साहित्य के समाजशास्त्र की भूमिका', हरियाणा साहित्य अकादमी, चण्डीगढ़, 1989.
31. रमेशचन्द्र मजूमदार, राय चौधरी तथा कालिकिकर दत्त, भारत का बृहद् इतिहास, मध्यकालीन खण्ड, मैकमिलन इण्डिया लि. 1991.
32. रामलखन शुक्ल (सं.) आधुनिक भारत का इतिहास', हिन्दी माध्यम कार्यान्वयन निदेशालय, दिल्ली विश्वविद्यालय, 1993.
33. रामविलास शर्मा, महावीर प्रसाद द्विवेदी और हिन्दी नवजागरण, राजकमल प्रकाशन, नयी दिल्ली, 1977.
34. रामशरण शर्मा, 'प्रारम्भिक भारत का आर्थिक और सामाजिक इतिहास', राजकमल प्रकाशन, नयी दिल्ली, 1992.
35. रामस्वरूप चतुर्वेदी, काव्यभाषा पर तीन निबन्ध, लोकभारती प्रकाशन, इलाहाबाद, 1989.
36. रामस्वरूप चतुर्वेदी, 'हिन्दी साहित्य और संवेदना का विकास', लोकभारती प्रकाशन, इलाहाबाद, 1999.
37. रोमिला थापर, 'भारत का इतिहास', राजकमल प्रकाशन, नयी दिल्ली 1981.
38. लक्ष्मीसागर वार्ष्णेय (अनु.) हिन्दुई साहित्य का इतिहास, हिन्दुस्तानी एकैडेमी, इलाहाबाद 1953.
39. विजयदेव नारायण साही, 'छठवाँ दशक', हिन्दुस्तानी एकैडेमी, इलाहाबाद 1987.
40. विजयदेव नारायण साही, 'वर्धमान और पतनशील', वाणी प्रकाशन, नयी दिल्ली, 1991.
41. विश्वनाथ त्रिपाठी, 'हिन्दी आलोचना' राजकमल प्रकाशन, प्रा.लि. नयी दिल्ली, 1970.

42. विष्णु खरे, 'आलोचना की पहली किताब', नेशनल पब्लिशिंग हाउस, नयी दिल्ली, 1983.
43. शिवदान सिंह चौहान, 'हिन्दी साहित्य के अस्सी वर्ष', राजकमल प्रकाशन, दिल्ली, 1961.
44. सतीश चन्द्र, 'मध्यकालीन भारत', एन.सी.ई.आर.टी. दिल्ली, 1992.
45. सुधीश पचौरी, 'देरिदा का विखण्डन और साहित्य', आधार प्रकाशन, दिल्ली, 1997.
46. सुमित सरकार, 'आधुनिक भारत', राजकमल प्रकाशन, दिल्ली, 1992.
47. हजारी प्रसाद द्विवेदी, 'हिन्दी साहित्य : उद्‌भव और विकास', राजकमल प्रकाशन, दिल्ली, 1982.
48. हेमन्त शर्मा (स.) 'भारतेन्दु समग्र', प्रचारक ग्रन्थावली परियोजना, हिन्दी प्रचारक संस्थान, वाराणसी, 1989.

## (ख) पत्र

जनसत्ता, दिल्ली, 27 जून 1999.

## (ग) पत्रिकाएँ

1. आलोचना, सहस्राब्दी अंक – 3, अक्टूबर-दिसम्बर, 2000.
2. पूर्वग्रह, मार्च-अप्रैल, 90.
3. बहुवचन - 1.
4. सरस्वती, नवम्बर, 1905.
5. सरस्वती, भाग-6, फेब्रुअरी सं. 2, 1905.
6. हंस, वर्ष – 1 मार्च, अंक – 1, 1930.
7. हंस, मार्च, 1998.

## (ii) English

### (A) Principal Sources


1. Ahmad, Aijaz, In Theory: Classes, Nations and Literatures, Oxford University Press, Delhi, 1994.
2. Arnold, David, Colonizing the Body: State Medicine and Epidemic Disease in Nineteenth Century India, University of California press. London, 1993.
3. Baldick, Chris, The Social mission of English Criticism, Clarendon Press. Oxford, 1983.
4. Bayly, C.A., Empire & Information: Intelligence Gathering and Social Communication in India 1770-1870, Cambridge University Press, Oxford, 1999.
5. Bayly, C.A., Imperial Meridian: The British Empire and the World 1780-1830, Longman, London, 1989.
6. Bhabha, Homi, The Location of Culture, Routledge, 1994.
7. Boehmer, Elleke, Colonial and Post Colonial Literature, Oxford University Press, 1995.
8. Breckenridge, C.A., and Peter van der Veer (eds.), Orientalism and the Post Colonial Predicament: Perspective on South Asia, University of Pennsyvania Press, Philadelphia, 1993.
9. Burns, Edward M. (eds.), World Civilization Part-C, W. W. Norton and Company, NY, 1991.
10. Brooks, Cleanth and R. P. Warren, Modern Rhetoric, Harcourt Brace Jovanovich, Ins. 1972.
11. Chakravarty, Suhash, The Raj Syndrome – A Study in Imperial Perceptions, Penguin Books India. 1991.
12. Chandra, Sudhir, The Oppressive Present: Literature and Social consciousness in Colonial India, Oxford University Press, Delhi 1991.

13. Chatterjee, Partha, Nationalist Thought and the Colonial World: A Derivative Discourse? Oxford University Press, Delhi 1946.
14. Crane, R. S. (ed.), Critics and Criticism, The University of Chicago Press, 1952.
15. Culler, Jonathan, Saussure, Fontana Modern Masters, 1985.
16. Dalmia, Vasudha and Heinrich Von Stietemcron (eds.), Representing Hinduism: The Construction of Religious Traditions and National Identity, Sage Publication, Delhi, 1995.
17. Dalmia, Vasudha, The Nationalization of Hindu Traditions: Bhartendu Harishchandra and Nineteenth Century Banaras, Oxford University Press, Delhi, 1999.
18. Dua, Hans R., Hagemony of English, Yasodha Publication, Mysore, 1994.
19. Eagleton, Terry, The Function of Criticism, Verso, 1984.
20. Eliot, T. S., Selected Essays, Feber & Feber, 1932.
21. Fekete, John, The Critical Twilight : Explorations in the Ideology of Anglo–American Literary Theory From Eliot to McLuhan, Routledge and Kegan Paul, 1987.
22. Felman, Shoshana, Jacques Lacan and the Adventure of Insight, Harvard University Press, 1987.
23. Frye, Northrop, The Critical Path: An Essay on the Social Context of Literary Criticism, Indiana University Press, 1971.
24. Grierson, George, Linguistic, Survey of India, & Part- 1, Motilal Banarsidas. 1927.
25. Guha, Ranajit (ed.) Subaltern Studies-1: Writings on South Asian History and Society, Oxford University, Press, 1982
26. Haffende, John (ed.) William Empson - Essays on Renaissance Literature, Vol. 1, Cambridge University Press, 1993.
27. Hayes, C.J.H. (ed.) Modern Europe to 1870, Surjeet, Delhi, 1977.
28. Joshi, Svati (ed.) Rethinking English, Trianka, Delhi, 1991.
29. Kejariwal, O. P., The Asiatic Society of Bengal and the Discovery of India's Past (1784-1938), Oxford University Press, Bombay, 1988.

30. Karmany, Chetan, Indian Writing in English, Arnold Associates, 1995.
31. Lahiri, Mahua, Sanjay Kumar, Anand Prakash (eds.) Ourstory : Indian Response to Nineteenth Century Literature Academic Foundation Delhi, 1992.
32. Loomba, Ania, Colonialism / Postcolonialism, Routledge, 1958.
33. Leask, Nigel, British Romantic Writers and the East : Anxieties of Empire, Cambridge University Press, 1993.
34. Mackenzie, John M, Orientalism : History, Theory and the Arts, Manchester University Press, 1995.
35. Majeed, Javed, Ungoverend Imaginings : James Mill;s The History of British India and Orientalism, Clarendon Press Oxfrod, 1992.
36. Nandi, Ashish, The Intimate Enemy : Loss and Recovery of self Under Colonialism, Oxford University Press, Delhi, 1983.
37. Narasimhaiah, C. D. (ed.) Asian Response to American Literature, Vikas Publication, Delhi, 1972.
38. Nostran, Albert D. Van (ed.) Literary Criticism in America. The liberal Arts Press, Ny. 1957.
39. Parkinson C. Northcote, East and West, John Murray, London/ 1963.
40. Pillai, A.S.D. Post Modernism : An Introduction to Post war Literature in English, Theresa Publication, Tiruchirapalli, 1991.
41. Ransom, John Crowe, The World's Body, Louisiana State University Press, 1938.
42. Richards, I.A., Practical Criticism : A Study of Literary Judgement, Routledge, London, 1970.
43 Said, Edward W, Orientalism, Routledge and kegan Paul, 1978.
- The World, The Text and the Critic, Harvard University Press, 1983.
- Culture and Imperialism, Vintage, London, 1994.

44. Spiller, Robert E. (ed.) A Times of Harvest : American Literature 1910-1960, American Century Series Hill and Wang, NY, 1962.

45. Stevens, Bonnie Klomp and Larry L. Stewart, A Guide to Literary Criticism and Research, Harcourt Brace Jovanouich College Publishers, 1992.
46. Singh, G. (Collected and ed.) Valuation is Criticism and Other Essays, Cambridge University Press, 1986.
47. Toffler, Alvin, Future Shock, Pan Books Ltd. London, 1971.
48. Trivedi, Harish & Meenakshi Mukherjee (eds.) Interrogating Postclonialism Theory, Text and Context, IIAS, Shimla, 1996.
49. Verghese, C. Paul, Problems of the Indian Creative Writers in English, Somaiya Publication, Bombay, 1971.
50. Wellek, Rene, A History of Modern Criticism (1750-1950) part - 6, Yale University Press, 1986.
51. Wellek, Rene & Austin Warren, Theory of Leterature, Ianathancape, London, 1949.
52. Wismatt & Brooks, Literary Criticism : A Short History, Oxford University Press, 1957.
53. Ward, A. C. Twentieth Century English Literature 1901-1960, Methven & Co. Ltd. 1964.

**(B) Dailies**

Hindustan Times, May 11, 1999
… November 7, 1999.
Times of India, December 27, 1997.
… April 05, 1998
… August 08, 1998
… February 27, 1999.
… November, 28, 2000.

**(C) Periodicals**

Critical Inquiry, Number 2, Vol. 26, Winter 2000.
Economic & Political Weekly, May 16, 1998
The Week, October 8, 2000.

## (iii) Subsidiary Sources

1. Adorno, T.W. Jargon of Authenticity. Translated by Knut Tarnowski and Fredrick Will, Routledge and Kegan paul, London., 1973.
2. Aesthetic Theory Translated by C. Lenhardt, ed. by Greterl Adorno and Rolf Tiedemann, Routledge and Kegan Paul, London, 1984.
3. Althusser, L., For Marx, New Left books, 1969
4. Arnold, Mathew, Culture & Anarchy, Cambridge University Press, 1979.
5. Bannet, Eve Tavor, Postcultural Theory : Critical Theory after the Marxist Paradigm, Macmillan, London, 1993.
6. Barker Francis, Peter Wulme, Margrate Iverson & Diana Loxley (eds.) Literature, Politics & Theory, Methuen, London, 1986.
7. Barthes, Roland, The Pleasure of the Text, London 1976.
8. Benjamin, Walter, Illuminations, NY, 1969.
9. Benett, Tony, Formalism & Marxism, Methuen, London, 1979.
10. Biardeau, Madeleine, Hinduism : The Anthropology of a Civilization, Oxford University Press, Delhi, 1989.
11. Brown, Michael Barrett, After Imperialism, Humanities, New York, 1970.
12. Burke, Kenneth, Philosophy of Literary Form, Baton Rouge, 1941.
13. Choudhory Nirad C., The Autobiography of an Unknown Indian, Mac Millan, London, 1951.
14. Chomsky, Noam. Powers and Prospects, Madhyam Books, Delhi. 1996.
15. Cooper, David, The Dialetics of Liberation, Penguin Books, 1968.
16. Crane, Diana (ed.), The Sociology of Culture'. Emerging Theoretical Perspectives, Blackwell, Oxford. 1994.
17. Donovan, Josephine, Feminist Literary Criticism, Lexington Kentuky, 1975.

18. Falck, Colin, Myth, Truth and Literature : Towards a True Post - Modernism, Cambridge University Press. 1994.
19. Fanon, Frantz, Black Skin, White Masks, Translated by C. L. Markman, Grove NY 1967.
20. Foucault, Michel, The Archaeology of Knowledge Translated from the French by A. M. Sheridan Smith, Rougledge, London. 1972.
 - The Order of Things : An Archaeology of the Human Sciences, Vintage Books, NY, 1973.
21. Gramsci, Antonio, Selections from Cultural Writings ed. by David Forgacs and Geoffrey Nowell Smith, Translated by W. Boelhower, Howard University Press. 1985.
22. Habermas, J., The Philosophical Discource of Modernity. Polity Press, 1987.
23. Harlow, Barbara, Resistance Literature, Methuen NY, 1987.
24. Hadjinicolous Nicos, Art. History and Class Struggle, Plauto Press, London, 1979.
25. Halbfass, Wilhelm, India and Europe : An Essay in Understanding, State University of New York. Press, Albany. 1988.
26. Hobson, J. H. Imperialism : A study (reprint), University of Michigin Press, 1972.
27. Inden, Ronald B., Imagining India, Blackwell, Oxford and Cambridge, 1990.
28. Inglis, Fred, Cultural Studies, Blackwell; Oxford, 1993.
29. Jameson, Fedric, The Prison-house of Language, Princeton, NJ, 1972.
30. Kabbani, Rana, Europe's Myths of Orient : Device and Rule, Macmillan, London, 1986.
31. Kiernan, V.G ,The Lords of Humankind : European Attitude to the Outside word in the Imperial Age, Peguin, Harmondsworth, 1972.
 - Marxism and Imperialism. St. Martin's press, NY, 1974
 - America : The New Imperialism : From White Settlement to World Hegemony, Zed. London, 1978.
32. Kovel, Joel, White Racism : A Psychohistory Allen Lane, London, 1970.

33. Lukacs, G., History and Class Consciousness, Merlin Press, 1971.
34. Marcuse, Herbert, The Aesthetic Dimension, Macmillan 1979.
35. Memmi, Albert, The Colonizers and the Colonized, Translated by Howard Greenfield, Beacon, NY. 1967.
36. Orwell, Sonia and Ian Augus (eds.) Collected Essays, Journalism and Letters of George Orwell, Secker and Warburg, London, 1968.
37. Parry, Benta, Delusions and Discoverics : Studies on India in the British Imogination Allen Lane London 1972.
38. Pike, Christopher (eds.) The Futurist, The Formalists and The Marxists Critique, London. 1979.
39. Ram, Mohan, Hindi Against India, Rachna Prakashan, New Delhi. 1968.
40. Sartre, Jean Paul, Age of Reasson, Translated by Eric Sutton, Penguin. Harmondsworth, 1967.
41. Schomer, Karine, Mahadevi Verma and the Chhayavad age of Modern Hindi Poetry, University of California Press, Berkely. 1983.
42. Schwab, Raymond, The Oriental Renaissance : Europe's Rediscovery of India and the East (1680-1880) Colombia University Press, New York, 1984.
43. Scott. James C., Domination and the Arts of Resistance, Yale University Press New Haven 1990.
44. Shrinivas M., Social Change in Modern India, Berkelay and Los Angeles, 1966.
45. Somervell, D.C., Enlgish Thought in Nineteenth Century, Longman Green, New York. 1929.
46. Suleri, Sara, The Rhetoric of English India, Chicago University Press. 1992.
47. Szase, Thomas S. The Second Sin, Routledge and Kegn Paul, Lodon, 1974.
48. Vishwanathan, Gauri, The Masks of Conquest : Literary Study and British Rule in India, Columbia University Press, New York, 1989.
49. Williams, Raymond, Culture and Society : Pelican Books 1961.

♦♦♦